인천메트로서비스

NCS 기출예상문제 + 실전모의고사 5회

+ 무료NCS특강

SD에듀
㈜시대고시기획

Always **with you**

사람이 길에서 우연하게 만나거나 함께 살아가는 것만이 인연은 아니라고 생각합니다.
책을 펴내는 출판사와 그 책을 읽는 독자의 만남도 소중한 인연입니다.
SD에듀는 항상 독자의 마음을 헤아리기 위해 노력하고 있습니다.
늘 독자와 함께하겠습니다.

머리말

인천도시철도 1호선, 서울도시철도 7호선(인천 · 부천 구간), 월미바다열차의 역사운영과 청소, 시설관리 서비스를 제공하는 인천메트로서비스는 2022년에 신입직원을 채용할 예정이다. 인천메트로서비스의 채용절차는 「입사지원서 접수 ➡ 필기전형 ➡ 면접전형 ➡ 최종 합격자 발표」 순서로 이루어진다. 필기전형은 직업기초능력평가로만 진행한다. 의사소통능력, 수리능력, 문제해결능력, 정보능력, 기술능력, 대인관계능력 중 직렬별로 4개의 영역을 선정해 평가하며, 2021년에는 모듈형으로 진행되었다. 따라서 반드시 확정된 채용공고를 확인하는 것이 필요하며, 필기전형에서 고득점을 받기 위해 다양한 유형에 대한 폭넓은 학습과 문제풀이능력을 높이는 등 철저한 준비가 필요하다.

인천메트로서비스 합격을 위해 SD에듀에서는 인천메트로서비스 판매량 1위의 출간 경험을 토대로 다음과 같은 특징을 가진 도서를 출간하였다.

도서의 특징

첫 째 ▎ 기출복원문제를 통한 출제 유형 확인!

- 2022년 상반기 주요 공기업 NCS 기출문제를 복원하여 NCS 필기전형의 전반적인 유형을 파악할 수 있도록 하였다.

둘 째 ▎ 인천메트로서비스 필기전형 출제 영역 맞춤 기출예상문제를 통한 실력 상승!

- NCS 직업기초능력평가 모듈이론&기출유형&기출예상문제를 수록하여 필기전형에 단계별로 대비할 수 있도록 하였다.

셋 째 ▎ 실전모의고사를 통한 완벽한 실전 대비!

- 철저한 분석을 통해 실제 유형과 유사한 실전모의고사를 수록하여 자신의 실력을 최종 점검할 수 있도록 하였다.

넷 째 ▎ 다양한 콘텐츠로 최종합격까지!

- 인천메트로서비스 채용 가이드를 수록하여 채용을 준비하는 데 부족함이 없도록 하였다.
- 온라인 모의고사와 AI면접 응시 쿠폰을 무료로 제공하여 채용 전반을 대비할 수 있도록 하였다.

끝으로 본 도서를 통해 인천메트로서비스 채용을 준비하는 모든 수험생 여러분이 합격의 기쁨을 누리기를 진심으로 기원한다.

NCS직무능력연구소 씀

인천메트로서비스 **이야기**

미션

> **최적의 도시철도 운영을 위한 현장서비스 지원**

핵심가치

| 절대안전 확립 | 고객감동 경영 | 조직역량 강화 | 동반상생 경영 |

2022년 경영목표

[철도안전관리체계 확립]	[고객접점서비스 품질 향상]	[소통과 공감의 조직문화 구현]	[상생의 노사관계 구축]
▼	▼	▼	▼
인천교통공사와의 협조체계 구축	쾌적하고 편리한 이용환경 조성	창립초기 직원 정체성 확립 및 애사심 고취	사회적 책임 실천

지원자격(공통)

❶ 학력 · 성별 : 제한 없음

❷ 연령 : 만 18세 이상 62세 미만인 자

❸ 거주지 : 공고일 전일 기준 인천광역시, 부천시 거주자

❹ 병역 : 남자의 경우 병역을 필하였거나 면제된 자

❺ 기타 : 주 · 야간 교대근무 및 휴일근로 가능자, 공무원 신체검사규정 제4조의 불합격 판정기준에 해당되지 않는 자, 인천메트로서비스 인사규정 제10조의 결격사유가 없는 자

전형절차(사무 · 역무 · 시설 기준)

입사지원서
접수

필기전형

면접전형

최종합격자
발표

필기전형

구분	직렬	내용
직업기초능력평가	사무 · 역무	의사소통능력, 문제해결능력, 대인관계능력, 정보능력
	시설	의사소통능력, 문제해결능력, 수리능력, 기술능력

면접전형

구분	내용
구조화된 면접	다대다 진행
블라인드 면접	연령, 출신학교, 전공 등 배제

❖ 위 채용안내는 2021년 채용공고를 기준으로 작성하였으므로 세부내용은 반드시 확정된 채용공고를 확인하시기 바랍니다.

NCS(국가직무능력표준)란 무엇인가?

국가직무능력표준(NCS; National Competency Standards)

산업현장에서 직무 수행에 요구되는 능력(지식, 기술, 태도 등)을 국가가 산업 부문별, 수준별로
체계화한 설명서

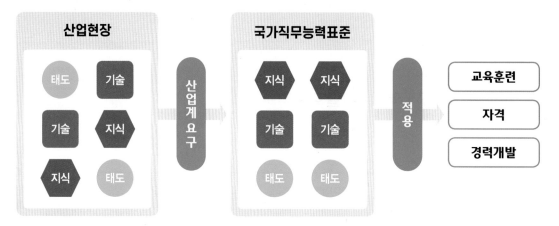

직무능력

직무능력 = 직업기초능력 + 직무수행능력

▶ **직업기초능력** : 직업인으로서 기본적으로 갖추어야 할 공통 능력
▶ **직무수행능력** : 해당 직무를 수행하는 데 필요한 역량(지식, 기술, 태도)

NCS의 필요성

❶ 산업현장과 기업에서 인적자원관리 및 개발의 어려움과 비효율성이 발생하는 대표적 요인으로 산업 전반
의 '기준' 부재에 주목함
❷ 직업교육훈련과 자격이 연계되지 않은 상태로 산업현장에서 요구하는 직무수행능력과 괴리되어 실시됨에
따라 인적자원개발과 개인의 경력개발에 비효율적이며 효과성이 부족하다는 비판을 받음
❸ NCS를 통해 인재육성의 핵심 인프라를 구축하고, 산업장면의 HR 전반에서 비효율성을 해소하여 경쟁력
을 향상시키는 노력이 필요함

> **NCS = 직무능력 체계화 + 산업현장에서 HR 개발, 관리의 표준 적용**

NCS 분류

▸ 일터 중심의 체계적인 NCS 개발과 산업현장 전문가의 직종구조 분석결과를 반영하기 위해 산업현장 직무를 한국고용직업분류(KECO)에 부합하게 분류함

▸ 2021년 기준 : 대분류(24개), 중분류(80개), 소분류(257개), 세분류(1,022개)

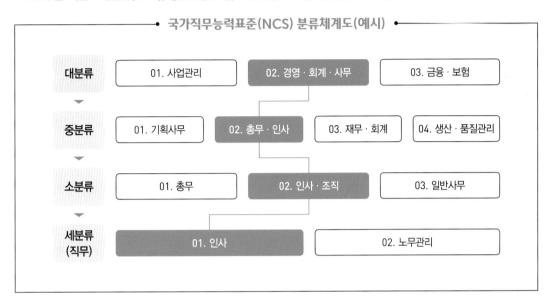

국가직무능력표준(NCS) 분류체계도(예시)

직업기초능력 영역

모든 직업인들에게 공통적으로 요구되는 기본적인 능력 10가지

❶ **의사소통능력** : 타인의 생각을 파악하고, 자신의 생각을 글과 말을 통해 정확하게 쓰거나 말하는 능력

❷ **수리능력** : 사칙연산, 통계, 확률의 의미를 정확하게 이해하는 능력

❸ **문제해결능력** : 문제 상황을 창조적이고 논리적인 사고를 통해 올바르게 인식하고 해결하는 능력

❹ **자기개발능력** : 스스로 관리하고 개발하는 능력

❺ **자원관리능력** : 자원이 얼마나 필요한지 파악하고 계획하여 업무 수행에 할당하는 능력

❻ **대인관계능력** : 사람들과 문제를 일으키지 않고 원만하게 지내는 능력

❼ **정보능력** : 정보를 수집, 분석, 조직, 관리하여 컴퓨터를 사용해 적절히 활용하는 능력

❽ **기술능력** : 도구, 장치를 포함하여 필요한 기술에 대해 이해하고 업무 수행에 적용하는 능력

❾ **조직이해능력** : 국제적인 추세를 포함하여 조직의 체제와 경영에 대해 이해하는 능력

❿ **직업윤리** : 원만한 직업생활을 위해 필요한 태도, 매너, 올바른 직업관

NCS 구성

능력단위

▶ 직무는 국가직무능력표준 분류의 세분류를 의미하고, 원칙상 세분류 단위에서 표준이 개발됨

▶ 능력단위는 국가직무능력표준 분류의 하위단위로, 국가직무능력 표준의 기본 구성요소에 해당되며 능력단위 요소(수행준거, 지식·기술·태도), 적용범위 및 작업상황, 평가지침, 직업기초능력으로 구성됨

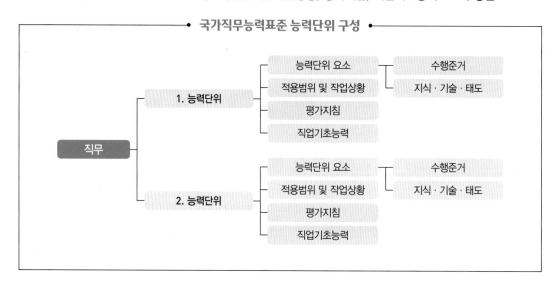

NCS의 활용

활동 유형	활용범위
채용 (블라인드 채용)	채용 단계에 NCS를 활용하여 NCS 매핑 및 직무분석을 통한 공정한 채용 프로세스 구축 및 직무 중심의 블라인드 채용 실현
재직자 훈련 (근로자 능력개발 지원)	NCS 활용 패키지의 '평생경력개발경로' 기반 사내 경력개발경로와 수준별 교육훈련 이수 체계도 개발을 통한 현장직무 중심의 재직자 훈련 실시
배치·승진	현장직무 중심의 훈련체계와 배치·승진·체크리스트를 활용한 근로자 배치·승진으로 직급별 인재에 관한 회사의 기대와 역량 간 불일치 해소
임금 (직무급 도입)	NCS 기반 직무분석을 바탕으로 기존 관리직·연공급 중심의 임금체계를 직무급(직능급) 구조로 전환

시험 전 CHECK LIST

D-1

체크	리스트
☐	수험표를 출력하고 자신의 수험번호를 확인하였는가?
☐	수험표나 공지사항에 안내된 입실 시간 및 유의사항을 확인하였는가?
☐	신분증을 준비하였는가?
☐	컴퓨터용 사인펜 · 수정테이프 · 여분의 필기구를 준비하였는가?
☐	시험시간에 늦지 않도록 알람을 설정해 놓았는가?
☐	고사장 위치를 파악하고 교통편을 확인하였는가?
☐	고사장에서 볼 수 있는 자료집을 준비하였는가?
☐	인성검사에 대비하여 지원한 공사 · 공단의 인재상을 확인하였는가?
☐	확인 체크표의 × 표시한 문제를 한 번 더 확인하였는가?
☐	자신이 취약한 영역을 두 번 이상 학습하였는가?
☐	도서의 모의고사를 통해 자신의 실력을 확인하였는가?

시험 유의사항

D-DAY

체크	리스트
☐	시험 전 화장실을 미리 가야 한다.
☐	통신기기(휴대폰, 태블릿PC, 무선호출기, 스마트워치, 스마트밴드, 블루투스 이어폰 등)를 가방에 넣어야 한다.
☐	휴대폰의 전원을 꺼야 한다.
☐	시험 종료 후 시험지와 답안지는 제출해야 한다.

시험 후 CHECK LIST

D+1

체크	리스트
☐	시험 후기를 작성하였는가?
☐	상 · 하의와 구두를 포함한 면접복장이 준비되었는가?
☐	지원한 직무의 분석을 하였는가?
☐	단정한 헤어와 손톱 등 용모관리를 깔끔하게 하였는가?
☐	자신의 자기소개서를 다시 한 번 읽어보았는가?
☐	1분 자기소개를 준비하였는가?
☐	도서 내 면접 기출질문을 확인하였는가?
☐	자신이 지원한 직무의 최신 이슈를 정리하였는가?

주요 공기업 적중 문제

인천메트로서비스

◀ 확률 계산 ▶ 유형

08 매일의 날씨 자료를 수집 및 분석한 결과, 전날의 날씨를 기준으로 그 다음 날의 날씨가 변할 확률은 다음과 같았다. 만약 내일 날씨가 화창하다면, 사흘 뒤에 비가 올 확률은 얼마인가?

전날 날씨	다음 날 날씨	확률
화창	화창	25%
화창	비	30%
비	화창	40%
비	비	15%

※ 날씨는 '화창'과 '비'로만 구분하여 분석한다.

① 12% ② 13%
③ 14% ④ 15%

◀ 확률 계산 ▶ 유형

31 수현이는 노트 필기를 할 때 검은 펜, 파란 펜, 빨간 펜 중 한 가지를 사용하는데 검은 펜을 쓴 다음날은 반드시 빨간 펜을 사용하고, 파란 펜을 쓴 다음날에는 검은 펜이나 빨간 펜을 같은 확률로 사용한다. 또 빨간 펜을 쓴 다음날은 검은 펜과 파란 펜을 2 : 1의 비율로 사용한다. 만약 수현이가 오늘 아침에 주사위를 던져서 눈의 수가 1이 나오면 검은 펜을, 3이나 5가 나오면 빨간 펜을, 그리고 짝수가 나오면 파란 펜을 사용하기로 했다면, 내일 수현이가 검은 펜을 사용할 확률은?

① $\dfrac{5}{12}$ ② $\dfrac{4}{9}$

③ $\dfrac{17}{36}$ ④ $\dfrac{1}{2}$

코레일 한국철도공사

◀ 공공재 ▶ 키워드 ▶

02 다음 글에서 추론할 수 있는 것은?

많은 재화나 서비스는 경합성과 배제성을 지닌 '사유재'이다. 여기서 경합성이란 한 사람이 어떤 재화나 서비스를 소비하면 다른 사람의 소비를 제한하는 특성을 의미하며, 배제성이란 공급자에게 대가를 지불하지 않으면 그 재화를 소비하지 못하는 특성을 의미한다. 반면 공공재란 사유재와는 반대로 비경합적이면서도 비배제적인 특성을 가진 재화나 서비스를 말한다.

그러나 우리 주위에서는 이렇듯 순수한 사유재나 공공재와는 또 다른 특성을 지닌 재화나 서비스도 많이 찾아볼 수 있다. 예를 들어 영화 관람이라는 소비 행위는 비경합적이지만 배제가 가능하다. 왜냐하면 영화는 사람들과 동시에 즐길 수 있으나 대가를 지불하지 않고서는 영화관에 입장할 수 없기 때문이다. 마찬가지로 케이블 TV를 즐기기 위해서는 시청료를 지불해야 한다.

비배제적이지만 경합적인 재화들도 찾아낼 수 있다. 예를 들어 출퇴근 시간대의 무료 도로를 생각해 보자. 자가용으로 집을 출발해서 직장에 도달하는 동안 도로에 진입하는 데에 요금을 지불하지 않으므로 도로의 소비는 비배제적이다. 하지만 출퇴근 시간대의 체증이 심한 도로는 내가 그 도로에 존재함으로 인해서 다른 사람의 소비를 제한하게 된다. 따라서 출퇴근 시간대의 도로 사용은 경합적인 성격을 갖는다. 이러한 내용을 표로 정리하면 다음과 같다.

경합성 \ 배제성	배제적	비배제적
경합적	a	b
비경합적	c	d

① 체증이 심한 유료 도로 이용은 a에 해당한다.
② 케이블 TV 시청은 b에 해당한다.
③ 사먹는 아이스크림과 같은 사유재는 b에 해당한다.
④ 국방 서비스와 같은 공공재는 c에 해당한다.
⑤ 영화 관람이라는 소비 행위는 d에 해당한다.

한국전력공사

◀ 참, 거짓 논증 ▶ 유형 ▶

23 A, B, C, D, E 5명에게 지난 달 핸드폰 통화 요금이 가장 많이 나온 사람을 1위에서 5위까지 그 순위를 추측하라고 하였더니 각자 예상하는 두 사람의 순위를 다음과 같이 대답하였다. 각자 예상한 순위 중 하나는 참이고, 다른 하나는 거짓이다. 이들의 대답으로 판단할 때 실제 핸드폰 통화 요금이 가장 많이 나온 사람은?

A : D가 두 번째이고, 내가 세 번째이다.
B : 내가 가장 많이 나왔고, C가 두 번째로 많이 나왔다.
C : 내가 세 번째이고, B가 제일 적게 나왔다.
D : 내가 두 번째이고, E가 네 번째이다.
E : A가 가장 많이 나왔고, 내가 네 번째이다.

① A
② B
③ C
④ D
⑤ E

국민건강보험공단

◀ 환율 적용한 금액 계산 ▶ 유형 ▶

30 A씨는 무역회사에 재직하고 있으며, 해외 출장을 자주 다닌다. 최근 무역계약을 위해 홍콩에 방문할 계획이 잡혔다. A씨는 여러 나라를 다니면서 사용하고 남은 화폐를 모아 홍콩달러로 환전하고자 한다. 다음 자료를 토대로 했을 때 A씨가 받을 수 있는 금액은 얼마인가?(단, 환전에 따른 기타 수수료는 발생하지 않는다)

[은행상담내용]
A씨 : 제가 가지고 있는 외화들을 환전해서 홍콩달러로 받고 싶은데요. 절차가 어떻게 진행되나요?
행원 : A고객님. 외화를 다른 외화로 환전하실 경우에는 먼저 외화를 원화로 환전한 뒤, 다시 원하시는 나라의 외화로 환전해야 합니다. 그렇게 진행할까요?
A씨 : 네. 그렇게 해주세요. 제가 가지고 있는 외화는 미화 $1,000, 유로화 €500, 위안화 ¥10,000, 엔화 ¥5,000입니다. 홍콩달러로 얼마나 될까요?

〈환율 전광판〉

통화명	매매 기준율	현찰		송금	
		살 때	팔 때	보낼 때	받을 때
미국 USD	1,211.60	1,232.80	1,190.40	1,223.40	1,199.80
유럽연합 EUR	1,326.52	1,356.91	1,300.13	1,339.78	1,313.26
중국 CNY	185.15	198.11	175.90	187.00	183.30
홍콩 HKD	155.97	159.07	152.87	157.52	154.42
일본 JPY100	1,065.28	1,083.92	1,046.64	1,075.71	1,054.85

※ 환전 시 소수점 단위 금액은 절사함

서울교통공사 9호선

◀ 멤버십 유형별 특징(소외형, 순응형) ▶ 키워드 ▶

32 다음은 멤버십 유형별 특징을 정리한 자료이다. 다음 자료를 참고하여 각 유형의 멤버십을 가진 사원에 대한 리더의 대처방안으로 가장 적절한 것은?

〈멤버십 유형별 특징〉

소외형	순응형
• 조직에서 자신을 인정해주지 않음 • 적절한 보상이 없음 • 업무 진행에 있어 불공정하고 문제가 있음	• 기존 질서를 따르는 것이 중요하다고 생각함 • 리더의 의견을 거스르는 것은 어려운 일임 • 획일적인 태도와 행동에 익숙함

실무형	수동형
• 조직에서 규정준수를 강조함 • 명령과 계획을 빈번하게 변경함	• 조직이 나의 아이디어를 원치 않음 • 노력과 공헌을 해도 아무 소용이 없음 • 리더는 항상 자기 마음대로 함

① 소외형 사원은 팀에 협조하는 경우에 적절한 보상을 주도록 한다.
② 소외형 사원은 팀을 위해 업무에서 배제시킨다.
③ 순응형 사원에 대해서는 조직을 위해 순응적인 모습을 계속 권장한다.
④ 실무형 사원에 대해서는 징계를 통해 규정준수를 강조한다.
⑤ 수동형 사원에 대해서는 의견 존중을 통해 자신감을 가지도록 한다.

합격 선배들이 알려주는
인천메트로서비스 필기시험 합격기

REVIEW

포기하지 않고 최선을 다해서!

안녕하세요. 인천메트로서비스 사무직에 합격하고 합격후기를 작성하게 되었습니다. 코로나로 혼란한 시기이기에 더욱 감회가 새롭습니다. 사실 특별한 공부법이라는 것이 없어 글을 적저나 부끄러움이 앞서지만 그래도 조금이나마 도움이 되고자 몇 줄 적어보겠습니다.

인천메트로서비스는 직업기초능력평가만으로 필기전형을 진행합니다. NCS는 제가 지원한 직렬의 경우 의사소통능력, 문제해결능력, 대인관계능력, 정보능력 총 4개의 영역을 평가했습니다. 저는 SD에듀에서 나온 인천메트로서비스 기본서로 준비하는 영역에 맞춰 영역별 분석에 집중했습니다.

필기전형은 비교적 쉽다고 생각할 만한 문제가 대부분이었습니다. NCS는 제한된 시간 안에 빠르고 정확하게 문제를 풀어내는 것이 가장 중요하다고 생각합니다. 그렇기에 평소 시간을 재면서 문제를 푸는 연습을 했던 것이 큰 도움이 되었습니다.

그 후 필기 합격을 하여 면접을 준비해야 하는 시기가 왔습니다. 면접 준비는 거울을 보며 눈을 마주치고 대화하는 연습 위주로 했습니다. 뿐만 아니라 면접 스터디에 참여하여 모의 면접을 진행하고, 다른 사람들의 피드백을 들으며 제 답변을 다듬어갔습니다. 이 행동이 좋은 결과를 불러온 것 같습니다.

무엇보다도 포기하지 않고 최선을 다하는 것이 합격으로 가는 길이라고 말씀드리고 싶습니다. 이 글을 읽으시는 모든 분들이 좋은 결과를 받으시기를 바랍니다!

❖ 본 독자 후기는 실제 SD에듀의 도서를 통해 공부하여 합격한 독자들께서 보내주신 후기를 재구성한 것입니다.

도서 200% 활용하기

01 기출복원문제로 출제 경향 파악

▶ 2022년 상반기 주요 공기업 NCS 기출문제를 복원하여 공기업별 NCS 필기 유형을 파악할 수 있도록 하였다.

02 모듈이론 + 기출유형 + 기출예상문제로 필기전형 완벽 대비

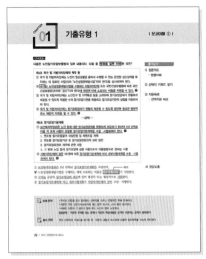

▶ 인천메트로서비스 NCS 출제 영역에 대한 모듈이론과 기출유형을 수록하여 NCS 문제에 대한 접근 전략을 익히고 점검할 수 있도록 하였다.

▶ NCS 기출예상문제를 수록하여 효과적으로 학습할 수 있도록 하였다.

03 실전모의고사 + OMR을 활용한 실전 연습

▶ 실전모의고사와 OMR 답안카드를 수록하여 실제로 시험을 보는 것처럼 최종 마무리 연습을 할 수 있도록 하였다.

▶ 모바일 OMR 답안채점/성적분석 서비스를 통해 필기전형에 대비할 수 있도록 하였다.

04 인성검사부터 면접까지 한 권으로 최종 마무리

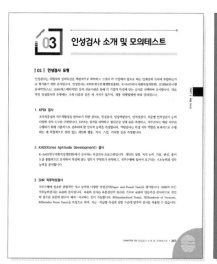

▶ 인성검사 모의테스트를 통해 인성검사 유형 및 문항을 확인할 수 있도록 하였다.

▶ 인천메트로서비스 관련 뉴스 & 이슈와 면접 예상질문을 통해 면접에서 나오는 질문을 미리 파악할 수 있도록 하였다.

뉴스 이슈

인천메트로서비스,
서울메트로환경과 MOU 체결

◀ 2022.07.18.(월)

인천메트로서비스는 서울메트로환경과 18일 업무협약(MOU)을 체결했다고 밝혔다.

지난해 7월 30일 설립된 인천메트로서비스는 인천교통공사의 자회사로서 인천 1호선, 서울 7호선(인천 · 부천 구간), 월미바다열차의 역사운영과 청소, 시설관리 서비스를 제공하고 있다.

이날 협약은 유사한 업무(청소)를 수행하고 있는 양 기관이 서비스 품질 향상 및 안전한 교통 서비스를 제공하기 위하여 협력관계를 구축하고자 마련됐다.

이번 협약의 내용으로는 중대재해처벌법 강화에 따른 사업장 안전보건 조치 및 근로자 작업환경 개선 방안 교류, 공동 사업 분야(청소)에 대한 업무상 교류, 기타 업무상 Know-How 및 우수사례 공유이며, 이를 통해 최적의 고객서비스를 제공하는 것이 목표이다.

강도희 대표이사는 "서울 1~4호선 120개 역의 청소 및 경비 업무를 성공적으로 수행하고 있는 서울메트로환경과 업무협약을 맺게 되어 기쁘다."라며, "이번 협약을 통해 상호 존중과 신뢰를 바탕으로 공동 발전할 수 있는 계기가 되었으면 좋겠다."라고 말했다.

KEYWORD

⋯› 안전보건 : 근로자를 재해나 질병으로부터 보호하기 위해 직장의 안전과 보건을 확립하는 것

예상 면접 질문

⋯› 인천메트로서비스가 안전한 교통 서비스 제공을 위해 할 수 있는 일에 대해 말해 보시오.
⋯› 인천메트로서비스가 안전보건 조치 노하우를 바탕으로 어떠한 사업을 계획할 수 있을지 말해 보시오.

뉴스이슈

인천메트로서비스, 중대재해처벌법 대응 간담회 시행

◀ 2022.06.02.(목)

인천메트로서비스는 2일 중대재해처벌법 대응 및 역량 강화의 일환으로서 관리감독자 대상 중대재해처벌법 관련 교육 및 간담회를 가졌다. 이날 교육은 인천메트로서비스 관리감독자의 중대재해처벌법 이해도를 높여 중대산업재해 및 중대시민재해 예방과 함께 안전에 대한 인식의 전환과 대응 역량을 향상시키고자 마련됐다.

교육 내용으로는 중대재해처벌법 목적, 중대재해처벌법 주요 내용, 중대재해처벌법 시행에 따른 경영책임자 등의 안전보건 확보 의무, 산업안전보건법 비교, 주요 산업재해 예방을 위한 준수 사항 등이었다.

인천메트로서비스는 이번 교육을 통해 관리감독자들과 함께 중대재해처벌법 시행에 따른 대응책을 점검하고 관리감독자의 대응 역량 향상 및 안전ㆍ보건 경영방침을 준수함으로써 산업재해 및 시민재해를 동시에 예방하는 계기가 될 것으로 보고 있다.

강도희 대표이사는 "이번 교육을 통해 중대산업재해 및 중대시민재해예방 강화와 함께 안전에 대한 지속적이고 적극적인 관심을 갖고 위험요인 방치 등이 발생하지 않도록 최선의 노력을 다하겠다."라고 말했다.

KEYWORD

⋯ **중대재해처벌법** : 사업 또는 사업장, 공중이용시설 및 공중교통수단을 운영하거나 인체에 해로운 원료나 제조물을 취급하면서 안전ㆍ보건 조치의무를 위반하여 인명피해를 발생하게 한 사업주, 경영책임자, 공무원 및 법인의 처벌 등을 규정한 법

예상 면접 질문

⋯ 중대재해처벌법에 대해 아는 대로 설명하고, 그 중요성에 대해 말해 보시오.
⋯ 인천메트로서비스가 중대재해 예방을 위해 할 수 있는 일에 대해 말해 보시오.

인천메트로서비스,
7호선 등 새로운 영업 준비 만전

◀ 2021.12.29.(수)

2022년 1월 1일로 월미바다열차, 7호선 일부 구간의 역무위탁, 청소, 시설관리를 새롭게 맡게 된 인천메트로서비스가 영업 개시를 위한 직원 교육 및 배치 등 준비에 만전을 기하고 있다.

2022년부터 모회사인 인천교통공사가 서울교통공사로부터 7호선 인천 · 부천 구간의 운영권을 인수함에 따라 인천메트로서비스에서는 7호선 11개 역의 청소, 시설관리업무와 5개 역의 역무 업무를 담당하게 되었고, 인천교통공사에서 직접 운영하던 월미바다열차의 역무 업무 또한 수탁 운영하기로 했다.

인천메트로서비스는 그동안 도급역에서 비정규직이 담당해 오던 인천 1호선 13개 역 역무 및 청소 위탁 사업에 대해 지난 10월 1일부터 정규직으로 전환 채용하여 운영해 왔으며, 이번 신규 사업의 원활한 운영을 위해 숙달된 역무원 중 3명을 선정하여 역장으로 승진시키는 인사를 단행했다.
이번에 승진한 홍동우 동수역장은 "도급역 역무원으로 21년간 일해 왔는데 정규직으로 전환되고 그동안 일했던 경력과 성과를 인정받아 역장으로 일할 수 있게 되어 매우 기쁘다."라며, "앞으로 사명감을 갖고 고객과 직원을 두루 살피는 역장이 되겠다."라는 소감을 밝혔다.

인천메트로서비스 강도희 대표이사는 "인천교통공사의 자회사로서 본격적인 영업을 시작하는 시점이기에 여러모로 감회와 각오가 남다르다."라며, "비정규직 근로자의 희망을 안고 시작하는 회사인 만큼 근로자들의 고충에 귀를 기울이며 안전하고 편안한 시민의 발로 더불어 상생하는 모습을 인정받도록 하겠다."라고 말했다.

K EYWORD

⋯▸ **7호선** : 경기도 의정부시에서 서울특별시를 거쳐 광명시, 그리고 다시 서울시, 부천시, 인천광역시 부평구와 서구까지 연결된 도시철도 노선

예 상 면접 질문

⋯▸ 인천메트로서비스가 진행하고 있는 역무 업무에 대해 아는 대로 설명해 보시오.
⋯▸ 인천메트로서비스가 보유한 기술에는 어떠한 것이 있는지 아는 대로 말해 보시오.

뉴스이슈

인천교통공사 자회사 인천메트로서비스,
2021년 10월 1일부터 영업 시작

◀ 2021.10.01.(금)

인천교통공사 자회사인 인천메트로서비스는 1일부터 본격적인 영업을 시작한다고 밝혔다.

인천메트로서비스는 인천교통공사가 전액 출자한 역무·시설관리·청소 업무를 전문으로 하는 자회사로서 지난 7월 법인설립을 시작으로 조직구성, 채용, 사규제정 등 운영준비에 만전을 기해 왔으며, 정규직으로 전환 채용된 역무도급 직원 136명 등 148명의 임직원으로 영업을 개시하게 됐다.

그간 도급역으로 운영해 왔던 인천 1호선 13개 역을 시작으로 2022년 1월 1일부터는 서울 7호선 인천·부천 구간과 월미바다열차 운영 분야로 영업범위를 확대해 총 341명의 인력으로 운영할 예정이다.

이날 인천메트로서비스 본사에서 개최된 입사환영식에서 강도희 대표이사는 "도급역에서 근무했던 직원들이 정규직 전환을 통해 인천메트로서비스 가족이 되어 매우 기쁘게 생각한다."라며, "회사의 경영시스템 조기 구축을 통한 안정적 기반에서 고객서비스 품질이 향상될 수 있도록 최선을 다하겠다."라고 포부를 밝혔다.

KEYWORD

···▶ 월미바다열차 : 인천 월미도를 순환하는 국내 최장 도심형 관광모노레일

예상 면접 질문

···▶ 인천메트로서비스가 인력 양성을 위해 할 수 있는 일에 대해 말해 보시오.

이 책의 차례

Add+
2022년 상반기
주요 공기업 NCS
기출복원문제

| 코레일 한국철도공사 / 의사소통능력

01 다음 〈보기〉를 참고할 때, 문법적 형태소가 가장 많이 포함된 문장은?

> **보기**
>
> 문법형태소(文法形態素) 또는 형식형태소(形式形態素)는 문법적 의미가 있는 형태소로 어휘형태소와 함께 쓰여 그들 사이의 관계를 나타내는 기능을 하는 형태소를 말한다. 한국어에서는 조사와 어미가 이에 해당한다. 의미가 없고 문장의 형식 구성을 보조한다는 의미에서 형식형태소(形式形態素)라고도 한다.

① 동생이 나 몰래 사탕을 먹었다.
② 우리 오빠는 키가 작았다.
③ 봄이 오니 산과 들에 꽃이 피었다.
④ 나는 가게에서 김밥과 돼지고기를 샀다.
⑤ 지천에 감자꽃이 가득 피었다.

| 코레일 한국철도공사 / 의사소통능력

02 다음 중 밑줄 친 단어가 문맥상 옳지 않은 것은?

① 효율적인 회사 운영을 위해 회의를 <u>정례화(定例化)</u>해야 한다는 주장이 나왔다.
② 그 계획은 아무래도 <u>중장기적(中長期的)</u>으로 봐야 할 필요가 있다.
③ 그 문제를 해결하기 위해서는 표면적이 아닌 <u>피상적(皮相的)</u>인 이해가 필요하다.
④ 환경을 고려한 신제품을 출시하는 기업들의 <u>친환경(親環境)</u> 마케팅이 유행이다.
⑤ 인생의 중대사를 정할 때는 충분한 <u>숙려(熟慮)</u>가 필요하다.

| 코레일 한국철도공사 / 의사소통능력

03 다음 문장 중 어법상 옳은 것은?

① 오늘은 날씨가 추우니 옷의 지퍼를 잘 잠거라.
② 우리 집은 매년 김치를 직접 담궈 먹는다.
③ 그는 다른 사람의 만류에도 서슴지 않고 악행을 저질렀다.
④ 염치 불구하고 이렇게 부탁드리겠습니다.
⑤ 우리집 뒷뜰에 개나리가 예쁘게 피었다.

04 다음 제시된 문단을 논리적 순서대로 바르게 나열한 것은?

> (가) 천일염 안전성 증대 방안 5가지가 '2022 K – 농산어촌 한마당'에서 소개됐다. 첫째, 함수(농축한 바닷물)의 청결도를 높이기 위해 필터링(여과)을 철저히 하고, 둘째, 천일염전에 생긴 이끼 제거를 위해 염전의 증발지를 목제 도구로 완전히 뒤집는 것이다. 그리고 셋째, 염전의 밀대ㆍ운반 도구 등을 식품 용기에 사용할 수 있는 소재로 만들고, 넷째, 염전 수로 재료로 녹 방지 기능이 있는 천연 목재를 사용하는 것이다. 마지막으로 다섯째, 염전 결정지의 바닥재로 장판 대신 타일(타일염)이나 친환경 바닥재를 쓰는 것이다.
>
> (나) 한편, 천일염과 찰떡궁합인 김치도 주목을 받았다. 김치를 담글 때 천일염을 사용하면 김치의 싱싱한 맛이 오래 가고 식감이 아삭아삭해지는 등 음식궁합이 좋다. 세계김치연구소는 '발효과학의 중심, 김치'를 주제로 관람객을 맞았다. 세계김치연구소 이창현 박사는 "김치는 중국ㆍ일본 등 다른 나라의 채소 절임 식품과 채소를 절이는 단계 외엔 유사성이 전혀 없는 매우 독특한 식품이자 음식 문화"라고 설명했다.
>
> (다) K – 농산어촌 한마당은 헬스경향ㆍ한국농수산식품유통공사에서 공동 주최한 박람회이다. 해양수산부 소속 국립수산물품질관리원은 천일염 부스를 운영했다. 대회장을 맡은 국회 농림축산식품해양수산위원회 소속 서삼석 의원은 "갯벌 명품 천일염 생산지인 전남 신안을 비롯해 우리나라의 천일염 경쟁력은 세계 최고 수준"이라며 "이번 한마당을 통해 국산 천일염의 우수성이 더 많이 알려지기를 기대한다."라고 말했다.

① (가) – (나) – (다)
② (가) – (다) – (나)
③ (나) – (다) – (가)
④ (다) – (가) – (나)
⑤ (다) – (나) – (가)

05 K교수는 실험 수업을 진행하기 위해 화학과 학생들을 실험실에 배정하려고 한다. 실험실 한 곳에 20명씩 입실시키면 30명이 들어가지 못하고, 25명씩 입실시키면 실험실 2개가 남는다. 이를 만족하기 위한 최소한의 실험실은 몇 개인가?(단, 실험실의 개수는 홀수이다)

① 11개
② 13개
③ 15개
④ 17개
⑤ 19개

06 2022년 새해를 맞아 K공사에서는 직사각형의 사원증을 새롭게 제작하려고 한다. 기존의 사원증은 개당 제작비가 2,800원이고 가로와 세로의 비율이 1 : 2이다. 기존의 디자인에서 크기를 변경할 경우, 가로의 길이가 0.1cm 증감할 때마다 제작비용은 12원이 증감하고, 세로의 길이가 0.1cm 증감할 때마다 제작비용은 22원이 증감한다. 새로운 사원증의 길이가 가로 6cm, 세로 9cm이고, 제작비용은 2,420원일 때, 디자인을 변경하기 전인 기존 사원증의 둘레는 얼마인가?

① 30cm   ② 31cm

③ 32cm   ④ 33cm

⑤ 34cm

07 K사는 동일한 제품을 A공장과 B공장에서 생산한다. A공장에서는 시간당 1,000개의 제품을 생산하고, B공장에서는 시간당 1,500개의 제품을 생산하며, 이 중 불량품은 A공장과 B공장에서 매시간 45개씩 발생한다. 지난 한 주간 A공장에서는 45시간, B공장에서는 20시간 동안 이 제품을 생산하였을 때, 생산된 제품 중 불량품의 비율은 얼마인가?

① 3.7%   ② 3.8%

③ 3.9%   ④ 4.0%

⑤ 4.1%

08 K강사는 월요일부터 금요일까지 매일 4시간 동안 수업을 진행한다. 다음 〈조건〉에 따라 주간 NCS 강의 시간표를 짤 때, 가능한 경우의 수는 모두 몇 가지인가?(단, 4교시 수업과 다음날 1교시 수업은 연속된 수업으로 보지 않는다)

> **조건**
>
> • 문제해결능력 수업은 4시간 연속교육으로 진행해야 하며, 주간 총 교육시간은 4시간이다.
> • 수리능력 수업은 3시간 연속교육으로 진행해야 하며, 주간 총 교육시간은 9시간이다.
> • 자원관리능력 수업은 2시간 연속교육으로 진행해야 하며, 주간 총 교육시간은 4시간이다.
> • 의사소통능력 수업은 1시간 교육으로 진행해야 하며, 주간 총 교육시간은 3시간이다.

① 40가지   ② 80가지

③ 120가지   ④ 160가지

⑤ 200가지

09 다음 기사의 내용으로 미루어 볼 때, 청년 고용시장에 대한 〈보기〉의 정부 관계자들의 태도로 가장 적절한 것은?

> 정부가 향후 3 ~ 4년을 청년실업 위기로 판단한 것은 에코세대(1991 ~ 1996년생・베이비부머의 자녀세대)의 노동시장 진입 때문이었다. 에코세대가 본격적으로 취업전선에 뛰어들면서 일시적으로 청년실업 상황이 더 악화될 것이라고 생각했다.
>
> 2021년을 기점으로 청년인구가 감소하기 시작하면 청년실업 문제가 일부 해소될 것이라는 정부의 전망도 이런 맥락에서 나왔다. 고용노동부 임서정 고용정책실장은 "2021년 이후 인구문제와 맞물리면 청년 고용시장 여건은 좀 더 나아질 것이라 생각한다."라고 말했다.
>
> 그러나 청년인구 감소가 청년실업 문제 완화로 이어질 것이란 생각은 지나치게 낙관적이라는 지적도 나오고 있다. 한국노동연구원 김유빈 부연구위원은 "지금의 대기업과 중소기업, 정규직과 비정규직 간 일자리 질의 격차를 해소하지 않는 한 청년실업 문제는 더 심각해질 수 있다."라고 우려했다. 일자리 격차가 메워지지 않는 한 질 좋은 직장을 구하기 위해 자발적 실업상황조차 감내하는 현 청년들의 상황이 개선되지 않을 것이기 때문이다.
>
> 한국보다 먼저 청년실업 사태를 경험한 일본을 비교대상으로 거론하는 것도 적절하지 않다는 지적이 나온다. 일본의 경우 청년인구가 줄면서 청년실업 문제는 상당 부분 해결됐다. 하지만 이는 '단카이 세대(1947 ~ 1949년에 태어난 일본의 베이비부머)'가 노동시장에서 빠져나오는 시점과 맞물렸기 때문에 가능했다. 베이비부머가 1 ~ 2차에 걸쳐 넓게 포진된 한국과는 상황이 다르다는 것이다.
>
> 김 부연구위원은 "일본에서도 (일자리) 질적 문제는 나타나고 있다."며 "일자리 격차가 큰 한국에선 문제가 더 심각하게 나타날 수 있어 중장기적 대책이 필요하다."고 말했다.

보기

- 기재부 1차관 : '구구팔팔(국내 사업체 중 중소기업 숫자가 99%, 중기 종사자가 88%란 뜻)'이란 말이 있다. 중소기업을 새로운 성장동력으로 만들어야 한다. 취업에서 중소기업 선호도는 높지 않다. 여러 가지 이유 중 임금 격차도 있다. 청년에게 중소기업에 취업하고자 하는 유인을 줄 수 있는 수단이 없다. 그 격차를 메워 의사 결정의 패턴을 바꾸자는 것이다. 앞으로 에코세대의 노동시장 진입하는 4년 정도가 중요한 시기이다.
- 고용노동부 고용정책실장 : 올해부터 3 ~ 4년은 인구 문제가 크고, 그로 인한 수요・공급 문제가 있다. 개선되는 방향으로 가더라도 '에코세대' 대응까지 맞추기 쉽지 않다. 때문에 집중투자를 해야 한다. 3 ~ 4년 후에는 격차를 줄여가기 위한 대책도 병행하겠다. 이후부터는 청년의 공급이 줄어들기 때문에 인구 측면에서 노동시장에 유리한 조건이 된다.

---

① 올해를 가장 좋지 않은 시기로 평가하고 있다.
② 현재 회복국면에 있다고 판단하고 있다.
③ 실제 전망은 어둡지만, 밝은 면을 강조하여 말하고 있다.
④ 에코세대의 노동시장 진입을 통해 청년실업 위기가 해소될 것으로 기대하고 있다.
⑤ 한국의 상황이 일본보다 낫다고 평가하고 있다.

10 다음 중 제시된 보도자료의 내용으로 가장 적절한 것은?

이용자도 보행자도 안전하게, 전동킥보드 관련 규정 강화

개인형 이동장치 관련 강화된 도로교통법 시행
무면허 운전 10만 원, 안전모 미착용 2만 원, 2인 이상 탑승 4만 원 범칙금 부과
안전한 이용 문화 정착 위해 캠페인·교육 등 집중홍보 및 단속 실시

국무조정실, 국토부, 행안부, 교육부, 경찰청은 전동킥보드 등 개인형 이동장치 운전자의 안전을 강화한 도로교통법 개정안이 시행됨에 따라, 개인형 이동장치의 안전한 이용문화 정착을 위해 범정부적으로 안전단속 및 홍보활동 등을 강화해 나간다고 밝혔습니다.

정부는 개인형 이동장치(PM; Personal Mobility)가 최근 새로운 교통수단으로 이용자가 증가함에 따라 안전한 운행을 유도하기 위해 지난해부터 안전기준을 충족한 개인형 이동장치에 한해 자전거도로통행을 허용했고, 그에 맞춰 자전거와 동일한 통행방법과 운전자 주의의무 등을 적용해 왔습니다. 다만, 청소년들의 개인형 이동장치 이용 증가에 대한 우려와 운전자 주의의무 위반에 대한 제재가 없어 실효성이 없다는 문제 제기가 있었고, 지난해 강화된 도로교통법이 국회를 통과하였습니다.

이번에 시행되는 개인형 이동장치와 관련된 법률의 세부 내용은 다음과 같습니다.

- (운전 자격 강화) 원동기 면허 이상 소지한 운전자에 대해서만 개인형 이동장치를 운전할 수 있도록 하고, 무면허 운전 시 10만 원의 범칙금을 부과합니다.
- (처벌 규정 신설) 인명 보호 장구 미착용(범칙금 2만 원), 승차정원 초과 탑승(범칙금 4만 원) 및 어린이(13세 미만) 운전 시 보호자(과태료 10만 원)에게 범칙금·과태료를 부과함으로써 개인형 이동장치 운전자 주의의무에 대한 이행력을 강화하였습니다.

정부는 강화된 법률의 시행을 계기로 안전한 개인형 이동장치 이용문화가 정착될 수 있도록 단속 및 캠페인 등 대국민 홍보를 강화해 나갈 계획입니다. 관계부처 – 지자체 – 유관기관 등과 함께 개인형 이동장치 이용이 많은 지하철 주변, 대학교, 공원 등을 중심으로 안전 캠페인을 실시하고, 경찰청을 중심으로 보도 통행 금지, 인명 보호 장구 미착용, 승차정원 초과 등 주요 법규 위반 행위에 대해 단속과 계도를 병행함과 동시에 홍보 활동을 진행할 예정입니다. 그리고 초·중·고 학생을 대상으로 '찾아가는 맞춤형 교육'을 실시하고, 학부모 대상 안내문을 발송하는 등 학생들이 강화된 도로교통법을 준수할 수 있도록 학교·가정에서 교육을 강화해 나갈 계획입니다. 또한, 공유 개인형 이동장치 어플 내에 안전수칙 팝업 공지, 주·정차 안내 등 개인형 이동장치 민·관 협의체와의 협력을 강화해 나갈 예정입니다. 아울러, 개인형 이동장치 안전 공익광고 영상을 TV·라디오 등에 송출하고, 카드뉴스·웹툰 등 온라인 홍보물을 제작하여 유튜브·SNS 등을 통해 확산해 나가는 한편, KTX·SRT역, 전광판, 아파트 승강기 모니터 등 국민 생활 접점 매체를 활용한 홍보도 추진해 나갈 예정입니다.

정부 관계자는 새로운 교통수단으로 개인형 이동장치의 이용객이 증가함에 따라 관련 사고*도 지속적으로 증가하는 만큼 반드시 안전수칙을 준수할 것을 당부하였습니다. 특히, 개인형 이동장치는 친환경적이고 편리한 교통수단으로 앞으로도 지속해서 이용자가 증가할 것으로 전망되는 만큼 개인형 이동장치의 안전한 이용문화 확립이 무엇보다 중요하며, 올바른 문화가 정착할 수 있도록 국민들의 많은 관심과 참여를 강조하였습니다.

* 최근 3년 PM 관련 사고(사망) 건수 : 2018년 : 225건(4명) → 2019년 : 447건(8명) → 2020년 : 897건(10명)

① 산업부는 지난해부터 안전기준을 충족한 개인형 이동장치의 자전거도로 주행을 허용하였다.
② 개인형 이동장치 중 전동킥보드는 제약 없이 자전거도로를 자유롭게 이용할 수 있다.
③ 개인형 이동장치로 인한 사망사고는 점차 감소하고 있다.
④ 13세 이상인 사람은 모두 개인형 이동장치를 운전할 수 있다.
⑤ 일반인을 대상으로 한 전동킥보드 운행 규정 관련 홍보를 진행할 예정이다.

| 한국전력공사 / 의사소통능력

11 다음 글의 내용으로 적절하지 않은 것은?

> 전남 나주시가 강소연구개발특구 운영 활성화를 위해 한국전력, 특구기업과의 탄탄한 소통 네트워크 구축에 나섰다. 나주시는 혁신산업단지에 소재한 에너지신기술연구원에서 전남도, 한국전력공사, 강소특구 44개 기업과 전남 나주 강소연구개발특구 기업 커뮤니티 협약을 체결했다고 밝혔다.
>
> 이번 협약은 각 주체 간 정보 교류, 보유 역량 활용 등을 위해 특구기업의 자체 커뮤니티 구성에 목적을 뒀다. 협약 주체들은 강소특구 중장기 성장모델과 전략수립 시 공동으로 노력을 기울이고, 적극적인 연구개발(R&D) 참여를 통해 상호 협력의 밸류체인(Value Chain)을 강화하기로 했다.
>
> 커뮤니티 구성에는 총 44개 기업이 참여해 강소특구 주력사업인 지역특성화육성사업에 부합하는 에너지효율화, 특화사업, 지능형 전력그리드 등 3개 분과로 운영된다. 또한 ㈜한국항공조명, ㈜유진테크노, ㈜미래이앤아이가 분과 리더기업으로 각각 지정돼 커뮤니티 활성화를 이끌 예정이다.
>
> 나주시와 한국전력공사는 협약을 통해 기업 판로확보와 에너지산업 수요·공급·연계 지원 등 특구기업과의 동반성장 플랫폼 구축에 힘쓸 계획이다.
>
> 한국전력공사 기술기획처장은 "특구사업의 선택과 집중을 통한 차별화된 지원을 추진하고, 기업 성장단계에 맞춘 효과적 지원을 통해 오는 2025년까지 스타기업 10개사를 육성하겠다."라는 계획을 밝혔다.
>
> 나주시장 권한대행은 "이번 협약을 통해 기업 수요 기반 통합정보 공유로 각 기업의 성장단계별 맞춤형 지원을 통한 기업 경쟁력 확보와 동반성장 인프라 구축에 힘쓰겠다."라고 말했다.

① 나주시와 한국전력공사는 협약을 통해 기업의 판로 확보와 에너지산업 연계 지원 등을 꾀하고 있다.
② 나주시의 에너지신기술연구원은 혁신산업단지에 위치해 있다.
③ 협약 주체들은 한국전력공사와 강소특구의 여러 기업들이다.
④ 협약의 커뮤니티 구성은 총 3개 분과로 이루어져 있고, 각 분과마다 2개의 리더 그룹이 분과를 이끌어갈 예정이다.
⑤ 협약에 참여한 기업들은 연구 개발 활동에 적극적으로 참여해야 한다.

12 다음 글을 읽고 추론할 수 있는 내용으로 적절하지 않은 것은?

현재 화성을 탐사 중인 미국의 탐사 로버 '퍼시비어런스'는 방사성 원소인 플루토늄이 붕괴하면서 내는 열을 전기로 바꿔 에너지를 얻는다. 하지만 열을 전기로 바꾸는 변환 효율은 4 ~ 5%에 머물고 있다. 전기를 생산하기 어려운 화성에서는 충분히 쓸만하지만 지구에서는 효율적인 에너지원이 아니다. 그러나 최근 국내 연구팀이 오랫동안 한계로 지적된 열전 발전의 효율을 20% 이상으로 끌어올린 소재를 개발했다. 지금까지 개발된 열전 소재 가운데 세계에서 가장 효율이 높다는 평가다.

서울대 화학생물공학부 교수팀은 메르쿠리 카나치디스 미국 노스웨스턴대 화학부 교수 연구팀과 공동으로 주석과 셀레늄을 이용한 다결정 소재를 이용해 세계 최초로 열전성능지수(zT) 3을 넘기는데 성공했다고 밝혔다.

전 세계적으로 생산된 에너지의 65% 이상은 사용되지 못하고 열로 사라진다. 온도차를 이용해 전기를 생산하는 열전 기술은 이러한 폐열을 전기에너지로 직접 변환할 수 있다. 하지만 지금까지 개발된 소재들은 유독한 납과 지구 상에서 8번째로 희귀한 원소인 텔루늄을 활용하는 등 상용화에 어려움이 있었다. 발전 효율이 낮은 것도 문제였다. 때문에 퍼시비어런스를 비롯한 화성탐사 로버에 탑재된 열전소재도 낮은 효율을 활용할 수밖에 없었다.

카나치디스 교수팀은 이를 대체하기 위한 소재를 찾던 중 2014년 셀레늄화주석 단결정 소재로 zT 2.6을 달성해 국제학술지 '네이처'에 소개했다. 그러나 다이아몬드처럼 만들어지는 단결정 소재는 대량 생산이 어렵고 가공도 힘들어 상용화가 어렵다는 점이 문제로 꼽혔다. 이를 다결정으로 만들면 열이 결정 사이를 오가면서 방출돼 열전효율이 낮아지는 문제가 있었다. 또 결과가 재현되지 않아 네이처에 셀레늄화 주석 소재의 열전성능에 대해 반박하는 논문이 나오기도 했다.

연구팀은 셀레늄화주석의 구조를 분석해 원인을 찾았다. 주석을 활용하는 소재인 페로브스카이트 전고체 태양전지를 세계 처음으로 만든 교수팀은 순도 높은 주석이라도 표면이 산화물로 덮인다는 점을 주목했다. 열이 전도성 물질인 산화물을 따라 흐르면서 열전효율이 떨어진 것이다. 연구팀은 주석의 산화물을 제거한 후 셀레늄과 반응시키고 이후로도 추가로 순도를 높이는 공정을 개발해 문제를 해결했다.

연구팀이 개발한 주석셀레늄계(SnSe) 신소재는 기존 소재보다 월등한 성능을 보였다. 신소재는 섭씨 510도에서 zT가 3.1인 것으로 나타났고 소재 중 처음으로 3을 돌파했다. 납 텔루늄 소재 중 지금까지 최고 성능을 보인 소재의 zT가 2.6이었던 것을 감안하면 매우 높은 수치다. 에너지 변환효율 또한 기존 소재들이 기록한 5 ~ 12%보다 높은 20% 이상을 기록했다. 연구팀은 "지도교수였던 카나치디스 교수에게도 샘플을 보내고 열전도도를 측정하는 회사에도 소재를 보내 교차검증을 통해 정확한 수치를 얻었다."라고 말했다.

① 화성 탐사 로버 '퍼시비어런스'는 열을 전기로 바꿔 에너지원으로 삼지만, 그 효율은 5퍼센트 정도에 그쳤다.
② 현재까지 한국에서 개발한 열전소재가 가장 열전효율이 높다.
③ 주석셀레늄계 신소재는 어떤 환경에서든 열전발전의 효율 지수(zT)가 3.1을 넘는다.
④ 열전소재에 전기가 통하는 물질이 있다면 열전효율이 저하될 수 있다.
⑤ 주석셀레늄계 신소재는 열전발전의 효율이 기존보다 4배 이상 높다.

13 다음 글을 읽고 '넛지효과'의 예시로 적절하지 않은 것은?

우리 대다수는 이메일을 일상적으로 사용하면서 가끔 첨부 파일을 깜빡 잊는 실수를 종종 범한다. 만약 이메일 서비스 제공 업체가 제목이나 본문에 '파일 첨부'란 단어가 있음에도 사용자가 파일을 첨부하지 않을 경우 '혹시 첨부해야 할 파일은 없습니까?'라고 발송 전 미리 알려주면 어떨까? 예시로 안전벨트 미착용 문제를 해결하기 위해 지금처럼 경찰이 단속하고 과태료를 물리는 것보다 애초에 안전벨트를 착용하지 않으면 주행이 되지 않게 설계하는 것은 어떨까? 이처럼 우리 인간의 선택과 행동을 두고 규제, 단속, 처벌보다는 부드럽게 개입하는 방식은 어떨까?

넛지(Nudge)는 강압적이지 않은 방법으로 사람들의 행동을 바꾸는 현상을 의미한다. 넛지의 사전적 의미는 '팔꿈치로 슬쩍 찌르다.', '주의를 환기하다.'인데, 시카고대 교수인 행동경제학자 리처드 탈러(Richard H. Thaler)와 하버드대 로스쿨 교수 캐스 선스타인(Cass R. Sunstein)은 2008년 "Nudge; Improving Decisions about Health, Wealth, and Happiness"라는 책을 내놓으면서 넛지를 '사람들의 선택을 유도하는 부드러운 개입'이라고 정의하였다. 이 책은 세계 여러 나라에서 번역되었는데, 특히 한국에서는 2009년 봄 "넛지; 똑똑한 선택을 이끄는 힘"이라는 제목으로 출간된 이후 대통령이 여름휴가 때 읽고 청와대 직원들에게 이 책을 선물하면서 화제가 되었다.

부드러운 간섭을 통한 넛지효과를 활용해 변화를 이끌어낸 사례는 많다. 그중에서 기업마케팅 전략으로 '넛지마케팅'이 최근 각광받고 있다. 예를 들어, 제품을 효율적으로 재배치만 해도 특정 상품의 판매를 늘릴 수 있다는 연구결과가 속속 나오고 있다. 그렇다면 설탕을 줄인 제품을 잘 보이는 곳에 진열하면 어떨까? 최근 각국에서 비만의 사회적 비용을 줄이기 위한 설탕세(Soda Tax, Sugar Tax, Sugary Drinks Tax) 도입을 두고 찬반 논쟁이 치열한데 징벌적 성격의 세금부과보다 넛지효과를 이용해 설탕 소비 감소를 유도하는 것은 어떤가? 우리나라 미래를 이끌 20 ~ 30대 청년의 초고도비만이 가파르게 증가하는 현실에서 소아비만과 청년비만 대응책으로 진지하게 생각해 볼 문제이다.

이처럼 공익적 목적으로 넛지효과를 사용하는 현상을 '넛지 캠페인'이라 한다. 특히 개인에게 '넛지'를 가할 수 있는 "선택 설계자(Choice Architecture)"의 범위를 공공영역으로 확대하는 것은 공공선을 달성하기 위해 매우 중요하다.

① 계단을 이용하면 10원씩 기부금이 적립되어 계단 이용을 장려하는 '기부 계단'
② 쓰레기통에 쓰레기를 집어넣도록 유도하기 위해 농구 골대 형태로 만든 '농구대 쓰레기통'
③ 금연율을 높이기 위해 직접적이고 재미있는 'No담배' 문구를 창작한 캠페인
④ 계단을 오르내리면 피아노 소리가 나와 호기심으로 계단 이용을 장려하는 '피아노 계단'
⑤ 아이들의 손씻기를 장려하기 위해 비누 안에 장난감을 집어넣은 '희망 비누'

14 다음 글을 읽고 추론할 수 있는 내용으로 적절하지 않은 것은?

> 해외여행을 떠날 때, 필수품 중의 하나는 여행용 멀티 어댑터라고 볼 수 있다. 나라마다 사용 전압과 콘센트 모양이 다르기 때문에 여행자들은 어댑터를 이용해 다양한 종류의 표준전압에 대처하고 있다. 일본・미국・대만은 110V를 사용하고, 유럽은 220 ~ 240V를 사용하는 등 나라마다 이용 전압도 다르고, 주파수・플러그 모양・크기도 제각각으로 형성되어 있다.
>
> 그렇다면 세계 여러 나라는 전압을 통합해 사용하지 않고, 우리나라는 왜 220V를 사용할까?
>
> 한국도 처음 전기가 보급될 때는 11자 모양 콘센트의 110V를 표준전압으로 사용했다. 1973년부터 2005년까지 32년에 걸쳐 1조 4,000억 원을 들여 220V로 표준전압을 바꾸는 작업을 진행했다. 어렸을 때, 집에서 일명 '도란스(Trance)'라는 변압기를 사용했던 기억이 있다.
>
> 한국전력공사 승압 작업으로 인해 110V의 가전제품을 220V의 콘센트・전압에 이용했다. 220V 승압 작업을 진행했던 이유는 전력 손실을 줄이고 같은 굵기의 전선으로 많은 전력을 보내기 위함이었다. 전압이 높을수록 저항으로 인한 손실도 줄어들고 발전소에서 가정으로 보급하는 데까지의 전기 전달 효율이 높아진다. 쉽게 말해서 수도관에서 나오는 물이 수압이 높을수록 더욱더 강하게 나오는 것에 비유하면 되지 않을까 싶다.
>
> 한국전력공사에 따르면 110V에서 220V로 전압을 높임으로써 설비의 증설 없이 기존보다 2배 정도의 전기 사용이 가능해지고, 전기 손실도 줄어 세계 최저 수준의 전기 손실률을 기록하게 됐다고 한다. 물론 220V를 이용할 때 가정에서 전기에 노출될 경우 위험성은 더 높을 수 있다.
>
> 110V를 표준전압으로 사용하는 일본・미국은 비교적 넓은 대지와 긴 송전선로로 인해 220V로 전압을 높이려면 전력설비 교체 비용과 기존의 전자제품 이용으로 엄청난 비용과 시간이 소요되므로 승압이 어려운 상황이다. 또 지진이나 허리케인과 같은 천재지변으로 인한 위험성이 높고 유지 관리에 어려운 점, 다수의 민영 전력회사로 운영된다는 점도 승압이 어려운 이유라고 생각한다.
>
> 국가마다 표준전압이 달라서 조심해야 할 사항도 있다. 콘센트 모양만 맞추면 사용할 수 있겠다고 생각하겠지만 110V 가전제품을 우리나라로 가져와서 220V의 콘센트에 연결 후 사용하면 제품이 망가지고 화재나 폭발이 일어날 수도 있다. 반대로 220V 가전제품을 110V에 사용하면 낮은 전압으로 인해 정상적으로 작동되지 않는다. 해외에 나가서 가전제품을 이용하거나 해외 제품을 직접 구매해 가정에서 이용할 때는 꼭 주의하여 사용하기 바란다.

① 한국에 처음 전기가 보급될 때는 110V를 사용했었다.

② 일본과 미국에서는 전력을 공급하는 사기업들이 있을 것이다.

③ 1조 4,000억 원 가량의 예산을 들여 220V로 전환한 이유는 가정에서의 전기 안전성을 높이기 위함이다.

④ 220V로 전압을 높이면 전기 전달 과정에서 발생하는 손실을 줄여 효율적으로 가정에 전달할 수 있다.

⑤ 전압이 다른 가전제품을 변압기 없이 사용하면 위험하거나 제품의 고장을 초래할 수 있다.

15 다음 문단을 논리적 순서대로 바르게 나열한 것은?

(가) 이 플랫폼은 IoT와 클라우드 기반의 빅데이터 시스템을 통해 수소경제 전 주기의 데이터를 수집·활용해 안전 관련 디지털 트윈 정보와 인프라 감시, EMS, 수소·전력 예측 서비스 등을 제공하는 '통합 안전관리 시스템'과 수집된 정보를 한전KDN이 운영하는 마이크로그리드 전력관리시스템(MG – EMS)과 에너지 집중 원격감시 제어시스템(SCADA, Supervisory Control and Data Acquisition)으로부터 제공받아 실시간 인프라 감시정보를 관리자에게 제공하는 '에너지 통합감시 시스템'으로 구성된 솔루션이다.

특히, 수소도시의 주요 설비를 최상의 상태로 운영하고자 안전 포털 서비스, AI 예측 서비스, 에너지 SCADA, 디지털트윈, 수소설비 데이터 수집 및 표준화 기능을 제공하는 것이 특징이다.

한전KDN 관계자는 "한전KDN은 에너지 ICT 전문 공기업의 역할을 성실히 수행하며 올해 창립 30주년이 됐다."면서 "안정적 전력산업 운영 경험을 통한 최신 ICT 기술력을 국제원자력산업전 참가로 널리 알리고 사업 다각화를 통한 기회의 장으로 삼을 수 있도록 노력할 것"이라고 밝혔다.

(나) 국내 유일의 에너지 ICT 공기업인 한전KDN은 이번 전시회에 원전 전자파 감시시스템, 수소도시 통합관리 플랫폼 등 2종의 솔루션을 출품·전시했다.

원전 전자파 감시시스템'은 올해 새롭게 개발되고 있는 신규솔루션으로 국내 전자파 관련 규제 및 지침 법규에 따라 원자력발전소 내 무선통신 기반 서비스 운영설비의 전자파를 감시·분석해 안정성을 확보하고 이상 전자파로부터 원자력의 안전 운용을 지원하는 시스템이다.

특히, 이상 전자파 검증기준에 따라 지정된 배제구역(출입통제구역)에 설치된 민감기기의 경우 무단 출입자에 따른 안정을 확보하기 어렵다는 점을 극복하고자 현장 무선기기의 전자파 차단과 함께 실시간으로 민감기기 주변 전자파를 감시해 이상 전자파 감지 시 사용자 단말기에 경보 알람을 발생시키는 등 안정적인 발전소 관리에 기여할 것으로 기대된다.

한전KDN이 함께 전시하는 수소도시 통합관리 플랫폼은 정부가 추진하는 수소시범도시의 안전관리를 위한 것으로 수소 생산시설, 충전소, 파이프라인, 튜브 트레일러, 연료전지, 수소버스까지 다양한 수소도시의 설비운영과 안전관리를 위해 개발된 솔루션이다.

(다) 한전KDN이 4월 부산 벡스코(BEXCO)에서 열리는 2022 부산 국제원자력산업전에 참가했다. 올해 6회째를 맞는 국내 최대 원자력분야 전문 전시회인 부산 국제원자력산업전은 국내외 주요 원자력발전사업체들이 참가해 원전 건설, 원전 기자재, 원전 해체 등 원자력 산업 관련 전반과 함께 전기·전자통신 분야의 새로운 기술과 제품을 선보이며, 12개국 126개사 356부스 규모로 개최됐다.

① (가) – (나) – (다)　　　　　　② (나) – (가) – (다)
③ (나) – (다) – (가)　　　　　　④ (다) – (가) – (나)
⑤ (다) – (나) – (가)

16 G사는 직원들의 다면평가를 실시하고, 평가항목별 점수의 합으로 상대평가를 실시하여 성과급을 지급한다. 상위 25% 직원에게는 월급여의 200%, 상위 25 ~ 50% 이내의 직원에게는 월급여의 150%, 나머지는 월급여의 100%를 지급한다. 주어진 자료를 참고할 때, 수령하는 성과급의 차이가 A와 가장 적은 직원은?

〈경영지원팀 직원들의 평가 결과〉

(단위 : 점, 만 원)

직원	업무전문성	조직친화력	책임감	월급여
A	37	24	21	320
B	25	29	20	330
C	24	18	25	340
D	21	28	17	360
E	40	18	21	380
F	33	21	30	370

〈전체 직원의 평가 결과〉

구분	합산점수 기준
평균	70.4
중간값	75.5
제1사분위 수	50.7
제3사분위 수	79.8
표준편차	10.2

① B
② C
③ D
④ E
⑤ F

17 다음은 입사지원자 5명의 정보와 G사의 서류전형 평가기준이다. 5명의 지원자 중 서류전형 점수가 가장 높은 사람은 누구인가?

〈입사지원자 정보〉

지원자	전공	최종학력	제2외국어	관련 경력	자격증	특이사항
A	법학	석사	스페인어	2년	변호사	장애인
B	경영학	대졸	일본어	–	–	다문화가족
C	기계공학	대졸	–	3년	변리사	국가유공자
D	–	고졸	아랍어	7년	정보처리기사	–
E	물리학	박사	독일어	–	–	–

〈평가기준〉

1. 최종학력에 따라 대졸 10점, 석사 20점, 박사 30점을 부여한다.
2. 자연과학 및 공학 석사 이상 학위 취득자에게 가산점 10점을 부여한다.
3. 일본어 또는 독일어 가능자에게 20점을 부여한다. 기타 구사 가능한 제2외국어가 있는 지원자에게는 5점을 부여한다.
4. 관련업무 경력 3년 이상인 자에게 20점을 부여하고, 3년을 초과하는 추가 경력에 대해서는 1년마다 10점을 추가로 부여한다.
5. 변호사 면허 소지자에게 20점을 부여한다.
6. 장애인, 국가유공자, 보훈보상대상자에 대해 10점을 부여한다.

① A지원자
② B지원자
③ C지원자
④ D지원자
⑤ E지원자

18 흰색, 빨강색, 노랑색, 초록색, 검정색의 5가지 물감이 주어졌다. 다음 물감 조합표를 참고할 때, 주어진 5가지 물감으로 만들어 낼 수 없는 색상은?

〈물감 조합표〉

연분홍색=흰색(97)+빨강색(3)	황토색=노(90)+검(2)+빨(8)	진보라색=보라색(90)+검정색(10)
분홍색=흰색(90)+빨강색(10)	살구색=흰색(90)+주황색(10)	고동색=검정색(20)+빨강색(80)
진분홍색=흰색(80)+빨강색(20)	옥색=흰색(97)+초록색(3)	카키색=초록색(90)+검정색(10)
진노랑색=흰색(98)+노랑색(2)	연두색=노랑색(95)+파랑색(5)	연하늘색=흰색(97)+파랑색(3)
주황색=노랑(80)+빨강색(20)	초록색=노랑색(70)+파랑색(30)	하늘색=흰색(90)+파랑색(10)
연회색=흰색(98)+검정색(2)	청록색=노랑색(50)+파랑색(50)	진하늘색=흰색(80)+파랑색(20)
회색=흰색(95)+검정색(5)	고동색=빨강색(80)+검정색(20)	소라색=흰(90)+파(7)+빨(3)
진회색=흰색(90)+검정색(10)	연보라색=흰색(90)+보라색(10)	–
밝은황토색=갈색(98)+노랑색(2)	보라색=빨강색(70)+파랑색(30)	–

※ 괄호 안의 숫자는 비율을 뜻한다.

① 고동색   ② 연보라색
③ 살구색   ④ 카키색
⑤ 옥색

19 G공사는 인사이동에 앞서 각 직원들의 근무 희망부서를 조사하였다. 각 직원의 기존 근무부서, 이동 희망부서, 배치부서가 다음과 같을 때, 본인이 희망한 부서에 배치된 사람은 몇 명인가?

구분	기존부서	희망부서	배치부서
A	회계팀	인사팀	?
B	국내영업팀	해외영업팀	?
C	해외영업팀	?	?
D	홍보팀	?	홍보팀
E	인사팀	?	해외영업팀

조건

• A~E 다섯 사람은 각각 회계팀, 국내영업팀, 해외영업팀, 홍보팀, 인사팀 중 한 곳을 희망하였다.
• A~E 다섯 사람은 인사이동 후 회계팀, 국내영업팀, 해외영업팀, 홍보팀, 인사팀에 각 1명씩 근무한다.
• 본인이 근무하던 부서를 희망부서로 제출한 사람은 없다.
• B는 다른 직원과 근무부서를 서로 맞바꾸게 되었다.

① 0명   ② 1명
③ 2명   ④ 3명
⑤ 4명

20 G공사는 다음과 같은 기준으로 국내출장여비를 지급한다. 국내출장여비 지급 기준과 김차장의 국내출장 신청서를 참고할 때, 김차장이 받을 수 있는 여비는?

〈국내출장여비 지급 기준〉

- 직급은 사원 – 대리 – 과장 – 차장 – 부장 순이다.
- 사원을 기준으로 기본 교통비는 2만 원이 지급되며, 직급이 올라갈 때마다 기본 교통비에 10%씩 가산하여 지급한다. … ㉠
- 출장지까지의 거리가 50km 미만인 지역까지는 기본 교통비만 지급하며, 50km 이상인 지역은 50km를 지나는 순간부터 매 50km 구간마다 5천 원을 추가 지급한다. 예를 들어 출장지까지의 거리가 120km라면 기본 교통비에 1만 원을 추가로 지급받는다. … ㉡
- 출장지가 광주광역시, 전라남도인 경우에는 기본 교통비에 ㉠, ㉡이 적용된 금액을 그대로 지급받으며, 출장지가 서울특별시, 인천광역시, 경기도 남부인 경우 10%, 경기도 북부인 경우 15%, 강원도인 경우 20%, 제주특별자치도인 경우 25%의 가산율을 기본 교통비와 추가 여비의 합산 금액에 적용하여 교통비를 지급받는다. 기타 지역에 대해서는 일괄적으로 5%의 가산율을 기본 교통비와 추가 여비의 합산 금액에 적용한다.
- 지급금액은 백 원 단위에서 올림한다.

〈국내출장 신청서〉

- 성명 : 김건우
- 직급 : 차장
- 출장지 : 산업통상자원부(세종특별자치시 한누리대로 402)
- 출장지까지의 거리(자동계산) : 204km
- 출장목적 : 스마트그리드 추진 민관협의체 회의 참석

① 49,000원
② 50,000원
③ 51,000원
④ 52,000원
⑤ 53,000원

21 다음 중 토론의 정의에 대한 설명으로 가장 적절한 것은?

① 주어진 주제에 대하여 찬반을 나누어, 서로 논리적인 의견을 제시하면서 상대방의 의견이 이치에 맞지 않다는 것을 명확하게 하는 논의이다.

② 주어진 주제에 대하여 찬반을 나누어, 서로의 주장에 대한 논리적인 근거를 제시하면서, 상호 간의 타협점을 찾아가는 논의 방식이다.

③ 주어진 주제에 대한 자신의 의견을 밝히고 이에 대한 추론적인 근거를 들어가면서, 상대방과 청중을 설득하는 말하기이다.

④ 주어진 주제에 대하여 찬성하는 측과 반대하는 측이 다양한 의견을 제시하고, 제시된 의견에 대해 분석하면서 해결방안을 모색하는 말하기 방식이다.

⑤ 주어진 주제에 대하여 제시된 다양한 의견을 인정하고 존중하되, 자신의 의견에 대한 논리적인 근거를 제시하며 말하는 논의이다.

22 다음 중 개인차원에서의 인적자원관리에 대한 설명으로 가장 적절한 것은?

① 정치적, 경제적 또는 학문적으로 유대관계가 형성된 사람들과의 관계만을 국한적으로 관리하는 것을 의미한다.

② 자신과 직접적으로 관계가 형성된 사람들 또는 그런 사람들을 통해 관계가 형성된 사람들을 핵심 인맥, 그 밖의 우연한 계기로 관계가 형성된 사람들을 파생 인맥이라 지칭한다.

③ 개인은 핵심 인맥을 통하여 다양한 정보를 획득하고, 파생 인맥을 통하여 다양한 정보를 전파할 수 있다.

④ 개인의 인맥은 파생 인맥을 통해 끝없이 생겨날 수 있기 때문에, 한 개인의 인맥은 계속하여 확장될 수 있다.

⑤ 개인은 인적자원관리를 위해 핵심 인맥 및 파생 인맥의 능동성, 개발가능성, 전략적 자원을 고려하여 인맥 관리를 진행하여야 한다.

23 다음 중 인적자원의 특성에 대한 설명으로 옳은 것을 〈보기〉에서 모두 고르면?

보기
ㄱ. 인적자원은 가지고 있는 양과 질에 따라 공적에 기여하는 정도가 달라지는 수동적 성격의 자원에 해당한다.
ㄴ. 기업의 관리 여하에 따라 인적자원은 기업의 성과에 천차만별적으로 반응한다.
ㄷ. 인적자원은 자연적으로 성장하며, 짧은 기간 안에 개발될 수 있다.
ㄹ. 기업은 효율적인 인적자원의 활용을 위해 전략적으로 자원을 활용하여야 한다.

① ㄱ, ㄴ   ② ㄱ, ㄹ
③ ㄴ, ㄷ   ④ ㄴ, ㄹ
⑤ ㄷ, ㄹ

24 다음 중 기술관리자에게 요구되어지는 능력으로 적절하지 않은 것은?

① 기술을 운용하는 능력
② 기술직과 교류하는 능력
③ 기술 전문 인력을 운용하는 능력
④ 기술팀을 하나로 합칠 수 있는 능력
⑤ 기술이나 추세를 파악할 수 있는 능력

25 다음 중 지식재산권에 대한 설명으로 적절하지 않은 것은?

① 새로운 것을 만들어내는 활동 또는 경험 등을 통해 최초로 만들어내거나 발견한 것 중 재산상 가치가 있는 것에 대해 가지는 권리를 말한다.
② 금전적 가치를 창출해낼 수 있는 지식 · 정보 · 기술이나, 표현 · 표시 또는 그 밖에 유 · 무형적인 지적 창작물에 주어지는 권리를 말한다.
③ 실질적인 형체가 없는 기술 상품의 특성으로 인해 타국과의 수출입이 용이하다.
④ 개발된 기술에 대해 독점적인 권리를 부여해줌으로써, 기술개발이 활성화될 수 있도록 한다.
⑤ 기술을 통해 국가 간의 협력이 이루어지면서 세계화가 장려되고 있다.

26 다음 글을 읽고 추론할 수 있는 내용으로 적절하지 않은 것은?

> 혈액을 통해 운반된 노폐물이나 독소는 주로 콩팥의 사구체를 통해 일차적으로 여과된다. 사구체는 모세 혈관이 뭉쳐진 덩어리로, 보먼주머니에 담겨 있다. 사구체는 들세동맥에서 유입되는 혈액 중 혈구나 대부분의 단백질은 여과시키지 않고 날세동맥으로 흘려보내며, 물·요소·나트륨·포도당 등과 같이 작은 물질들은 사구체막을 통과시켜 보먼주머니를 통해 세뇨관으로 나가게 한다. 이 과정을 '사구체 여과'라고 한다.
>
> 사구체 여과가 발생하기 위해서는 사구체로 들어온 혈액을 사구체막 바깥쪽으로 밀어주는 힘이 필요한데, 이 힘은 주로 들세동맥과 날세동맥의 직경 차이에서 비롯된다. 사구체로 혈액이 들어가는 들세동맥의 직경보다 사구체로부터 혈액이 나오는 날세동맥의 직경이 작다. 이에 따라 사구체로 유입되는 혈류량보다 나가는 혈류량이 적기 때문에 자연히 사구체의 모세 혈관에는 다른 신체 기관의 모세 혈관보다 높은 혈압이 발생하고, 이 혈압으로 인해 사구체의 모세 혈관에서 사구체 여과가 이루어진다. 사구체의 혈압은 동맥의 혈압에 따라 변화가 일어날 수 있지만 생명 유지를 위해 일정하게 유지된다.
>
> 사구체막은 사구체 여과가 발생하기 위해 적절한 구조를 갖추고 있다. 사구체막은 모세 혈관 벽과 기저막, 보먼주머니 내층으로 구성되어 있다. 모세 혈관 벽은 편평한 내피세포 한 층으로 이루어져 있다. 이 내피세포들에는 구멍이 있으며 내피세포들 사이에도 구멍이 있다. 이 때문에 사구체의 모세 혈관은 다른 신체 기관의 모세 혈관에 비해 동일한 혈압으로도 100배 정도 높은 투과성을 보인다. 기저막은 내피세포와 보먼주머니 내층 사이의 비세포성 젤라틴 층으로, 콜라겐과 당단백질로 구성된다. 콜라겐은 구조적 강도를 높이고, 당단백질은 내피세포의 구멍을 통과할 수 있는 알부민과 같이 작은 단백질들의 여과를 억제한다. 이는 알부민을 비롯한 작은 단백질들이 음전하를 띠는데 당단백질 역시 음전하를 띠기 때문에 가능한 것이다. 보먼주머니 내층은 문어처럼 생긴 발세포로 이루어지는데, 각각의 발세포에서는 돌기가 나와 기저막을 감싸고 있다. 돌기 사이의 좁은 틈을 따라 여과액이 빠져나오면 보먼주머니 내강에 도달하게 된다.

① 내피세포에 나있는 구멍보다 입자가 작은 단백질은 전하의 성질을 이용하여 여과할 수 있다.
② 효율적인 여과를 위해서는 사구체의 혈압이 혈액 속 성분에 따라 유동적으로 변화하는 것이 필요하다.
③ 사구체를 통과하는 혈류는 신체의 다른 부분보다 높은 압력을 받게 될 것이다.
④ 콩팥의 사구체라는 기관이 우리 몸의 여과를 전적으로 담당하는 것은 아니다.

27 다음 글을 읽고 밑줄 친 물음에 대한 답변으로 가장 적절한 것은?

한 장의 종이를 반으로 계속해서 접어 나간다면 과연 몇 번이나 접을 수 있을까? 얼핏 생각하면 수없이 접을 수 있을 것 같지만, 실제로는 그럴 수 없다. <u>그 이유는 무엇일까?</u>

먼저, 종이를 접는 횟수에 따라 종이의 넓이와 두께의 관계가 어떻게 변하는지를 생각해 보자. 종이를 한 방향으로 접을 경우, 한 번, 두 번, 세 번 접어 나가면 종이의 넓이는 계속해서 반으로 줄어들게 되고, 두께는 각각 2겹, 4겹, 8겹으로 늘어나 두꺼워진다. 이런 식으로 두께 0.1mm의 종이를 10번 접으면 1,024겹이 되어 그 두께는 약 10cm나 되고, 42번을 접는다면 그 두께는 439,805km로 지구에서 달에 이를 수 있는 거리에 이르게 된다. 물론 이때 종이를 접으면서 생기는 종이의 두께는 종이의 길이를 초과할 수 없으므로 종이 접기의 횟수 역시 무한할 수 없다.

다음으로, 종이를 접는 횟수에 따라 종이의 길이와 종이가 접힌 모서리 부분에서 만들어지는 반원의 호 길이가 어떻게 변하는지 알아보자. 종이의 두께가 t이고 길이가 L인 종이를 한 번 접으면, 접힌 모서리 부분이 반원을 이루게 된다. 이때 이 반원의 반지름 길이가 t이면 반원의 호 길이는 πt가 된다. 결국 두께가 t인 종이를 한 번 접기 위해서는 종이의 길이가 최소한 πt보다는 길어야 한다. 예를 들어 두께가 1cm인 종이를 한 번 접으려면, 종이의 길이가 최소 3.14cm보다는 길어야 한다는 것이다.

그런데 종이를 한 방향으로 두 번 접는 경우에는 접힌 모서리 부분에 반원이 3개 나타난다. 그래서 모서리에 생기는 반원의 호 길이를 모두 합하면, 가장 큰 반원의 호 길이인 $2\pi t$와 그 반원 속의 작은 반원의 호 길이인 πt, 그리고 처음 접힌 반원의 호 길이인 πt의 합, 즉 $4\pi t$가 된다. 그러므로 종이를 한 방향으로 두 번 접으려면 종이는 최소한 $4\pi t$보다는 길어야 한다. 종이를 한 번 더 접었을 뿐이지만 모서리에 생기는 반원의 호 길이의 합은 이전보다 훨씬 커진다. 결국, 종이 접는 횟수는 산술적으로 늘어나는 데 비해 이로 인해 생기는 반원의 호 길이의 합은 기하급수적으로 커지기 때문에 종이의 길이가 한정되어 있다면 계속해서 종이를 접는 것은 불가능하다는 것을 알 수 있다.

① 종이의 면에 미세하게 존재하는 입자들이 종이를 접는 것을 방해하기 때문이다.

② 종이에도 미약하지만 탄성이 있어 원래 모양대로 돌아가려고 하기 때문이다.

③ 종이가 충분히 접힐 수 있도록 힘을 가하는 것이 힘들기 때문이다.

④ 접는 종이의 길이는 제한되어 있는데, 접은 부분에서 생기는 반원의 길이가 너무 빠르게 증가하기 때문이다.

28 다음 글을 읽고 추론할 수 있는 내용으로 적절하지 않은 것은?

> 다음은 부동산 경매 중에서 강제 경매 절차의 진행 과정에 대한 설명이다.
> - 채권자가 경매 신청을 하면 법원은 경매개시결정을 하여 매각할 부동산을 압류하고 관할 등기소에 경매개시결정의 기입등기를 촉구하여 경매개시결정 사실을 등기 기록에 기입하도록 한다. 이 과정에서 법원은 경매개시결정 정본을 채무자에게 송달한다.
> - 매각할 부동산이 압류되면, 집행 법원은 채권자들이 배당 요구를 할 수 있는 기간을 첫 매각 기일 이전으로 정한다. 법원은 경매개시결정에 따른 압류의 효력이 생긴 때부터 일주일 안에 경매개시결정을 한 취지와 배당 요구의 종기를 법원 경매정보 홈페이지의 법원 경매공고란 또는 법원 게시판에 게시하는 방법으로 공고한다.
> - 법원은 집행관에게 매각할 부동산의 현상, 점유관계, 차임 또는 보증금의 액수, 기타 현황에 관하여 조사를 명하고, 감정인에게 매각할 부동산을 평가하게 한다. 법원은 감정인의 평가액을 참작하여 최저 매각 가격을 결정한다.
> - 매각 방법으로는 크게 두 가지가 있는데, 매수 신청인이 매각 기일에 매각 장소에서 입찰표를 제출하는 기일입찰 방법과 매수 신청인이 지정된 입찰 기간 안에 직접 또는 우편으로 입찰표를 제출하는 기간입찰방법이 있다. 법원은 두 방법 중 하나를 선택하여 매각 기일 등을 지정하여 통지, 공고한다.
> - 기일 입찰의 경우, 집행관이 미리 지정된 매각 기일에 매각 장소에서 입찰을 실시하여 최고가 매수 신고인과 차순위 매수 신고인을 정한다. 기간 입찰의 경우, 집행관이 입찰 기간 동안 입찰 봉투를 접수하여 보관하다가 매각 기일에 입찰 봉투를 개봉하여 최고가 매수 신고인과 차순위 매수 신고인을 정한다. 기일 입찰과 달리 매각 기일에는 입찰을 실시하지 않는다.
> - 매각 허가 결정이 확정되면 법원은 매각 대금의 지급기한을 정하여 매수인에게 매각 대금의 납부를 명령한다. 매수인은 지정된 지급 기한 안에는 언제든지 매각 대금을 납부할 수 있다. 매수인이 지정된 지급 기한까지 매각 대금을 모두 납부하지 않으면, 법원은 차순위 매수 신고인이 있는 때는 그에 대해 매각을 허가할 것인지 여부를 결정하고 차순위 매수 신고인이 없는 때에는 재매각을 명한다.
> - 매수인이 대금을 모두 납부한 시점에서 부동산의 소유권을 취득할 수 있다. 법원은 매수인 명의의 소유권 이전 등기를 촉구할 수 있다. 매수인은 대금을 모두 납부하면 부동산의 인도명령을 신청할 수 있다.

① 강제 부동산 경매는 채권자의 신청과 채무자의 동의로 시작될 수 있다.
② 채무자에게 경매가 개시되었음을 알리는 과정이 없었다면, 경매 절차가 제대로 진행되고 있다고 보기 어렵다.
③ 법원이 기일입찰방법을 채택하였다면, 매수하고자 하는 신청인은 지정된 장소로 가서 경매에 참여해야 할 것이다.
④ 법원이 기간입찰방법을 채택하였다면, 매수 신청인이 매각 기일에 특정 장소로 이동할 필요는 없다.

29 다음 문단을 논리적 순서대로 바르게 나열한 것은?

(가) 한편 지난 1월에 개최된 '제1회 물벗 나눔장터'는 안동, 영주, 영천, 장수, 청송, 충주 등 6개 댐 주변 지역이 참여해 사과 및 사과 가공품을 판매했으며 약 5,000만 원 가량의 제품이 판매되는 등 성황리에 진행됐다. 수자원공사는 "코로나19 장기화로 어려움을 겪는 지역 농가를 돕고 지역사회 이웃들에게 온정을 전달하기 위해 임직원이 함께 나섰다."라며 "앞으로도 수자원공사는 다양한 지역사회와의 상생활동을 지속하고 K-ESG 경영을 실천해 공기업의 사회적 책임을 다하겠다."라고 말했다.

(나) 한국수자원공사는 7일 대전시 대덕구 본사에서 딸기 농가와 함께 '제2회 물벗 나눔 장터, 딸기 팝업 스토어' 행사를 진행했다. '물벗 나눔장터'는 한국수자원공사가 2022년 창립 55주년 맞이해 새롭게 추진 중인 지역상생형 K-ESG 경영 실천 프로젝트이다. 온·오프라인 장터 운영을 통해 사업장이 위치한 전국 각지의 농가에서 생산하는 주요 농산물 판로확보에 기여하고 일부는 직접 구매 후 취약계층에게 전달하는 적극적 나눔을 실천하는 연간 프로젝트이다.

(다) 이번 행사는 지난겨울 작황 부진과 재배면적 감소 등으로 어려움을 겪은 금강유역 대표 딸기 산지인 충남 논산시와 전북 완주군의 딸기 재배 농가를 돕기 위한 직거래 장터로 진행했다. 이번 장터에서 딸기 재배 농가는 대표적 국산 품종인 '설향' 뿐만 아니라 하이베리, 비타베리, 킹스베리 등 최근 개발된 우수한 국산 품종 딸기를 저렴한 가격으로 판매해 행사 참가자들의 호응을 얻었다. 수자원공사는 이번 행사와 연계해 총 400만 원 상당의 딸기를 추가로 구매해 논산시와 전북 사회복지공동모금회의 협조를 통해 지역사회 이웃들에게 전달돼 지역상생 및 나눔을 이어갈 계획이다.

---

① (가) - (나) - (다)
② (나) - (가) - (다)
③ (나) - (다) - (가)
④ (다) - (가) - (나)

30 A사원은 연회장 좌석을 배치하려고 하는데, 연회장은 좌우 대칭으로 구성되어 있으며 총 테이블 수의 수는 짝수이다. 한 테이블에 3명씩 앉게 할 경우, 15명의 자리가 모자라고 5명씩 앉게 할 경우 테이블이 2개가 남는다. 참석자 수는 총 몇 명인가?

① 54명
② 57명
③ 60명
④ 63명

31 K초등학교의 체육대회에서 학생 가 ~ 바 6명이 달리기 경주를 하여 결승선을 빠르게 통과한 순서대로 1등부터 6등을 결정하였다. 순위가 다음 〈조건〉을 모두 만족한다고 할 때, 학생들의 달리기 순위로 옳은 것은?

> **조건**
> • 동시에 결승선을 통과한 학생은 없다.
> • 마는 1등 혹은 6등이다.
> • 라는 다보다 먼저 결승선을 통과하였다.
> • 다와 바의 등수는 2 이상 차이가 난다.
> • 가는 나의 바로 다음에 결승선을 통과하였다.
> • 가는 6등이 아니다.

① 가 – 나 – 바 – 마 – 라 – 다
② 바 – 나 – 다 – 가 – 라 – 마
③ 마 – 라 – 다 – 나 – 가 – 바
④ 마 – 다 – 바 – 나 – 라 – 가

32 K여행사에서 배에 승선할 승객 가 ~ 사 7명의 자리를 배정해주려고 한다. 다음 〈조건〉을 모두 만족하여 자리를 배정할 때, 옳은 배정은?

> **조건**
> • 배의 좌석 한 줄에는 세 개의 섹션이 있다.
> • 한 줄에 2명, 3명, 2명씩 앉을 수 있고, 2명이 앉는 섹션에는 창문이 있다.
> • 가와 라는 다른 섹션에 앉아야 한다.
> • 사는 뱃멀미가 있어 창문이 있는 섹션에 앉아야 한다.
> • 나와 라는 같은 섹션에 앉아야 한다.
> • 바와 마는 같은 섹션에 앉아야 하지만, 나란히 앉지 않을 수도 있다.
> • 다는 3명 있는 섹션에 배정받아야 한다.

① (가, 다) (나, 마, 사) (라, 바)
② (가, 사) (나, 마, 다) (라, 바)
③ (가, 사) (나, 다, 라) (바, 마)
④ (나, 마) (가, 바, 사) (다, 라)

33 한국수자원공사는 2주간 사업부문별로 직원들의 보안교육을 실시하고자 한다. 다음 공지문과 회신내용을 참고하여 6월 2일에 교육이 진행되는 사업부문으로 옳은 것은?

<보안교육 일자>

일	월	화	수	목	금	토
5/29	5/30	5/31	6/1	6/2	6/3	6/4
6/5	6/6	6/7	6/8	6/9	6/10	6/11

<전 직원 보안교육 실시에 대한 공지>

우리 한국수자원공사는 최근 국내외적으로 빈번하게 벌어지고 있는 랜섬웨어 감염 등의 보안사고에 대한 대응역량 향상을 위해 전 직원 대상 보안교육을 실시할 예정입니다. 교육은 월요일부터 금요일까지의 기간 중 공휴일을 제외한 업무일을 활용하여 하루에 한 사업부문씩 교육을 진행할 예정입니다. 금번 교육은 기획부문, 경영부문, 수자원환경부문, 수도부문, 그린인프라부문의 5개 사업부문을 대상으로 이루어지며, 기획부문과 경영부문의 경우 최소한의 관리업무를 위해 이틀에 나누어 절반의 인원씩 교육을 진행합니다. 공휴일인 6월 1일 전국지방선거일과 6월 6일 현충일에는 교육을 진행하지 않습니다. 각 사업부문에서는 교육 선호 일정 및 교육 진행이 어려운 일정을 작성하여 회신해주시기 바랍니다.

<부서별 회신내용>

• 기획부문 : 매주 첫 업무일에는 환경부, 국토교통부와의 통화량이 많아 교육 진행이 어렵습니다. 두 차례의 교육은 각각 다른 주에 이루어져야 할 것 같습니다.
• 경영부문 : 5월 31일과 6월 2일은 회계업무가 많을 것으로 예상되므로 타부서 교육을 진행해주십시오. 아울러 6월 10일은 전 직원 걷기행사를 계획 중에 있으므로 모든 부서 교육 진행이 불가능할 것으로 예상됩니다.
• 수자원환경부문 : 팀 내 업무 특성상 매주 수요일만 교육이 가능합니다.
• 수도부문 : 6월 3일까지는 출장자가 많아 교육 진행이 어렵습니다.
• 그린인프라부문 : 6월 중 모든 날짜에 교육 진행이 가능합니다.

① 기획부문
② 경영부문
③ 수자원환경부문
④ 그린인프라부문

34 다음은 K공사의 2021년도 직급별 임금과 2022년 임금 수준을 결정하기 위해 대표이사와 근로자측이 2021년 말에 협상한 내용이다. 2022년 K공사가 매달 지출하게 되는 임직원 1인당 평균 인건비는?

〈2021년 K공사 직급별 임금표〉

직급	구분	1인당 인건비(월급)	인원
대표이사	임원	6,000,000원	1명
부장	직원	4,400,000원	1명
차장	직원	3,800,000원	2명
과장	직원	3,300,000원	3명
대리	직원	3,000,000원	3명
사원	직원	2,800,000원	1명
사원보	직원	2,600,000원	1명

〈대화 내용〉

대표이사 : 경기침체가 심각한 상황이라 인건비를 늘리기 어렵습니다. 이번만큼은 임금동결에 협조해주시면 좋겠습니다.

근로자 대표 : 직원들의 형편도 어렵습니다. 경기가 어렵다고는 하지만 작년에 물가는 5%가 올랐어요. 그만큼도 보상을 해주지 않으면 사실상의 임금 삭감이므로 받아들일 수 없습니다.

대표이사 : 물가상승률에 맞추어 5% 인상을 하기에는 유동성에 여유가 많지 않을 것으로 예상되는 상황입니다. 그 절반까지는 최대한 고려해보겠습니다.

근로자 대표 : 물가상승률의 절반은 받아들이기 어려운 조건입니다. 아무리 못해도 임금상승률이 물가상승률의 60%는 되어야 합니다.

대표이사 : 그러면 임원 급여는 동결하고, 직원들의 급여는 말씀하신 조건에 맞추어 보겠습니다.

① 3,525,000원

② 3,615,750원

③ 3,630,750원

④ 3,666,000원

35 다음 신입직원 정보와 〈조건〉을 참고할 때, 영업팀에 배속될 직원을 모두 고르면?

〈신입직원 정보〉

지원자	나이	전공
A	32	경영학
B	?	경영학
C	28	법학
D	?	법학
E	27	전자전기공학
F	31	경영학
G	34	전자전기공학

조건

1. 신입직원 A~G 중 2명이 영업팀으로 배속될 예정이다.
2. A~G는 모두 20대 또는 30대이며, 20대가 30대보다 많다.
3. B~F는 남자이다.
4. A~G 중 나이가 가장 많은 사람은 인사팀에 배속될 예정이다.
5. 영업팀으로 배속될 직원 두 사람의 전공은 같으며 남녀 각 1명이고, 남자는 30대이다.

① A, B

② C, D

③ A, F

④ B, F

36 다음 글을 읽고 용어와 그 설명이 바르게 연결되지 않은 것은?

완전경쟁시장은 다수의 수요자와 공급자가 존재하고 상품의 동질성을 전제로 하기 때문에 공급자와 수요자는 시장 전체의 수요와 공급에 의해 결정된 가격을 그대로 받아들이게 된다. 이와 달리 독점시장은 한 재화나 용역의 공급이 단일 기업에 의하여 이루어지는 시장을 말한다. 이 경우 독점기업은 시장 전체에서 유일한 공급자이기에 공급량 조절을 통해 가격 결정을 할 수 있어 시장 지배력이 크다. 독점기업이 동일한 조건에서 생산된 똑같은 상품을 서로 다른 소비자에게 서로 다른 가격으로 판매하는 것을 '가격차별'이라고 하는데, 이는 기업이 이익을 극대화하기 위하여 가격을 설정하는 방법이다.

1급 가격차별은 독점기업이 어떤 재화에 대하여 개별 소비자들이 지불할 수 있는 금액인 지불용의 금액을 알고 있어 소비자 각각에게 최대 가격을 받고 판매를 하는 것을 말한다. 이 경우 소비자잉여까지 모두 독점기업에게 귀속된다. 하지만 현실에서 독점기업이 개별 소비자의 지불용의금액에 대한 정확한 정보를 알기가 어렵기 때문에 1급 가격차별을 실시하는 독점기업을 발견하는 것은 불가능하다.

2급 가격차별은 독점기업이 소비자에게 몇 가지 대안을 제시하여 소비자 스스로 자신의 지불용의금액에 따라 하나를 선택하게 함으로써 가격차별을 하는 것이다. 예를 들어 구입량을 몇 개의 구간으로 나누고, 각 구간별로 다른 가격을 부과하여 소비자가 그중 하나를 선택하게 하는 경우이다. 또한 소비자가 상품을 소량 구매할 때보다 대량 구매할 때 단위당 가격을 깎아주는 방식이 2급 가격차별에 해당한다.

3급 가격차별은 소비자의 특징에 따라 소비자를 2개 이상의 그룹으로 구분하여 가격차별을 실시하는 것이다. 이 방법은 각 소비자 그룹의 수요곡선을 예측하여 가격차별을 하는 것이다. 소비자들을 특징에 따라 몇 개의 그룹으로 나눈다는 것은 곧 시장을 몇 개로 분할한다는 것을 의미하므로 이는 시장 분할에 의한 가격차별이라고 할 수 있다.

---

① 완전경쟁시장 : 동질성을 띠는 상품을 판매하는 공급자와 수요자가 다수 존재하는 시장이다.

② 1급 가격차별 : 소비자 개개인의 지불용의 금액을 기업에서 모두 파악하고 개개인의 지불용의 최대 금액으로 판매하는 것이다.

③ 2급 가격차별 : 소비자가 대량 구매할 때, 소량 구매할 때보다 가격을 낮춰서 판매하는 것이다.

④ 3급 가격차별 : 기업이 고객을 상대로 몇 가지 대안을 제시하는 것이다.

⑤ 독점기업 : 공급자인 기업이 공급량 조절을 스스로 할 수 있는, 유일한 공급자의 위치에 있는 것이다.

37 다음 글의 내용으로 적절하지 않은 것은?

> 국토교통부에서 부동산 관련 직무를 맡고 있는 공무원은 이달부터 토지, 건물 등 부동산 신규 취득이 제한된다. 주택정책 담당 공무원은 조정대상지역 내 집을 살 수 없고, 토지정책 담당 공무원은 토지거래허가구역과 택지개발지구 내 주택 구매가 금지된다.
> 5일 국토부에 따르면 이 같은 내용이 담긴 '국토부 공무원의 부동산 신규취득 제한에 대한 지침'이 지난달 25일 국토부 훈령으로 제정돼 이달 1일부터 시행됐다. 해당 지침에는 '국토부 소속 공무원은 직무상 알게 된 부동산에 대한 정보를 이용해 재물이나 재산상 이익을 취득하거나 그 이해관계자에게 재물이나 재산상 이익을 취득하게 해서는 안 된다.'라고 명시됐다.
> 따라서 제한대상 부서에 근무하는 국토부 소속 공무원과 그 업무를 지휘·감독하는 상급감독자, 배우자와 직계존비속 등 이해관계자들은 앞으로 직무 관련 부동산을 새로 취득할 수 없다. 다만 이해관계자 중 관련법에 따라 재산등록사항의 고지거부 허가를 받은 사람은 제외한다. 제한부서는 국토도시실 국토정책관 소속 지역정책과·산업입지정책과·복합도시정책과와 건축정책관 소속 건축정책과, 주택토지실 주택정책관 소속 주택정책과 등 총 29개다. 제한부동산의 범위는 소관법령에 따라 국토부 장관이 지정하는 지역·지구·구역 내의 건물, 토지 등 모든 부동산이다.
> 각 부서별로 제한받는 부동산은 다르다. 주택정책과는 분양가상한제적용지역, 투기과열지구, 조정대상지역 내 주택, 준주택 및 부속토지가 대상이다. 토지정책과는 토지거래허가구역 내, 부동산개발정책과는 택지개발지구 내 부동산 취득이 제한된다. 도로정책과는 도로구역 내 부동산, 철도정책과는 역세권 개발구역 내 부동산 취득이 금지된다. 감사담당관은 제한대상자의 직무 관련 부동산 취득 사실을 조사 과정에서 적발할 경우 6개월 이내 자진 매각 권고, 직위변경 및 전보 등 조치 요구, 이해충돌 방지에 필요한 조치를 할 수 있다. 다만 증여나 담보권 행사 및 대물변제 수령, 근무 또는 결혼 등 일상생활에 필요한 부동산은 취득이 예외적으로 허용된다.

① 동일하게 국토교통부에서 부동산 업무를 맡은 공무원이더라도 근무 부서가 다르면 부동산 관련 다른 제재를 받을 수 있다.
② 결혼으로 인한 부동산 마련은 일상생활에 필요한 부동산 취득으로 인정을 하고 있다.
③ 국토교통부 소속 부동산 관련 업무를 담당하는 공무원 본인은 제재의 대상이지만, 공무원의 가족은 제재 대상에 해당되지 않는다.
④ 이 같은 훈령이 시행된 것은, 공무원이 업무 중 알게 된 사실을 통해 이익을 얻는 것이 부당하다는 판단이 전제된 것이다.
⑤ 감사담당관은 공무원의 부당한 부동산 이익 취득을 적발할 경우 적절한 조치를 취할 권한이 있다.

38 다음은 연도별 임대주택 입주자의 근로 형태를 나타낸 자료이다. 이에 대한 설명으로 옳지 않은 것은?(단, 소수점 첫째 자리에서 반올림한다)

〈연도별 임대주택 입주자의 근로 형태〉

구분	2017년	2018년	2019년	2020년	2021년
전업	68%	62%	58%	52%	46%
겸직	8%	11%	15%	21%	32%
휴직	6%	15%	18%	23%	20%
무직	18%	12%	9%	4%	2%
입주자 수(명)	300,000	350,000	420,000	480,000	550,000

① 전년 대비 전업자의 비율은 감소하는 반면, 겸직자의 비율은 증가하고 있다.
② 2021년 휴직자 수는 2020년 휴직자 수보다 많다.
③ 전업자 수가 가장 적은 연도는 2017년이다.
④ 2020년 겸직자 수는 2017년의 4.2배이다.
⑤ 2017년 휴직자 수는 2021년 휴직자 수의 약 16%이다.

39 다음은 연도별 한국토지주택공사 입사자의 최종학력 현황을 나타낸 자료이다. 이에 대한 설명으로 옳은 것은?(단, 소수점 첫째 자리에서 반올림한다)

〈연도별 입사자 최종학력 현황〉

구분	2017년		2018년		2019년		2020년		2021년	
	남성	여성	남성	여성	남성	여성	남성	여성	남성	여성
고등학교	10	28	2	32	35	10	45	5	60	2
전문대학	24	15	8	28	15	14	10	9	4	7
대학교	80	5	75	12	96	64	100	82	102	100
대학원	36	2	55	8	14	2	5	4	4	1
전체	150	50	140	80	160	90	160	100	170	110

① 남성 입사자 수와 여성 입사자 수는 매년 증가하고 있다.
② 전년 대비 전체 입사자 수가 가장 많이 증가한 연도는 2021년이다.
③ 전체 입사자 중 여성이 차지하는 비율이 가장 높은 연도는 2020년이다.
④ 남성 입사자 수와 여성 입사자 수 중 대학교 졸업자의 수는 매년 증가하고 있다.
⑤ 전체 입사자 중 고등학교 졸업자 수와 대학원 졸업자 수의 증감은 반비례하고 있다.

40 다음은 성별 및 연령대별 자차 보유현황을 나타낸 자료이다. 이에 대한 설명으로 옳지 않은 것은?(단, 소수점 둘째 자리에서 반올림한다)

〈성별 및 연령대별 자차 보유현황〉

(단위 : 천 명)

구분		2017년	2018년	2019년	2020년	2021년
20세 이상 30세 미만	남성	200	320	450	550	680
	여성	120	180	220	300	380
30세 이상 40세 미만	남성	280	300	480	420	640
	여성	150	200	350	330	300
40세 이상 50세 미만	남성	320	520	500	420	580
	여성	300	320	450	300	400
50세 이상 60세 미만	남성	350	680	560	620	550
	여성	380	330	300	280	200
60세 이상	남성	420	580	510	500	520
	여성	480	170	230	280	250
전체		3,000	3,600	4,050	4,000	4,500

① 20대 남성과 여성의 자차 보유자 수의 차이는 매년 증가하고 있다.

② 남성의 자차 보유자 수는 2017년에는 연령대가 증가할수록 높은 반면, 2021년에는 연령대가 증가할수록 낮아지고 있다.

③ 2020년 20·30대의 자차 보유자 수는 2018년의 1.5배이다.

④ 2018년 전체 자차 보유자 중 여성의 비율은 약 33.3%이다.

⑤ 전체 자차 보유자 중 40대 여성의 비율이 가장 높은 연도는 가장 낮은 연도보다 3.6%p 더 높다.

41 다음 글을 읽고 추론할 수 있는 내용으로 적절하지 않은 것은?

> 한국중부발전이 2025년까지 재생에너지 전력중개자원을 4GW까지 확보하겠다는 목표를 세웠다.
>
> 중부발전에 따르면, 재생에너지 발전사업자 수익향상과 전력계통 안정화를 위해 100MW 새만금세빛발전소(태양광)를 비롯해 모두 130개소 230MW규모 전력중개자원을 확보하는 등 에너지플랫폼 신시장을 개척하고 있다.
>
> 전력중개사업은 가상발전소(VPP; Virtual Power Plant)의 첫걸음으로 중개사업자가 전국에 분산돼 있는 태양광이나 풍력자원을 모아 전력을 중개거래하면서 발전량 예측제도에 참여하고 수익을 창출하는 에너지플랫폼 사업이다. 설비용량 20MW 이하 소규모 전력자원은 집합자원으로, 20MW초과 개별자원은 위탁을 통한 참여가 각각 가능하다.
>
> 앞서 지난해 중부발전은 전력중개사업 및 발전량 예측제도 시행에 맞춰 분산자원 통합관리시스템을 도입했고, 분산에너지 통합 관제를 위한 신재생모아센터를 운영하고 있다. 특히 날씨 변동이 심해 발전량 예측이 어려운 제주지역에서 발전사 최초로 중개자원을 모집해 발전량 예측제도에 참여하고 있으며, 향후 제주지역의 태양광자원 모집에 역량을 집중할 계획이다.
>
> 올해 1월부터는 전력중개 예측제도에 참여한 발전사업자 대상으로 첫 수익을 지급하였으며, 기대수익은 1MW 발전사업자 기준 연간 약 220만 원씩 20년간 약 4,400만 원이다.
>
> 중부발전은 2025년까지 소규모 태양광 자원 및 풍력 발전량 예측성 향상을 통해 약 4GW의 VPP자원을 모집하는 한편 빅데이터 플랫폼이나 신재생통합관제센터를 활용한 신사업 영역을 확대한다고 발표했다.
>
> 한국중부발전의 사장은 "전력중개사업은 VPP 사업의 기초모델로, 재생에너지 자원확보와 기술개발을 통해 에너지전환을 리드하고 새로운 비즈니스 모델이 창출될 수 있도록 최선을 다할 예정"이라고 말했다.

① 올해 전력중개 예측제도에 참여한 발전사업자들은 수익을 받을 수 있을 것이다.
② 올해에는 분산되어 있는 에너지를 통합하여 관리할 수 있는 센터를 신설할 예정이다.
③ 제주 지역은 날씨 변동이 심해 에너지 생산량을 예측하기가 쉽지 않다.
④ 전력중개를 통해 수익을 창출하는 사업은 기본적으로 에너지플랫폼에 기반하고 있다.

42 다음은 J사 총무팀에서 정리한 4월과 5월의 회사 지출 내역이다. 이를 참고할 때, J사의 4월 대비 5월 직접비용의 증감액은 얼마인가?

4월			5월		
번호	항목	금액(원)	번호	항목	금액(원)
1	원료비	680,000	1	원료비	720,000
2	재료비	2,550,000	2	재료비	2,120,000
3	사무비품비	220,000	3	사무비품비	175,000
4	장비 대여비	11,800,000	4	장비 대여비	21,500,000
5	건물 관리비	1,240,000	5	건물 관리비	1,150,000
6	통신비	720,000	6	통신비	820,000
7	가스·수도·전기세	1,800,000	7	가스·수도·전기세	1,650,000
8	사내 인건비	75,000,000	8	사내 인건비	55,000,000
9	광고비	33,000,000	9	외부 용역비	28,000,000
10	–	–	10	광고비	42,000,000

① 17,160,000원 증액 ② 17,310,000원 증액
③ 29,110,000원 증액 ④ 10,690,000원 감액

43 다음 중 C언어의 비트 단위 연산자에 대한 설명으로 옳지 않은 것은?

① & : 비트 단위로 AND 연산을 한다.
② | : 비트 단위로 OR 연산을 한다.
③ ^ : 비트 단위로 XOR 연산을 한다.
④ ~ : ~연산자가 0을 반환하는 경우는 피연산자가 0인 경우이다.

44 다음 시트에서 평균이 가장 큰 값을 구하려 할 때, [F8]에 들어갈 수식으로 옳은 것은?

◢	A	B	C	D	E	F
1	번호	이름	국어	수학	영어	평균
2	1	김지우	58	60	90	78
3	2	최준영	91	80	55	65
4	3	박민준	45	45	66	81
5	4	윤민지	62	23	61	79
6	5	이재영	77	97	87	66
7	6	김세아	60	95	91	88
8					최고점수	

① = MID(F2,F7) ② = MAX(F2:F7)

③ = AVERAGE(F2:F7) ④ = MAX(C2:C7)

45 다음 〈보기〉 중 공문서 작성 방법에 대한 설명으로 옳지 않은 것의 개수는?

> **보기**
>
> ㄱ. 회사 외부 기관에 송달되는 문서인 만큼 육하원칙에 따라 명확하게 작성하여야 한다.
> ㄴ. 날짜의 연도와 월일을 함께 작성하며, 날짜 다음에 마침표를 반드시 찍는다.
> ㄷ. 내용이 복잡하게 얽혀 있는 경우, '-다음-' 또는 '-아래-'와 같은 표기를 통해 항목을 나누어 서술하도록 한다.
> ㄹ. 대외 문서인 공문서는 특성상 장기간 보관되므로 정확한 기술을 위해 여러 장을 사용하여 세부적인 내용까지 기술하도록 한다.
> ㅁ. 공문서 작성 후 마지막에는 '내용 없음'이라는 문구를 표기하여 마무리하도록 한다.

① 1개 ② 2개

③ 3개 ④ 4개

46 다음 중 인사관리의 법칙에 대한 설명과 원칙이 바르게 연결되지 않은 것은?

① 적재적소 배치의 원리 : 해당 업무에 있어 가장 적격인 인재를 배치하여야 한다.

② 공정 보상의 원칙 : 모든 근로자에게 근로의 대가를 평등하게 보상하여야 한다.

③ 종업원 안정의 원칙 : 종업원이 근로를 계속할 수 있다는 신뢰를 줌으로써 근로자가 안정을 갖고 근로를 할 수 있도록 하여야 한다.

④ 창의력 계발의 원칙 : 근로자가 새로운 것을 생각해낼 수 있도록 다양한 기회를 제공함은 물론 이에 상응하는 보상을 제공하여야 한다.

47 시간낭비 요인은 외적 시간낭비 요인과 내적 시간낭비 요인으로 분류할 수 있다. 다음 중 그 성격이 다른 하나는?

① 타인의 요청을 거절하지 못하는 성격

② 업무를 한꺼번에 몰아서 하는 경향

③ 주변에서 발생하는 소음에 영향 받는 성격

④ 불성실한 동료 직원의 근무 태도

48 H공사의 직원 A ~ E는 주요 시장인 미국, 일본, 중국, 독일에 직접 출장을 가서 시장조사업무를 수행하기로 결정하였다. 4곳의 출장지에는 각각 최소 1명의 직원이 방문해야 하며, 각 직원은 1곳만 방문한다. 다음 〈조건〉에 따라 출장지를 결정하였을 때, 항상 옳은 것은?

> **조건**
>
> ㄱ. A는 중국에 방문하지 않는다.
> ㄴ. B는 다른 한 명과 함께 미국을 방문한다.
> ㄷ. C는 일본, 중국 중 한 국가를 방문한다.
> ㄹ. D는 미국, 중국 중 한 국가를 방문한다.
> ㅁ. E는 미국 또는 독일을 방문하지 않는다.

① A가 B와 함께 미국을 방문한다.

② A는 일본을 방문한다.

③ C는 일본을 방문하고, D는 중국을 방문한다.

④ C와 E는 중국 또는 일본을 방문한다.

⑤ D는 중국을 방문하고, E는 일본을 방문한다.

49 H씨는 6개월 전 이사를 하면서 전세보증금 5억 원을 납입하기 위해 전세자금대출을 받았다. H씨는 최대한도로 대출을 신청하였으며, 당시 신청한 상품의 약관은 다음과 같다. 6개월간 H씨가 지불한 이자는 얼마인가?

- 개요
  - 최대 5억 원까지, 아파트 전세대출
- 특징
  - 영업점 방문 없이, 신청에서 실행까지
- 대출대상
  - 부동산중개업소를 통해 신규 주택임대차계약을 체결하고, 임차보증금의 5% 이상을 지급한 세대주 또는 세대원
  - 현재 직장에서 3개월 이상 근무 중인 직장인(재직기간은 건강보험 직장자격 취득일 기준으로 확인)
  - 무주택(기혼자인 경우 배우자 합산)으로 확인된 고객
    - ※ 갱신계약이나 개인사업자는 가까운 W은행 영업점에서 상담 부탁드립니다.
    - ※ 개인신용평점 및 심사기준에 따라 대출이 제한될 수 있습니다.
- 대출한도금액
  - 최대 5억 원(임대차계약서상 임차보증금의 80% 이내)
- 대출기간
  - 임대차계약 종료일 이내에서 1년 이상 2년 이내(단, 보험증권 기일이 연장된 경우 그 기일까지 연장가능)
- 기본금리
  - 기준금리 : 연 3.6%
- 우대금리
  - 부수거래 감면 우대금리 조건 없음
- 상환방법
  - 만기일시상환
    - ㄱ. 매달 대출이자만 납부
    - ㄴ. 대출기간이 종료되는 날까지 대출상환 필요
    - ㄷ. 마이너스통장방식(한도대출) 불가

---

① 540만 원
② 630만 원
③ 720만 원
④ 810만 원
⑤ 900만 원

50 다음 글의 내용으로 적절하지 않은 것은?

습관의 힘은 아무리 강조해도 지나치지 않죠. 사소한 습관 하나가 미래를 달라지게 합니다. 그러니 많은 부모들이 어려서부터 자녀에게 좋은 습관을 들이게 하려고 노력하는 것이겠죠. 공부두뇌연구원장 박사는 '잘'하는 것보다 조금이라도 '매일'하는 게 중요하다고 강조합니다. 그러면 싫증을 잘 내는 사람도 습관 만들기를 통해 '스스로 끝까지 하는 힘'을 체득할 수 있다고 말이죠.

'물건 관리'라는 말을 들었을 때, 어떤 의미부터 떠올리셨나요? 혹시 정리 정돈 아니었나요? 하지만 물건 관리란 단지 정리의 의미에 한정되어 있지 않습니다.

물건을 구매할 때는 '필요'와 '욕심'을 구분할 줄 알아야 한다는 의미입니다. 지금 사려는 그 물건은 꼭 필요한 물건인지, 그냥 갖고 싶은 욕심이 드는 물건인지 명확하게 구분해야 한다는 거죠. 물건을 구매하기 전 스스로에게 질문하는 것을 습관화하면 충동구매를 줄일 수 있습니다. 만약 저녁 늦게 쇼핑을 많이 한다면, 바로 결제하지 말고 장바구니에 담아두고, 그 다음날 아침에 한 번 더 생각해 보는 것도 좋은 방법입니다.

돈이 모이는 습관 두 번째는 '생활습관 관리'입니다. 아무리 돈을 모으고 있다고 해도 한쪽에서 돈이 줄줄 새는 습관을 바로잡지 못한다면 돈을 모으는 의미가 없어지니까요. 혹시 보상심리로 스스로에게 상을 주거나 스트레스를 해소하기 위해 돈을 썼던 경험이 있으신가요?

돈을 쓰면서 스트레스를 풀고 싶어지고, 음식을 먹으면서 스트레스를 푼다면 돈을 모으기 쉽지 않습니다. 사회생활은 스트레스의 연속이니까요. 야식이나 외식 빈도가 잦은 것도 좋지 않은 소비 습관입니다. 특히 요즘에는 배달음식을 많이 시켜 먹게 되죠.

필요하다면 스트레스 소비 금액이나, 외식 금액의 한도를 정해 놓아 보세요. 단, 실현 가능한 한도를 정하는 것이 중요합니다. 예를 들어, '다음 주부터 배달음식 안 먹을 거야'라고 하면, 오히려 역효과가 나게 됩니다. 이번 주에 4번 배달음식을 먹었다면, 3번으로 줄이는 등 실천할 수 있도록 조정해가는 것이 필요합니다.

돈을 모으는 것이 크게 어렵지 않을 수도 있습니다. 절약을 이기는 투자는 없다고 하죠. 소액 적금은 수입 규모와 상관없이 절약하는 것만으로도 성공시킬 수 있는 수 있는 작은 목표입니다.

확고한 목표와 끈기를 가지고 끝까지 저축을 하는 것이 중요합니다. 소액 적금이 성공적으로 진행된다면 규모를 조금씩 늘려 저축하는 습관을 기르면 됩니다. 이자가 크지는 않아도 일정 기간 동안 차곡차곡 납입해 계획한 금액이 모두 모이는 기쁨을 맛보는 것이 중요합니다.

① 돈을 모으는 습관을 만들기 위해서는 꾸준히 하는 것이 중요하다.
② 사고자 하는 물건을 바로 결제하지 않는 것만으로도 충동구매를 어느 정도 막을 수 있다.
③ 소액 적금이라도 돈을 저금하는 습관을 들이는 것이 중요하다.
④ 돈을 모으는 생활 습관을 만들기 위해서는 점진적으로 소비 습관을 개선하기보다는 행동을 완전히 바꾸는 것이 도움이 된다.
⑤ 스트레스를 해소하기 위해 소비를 하는 행동은 돈을 모으는 데는 좋지 않은 행동이다.

I wish you the best of luck!

PART

1

직업기초능력평가

CHAPTER 01
의사소통능력

합격 Cheat Key

의사소통능력을 채택하지 않는 공사·공단이 없을 만큼 필기시험에서 중요도가 높은 영역이다. 또한, 일부 공사·공단을 제외하고 의사소통능력의 문제 출제 비중이 가장 높은 편이다. 이러한 점을 볼 때, 의사소통능력은 공사·공단 NCS를 준비하는 수험생이라면 정복해야 하는 숙명의 과목이다.

국가직무능력표준에 따르면 의사소통능력의 세부 유형은 문서이해, 문서작성, 의사표현, 경청, 기초외국어로 나눌 수 있다. 문서이해·문서작성과 같은 제시문에 대한 주제, 일치 문제의 출제 비중이 높으며, 공문서·기획서·보고서·설명서 등 문서의 특성을 파악하는 문제도 일부 공사·공단에서 출제되고 있다. 따라서 이러한 분석을 바탕으로 전략을 세우는 것이 매우 중요하다.

01 문제에서 요구하는 바를 먼저 파악하라!

의사소통능력에서 가장 중요한 것은 제한된 시간 안에 빠르고 정확하게 답을 찾아내는 것이다. 그러기 위해서는 우리가 의사소통능력을 공부하는 이유를 잊지 말아야 한다. 우리는 지식을 쌓기 위해 의사소통능력 지문을 보는 것이 아니다. 의사소통능력에서는 지문이 아니라 문제가 주인공이다! 지문을 보기 전에 문제를 먼저 파악해야 한다. 주제찾기 문제라면 첫 문장과 마지막 문장 또는 접속어를 주목하자! 내용일치 문제라면 지문과 문항의 일치 / 불일치 여부만 파악한 뒤 빠져 나오자! 지문에 빠져드는 순간 소중한 시험 시간은 속절없이 흘러 버린다!

02 잠재되어 있는 언어능력을 발휘하라!

의사소통능력에는 끝이 없다! 의사소통의 방대함에 포기한 적이 있는가? 세상에 글은 많고 우리가 학습할 수 있는 시간은 한정적이다. 이를 극복할 수 있는 방법은 다양한 글을 접하는 것이다. 실제 시험장에서 어떤 내용의 지문이 나올지 아무도 예측할 수 없다. 따라서 평소에 신문, 소설, 보고서 등 여러 글을 접하는 것이 필요하다. 잠재되어 있는 글에 대한 안목이 시험장에서 빛을 발할 것이다.

03 상황을 가정하라!

업무 수행에 있어 상황에 따른 언어 표현은 중요하다. 같은 말이라도 상황에 따라 다르게 해석될 수 있기 때문이다. 그런 의미에서 자신의 의견을 효과적으로 전달할 수 있는 능력을 평가하는 것은 당연하다. 따라서 다양한 상황에서의 언어표현능력을 함양하기 위한 연습의 과정이 요구된다. 업무를 수행하면서 발생할 수 있는 여러 상황을 가정하고 그에 따른 올바른 언어표현을 정리하는 것이 필요하다. 의사표현 영역의 경우 출제 빈도가 높지는 않지만 상황에 따른 판단력을 평가하는 문항인 만큼 대비하는 것이 필요하다.

04 말하는 이의 입장에서 생각하라!

잘 듣는 것 또한 하나의 능력이다. 상대방의 이야기에 귀 기울이고 공감하는 태도는 업무를 수행하는 관계 속에서 필요한 요소이다. 그런 의미에서 다양한 상황에서의 듣는 능력을 평가하는 것이다. 말하는 이가 요구하는 듣는 이의 태도를 파악하고, 이에 따른 판단을 할 수 있도록 언제나 말하는 사람의 입장이 되는 연습이 필요하다.

05 반복만이 살길이다!

학창 시절 외국어를 공부하던 때를 떠올려 보자! 셀 수 없이 많은 표현들을 익히기 위해 얼마나 많은 반복의 과정을 거쳤는가? 의사소통능력 역시 그러하다. 하나의 문제 유형을 마스터하기 위해 가장 중요한 것은 바로 여러 번, 많이 풀어 보는 것이다.

모듈이론

의사소통능력

I 의사소통능력

| 01 | 의사소통능력의 의의

(1) 의사소통이란?

두 사람 또는 그 이상의 사람들 사이에서 일어나는 의사의 전달과 상호교류를 의미하며, 어떤 개인 또는 집단이 개인 또는 집단에 대해서 정보, 감정, 사상, 의견 등을 전달하고 그것들을 받아들이는 과정을 말한다.

(2) 의사소통의 중요성

① 대인관계의 기본이며, 직업생활에서 필수적이다.
② 인간관계는 의사소통을 통해서 이루어지는 상호과정이다.
③ 의사소통은 상호 간의 일반적 이해와 동의를 얻기 위한 유일한 수단이다.
④ 서로에 대한 지각의 차이를 좁혀주며, 선입견을 줄이거나 제거해 줄 수 있는 수단이다.

예제풀이

의사소통이란 기계적이고 무조건적인 정보의 전달이 아니라 두 사람 또는 그 이상의 사람들 사이에서 '의사의 전달'과 '상호교류'가 이루어진다는 뜻이며, 어떤 개인 또는 집단에 대해서 정보, 감정, 사상, 의견 등을 전달하고 그것들을 받아들이는 과정이다.

정답 ③

<**핵심예제**>

다음은 의사소통에 대한 설명이다. (A), (B)에 각각 들어갈 말로 적절한 것은?

> 의사소통이란 두 사람 또는 그 이상의 사람들 사이에서 일어나는 ____(A)____ 과 ____(B)____ 이/가 이루어진다는 뜻이며, 어떤 개인 또는 집단이 개인 또는 집단에 대해서 정보, 감정, 사상, 의견 등을 전달하고 그것들을 받아들이는 과정이라고 할 수 있다.

	(A)	(B)
①	의사의 전달	상호분석
②	의사의 이행	상호분석
③	의사의 전달	상호교류
④	의사의 이행	상호교류

(3) 성공적인 의사소통의 조건

내가 가진 정보를 상대방이 이해하기 쉽게 표현

\+

상대방이 어떻게 받아들일 것인가에 대한 고려

||

일방적인 말하기가 아닌 의사소통의 정확한 목적을 알고, 의견을 나누는 자세

| 02 | 의사소통능력의 종류

(1) 문서적인 의사소통능력

문서이해능력	업무와 관련된 다양한 문서를 읽고 핵심을 이해, 정보를 획득하고, 수집·종합하는 능력
문서작성능력	목적과 상황에 적합하도록 정보를 전달할 수 있는 문서를 작성하는 능력

(2) 언어적인 의사소통능력

경청능력	원활한 의사소통을 위해 상대의 이야기를 집중하여 듣는 능력
의사표현력	자신의 의사를 목적과 상황에 맞게 설득력을 가지고 표현하는 능력

CHECK POINT

사례를 통해 확인할 수 있는 의사소통의 종류

- 고객사에서 보내온 수취확인서 – 문서적인 의사소통
- 수취확인 문의전화 – 언어적인 의사소통
- 업무지시 메모 – 문서적인 의사소통
- 영문 운송장 작성 – 문서적인 의사소통
- 주간 업무보고서 작성 – 문서적인 의사소통

(3) 특징

구분	문서적인 의사소통능력	언어적인 의사소통능력
장점	권위감, 정확성, 전달성, 보존성 높음	유동성 높음
단점	의미의 곡해	정확성 낮음

(4) 기초외국어능력

외국어로 된 간단한 자료를 이해하거나, 외국인과의 전화응대와 간단한 대화 등 외국인의 의사표현을 이해하고, 자신의 의사를 기초외국어로서 표현할 수 있는 능력을 말한다.

| 03 | 의사소통의 저해요인

(1) 의사소통 기법의 미숙, 표현 능력의 부족, 이해 능력의 부족

'일방적으로 말하고', '일방적으로 듣는' 무책임한 태도

(2) 복잡한 메시지, 경쟁적인 메시지

너무 복잡한 표현, 모순되는 메시지 등 잘못된 정보 전달

(3) 의사소통에 대한 잘못된 선입견

'말하지 않아도 아는 문화'에 안주하는 태도

(4) 기타 요인

정보의 과다, 메시지의 복잡성, 메시지의 경쟁, 상이한 직위와 과업지향성, 신뢰의 부족, 의사소통을 위한 구조상의 권한, 잘못된 의사소통 매체의 선택, 폐쇄적인 의사소통 분위기

〈〈 핵심예제 〉〉

다음 중 의사소통의 저해요인에 해당하지 않는 것은?

① 표현능력의 부족
② 평가적이며 판단적인 태도
③ 상대방을 배려하는 마음가짐
④ 선입견과 고정관념

| 04 | 키슬러의 대인관계 의사소통 유형

유형	특징	제안
지배형	자신감이 있고 지도력이 있으나, 논쟁적이고 독단이 강하여 대인 갈등을 겪을 수 있음	타인의 의견을 경청하고 수용하는 자세 필요
실리형	이해관계에 예민하고 성취지향적으로 경쟁적이며 자기중심적임	타인의 입장을 배려하고 관심을 갖는 자세 필요
냉담형	이성적인 의지력이 강하고 타인의 감정에 무관심하며 피상적인 대인관계를 유지함	타인의 감정상태에 관심을 가지고 긍정적 감정을 표현하는 것이 필요
고립형	혼자 있는 것을 선호하고 사회적 상황을 회피하며 지나치게 자신의 감정을 억제함	대인관계의 중요성을 인식하고 타인에 대한 비현실적인 두려움의 근원을 성찰하는 것이 필요
복종형	수동적이고 의존적이며 자신감이 없음	적극적인 자기표현과 주장이 필요
순박형	단순하고 솔직하며 자기주관이 부족함	자기주장을 적극적으로 표현하는 것이 필요
친화형	따뜻하고 인정이 많아 자기희생적이나 타인의 요구를 거절하지 못함	타인과의 정서적인 거리를 유지하는 노력이 필요
사교형	외향적이고 인정하는 욕구가 강하며 타인에 대한 관심이 많고 쉽게 흥분함	심리적으로 안정을 취할 필요가 있으며 지나친 인정욕구에 대한 성찰 필요

| 05 | 의사소통능력의 개발

(1) 사후검토와 피드백의 활용

직접 말로 물어보거나 표정, 기타 표시 등을 통해 정확한 반응을 살핀다.

(2) 언어의 단순화

명확하고 쉽게 이해 가능한 단어를 선택하여 이해도를 높인다.

(3) 적극적인 경청

감정을 이입하여 능동적으로 집중하며 경청한다.

(4) 감정의 억제

감정에 치우쳐 메시지를 곡해하지 않도록 침착하게 의사소통한다.

| 06 | 입장에 따른 의사소통전략

화자의 입장	• 의사소통에 앞서 생각을 명확히 할 것 • 문서를 작성할 때는 주된 생각을 앞에 쓸 것 • 평범한 단어를 쓸 것 • 편견 없는 언어를 사용할 것 • 사실 밑에 깔린 감정을 의사소통할 것 • 어조, 표정 등 비언어적인 행동이 미치는 결과를 이해할 것 • 행동을 하면서 말로 표현할 것 • 피드백을 받을 것
청자의 입장	• 세세한 어휘를 모두 들으려고 노력하기보다는 요점, 즉 의미의 파악에 집중할 것 • 말하고 있는 바에 관한 생각과 사전 정보를 동원하여 말하는 바에 몰입할 것 • 모든 이야기를 듣기 전에 결론에 이르지 말고 전체 생각을 청취할 것 • 말하는 사람의 관점에서 진술을 반복하여 피드백할 것 • 들은 내용을 요약할 것

CHECK POINT

의사소통능력의 개발
- 전문용어의 사용은 그 언어를 사용하는 집단 구성원들 사이에 사용될 때에는 이해를 촉진시키지만, 조직 밖의 사람들에게, 예를 들어 고객에게 사용했을 때에는 의외의 문제를 야기할 수 있기 때문에 의사소통을 할 때 주의하여 단어를 선택하는 것이 필요하다.
- 상대방의 이야기를 듣는 것은 수동적인 데 반해 경청은 능동적인 의미의 탐색이므로 이야기를 들어주는 것과 경청의 의미는 다르다.
- 피드백은 상대방이 원하는 경우 대인관계에 있어서 그의 행동을 개선할 수 있는 기회를 제공해 줄 수 있다.

안심Touch

Ⅱ 문서이해능력

| 01 | 문서이해능력의 의의

(1) 문서이해능력이란?

다양한 종류의 문서에서 전달하고자 하는 핵심 내용을 요약·정리하여 이해하고, 문서에서 전달하는 정보의 출처를 파악하고 옳고 그름을 판단하는 능력을 말한다.

(2) 문서이해의 목적

문서이해능력이 부족하면 직업생활에서 본인의 업무를 이해하고 수행하는 데 막대한 지장을 끼친다. 따라서 본인의 업무를 제대로 수행하기 위해 문서이해능력은 필수적이다.

| 02 | 문서의 종류

(1) 공문서

- 정부 행정기관에서 대내적·대외적 공무를 집행하기 위해 작성하는 문서
- 정부 기관이 일반회사, 단체로부터 접수하는 문서 및 일반회사에서 정부 기관을 상대로 사업을 진행할 때 작성하는 문서 포함
- 엄격한 규격과 양식에 따라 정당한 권리를 가진 사람이 작성
- 최종 결재권자의 결재가 있어야 문서로서의 기능 성립

CHECK POINT

문서의 종류
공문서, 보고서, 설명서, 비즈니스 메모, 비즈니스 레터(E-mail), 기획서, 기안서, 보도자료, 자기소개서

(2) 보고서

특정 업무에 대한 현황이나 진행 상황 또는 연구·검토 결과 등을 보고할 때 작성하는 문서

종류	내용
영업보고서	영업상황을 문장 형식으로 기재해 보고하는 문서
결산보고서	진행됐던 사안의 수입과 지출결과를 보고하는 문서
일일업무보고서	매일의 업무를 보고하는 문서
주간업무보고서	한 주간에 진행된 업무를 보고하는 문서
출장보고서	출장을 다녀와 외부 업무나 그 결과를 보고하는 문서
회의보고서	회의 결과를 정리해 보고하는 문서

(3) 설명서

상품의 특성이나 사물의 성질과 가치, 작동 방법이나 과정을 소비자에게 설명하는 것을 목적으로 작성한 문서

종류	내용
상품소개서	• 일반인들이 친근하게 읽고 내용을 쉽게 이해하도록 하는 문서 • 소비자에게 상품의 특징을 잘 전달해 상품을 구입하도록 유도
제품설명서	• 제품의 특징과 활용도에 대해 세부적으로 언급하는 문서 • 제품의 사용법에 대해 알려주는 것이 주목적

(4) 비즈니스 메모

업무상 필요한 중요한 일이나 앞으로 체크해야 할 일이 있을 때 필요한 내용을 메모형식으로 작성하여 전달하는 글

종류	내용
전화 메모	• 업무적인 내용부터 개인적인 전화의 전달사항들을 간단히 작성하여 당사자에게 전달하는 메모 • 스마트폰의 발달로 현저히 줄어듦
회의 메모	• 회의에 참석하지 못한 구성원에게 회의 내용을 간략하게 적어 전달하거나 참고자료로 남기기 위해 작성한 메모 • 업무 상황 파악 및 업무 추진에 대한 궁금증이 있을 때 핵심적인 역할을 하는 자료
업무 메모	개인이 추진하는 업무나 상대의 업무 추진 상황을 메모로 적는 형태

(5) 비즈니스 레터(E-mail)

- 사업상의 이유로 고객이나 단체에 편지를 쓰는 것
- 직장 업무나 개인 간의 연락, 직접 방문하기 어려운 고객관리 등을 위해 사용되는 비공식적 문서
- 제안서나 보고서 등 공식적인 문서를 전달하는 데도 사용

(6) 기획서

하나의 프로젝트를 문서형태로 만들어, 상대방에게 기획의 내용을 전달하여 해당 기획안을 시행하도록 설득하는 문서

(7) 기안서

회사의 업무에 대한 협조를 구하거나 의견을 전달할 때 작성하며 흔히 사내 공문서로 불림

(8) 보도자료

정부 기관이나 기업체, 각종 단체 등이 언론을 상대로 하여 자신들의 정보가 기사로 보도되도록 하기 위해 보내는 자료

(9) 자기소개서

개인의 가정환경과 성장과정, 입사 동기와 근무자세 등을 구체적으로 기술하여 자신을 소개하는 문서

문서이해의 중요성
같은 업무를 추진하더라도
요점을 파악하고 정리하는지
가 업무 성과의 차이를 가져
오므로 자신의 업무를 추진
하는 데 있어서 문서이해를
통해 정보를 획득하고, 수집,
종합하는 것이 중요하다.

| 03 | 문서의 이해

(1) 문서이해의 절차

1. 문서의 목적을 이해하기

⬇

2. 이러한 문서가 작성되게 된 배경과 주제를 파악하기

⬇

3. 문서에 쓰인 정보를 밝혀내고, 문서가 제시하고 있는 현안을 파악하기

⬇

4. 문서를 통해 상대방의 욕구와 의도 및 내게 요구되는 행동에 관한 내용을 분석하기

⬇

5. 문서에서 이해한 목적 달성을 위해 취해야 할 행동을 생각하고 결정하기

⬇

6. 상대방의 의도를 도표나 그림 등으로 메모하여 요약·정리해보기

예제풀이

문서를 이해하기 위해 가장
먼저 해야 할 것은 문서의 목
적을 먼저 이해하는 것이다.
목적을 명확히 해야 문서의
작성 배경과 주제, 현안을 파
악할 수 있다. 궁극적으로 문
서에서 이해한 목적달성을
위해 취해야 할 행동을 생각
하고 결정할 수 있게 된다.

정답 ①

〈핵심예제〉

다음 문서이해를 위한 구체적인 절차 중 가장 먼저 해야 할 사항은 무엇인가?

① 문서의 목적을 이해하기
② 문서가 작성된 배경과 주제를 파악하기
③ 현안을 파악하기
④ 내용을 요약하고 정리하기

(2) 내용종합능력의 배양

① 주어진 모든 문서를 이해했다 하더라도 그 내용을 모두 기억하기란 불가능하므로
문서내용을 요약하는 문서이해능력에 더해 내용종합능력의 배양이 필요하다.
② 이를 위해서는 다양한 종류의 문서를 읽고, 구체적인 절차에 따라 이해하고, 정리하
는 습관을 들여야 한다.

Ⅲ 문서작성능력

| 01 | 문서작성능력의 의의

(1) 문서작성능력이란?

① 문서의 의미

제안서·보고서·기획서·편지·메모·공지사항 등 문자로 구성된 것을 지칭하며 일상생활뿐만 아니라 직업생활에서도 다양한 문서를 자주 사용한다.

② 문서작성의 목적

치열한 경쟁상황에서 상대를 설득하거나 조직의 의견을 전달하고자 한다.

《 핵심예제 》

다음은 무엇에 대한 설명인가?

> 상황과 목적에 적합한 문서를 시각적이고 효과적으로 작성하기 위한 능력

① 문서이해능력　　　　　② 문서작성능력

③ 언어이해능력　　　　　④ 언어표현능력

(2) 문서작성 시 고려사항

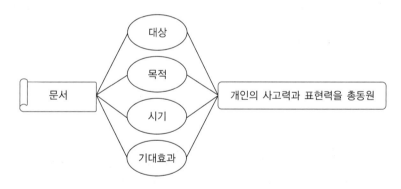

| 02 | 문서작성의 실제

(1) 상황에 따른 문서의 작성

상황	내용
요청이나 확인을 위한 경우	• 공문서 형식 • 일정한 양식과 격식을 갖추어 작성
정보제공을 위한 경우	• 홍보물, 보도자료, 설명서, 안내서 • 시각적인 정보의 활용 • 신속한 정보 제공
명령이나 지시가 필요한 경우	• 업무 지시서 • 명확한 지시사항이 필수적
제안이나 기획을 할 경우	• 제안서, 기획서 • 종합적인 판단과 예견적인 지식이 필요
약속이나 추천을 위한 경우	• 제품의 이용에 대한 정보 • 입사지원, 이직 시 상사가 작성

CHECK POINT

문서의 종류에 따른 작성법
문서의 서식은 각 회사나 기관별로 고유의 양식이 있으면 그에 따라 작성하고, 결정되어 있지 않으면 많이 쓰이는 양식에 따라 작성하면 된다.

(2) 문서의 종류에 따른 작성법

① 공문서

> • '누가, 언제, 어디서, 무엇을, 어떻게(왜)'가 드러나도록 작성해야 함
> • 날짜는 연도와 월일을 반드시 함께 기입해야 함
> • 날짜 다음에 괄호를 사용할 때는 마침표를 찍지 않음
> • 내용이 복잡할 경우 '-다음-', '-아래-'와 같은 항목을 만들어 구분함
> • 한 장에 담아내는 것이 원칙임
> • 마지막엔 반드시 '끝' 자로 마무리함
> • 대외문서이고 장기간 보관되는 문서이므로 정확하게 기술해야 함

② 설명서

> • 간결하게 작성함
> • 전문용어의 사용은 가급적 삼갈 것
> • 복잡한 내용은 도표화
> • 명령문보다 평서형으로, 동일한 표현보다는 다양한 표현으로 작성함
> • 글의 성격에 맞춰 정확하게 기술해야 함

③ 기획서

> • 무엇을 위한 기획서인지 핵심 메시지가 정확히 도출되었는지 확인
> • 상대가 요구하는 것이 무엇인지 고려하여 작성
> • 글의 내용이 한눈에 파악되도록 목차를 구성할 것
> • 분량이 많으므로 핵심 내용의 표현에 유념할 것
> • 효과적인 내용전달을 위해 표나 그래프를 활용
> • 제출하기 전에 충분히 검토할 것
> • 인용한 자료의 출처가 정확한지 확인할 것

④ 보고서

- 핵심내용을 구체적으로 제시할 것
- 간결하고 핵심적인 내용의 도출이 우선이므로 내용의 중복을 피할 것
- 독자가 궁금한 점을 질문할 것에 대비할 것
- 산뜻하고 간결하게 작성할 것
- 도표나 그림을 적절히 활용할 것
- 참고자료는 정확하게 제시할 것
- 개인의 능력을 평가하는 기본 자료이므로 제출하기 전 최종점검을 할 것

《 핵심예제 》

다음 중 설명서의 올바른 작성법에 해당하지 않는 것은?

① 정확한 내용 전달을 위해 명령문으로 작성한다.

② 상품이나 제품에 대해 설명하는 글의 성격에 맞춰 정확하게 기술한다.

③ 정확한 내용전달을 위해 간결하게 작성한다.

④ 소비자들이 이해하기 어려운 전문용어는 가급적 사용을 삼간다.

예제풀이

⊕ 설명서는 명령문이 아닌 평서형으로 작성해야 한다.

정답 ①

| 03 | 문서작성의 원칙

(1) 문장 구성 시 주의사항

- 간단한 표제를 붙일 것
- 결론을 먼저 작성
- 상대방이 이해하기 쉽게
- 중요하지 않은 경우 한자의 사용은 자제
- 문장은 짧고, 간결하게
- 문장은 긍정문의 형식으로

(2) 문서작성 시 주의사항

- 문서의 작성 시기를 기입
- 제출 전 반드시 최종점검
- 반드시 필요한 자료만 첨부
- 금액, 수량, 일자는 정확하게 기재

문서의미의 전달에 그다지 중요하지 않은 경우에는 한자 사용을 최대한 자제하도록 하며, 상용한자의 범위 내에서 사용하는 것이 상대방의 문서이해에 도움이 될 것이다.

정답 ②

〈핵심예제〉

다음 중 문서작성의 원칙으로 옳지 않은 것은?

① 문장을 짧고, 간결하게 작성하도록 한다.
② 정확한 의미전달을 위해 한자어를 최대한 많이 사용한다.
③ 간단한 표제를 붙인다.
④ 문서의 주요한 내용을 먼저 쓰도록 한다.

| 04 | 문서표현의 시각화

(1) 시각화의 구성요소

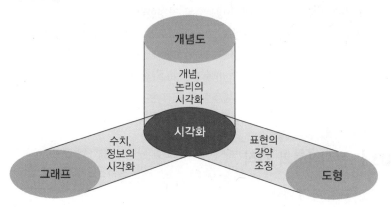

문서의 내용을 시각화하기 위해서는 전하고자 하는 내용의 개념이 명확해야 하고, 수치 등의 정보는 그래프 등을 사용하여 시각화하며, 특히 강조하여 표현하고 싶은 내용은 도형을 이용할 수 있다.

(2) 시각화 방법

① **차트 시각화** : 데이터 정보를 쉽게 이해할 수 있도록 시각적으로 표현하며, 주로 통계 수치 등을 도표나 차트를 통해 명확하고 효과적으로 전달한다.

② **다이어그램 시각화** : 개념이나 주제 등 중요한 정보를 도형, 선, 화살표 등 여러 상징을 사용하여 시각적으로 표현한다.

③ **이미지 시각화** : 전달하고자 하는 내용을 관련 그림이나 사진 등으로 표현한다.

Ⅳ 경청능력

| 01 | 경청능력의 의의

(1) 경청능력이란?

① 경청의 의미

상대방이 보내는 메시지에 주의를 기울이고 이해를 위해 노력하는 행동으로, 대화의 과정에서 신뢰를 쌓을 수 있는 최고의 방법이다.

② 경청의 효과

대화의 상대방이 본능적으로 안도감을 느끼게 되어 무의식적인 믿음을 갖게 되며, 이 효과로 인해 말과 메시지, 감정이 효과적으로 상대방에게 전달된다.

(2) 경청의 중요성

경청을 통해	+	대화의 상대방을(의)	⇨	• 한 개인으로 존중하게 된다. • 성실한 마음으로 대하게 된다. • 입장에 공감하며 이해하게 된다.

| 02 | 효과적인 경청방법

(1) 적극적 경청과 소극적 경청

① 적극적 경청

상대의 말에 집중하고 있음을 행동을 통해 표현하며 듣는 것으로 질문, 확인, 공감 등으로 표현된다.

② 소극적 경청

상대의 말에 특별한 반응 없이 수동적으로 듣는 것을 말한다.

(2) 적극적 경청을 위한 태도

> • 비판적 · 충고적인 태도를 버린다.
> • 상대방이 말하고자 하는 의미를 이해한다.
> • 단어 이외에 보여지는 표현에 신경쓴다.
> • 경청하고 있다는 것을 표현한다.
> • 흥분하지 않는다.

CHECK POINT

경청의 중요성

"성공하는 사람과 그렇지 못한 사람의 대화 습관에는 뚜렷한 차이가 있다. 그 차이점이 무엇인지 단 하나만 꼽으라고 한다면, 나는 주저 없이 '경청하는 습관'을 들 것이다. 우리는 지금껏 말하기, 읽기, 쓰기에만 골몰해 왔다. 하지만 정작 우리의 감성을 지배하는 것은 '귀'다. 경청이 얼마나 주요한 능력인지, 그리고 우리가 어떻게 경청의 힘을 획득할 수 있는지 알아야 한다."
– 스티븐 코비의 「성공하는 사람의 7가지 습관」과 「성공하는 사람의 8번째 습관」

"내가 만일 경청의 습관을 갖지 못했다면, 나는 그 누구도 설득하지 못했을 것이다."
– 피터 드러커

"20세기가 말하는 자의 시대였다면, 21세기는 경청하는 리더의 시대가 될 것이다. 경청의 힘은 신비롭기까지 하다. 말하지 않아도, 아니 말하는 것보다 더 매혹적으로 사람의 마음을 사로잡기 때문이다."
– 톰 피터스의 「초우량기업의 조건」과 「미래를 경영하라」

(3) 경청의 올바른 자세

- 상대를 정면으로 마주하여 의논할 준비가 되었음을 알린다.
- 손이나 다리를 꼬지 않는 개방적 자세를 취한다.
- 상대를 향해 상체를 기울여 경청하고 있다는 사실을 강조한다.
- 우호적인 눈빛 교환을 한다.
- 편안한 자세를 취한다.

(4) 효과적인 경청을 위한 트레이닝

종류	내용
준비	미리 나누어준 계획서 등을 읽어 강연 등에 등장하는 용어에 친숙해질 필요가 있음
집중	말하는 사람의 속도와 말을 이해하는 속도 사이에 발생하는 간격을 메우는 방법을 학습해야 함
예측	대화를 하는 동안 시간 간격이 있으면, 다음에 무엇을 말할 것인가를 추측하려고 노력해야 함
연관	상대방이 전달하려는 메시지가 무엇인가를 생각해보고 자신의 삶, 목적, 경험과 관련지어 보는 습관이 필요함
질문	질문에 대한 답이 즉각적으로 이루어질 수 없다고 하더라도 질문을 하려고 하면 경청하는 데 적극적이 되고 집중력이 높아지게 됨
요약	대화 도중에 주기적으로 대화의 내용을 요약하면 상대방이 전달하려는 메시지를 이해하고, 사상과 정보를 예측하는 데 도움이 됨
반응	상대방에 대한 자신의 지각이 옳았는지 확인할 수 있으며, 상대방에게 자신이 정확하게 의사소통을 하였는가에 대한 정보를 제공함

핵심예제

다음 중 효과적인 경청방법으로 옳지 않은 것은?

① 주의를 집중한다.
② 나와 관련지어 생각해 본다.
③ 상대방의 대화에 적절히 반응한다.
④ 상대방의 말을 적당히 걸러내며 듣는다.

| 03 | 경청의 방해요인

요인	내용
짐작하기	상대방의 말을 듣고 받아들이기보다 자신의 생각에 들어 맞는 단서들을 찾아 자신의 생각을 확인하는 것
대답할 말 준비하기	자신이 다음에 할 말을 생각하기에 바빠서 상대방이 말하는 것을 잘 듣지 않는 것
걸러내기	상대의 말을 듣기는 하지만 상대방의 메시지를 온전하게 듣지 않는 것
판단하기	상대방에 대한 부정적인 판단 때문에, 또는 상대방을 비판하기 위해 상대방의 말을 듣지 않는 것

다른 생각하기	상대방이 말을 할 때 다른 생각을 하는 것으로 현실이 불만스럽지만 이러한 상황을 회피하고 있다는 신호임
조언하기	본인이 다른 사람의 문제를 지나치게 해결해 주고자 하는 것을 말하며, 말끝마다 조언하려고 끼어들면 상대방은 제대로 말을 끝맺을 수 없음
언쟁하기	단지 반대하고 논쟁하기 위해서만 상대방의 말에 귀를 기울이는 것
자존심 세우기	자존심이 강한 사람에게서 나타나는 태도로 자신의 부족한 점에 대한 상대방의 말을 듣지 않으려 함
슬쩍 넘어가기	문제를 회피하려 하거나 상대방의 부정적 감정을 회피하기 위해서 유머 등을 사용하는 것으로 이로 인해 상대방의 진정한 고민을 놓치게 됨
비위 맞추기	상대방을 위로하기 위해서 너무 빨리 동의하는 것을 말하며, 상대방에게 자신의 생각이나 감정을 충분히 표현할 시간을 주지 못하게 됨

◁핵심예제▷

다음 중 경청을 방해하는 요인에 해당하지 않는 것은?

① 상대방의 말을 짐작하면서 듣기
② 대답할 말을 미리 준비하며 듣기
③ 상대방의 마음상태를 이해하며 듣기
④ 상대방의 말을 판단하며 듣기

예제풀이

➕ 상대방의 마음상태를 이해하며 듣는 것은 올바른 경청 방법으로, 방해요인에 해당하지 않는다.

정답 ③

| 04 | 경청훈련

(1) 대화법을 통한 경청훈련

① 주의 기울이기
　바라보기, 듣기, 따라하기가 이에 해당하며, 산만한 행동은 중단하고 비언어적인 것, 즉 상대방의 얼굴과 몸의 움직임뿐만 아니라 호흡하는 자세까지도 주의하여 관찰해야 한다.

② 상대방의 경험을 인정하고 더 많은 정보 요청하기
　화자가 인도하는 방향으로 따라가고 있다는 것을 언어적·비언어적인 표현을 통하여 상대방에게 알려주는 것은 상대방이 더 많은 것을 말할 수 있는 수단이 된다.

③ 정확성을 위해 요약하기
　상대방에 대한 이해의 정확성을 확인할 수 있게 하며, 자신과 상대방의 메시지를 공유할 수 있도록 한다.

④ 개방적인 질문하기
　단답형의 대답이나 반응보다 상대방의 다양한 생각을 이해하고, 상대방으로부터 보다 많은 정보를 얻기 위한 방법이다.

⑤ '왜?'라는 질문 피하기
　'왜?'라는 질문은 보통 진술을 가장한 부정적·추궁적·강압적인 표현이므로 사용하지 않는 것이 좋다.

(2) 경청능력을 높이는 공감하는 태도

① 공감적 태도

성숙된 인간관계를 유지하기 위해서는 서로의 의견을 공감하고 존중하며 의견 조율이 필요하다. 이를 위해 깊이 있는 대화가 필요하며 이때 필요한 것이 공감적 태도이다. 즉, 공감이란 상대방이 하는 말을 상대방의 관점에서 이해하고 느끼는 것이다.

② 공감적 반응

㉠ 상대방의 이야기를 자신의 관점이 아닌 그의 관점에서 이해한다.

㉡ 상대방의 말 속에 담겨 있는 감정과 생각에 민감하게 반응한다.

Ⅴ 의사표현능력

| 01 | 의사표현능력의 의의

(1) 의사표현능력이란?

① 의사표현의 의미

말하는 이가 자신의 생각과 감정을 듣는 이에게 음성언어나 신체언어로 표현하는 행위로서 말하는 이의 목적을 달성하는 데 효과가 있다고 생각하는 말하기를 말한다.

② 의사표현의 종류

종류	내용
공식적 말하기	• 사전에 준비된 내용을 대중을 상대로 하여 말하는 것 • 연설, 토의, 토론 등
의례적 말하기	• 정치적·문화적 행사에서와 같이 의례 절차에 따라 말하는 것 • 식사, 주례, 회의 등
친교적 말하기	매우 친근한 사람들 사이에서 이루어지는 것으로 자연스러운 상황에서 떠오르는 대로 주고받는 말하기

(2) 의사표현의 중요성

언어에 의해 그려지는 이미지로 인해 자신의 이미지가 형상화될 수 있다. 즉, 자신이 자주 하는 말로써 자신의 이미지가 결정된다는 것이다.

| 02 | 의사표현에 영향을 미치는 비언어적 요소

(1) 연단공포증

청중 앞에서 이야기를 해야 하는 상황일 때 정도의 차이는 있지만 누구나 가슴이 두근거리는 등의 현상을 느끼게 된다. 이러한 연단공포증은 소수가 경험하는 심리상태가 아니라, 90% 이상의 사람들이 호소하는 불안이므로 이를 걱정할 필요는 없으며, 오히려 이러한 심리현상을 잘 통제하면서 표현한다면 청자는 그것을 더 인간다운 것으로 생각하게 된다.

(2) 말

① 장단

표기가 같은 말이라도 소리가 길고 짧음에 따라 전혀 다른 뜻이 되는 단어의 경우 긴 소리와 짧은 소리를 구분하여 정확하게 발음해야 한다.

② 발음

발음이 분명하지 못하면 듣는 이에게 정확하게 의사를 전달하기 어렵다. 천천히 복식호흡을 하며 깊은 소리로 침착하게 이야기하는 습관을 가져야 한다.

③ 속도

발표할 때의 속도는 10분에 200자 원고지 15장 정도가 적당하다. 이보다 빠르면 청중이 내용에 대해 생각할 시간이 부족하고 놓친 메시지가 있다고 느끼며, 말하는 사람이 바쁘고 성의 없는 느낌을 주게 된다. 반대로 느리게 말하면, 분위기가 처지게 되어 청중이 내용에 집중을 하지 못한다. 발표에 능숙하게 되면 청중의 반응을 감지하면서 분위기가 처질 경우 좀 더 빠르게, 내용상 중요한 부분을 짚고 넘어가고자 할 경우는 조금 여유 있게 말하는 등의 조절을 할 수 있다.

④ 쉼

의도적으로 쉼을 잘 활용함으로써 논리성, 감정제고, 동질감 등을 확보할 수 있다.

(3) 몸짓

① 몸의 방향

몸의 방향을 통해 대화 상대를 향하는가, 피하는가가 판단된다. 예를 들어 대화 도중에 끼어든 제3자가 있다고 상상했을 때, 말하는 이가 제3자를 불편하게 생각하는 경우 살짝 몸을 돌릴 수 있다. 몸의 방향은 의도적일 수도 있고, 비의도적일 수도 있으나 말하는 이가 그 사람을 '피하고' 있음을 표현하는 방식이 된다.

② 자세

특정 자세를 보고 그 사람의 분노, 슬픔, 행복과 같은 일부 감정들을 맞히는 것은 90% 이상 일치한다는 연구 결과가 있다. 자신뿐 아니라 지금 대화를 나누고 있는 상대방의 자세에 주의를 기울임으로써 우리는 언어적 요소와는 다른 중요한 정보를 얻을 수 있다.

③ 몸짓

몸짓의 가장 흔한 유형은 몸동작으로 화자가 말을 하면서 자연스럽게 동반하는 움직임이다. 누군가 우리에게 길을 물어볼 때 자연스럽게 말과 함께 손가락과 몸짓을 통해 길을 알려준다. 몸동작은 말로 설명하기는 어려운 것들을 설명하는 데 자주 사용되며, 몸동작이 완전히 배제된 의사표현은 때로 어색함을 줄 수 있다. 또 "최고다."라는 긍정적 신호를 보내기 위해 엄지를 들어 올리는 등의 상징적 동작은 말을 동반하지 않아도 의사표현이 가능하게 한다. 상징적 동작은 문화권에 따라 다를 수 있으므로, 다른 문화권의 사람들과 의사소통을 해야 할 경우에는 문화적 차이를 고려해야 한다.

(4) 유머

유머는 의사표현을 더욱 풍요롭게 도와준다. 하지만 하루아침에 유머를 포함한 의사표현을 할 수 있는 것은 아니며, 평소 일상생활 속에서 부단히 유머 감각을 훈련하여야만 자연스럽게 상황에 맞는 유머를 즉흥적으로 구사할 수 있다.

| 03 | 효과적인 의사표현법

상황	내용
지적	• 충고나 질책의 형태로 나타난다. • '칭찬 – 질책 – 격려'의 샌드위치 화법을 사용한다. • 충고는 최후의 수단으로 은유적으로 접근한다.
칭찬	• 대화 서두의 분위기 전환용으로 사용한다. • 상대에 어울리는 중요한 내용을 포함한다.
요구	• 부탁 : 상대의 상황을 확인한 후 응하기 쉽도록 구체적으로 부탁하며, 거절을 당해도 싫은 내색을 하지 않는다. • 업무상 지시, 명령 : 강압적 표현보다는 청유식 표현이 효과적이다.
거절	• 거절에 대한 사과와 함께 응할 수 없는 이유를 설명한다. • 요구를 들어주는 것이 불가능할 경우 단호하게 거절하지만, 정색하는 태도는 지양한다.
설득	• 강요는 금물이다. • 문 안에 한 발 들여놓기 기법 • 얼굴 부딪히기 기법

Ⅵ 기초외국어능력

| 01 | 기초외국어능력의 의의

(1) 기초외국어능력이란?

일 경험에 있어 우리만의 언어가 아닌 세계의 언어로 의사소통을 가능하게 하는 능력을 말하며, 일 경험 중에 필요한 문서이해나 문서작성, 의사표현, 경청 등 기초적인 의사소통을 기초적인 외국어로 가능하게 하는 능력을 말한다.

(2) 기초외국어능력의 중요성

외국인들과의 업무가 잦은 특정 직무뿐만 아니라 컴퓨터 활용 및 공장의 기계사용, 외국산 제품의 사용법을 확인하는 경우 등 기초외국어를 모르면 불편한 경우가 많다.

| 02 | 외국인과의 비언어적 의사소통

(1) 표정으로 알아채기

외국인과 마주하여 대화할 때 그들의 감정이나, 생각을 가장 쉽게 알 수 있는 것이 표정이다. 웃는 표정은 행복과 만족, 친절을 표현하는 데 비해, 눈살을 찌푸리는 표정은 불만족과 불쾌를 나타낸다. 또한 눈을 마주 쳐다보는 것은 흥미와 관심이 있음을, 그리고 그렇게 하지 않음은 무관심을 말해준다.

(2) 음성으로 알아채기

어조가 높으면 적대감이나 대립감을 나타내고, 낮으면 만족이나 안심을 나타낸다. 또한 목소리가 커졌으면 내용을 강조하는 것이거나 흥분, 불만족 등의 감정 상태를 표현하는 것이다. 또한 말의 속도와 리듬이 매우 빠르거나 짧게 얘기하면 공포나 노여움을 나타내는 것이며, 너무 자주 말을 멈추면 결정적인 의견이 없음을 의미하거나 긴장 또는 저항을 의미한다.

(3) 외국인과의 의사소통에서 피해야 할 행동

- 상대를 볼 때 흘겨보거나, 아예 보지 않는 것
- 팔이나 다리를 꼬는 것
- 표정이 없는 것
- 다리를 흔들거나 펜을 돌리는 것
- 맞장구를 치지 않거나, 고개를 끄덕이지 않는 것
- 생각 없이 메모하는 것
- 자료만 들여다보는 것
- 바르지 못한 자세로 앉는 것
- 한숨, 하품, 신음을 내는 것
- 다른 일을 하며 듣는 것
- 상대방에게 이름이나 호칭을 어떻게 부를지 묻지 않고 마음대로 부르는 것

<<< 핵심예제 >>>

다음 중 기초외국어능력을 대하는 마음가짐으로 옳지 않은 것은?

① 상대방과 목적을 공유하라.
② 외국어를 너무 어렵게만 생각하지 마라.
③ 자신을 극복하라.
④ 자신의 부족한 외국어 실력을 의식하여, 실수하지 않도록 한다.

예제풀이

외국어에 대한 자신감이 부족한 사람들이 가지는 특징은 외국어를 잘 못한다는 지나친 의식, 불명확한 의사표현, 의견정리의 어려움, 표현력의 저하 등이다. 그러므로 이러한 마음상태를 극복하고, 자신만의 기초외국어로의 의사소통 방법을 만들어나가는 것도 기초외국어능력을 높이는 좋은 방법이라 할 수 있다.

정답 ④

┌연속출제┐

다음은 노인장기요양보험법의 일부 내용이다. 다음 중 법령을 잘못 이해한 것은?

풀이순서

1) 질문의도
   : 법령이해

2) 선택지 키워드 찾기

3) 지문독해
   : 선택지와 비교

제4조 국가 및 지방자치단체의 책무 등

① 국가 및 지방자치단체는 노인이 일상생활을 혼자서 수행할 수 있는 온전한 심신상태를 유지하는 데 필요한 사업(이하 "노인성질환예방사업"이라 한다)을 실시하여야 한다.

② 국가는 노인성질환예방사업을 수행하는 지방자치단체 또는 국민건강보험법에 따른 국민건강보험공단(이하 "공단"이라 한다)에 대하여 이에 소요되는 비용을 지원할 수 있다. ❷

③ 국가 및 지방자치단체는 노인인구 및 지역특성 등을 고려하여 장기요양급여가 원활하게 제공될 수 있도록 적정한 수의 장기요양기관을 확충하고 장기요양기관의 설립을 지원하여야 한다.

④ 국가 및 지방자치단체는 장기요양급여가 원활히 제공될 수 있도록 공단에 필요한 행정적 또는 재정적 지원을 할 수 있다. ❸

··· (생략) ···

제6조 장기요양기본계획

① 보건복지부장관은 노인 등에 대한 장기요양급여를 원활하게 제공하기 위하여 5년 단위로 다음 각 호의 사항이 포함된 장기요양기본계획을 수립·시행하여야 한다. ❶

  1. 연도별 장기요양급여 대상인원 및 재원조달 계획

  2. 연도별 장기요양기관 및 장기요양전문인력 관리 방안

  3. 장기요양요원의 처우에 관한 사항

  4. 그 밖에 노인 등의 장기요양에 관한 사항으로서 대통령령으로 정하는 사항

② 지방자치단체의 장은 제1항에 따른 장기요양기본계획에 따라 세부시행계획을 수립·시행하여야 한다. ❹

---

① 보건복지부장관은 5년 단위로 장기요양기본계획을 수립한다. ┌── 국가

✓ 노인성질환예방사업을 수행하는 데에 소요되는 비용은 지방자치단체가 지원한다.

③ 국가는 공단의 장기요양급여 제공에 있어 행정적 또는 재정적으로 지원한다.

④ 장기요양기본계획에 따른 세부시행계획은 지방자치단체의 장이 수립·시행한다.

4) 정답도출

📋 **유형 분석**
- 주어진 지문을 읽고 일치하는 선택지를 고르는 전형적인 독해 문제이다.
- 지문은 주로 신문기사(보도자료 등), 업무 보고서, 시사 등이 제시된다.
- 대체로 지문이 긴 경우가 많아 푸는 시간이 많이 소요된다.

  응용문제 : 지문의 주제를 찾는 문제나 지문의 핵심내용을 근거로 추론하는 문제가 출제된다.

📋 **풀이 전략**   먼저 선택지의 키워드를 체크한 후, 지문의 내용과 비교하며 내용의 일치유무를 신속히 판단한다.

기출유형 2

| 문서이해 ② |

┌연속출제┐

다음은 외국인 건강보험 제도변경에 대한 안내문이다. 다음 안내문을 이해한 내용으로 적절하지 않은 것은?

〈외국인 건강보험 제도변경 안내〉

- 6개월 이상 체류하는 경우 건강보험 당연 가입
  - 유학 또는 결혼이민의 경우는 입국하여 외국인 등록한 날 가입 ❶
  ※ 가입 제외 신청 대상 : 외국의 법령·보험 및 사용자의 계약에 따라 법 제41조에 따른 요양 급여에 상당하는 의료보장을 받을 수 있는 경우
- 자격은 등록된 체류지(거소지)에 따라 개인별로 관리(취득)되며, 건강보험료도 개인별로 부과
  - 다만, 같은 체류지(거소지)에 배우자 및 만 19세 미만 자녀와 함께 거주하여 가족 단위로 보험료 납부를 원하는 경우에는 가족관계를 확인할 수 있는 서류를 지참하여 방문 신청 필요 ❷
- 매월 25일까지 다음 달 보험료 납부 ❺-1
- 보험료 미납하면 불이익 발생
  - 병·의원 이용 시 건강보험 혜택 제한
  - 비자 연장 등 각종 체류 허가 제한(법무부 출입국·외국인 관서) ❹
  - 기한을 정하여 독촉하고, 그래도 납부하지 않으면 소득, 재산, 예금 등 압류하여 강제 징수 ❺-2
  ※ 건강보험 혜택은 대한민국 국민과 동일(입원, 외래진료, 중증질환, 건강검진 등) ❸

---

① 외국인 유학생 A씨의 경우 체류 기간과 관계없이 외국인 등록을 한 날에 건강보험에 가입된다.
② 배우자와 국내에 함께 체류 중인 외국인 B씨가 가족 단위로 보험료를 납부하고자 할 경우에는 별도의 신청이 필요하다.
☑ 보험료를 매월 납부하고 있는 외국인 C씨의 경우 외래진료 시에는 보험 혜택을 받을 수 있지만, 건강검진은 제공되지 않는다.
④ 보험료가 미납된 외국인 D씨가 비자 연장을 신청할 경우 신청이 제한될 수 있다.
⑤ 건강보험에 가입된 외국인 E씨는 보험료를 매월 25일까지 납부하여야 하며, 독촉 기한에도 납부하지 않을 경우 소득이나 재산이 압류될 수 있다.

풀이순서

1) 질문의도
   : 내용이해 → 적용

2) 지문파악

4) 지문독해
   : 선택지와 비교

3) 선택지 키워드 찾기

📑 **유형 분석**
- 주어진 지문에 대한 이해를 바탕으로 유추할 수 있는 내용을 고르는 문제이다.
- 지문은 주로 업무 보고서, 기획서, 보도자료 등이 제시된다.
- 일반적인 독해 문제와는 달리 선택지의 내용이 애매모호한 경우가 많으므로 꼼꼼히 살펴보아야 한다.

📑 **풀이 전략**
주어진 지문이 어떠한 내용을 다루고 있는지 파악한 후 선택지의 키워드를 체크한다. 그리고 나서 지문의 내용에서 도출할 수 있는 내용을 선택지에서 찾아야 한다.

┌연속출제┐

다음 중 밑줄 친 단어와 의미가 유사한 것은?

흑사병은 페스트균에 의해 발생하는 급성 열성 감염병으로, 쥐에 기생하는 벼룩에 의해 사람에게 전파된다. 국가위생건강위원회의 자료에 따르면 중국에서는 최근에도 간헐적으로 흑사병 확진 판정이 나온 바 있다. 지난 2014년에는 중국 북서부에서 38세의 남성이 흑사병으로 목숨을 잃었으며, 2016년과 2017년에도 각각 1건씩 발병 사례가 확인됐다.

① 근근이
② 자못
♥ 이따금
④ 빈번히
⑤ 흔히

풀이순서

1) 질문의도
   : 유의어

2) 지문파악
   : 문맥을 보고 단어의
     뜻 유추

3) 정답도출

📋 유형 분석 · 주어진 지문에서 밑줄 친 단어의 유의어를 찾는 문제이다.
· 자료는 지문, 보고서, 약관, 공지 사항 등 다양하게 제시된다.
· 다른 문제들에 비해 쉬운 편에 속하지만 실수를 하기 쉽다.
응용문제 : 틀린 단어를 올바르게 고치는 등 맞춤법과 관련된 문제가 출제된다.

📋 풀이 전략 앞뒤 문장을 읽어 문맥을 파악하여 밑줄 친 단어의 의미를 찾는다.

기출유형 4

CHAPTER 01

| 문서작성 ② |

┌연속출제┐

다음 중 공문서 작성 요령으로 적절하지 않은 것은?

① 전문 용어 사용을 지양한다.

② 1. → 1) → (1) → 가. → 가)와 같이 항목을 순서대로 표시한다.

③ 첨부물이 있다면 붙임 표시문 다음에 '끝'을 표시한다.

④ 뜻을 정확하게 전달하기 위해 괄호 안에 한자를 함께 적을 수 있다.

⑤ 쌍점(:)은 앞말에 붙여 쓰고 뒷말과는 띄어 쓴다.

풀이순서

1) 질문의도
   : 문서작성 방법

2) 선택지 확인
   : 공문서 작성법

3) 정답도출
   : 공문서의 번호체계
   는 1. → 가. → (1)
   → (가) → 1)과 같
   이 적용한다.

유형 분석
- 실무에서 적용할 수 있는 공문서 작성 방법의 개념을 익히고 있는지 평가하는 문제이다.
- 지문은 실제 문서 형식, 조언하는 말하기, 조언하는 대화가 주로 제시된다.

응용문제 : 문서 유형별 문서작성 방법에 대한 내용이 출제된다. 맞고 틀리고의 문제가 아니라 적합한 방법을 묻는
것이기 때문에 구분이 안 되어 있으면 틀리기 쉽다.

풀이 전략 공문서 작성법을 익히고 해당 내용이 올바르게 적용되었는지 파악한다.

PART 1 직업기초능력평가

CHAPTER 01 의사소통능력 · **25**

┌연속출제┐

다음 빈칸에 들어갈 경청 단계가 차례대로 연결된 것은?

풀이순서

1) 질문의도
  : 경청 방법

2) 지문파악
  : 경청 정도에 따른
   단계

〈경청의 5단계〉

단계	경청 정도	내용
㉠	0%	상대방은 이야기를 하지만, 듣는 사람에게 전달되는 내용은 하나도 없는 단계
㉡	30%	상대방의 이야기를 듣는 태도는 취하고 있지만, 자기 생각 속에 빠져 있어 이야기의 내용이 전달되지 않는 단계
㉢	50%	상대방의 이야기를 듣기는 하나, 자신이 듣고 싶은 내용을 선택적으로 듣는 단계
㉣	70%	상대방이 어떤 이야기를 하는지 내용에 집중하면서 듣는 단계
㉤	100%	상대방의 이야기에 집중하면서 의도와 목적을 추측하고, 이해한 내용을 상대방에게 확인하면서 듣는 단계

	㉠	㉡	㉢	㉣	㉤
①	선택적 듣기	무시	듣는 척하기	공감적 듣기	적극적 듣기
②	듣는 척하기	무시	선택적 듣기	적극적 듣기	공감적 듣기
③	듣는 척하기	무시	선택적 듣기	공감적 듣기	적극적 듣기
✓	무시	듣는 척하기	선택적 듣기	적극적 듣기	공감적 듣기

3) 정답도출

📋 **유형 분석**
• 경청 단계에 대해 이해하고 있는지를 묻는 문제이다.
• 경청 방법에 대한 지식이 있어도 대화 상황이나 예가 제시되었을 때 그 자료를 해석하지 못하면 소용이 없다. 지식과 예를 연결지어 학습해야 한다.
응용문제 : 경청하는 태도와 방법에 대한 질문, 경청을 방해하는 요인 등의 지식을 묻는 문제들이 출제된다.

📋 **풀이 전략**   경청하는 단계에 대한 지식을 익히고 문제에 적용한다.

CHAPTER 01 기출유형 6

| 의사표현 |

─연속출제─

다음 제시문에 나타난 의사소통의 저해요인으로 가장 적절한 것은?

> '말하지 않아도 알아요.' TV 광고 음악에 많은 사람이 공감했던 것과 같이 과거 우리 사회에서는 자신의 의견을 직접적으로 드러내지 않는 것을 미덕이라고 생각했다. 하지만 직접 말하지 않아도 상대가 눈치껏 판단하고 행동해주길 바라는 '눈치' 문화가 오히려 의사소통 과정에서의 불신과 오해를 낳는다.

① 의사소통 기법의 미숙
② 부족한 표현 능력
③ 평가적이며 판단적인 태도
④ 선입견과 고정관념
⑤ 폐쇄적인 의사소통 분위기

풀이순서

1) 질문의도
  : 의사소통 저해요인

2) 지문파악
  : 과거의 미덕
   → 불신과 오해

3) 정답도출
  : 사회적으로 미덕으로 인식되던 긍정적 고정관념이 시대가 변함에 따라 불신과 오해를 낳는 이유가 되었다는 것이 제시문의 내용이다.

📋 **유형 분석**
- 상황에 적합한 의사표현법에 대한 이해를 묻는 문제이다.
- 의사표현 방법에 대한 지식이 있어도 대화 상황이나 예가 제시되었을 때 그 자료를 해석하지 못하면 소용이 없다. 지식과 예를 연결지어 학습해야 한다.
  응용문제 : 의사표현방법, 의사표현을 방해하는 요인 등의 지식을 묻는 문제들이 출제된다.

📋 **풀이 전략**   의사소통의 저해요인에 대한 지식을 익히고 문제에 적용한다.

01 다음 중 보고서 작성 시 유의사항에 대한 설명으로 옳지 않은 것을 모두 고르면?

> A사원 : 이번 연구는 지금 시점에서 보고하는 것이 좋을 것 같습니다. 간략하게 연구별로 한 장씩 요약하여 작성할까요?
>
> B사원 : ㉠성의가 없어 보이니 한 장에 한 개의 사안을 담는 것은 좋지 않아.
>
> C사원 : 맞습니다. ㉡꼭 필요한 내용이 아니어도 관련된 참고자료는 이해가 쉽도록 모두 첨부하도록 하시죠.
>
> D사원 : ㉢양이 많으면 단락별 핵심을 하위목차로 요약하는 것이 좋겠어.
>
>   그리고 ㉣연구비 금액의 경우는 개략적으로만 제시하고 정확히 하지 않아도 괜찮아.

① ㉠, ㉡

② ㉠, ㉢

③ ㉠, ㉡, ㉢

④ ㉠, ㉡, ㉣

02 다음은 의사소통 저해요인에 대한 직원들의 대화이다. 잘못된 설명을 한 직원을 모두 고르면?

> **〈대화〉**
>
> 김 대리 : 우리 과장님은 일방적으로 듣기만 하셔서 의사를 파악하기가 정말 힘들어.
>
> 최 대리 : 그래. 표현능력이 부족하셔서 자신의 의사는 잘 전달을 못 하시는 걸 수도 있어.
>
> 박 주임 : 그래도 일방적으로 듣기만 하는 것은 의사를 수용하는 것이니 소통상 문제가 아니지 않나요? 일방적으로 전달만 하는 분과의 의사소통이 문제인 것 같아요.
>
> 박 사원 : 저는 이전 부서에서 대리님과 대화할 때, 대화과정의 내용을 어느 정도 아시는 줄 알았는데 모르고 계셔서 놀란 적이 있어요.
>
> 임 주임 : 전달한 줄 알았거나, 알고 있는 것으로 착각하는 건 평가적이고 판단적인 태도 때문이야.
>
> 양 대리 : 맞아. 말하지 않아도 알 것이라 생각하는 문화는 선입견이나 고정관념의 한 유형이야.

① 최 대리

② 박 주임

③ 최 대리, 임 주임

④ 박 주임, 양 대리

03 다음은 각 문서를 어떠한 기준에 따라 구분한 것이다. 빈칸에 들어갈 기준을 올바르게 연결된 것은?

기준	종류
㉠	공문서
	사문서
㉡	내부결재문서
	대내문서, 대외문서, 발신자와 수신자 명의가 같은 문서
㉢	법규문서
	지시문서
	공고문서
	비치문서
	민원문서
	일반문서

	㉠	㉡	㉢
①	작성 주체	문서의 성질	유통 대상
②	작성 주체	유통 대상	문서의 성질
③	유통 대상	문서의 성질	작성 주체
④	유통 대상	작성 주체	문서의 성질

04 〈보기〉의 문서와 그 문서에 대한 설명의 연결이 옳지 않은 것을 모두 고르면?

ㄱ. 상품소개서 – 일반인들이 친근하게 읽고 내용을 쉽게 이해하도록 하는 문서
ㄴ. 보도자료 – 정부 기관이나 기업체, 각종 단체 등이 언론의 보도내용 중 자기 조직과 관계 있는 것을 모아 종합해 놓은 자료
ㄷ. 비즈니스 메모 – 개인의 환경, 성장과정 등을 구체적으로 기술한 문서
ㄹ. 제품설명서 – 제품의 특징과 활용도에 대해 세부적으로 언급하여, 제품의 사용법에 대해 자세히 알려주는 문서

① ㄱ, ㄴ
② ㄱ, ㄷ
③ ㄴ, ㄷ
④ ㄴ, ㄹ

05 다음 상황을 고려하여 A주임이 작성하기에 적합한 문서의 형태로 옳은 것은?

〈상황〉

자동차 부품 제조업체인 P업체의 홍보실에서 근무 중인 A주임에게 K신문사의 B기자가 P업체의 부품 검수 과정과 노하우에 대한 인터뷰를 요청하였다.

① 설명서　　　　　　　　　　　　　　② 보도자료
③ 회의보고서　　　　　　　　　　　　④ 주간업무보고서

06 다음 중 빈칸에 들어갈 내용으로 가장 적절한 것은?

자율주행차란 운전자가 핸들과 가속페달, 브레이크 등을 조작하지 않아도 정밀한 지도, 위성항법시스템(GPS) 등 차량의 각종 센서로 상황을 파악해 스스로 목적지까지 찾아가는 자동차를 말한다. 국토교통부는 자율주행차의 상용화를 위해 '부분자율주행차(레벨 3)' 안전기준을 세계 최초로 도입했다고 밝혔다. 이에 따라 7월부터는 자동 차로 유지기능이 탑재된 레벨 3 자율주행차의 출시와 판매가 가능해진다. 국토부가 마련한 안전기준에 따르면 레벨 3 부분자율주행차는 운전자 탑승이 확인된 후에만 작동할 수 있다. 자동 차로 유지기능은 운전자가 직접 운전하지 않아도 자율주행시스템이 차선을 유지하면서 주행하고 긴급 상황 등에 대응하는 기능이다. 기존 '레벨 2'는 차로 유지기능을 작동했을 때 차량이 차선을 이탈하면 경고 알람이 울리는 정도여서 운전자가 직접 운전을 해야 했다. 레벨 3 안전기준이 도입되면 지정된 작동영역 안에서는 자율주행차의 책임 아래 _____

① 운전자가 탑승하지 않더라도 자율주행이 가능해진다.
② 운전자가 직접 조작하지 않더라도 자동으로 속도 조절이 가능해진다.
③ 운전자가 운전대에서 손을 떼고도 차로를 유지하며 자율주행이 가능해진다.
④ 운전자가 직접 조작하지 않더라도 차량 간 일정한 거리 유지가 가능해진다.

07 다음 중 일반적으로 문서를 작성해야 하는 상황이 아닌 것은?
① 타 부서의 확인이나 요청이 필요한 상황
② 팀원 간 자유롭게 브레인스토밍을 통해 제시된 모든 의견
③ 동료나 상사의 업무상 과오를 공식화해야 하는 경우
④ 새로운 일이 생겼을 때 가장 적합한 사람을 사내에서 추천하고자 하는 경우

08 다음 글의 주장에 대한 비판으로 가장 적절한 것은?

> 저작권은 저자의 권익을 보호함으로써 활발한 저작 활동을 촉진하여 인류의 문화 발전에 기여하기 위한 것이다. 그러나 이렇게 공적 이익을 추구하기 위한 저작권이 현실에서는 일반적으로 지나치게 사적 재산권을 행사하는 도구로 인식되고 있다. 저작물 이용자들의 권리를 보호하기 위해 마련한, 공익적 성격의 법조항도 법적 분쟁에서는 항상 사적 재산권의 논리에 밀려 왔다.
>
> 저작권 소유자 중심의 저작권 논리는 실제로 저작권이 담당해야 할 사회적 공유를 통한 문화 발전을 방해한다. 몇 해 전의 '애국가 저작권'에 대한 논란은 이러한 문제를 단적으로 보여준다. 저자 사후 50년 동안 적용되는 국내 저작권법에 따라, 애국가 포함된 〈한국 환상곡〉의 저작권이 작곡가 안익태의 유족들에게 2015년까지 주어진다는 사실이 언론을 통해 알려진 것이다. 누구나 자유롭게 이용할 수 있는 국가(國歌)마저 공공재가 아닌 개인 소유라는 사실에 많은 사람들이 놀랐다.
>
> 창작은 백지 상태에서 완전히 새로운 것을 만드는 것이 아니라 저작자와 인류가 쌓은 지식 간의 상호 작용을 통해 이루어진다. "내가 남들보다 조금 더 멀리 보고 있다면, 이는 내가 거인의 어깨 위에 올라서 있는 난쟁이이기 때문"이라는 뉴턴의 겸손은 바로 이를 말한다. 이렇듯 창작자의 저작물은 인류의 지적 자원에서 영감을 얻은 결과이다. 그러한 저작물을 다시 인류에게 되돌려 주는 데 저작권의 의의가 있다. 이러한 생각은 이미 1960년대 프랑스 철학자들에 의해 형성되었다. 예컨대 기호학자인 바르트는 '저자의 죽음'을 거론하면서 저자가 만들어 내는 텍스트는 단지 인용의 조합일 뿐 어디에도 '오리지널'은 존재하지 않는다고 단언한다.
>
> 전자 복제 기술의 발전과 디지털 혁명은 정보나 자료의 공유가 지니는 의의를 잘 보여주고 있다. 인터넷과 같은 매체 환경의 변화는 원본을 무한히 복제하고 자유롭게 이용함으로써 누구나 창작의 주체로서 새로운 문화 창조에 기여할 수 있도록 돕는다. 인터넷 환경에서 이용자는 저작물을 자유롭게 교환할 뿐 아니라 수많은 사람들과 생각을 나눔으로써 새로운 창작물을 생산하고 있다. 이러한 상황은 저작권을 사적 재산권의 측면에서보다는 공익적 측면에서 바라볼 필요가 있음을 보여준다.

① 저작권의 사회적 공유에 대해 일관성 없는 주장을 하고 있다.
② 저작물이 개인의 지적·정신적 창조물임을 과소평가하고 있다.
③ 저작권의 사적 보호가 초래한 사회적 문제의 사례가 적절하지 않다.
④ 인터넷이 저작권의 사회적 공유에 미치는 영향을 드러내지 못하고 있다.

09 다음 제시된 문단 뒤에 이어질 내용을 논리적 순서에 맞게 나열한 것은?

> 케인즈학파에서는 시장에서 임금이나 물가 등의 가격 변수가 완전히 탄력적으로 작용하지는 않기 때문에 경기적 실업은 자연스럽게 해소될 수 없다고 주장한다.

> (가) 그래서 경기 침체에 의해 물가가 하락하더라도 화폐환상현상으로 인해 노동자들은 명목임금의 하락을 받아들이지 않게 되고, 결국 명목임금은 경기적 실업이 발생하기 이전의 수준과 비슷하게 유지된다. 이는 기업에서 노동의 수요량을 늘리지 못하는 결과로 이어지게 되고 실업은 지속된다. 따라서 케인즈학파에서는 정부가 정책을 통해 노동의 수요를 늘리는 등의 경기적 실업을 감소시킬 수 있는 적극적인 역할을 해야 한다고 주장한다.
>
> (나) 이에 대해 케인즈학파에서는 여러 가지 이유를 제시하는데 그중 하나가 화폐환상현상이다. 화폐환상현상이란 경기 침체로 인해 물가가 하락하고 이에 영향을 받아 명목임금이 하락하였을 때의 실질임금이, 명목임금의 하락 이전과 동일하다는 것을 노동자가 인식하지 못하는 현상을 의미한다.
>
> (다) 즉 명목임금이 변하지 않은 상태에서 경기 침체로 인한 물가 하락으로 실질임금이 상승하더라도, 고전학파에서 말하는 것처럼 명목임금이 탄력적으로 하락하는 현상은 일어나기 어렵다고 본 것이다.

① (가) - (나) - (다)　　　　② (다) - (나) - (가)
③ (가) - (다) - (나)　　　　④ (다) - (가) - (나)

10 다음 (가) ~ (라)를 어법에 맞게 수정한 내용으로 적절하지 않은 것은?

> • 지속가능보고서를 2007년 창간 이래 (가) 매년 발간에 의해 이해 관계자와의 소통이 좋아졌다.
> • 2012년부터 시행되는 신재생에너지 공급의무제는 회사의 (나) 주요 리스크로 이를 기회로 승화시키기 위한 노력을 하고 있다.
> • 전력은 필수적인 에너지원이므로 과도한 사용을 (다) 삼가야 한다.
> • (라) 녹색 기술 연구 개발 투자 확대 및 녹색 생활 실천 프로그램을 시행하여 온실가스 감축에 전 직원의 역량을 결집하고 있다.
> • 녹색경영위원회를 설치하여 전문가들과 함께하는 토론을 주기적으로 하고 있으며, 내·외부 전문가들에게 자문하고 있다.

① (가) : '매년 발간에 의해'가 어색하므로 문맥에 맞게 '매년 발간함으로써'로 고친다.
② (나) : '주요 리스크로'는 조사의 쓰임이 어울리지 않으므로, '주요 리스크이지만'으로 고친다.
③ (다) : '삼가야 한다.'는 어법상 맞지 않으므로 '삼가해야 한다.'로 고친다.
④ (라) : '및'의 앞은 명사구로 되어 있고 뒤는 절로 되어 있어 구조가 대등하지 않으므로, 앞부분을 '녹색 기술 연구 개발에 대한 투자를 확대하고'로 고친다.

11 다음 중 광자(Photon)에 대한 설명으로 옳은 것은?

> 빛의 회절 및 간섭현상은 빛의 파동성으로 설명된다. 하지만 직진성을 가지는 입자의 성질로는 파동의 원형으로 퍼져나가는 회절 및 간섭현상을 설명할 수 없다. 반면에 콤프턴 산란과 같은 현상은 빛을 여러 개의 입자, 즉 광자(Photon)로 구성된 것으로 생각해야 한다. 이 중 한 개의 입자가 물질 내 전자와 부딪친다. 부딪친 후 광자는 전자에 에너지를 주고, 자신은 에너지가 낮아져서 나온다. 이렇게 빛을 입자의 성질을 띤 광자로 보는 입장은 원자처럼 아주 작은 단위의 자연계현상에서 관측이 된다.
>
> 빛을 입자로 이해할 때, 광자 한 개의 에너지는 hv이고(h – 플랑크 상수, v – 진동수) 광속으로 이동하는 빛의 입자를 광자라 한다. 광자는 많은 에너지를 가진 감마선과 X선부터 가시광선을 거쳐 적은 에너지를 가진 적외선과 라디오파에 이르기까지 모든 에너지 상태에 걸쳐 존재한다. 광자의 개념은 1905년 알베르트 아인슈타인(Albert Einstein)이 광전 효과를 설명하기 위해 도입했는데, 그는 빛이 전파되는 동안 불연속적인 에너지 다발이 존재한다는 광양자설(光量子說)을 제안했다.
>
> 1923년 미국의 물리학자 아서 콤프턴(Arthur Compton)이 X선의 입자성(粒子性)을 밝힌 뒤 이 개념이 널리 사용되었으나, '광자'라는 용어는 1926년에 와서야 사용되었다. 광자에너지는 복사 진동수에 비례하는 특정의 값을 단위로 해서 그 정수배로 된다. 즉, 광자에너지는 $hv = hc \div \lambda$(h – 플랑크 상수, v – 진동수, c – 광속, λ – 파장)의 에너지 다발로 나가고 임의의 비율로 분할되지 않는다.
>
> 이것은 마치 물질이 원자로 구성되어 있는 것과 비슷해서, 거시적인 전자기파의 취급에서는 두드러지지 않으나 원자의 차원에서 그 움직임을 생각할 경우에는 그 입자적인 성격이 중요한 뜻을 가지게 됨을 의미한다. 결국 '광자'라는 개념의 도입으로 전자기파로서의 빛(파동성)과 광자로서의 빛(입자성)이라는 물질의 이중성을 인식하게 되는 계기가 되었다. 모든 광자는 광속으로 움직이며, 원자 구성입자 범주에서 생각할 때 광자는 전하(電荷)와 정지질량을 갖지 않는 전자기장의 운반자로 취급된다.

① 직진성을 가지는 입자의 성질로는 파동의 원형으로 퍼져나가는 회절 및 간섭현상을 설명할 수 있다.
② 빛을 입자의 성질을 띤 광자로 보는 입장은 원자처럼 아주 작은 단위의 자연계현상에서 관측이 된다.
③ 광자는 모든 에너지 상태에 걸쳐 존재하지는 않는다.
④ 광자의 개념은 광전 효과를 설명하기 위해 미국의 물리학자 아서 콤프턴이 도입하였다.

12 다음 중 가장 올바른 듣기 태도를 갖춘 사람은?

① A부장 : 상대의 말에서 자신의 생각에 들어맞는 단서들을 찾는다.
② B과장 : 상대방의 말을 들으면서 자신이 다음에 할 말을 준비한다.
③ C사원 : 대화 중 시간이 있으면 상대가 다음에 무엇을 말할 것인가를 추측해본다.
④ D사원 : 대화가 너무 사적이거나 위협적일 때는 주제를 바꾸거나 농담을 해서 분위기를 푼다.

13 다음 글의 내용과 일치하는 것은?

> 독일의 발명가 루돌프 디젤이 새로운 엔진에 대한 아이디어를 내고 특허를 얻은 것은 1892년의 일이었다. 1876년 오토가 발명한 가솔린 엔진의 효율은 당시에 무척 떨어졌으며, 가동 비용도 많이 드는 단점이 있었다. 디젤의 목표는 고효율의 엔진을 만드는 것이었고, 그의 아이디어는 훨씬 더 높은 압축 비율로 연료를 연소시키는 것이었다. 일반적으로 가솔린 엔진은 기화기에서 공기와 연료를 먼저 혼합하고, 그 혼합 기체를 실린더 안으로 흡입하여 압축한 후, 점화 플러그로 스파크를 일으켜 동력을 얻는다. 이러한 과정에서 문제는 압축 정도가 제한된다는 것이다. 만일 기화된 가솔린에 너무 큰 압력을 가하면 멋대로 점화되어 버리는데, 이것이 엔진의 노킹 현상이다.
>
> 공기를 압축하면 뜨거워진다는 것은 알려져 있던 사실이다. 디젤 엔진의 기본 원리는 실린더 안으로 공기만을 흡입하여 피스톤으로 강하게 압축시킨 다음, 그 압축 공기에 연료를 분사하여 저절로 착화가 되도록 하는 것이다. 따라서 디젤 엔진에는 점화 플러그가 필요 없는 대신, 연료 분사기가 장착되어 있다. 또 압축 과정에서 디젤 엔진은 최대 $12:1$의 압축 비율을 갖는 가솔린 엔진보다 훨씬 더 높은 $25:1$ 정도의 압축 비율을 갖는다. 압축 비율이 높다는 것은 그만큼 효율이 좋다는 것을 의미한다.
>
> 사용하는 연료의 특성도 다르다. 디젤 연료인 경유는 가솔린보다 훨씬 무겁고 점성이 강하며 증발하는 속도도 느리다. 왜냐하면 경유는 가솔린보다 훨씬 더 많은 탄소 원자가 길게 연결되어 있기 때문이다. 일반적으로 가솔린은 5 ~ 10개, 경유는 16 ~ 20개의 탄소를 가진 탄화수소들의 혼합물이다. 한편, 경유는 가솔린보다 에너지 밀도가 높다. 1갤런의 경유는 약 1억 5,500만 줄(Joule)의 에너지를 가지고 있지만, 가솔린은 1억 3,200만 줄을 가지고 있다. 이러한 연료의 특성들이 디젤 엔진의 높은 효율과 결합되면서, 디젤 엔진은 가솔린 엔진보다 좋은 연비를 내게 되는 것이다.
>
> 발명가 디젤은 디젤 엔진이 작고 경제적인 엔진이 되어야 한다고 생각했지만, 그의 생전에는 크고 육중한 것만 만들어졌다. 하지만 그 후 디젤의 기술적 유산은 이 발명가가 꿈꾼 대로 널리 보급되었다.
>
> 디젤 엔진은 원리상 가솔린 엔진보다 더 튼튼하고 고장도 덜 난다. 디젤 엔진은 연료의 품질에 민감하지 않고 연료의 소비 면에서도 경제성이 뛰어나 오늘날 자동차 엔진용으로 확고한 자리를 잡았다.
>
> 환경론자들이 걱정하는 디젤 엔진의 분진 배출 문제도 필터 기술이 나아지면서 점차 극복되고 있다.

① 디젤 엔진은 가솔린 엔진보다 내구성이 뛰어나다.
② 디젤 엔진은 가솔린 엔진보다 먼저 개발되었다.
③ 가솔린 엔진은 디젤 엔진보다 분진을 많이 배출한다.
④ 디젤 엔진은 가솔린 엔진보다 연료의 품질에 민감하다.

14 다음은 안전 플랫폼에 관한 내용이다. 다음 중 (가) ~ (라) 문단별로 안전 플랫폼을 효율적으로 운영하기 위해 제시된 방안이 적절하게 연결되지 않은 것은?

언제 발생할지 모르는 각종 재해·재난을 완벽하게 막을 수는 없다. 다만, 재해·재난이 발생하기 전이라면 사전예방을 통해 발생위험을 줄이고, 재해·재난이 발생한 뒤라면 초기대응과 체계적인 관리를 통해 피해를 최소화할 수 있다. 재난에 대한 피해를 최소화하기 위해서는 체계화된 플랫폼(Platform)이라는 쉘터(Shelter)가 필요하다. 국가가 안전 플랫폼을 효율적으로 운영하기 위한 방안은 다음과 같다.

(가) 첫째, 재난관리 지휘·명령 표준체계를 통해 컨트롤 타워를 통합적으로 관리할 수 있어야 한다. 재난현장 지원 및 조정체계를 통해 관계기관의 협업이 가능해야 하며, 안전정책 총괄관리 및 개선체계를 통해 국가안전관리 계획수립과 재난 안전 예산확보 및 안전관리 감독이 가능해야 한다.

(나) 둘째, 지방자치단체의 역량 및 책임성이 강화되어 지역 재난안전을 관리할 수 있어야 한다. 이를 통해 각 지역별 재해·재난으로부터 신속히 대응할 수 있다. 또한 지방자치단체 주도의 재난대비 교육·훈련으로 재난대응 역량을 강화해야 한다. 아무리 효과적인 대응책을 가지고 있더라도 교육과 훈련을 통해 숙달되지 않으면 위기상황에 제대로 작동되지 않기 때문이다.

(다) 셋째, 모두가 함께 안전을 만들기 위해서는 안전 문화가 생활 속에 자리 잡아야 한다. 이를 위해서는 안전문화 증진을 위한 콘텐츠 개발이 필요하고, 주민참여형 거버넌스를 구축하여 민관협력체계가 활성화되어야 한다. 또한 안전취약계층에 대한 맞춤형 안전대책과 재난피해자 지원 확대방안도 개선되어야 한다.

(라) 넷째, 재난 안전 예방을 위해 공간분석을 통한 과학적 통합 경보 서비스와 피해예측시스템 및 재해 예방사업을 확대하고 안전산업육성을 위한 지원책이 마련되어야 한다. 공간분석은 공간데이터 분석을 통해 유용한 정보를 추출하여 공간적 의사결정을 하는 것을 말한다. 공간분석 시에 공간데이터의 기본단위를 설정하는 것이 공간분석의 기본이라고 할 수 있다.

다섯째, 대규모 재해·재난으로 확대될 수 있는 에너지 분야에서는 안전기술 개발 및 안전인프라가 구축되어야 하고, 농업 분야에서는 구제역 및 AI 등의 감염병 대책관리가 필요하며, 의료 분야에서는 코로나 등의 전염병 대책관리 및 응급의료서비스가 강화되어야 한다. 화학 분야에서는 불산 유출 등과 같은 화학 물질 안전관리를 위해서 화학안전관리제도를 구축하여 화학사고 대응체계를 강화해야 한다.

① (가) : 재난관리 지휘·명령 표준체계를 갖춰야 한다.
② (나) : 지방자치단체의 역량이 강화되어야 한다.
③ (다) : 생활 속 안전문화를 확산해야 한다.
④ (라) : 재난 안전 예방 인프라를 확충해야 한다.

언택트란 접촉을 뜻하는 '콘택트(Contact)'에 부정을 뜻하는 '언(Un)'을 붙여 만든 신조어로서, 고객과 대면하지 않고 서비스나 상품을 판매하는 기술이 생활 속에서 확산되는 현상을 가리킨다. 쉽게 말해 키오스크(Kiosk), 드론, VR(가상현실) 쇼핑, 챗봇 등으로 대표되는 첨단기술을 통해 사람 간의 대면 없이 상품이나 서비스를 주고받을 수 있게 된 것을 두고 '언택트'라고 하는 것이다. 최근 많은 기업과 기관에서 언택트를 핵심으로 한, 이른바 언택트 마케팅을 펼치고 있는데, 그 영역이 대면 접촉이 불가피했던 유통업계로까지 확장되면서 사람들의 관심을 모으고 있다.

어느새 우리 일상에 자리한 ㉠언택트 마케팅의 대표적인 예로 들 수 있는 것이 앞서 언급한 키오스크 무인주문 시스템이다. 특히 패스트푸드 업계에서 키오스크가 대폭 확산 중인데, A업체는 2014년 처음 키오스크를 도입한 후 꾸준히 늘려가고 있고, B업체도 올해까지 전체 매장의 50% 이상인 250개 곳에 키오스크를 확대할 예정이다. 이러한 흐름은 패스푸드점에만 국한되는 것이 아니며, 더 진화한 형태로 다양한 업계에서 나타나고 있다. 최근 커피전문점에서는 스마트폰 앱을 통해 주문과 결제를 완료한 후 매장에서 제품을 수령하기만 하면 되는 시스템을 구축해 나가고 있고, 마트나 백화점은 무인시스템 도입을 가속화하는 것에서 한발 더 나아가 일찌감치 '쇼핑 도우미 로봇' 경쟁을 펼치고 있다.

이처럼 언택트 마케팅의 봇물이 터지는 이유는 무엇일까? 소비자들이 더 간편하고 편리한 것을 추구하는 데 따른 결과이기도 하지만, 판매 직원의 과도한 관심에 불편을 느끼는 소비자들이 늘고 있는 것도 한 요인으로 볼 수 있다. 특히 젊은 층에서 대면 접촉에 부담을 느끼는 경향이 두드러지는데, 이를 반영하듯 '관계'와 '권태기'를 합성한 신조어인 '관태기', 그리고 모바일 기기에 길들여진 젊은 층이 메신저나 문자는 익숙한 반면 전화 통화를 두려워한다는 뜻의 '콜포비아'란 신조어가 화제가 되기도 했다. 언택트 마케팅의 확산을 주도한 또 다른 요인으로는 인공지능(AI)과 빅데이터, 사물인터넷(IoT) 등 이른바 '4차 산업혁명'을 상징하는 기술의 진화를 꼽을 수 있다. 하지만 우리는 기술의 진화보다 소비자들이 언택트 기술에 익숙해지고, 나아가 편안하게 느끼기 시작했다는 것에 더 주목할 필요가 있다. 언택트 마케팅을 이해하고 전망하는 데 있어 결코 간과해선 안 될 것이 언택트 기술을 더 이상 낯설게 여기지 않는 인식이라는 이야기이다.

언택트 기술의 보편화는 구매의 편의성을 높이고 소비자가 원하는 '조용한 소비'를 가능하게 한다는 점에서 긍정적으로도 볼 수 있으나, 일자리 감소와 같은 노동시장의 변화와 디지털 환경에 익숙하지 않은 고령층을 소외시키는 '언택트 디바이드(Untact Divide)'를 낳을 수 있다는 경고도 무시할 수 없다. 이와 관련해서 한 소비트렌드 분석센터는 '비대면 접촉도 궁극적으로는 인간이 중심이 되어야 한다.'며 굳이 인력이 필요하지 않은 곳은 기술로 대체하고, 보다 대면 접촉이 필요한 곳에는 인력을 재배치하는 기술과 방법이 병행되어야 하며, 그에 따라 그동안 무료로 인식됐던 인적 서비스가 프리미엄화되면서 차별화의 핵심 요소로 등장하게 될 것이라는 전망을 내놓고 있다.

15 다음 중 글의 내용과 일치하지 않는 것은?

① 될 수 있는 한 인력을 언택트 기술로 대체하여 인력 낭비를 줄여야 한다.
② 키오스크 무인주문 시스템은 다양한 업계에서 더 진화한 형태로 나타나고 있다.
③ 소비자들은 언택트 기술을 더 이상 낯설게 여기지 않는다.
④ 언택트 기술은 소비자가 원하는 '조용한 소비'를 가능하게 한다.

16 다음 중 ㉠의 확산 원인으로 적절하지 않은 것은?

① 더욱더 간편하고 편리한 것을 추구하는 소비자
② 판매 직원의 과도한 관심에 불편을 느끼는 소비자의 증가
③ 인공지능, 사물인터넷 등 기술의 진화
④ 디지털 환경에 익숙하지 않은 고령층의 증가

17 다음 중 ㉠의 사례로 보기 어려운 것은?

① 화장품 매장의 '혼자 볼게요.' 쇼핑바구니

② 매장 내 상품의 정보를 알려주는 바코드 인식기

③ 24시간 상담원과 통화연결이 가능한 고객 상담 센터

④ 무인 편의점의 지문을 통한 결제 시스템

18 다음 글을 근거로 판단할 때, 〈보기〉에서 옳은 것만을 모두 고르면?

현대적 의미의 시력 검사법은 1909년 이탈리아의 나폴리에서 개최된 국제안과학회에서 란돌트 고리를 이용한 검사법을 국제 기준으로 결정하면서 탄생하였다. 란돌트 고리란 시력 검사표에서 흔히 볼 수 있는 C자형 고리를 말한다. 란돌트 고리를 이용한 시력 검사에서는 5m 거리에서 직경이 7.5mm인 원형 고리에 있는 1.5mm 벌어진 틈을 식별할 수 있는지 없는지를 판단한다. 5m 거리의 1.5mm이면 각도로 따져서 약 1′(1분)에 해당한다. 1°(1도)의 1/60이 1′이고, 1′의 1/60이 1″(1초)이다.

이 시력 검사법에서는 구분 가능한 최소 각도가 1′일 때를 1.0의 시력으로 본다. 시력은 구분 가능한 최소 각도와 반비례한다. 예를 들어 구분할 수 있는 최소 각도가 1′의 2배인 2′이라면 시력은 1.0의 1/2배인 0.5이다. 만약 이 최소 각도가 0.5′이라면, 즉 1′의 1/2배라면 시력은 1.0의 2배인 2.0이다. 마찬가지로 최소 각도가 1′의 4배인 4′이라면 시력은 1.0의 1/4배인 0.25이다. 일반적으로 시력 검사표에는 2.0까지 나와 있지만 실제로는 이보다 시력이 좋은 사람도 있다. A천문학자는 5″까지의 차이도 구분할 수 있었던 것으로 알려져 있다.

보기

ㄱ. 구분할 수 있는 최소 각도가 10′인 사람의 시력은 0.1이다.

ㄴ. 천문학자 A의 시력은 12인 것으로 추정된다.

ㄷ. 구분할 수 있는 최소 각도가 1.25′인 甲은 구분할 수 있는 최소 각도가 0.1′인 乙보다 시력이 더 좋다.

① ㄱ

② ㄱ, ㄴ

③ ㄴ, ㄷ

④ ㄱ, ㄷ

음속은 온도와 압력의 영향을 받는데, 물속에서의 음속은 공기 중에서보다 4 ~ 5배 빠르다. 물속의 음속은 수온과 수압이 높을수록 증가한다. 그런데 해양에서 수압은 수심에 따라 증가하지만, 수온은 수심에 따라 증가하는 것이 아니어서 수온과 수압 중에서 상대적으로 더 많은 영향을 끼치는 요소에 의하여 음속이 결정된다.

음속에 변화를 주는 한 요인인 수온의 변화를 보면, 표층은 태양 에너지가 파도나 해류로 인해 섞이기 때문에 온도 변화가 거의 없다. 그러나 그 아래의 층에서는 태양 에너지가 도달하기 어려워 수심에 따라 수온이 급격히 낮아지고, 이보다 더 깊은 심층에서는 수온 변화가 거의 없다. 표층과 심층 사이에 있는, 깊이에 따라 수온이 급격하게 변화하는 층을 수온약층이라 한다. 표층에서는 수심이 깊어질수록 높은 음속을 보인다. 그러다가 수온이 갑자기 낮아지는 수온약층에서는 음속도 급격히 감소하다가 심층의 특정 수심에서 최소 음속에 이른다. ㉠그 후 음속은 점차 다시 증가한다.

수온약층은 위도나 계절 등에 따라 달라질 수 있다. 보통 적도에서는 일 년 내내 해면에서 수심 150m까지는 수온이 거의 일정하게 유지되다가, 그 이하부터 600m까지는 수온약층이 형성된다.

중위도에서 여름철에는 수심 50m에서 120m까지 수온약층이 형성되지만, 겨울철에는 표층의 수온도 낮으므로 수온약층이 형성되지 않는다. 극지방은 표층도 깊은 수심과 마찬가지로 차갑기 때문에 일반적으로 수온약층이 거의 없다.

수온약층은 음속의 급격한 변화를 가져올 뿐만 아니라 음파를 휘게도 한다. 소리는 파동이므로 바닷물의 밀도가 변하면 다른 속도로 진행하기 때문에 굴절 현상이 일어난다. 수온약층에서는 음속의 변화가 크기 때문에 음파는 수온약층과 만나는 각도에 따라 위 혹은 아래로 굴절된다. 음파는 상대적으로 속도가 느린 층 쪽으로 굴절한다. 이런 굴절 때문에 해수면에서 음파를 보냈을 때 음파가 거의 도달하지 못하는 구역이 형성되는데 이를 음영대(Shadow Zone)라 한다.

높은 음속을 보이는 구간이 있다면 음속이 최소가 되는 구간도 있다. 음속이 최소가 되는 이 층을 음속 최소층 또는 음파통로라고 부른다. 음파통로에서는 음속이 낮은 대신 소리의 전달은 매우 효과적이다. 이 층을 탈출하려는 바깥 방향의 음파가 속도가 높은 구역으로 진행하더라도 금방 음파통로 쪽으로 굴절된다. 음파통로에서는 음파가 위로 진행하면 아래로 굴절하려 하고, 아래로 진행하는 음파는 위로 다시 굴절하려는 경향을 보인다. 즉, 음파는 속도가 느린 층 쪽으로 굴절해서 그 층에 머물려고 하는 것이다. 그리하여 이 층에서 만들어진 소리는 수천 km 떨어진 곳에서도 들린다.

해양에서의 음속 변화 특징은 오늘날 다양한 분야에 활용되고 있다. 음영대를 이용해 잠수함이 음파탐지기로부터 회피하여 숨을 장소로 이동하거나, 음파통로를 이용해 인도양에서 음파를 일으켜 대서양을 돌아 태평양으로 퍼져나가게 한 후 온난화 등의 기후 변화를 관찰하는 데 이용되기도 한다.

19 다음 글을 통해 미루어 짐작한 내용으로 적절하지 않은 것은?

① 수온이 일정한 구역에서는 수심이 증가할수록 음속도 증가할 것이다.

② 심층에서 수온 변화가 거의 없는 것은 태양 에너지가 도달하지 않기 때문일 것이다.

③ 수영장 물 밖에 있을 때보다 수영장에서 잠수해 있을 때 물 밖의 소리가 더 잘 들릴 것이다.

④ 음영대의 특성을 이용하면 잠수함은 적의 음파 탐지로부터 숨을 장소를 찾을 수 있을 것이다.

20 다음 중 ㉠의 이유로 가장 적절한 것은?

① 수온약층이 계절에 따라 변화하기 때문이다.

② 압력이 증가할수록 수온이 계속 감소하기 때문이다.

③ 밀도가 다른 해수층을 만나 음파가 굴절되기 때문이다.

④ 압력 증가의 효과가 수온 감소의 효과를 능가하기 때문이다.

I wish you the best of luck!

CHAPTER 02
문제해결능력

합격 Cheat Key

문제해결능력은 업무를 수행하면서 여러 가지 문제 상황이 발생하였을 때, 창의적이고 논리적인 사고를 통하여 이를 올바르게 인식하고 적절히 해결하는 능력을 말한다. 하위능력으로는 사고력과 문제처리능력이 있다.

문제해결능력은 NCS 기반 채용을 진행하는 대다수의 공사·공단에서 채택하고 있으며, 문항 수는 평균 24% 정도로 상당히 많이 출제되고 있다. 하지만 많은 수험생들은 더 많이 출제되는 다른 영역에 몰입하고 문제해결능력은 집중하지 않는 실수를 하고 있다. 다른 영역보다 더 많은 노력이 필요할 수는 있지만 그렇기에 차별화를 할 수 있는 득점 영역이므로 포기하지 말고 꾸준하게 노력해야 한다.

01 질문의 의도를 정확하게 파악하라!

문제해결능력은 문제에서 무엇을 묻고 있는지 정확하게 파악하여 먼저 풀이 방향을 설정하는 것이 가장 효율적인 방법이다. 특히, 조건이 주어지고 답을 찾는 창의적·분석적인 문제가 주로 출제되고 있기 때문에 처음에 정확한 풀이 방향이 설정되지 않는다면 시간만 허비하고 결국 문제도 풀지 못하게 되므로 첫 번째로 출제의도 파악에 집중해야 한다.

02 중요한 정보는 반드시 표시하라!

위에서 말한 정확한 문제의도를 파악하기 위해서는 문제에서 중요한 정보는 반드시 표시나 메모를 하여 하나의 조건, 단서도 잊고 넘어가는 일이 없도록 해야 한다. 실제 시험에서는 시간의 압박과 긴장감으로 정보를 잘못 적용하거나 잊고 지나쳐 틀리는 실수가 많이 발생하므로 사전에 충분한 연습이 필요하다. 가령 명제 문제의 경우 주어진 명제와 그 명제의 대우를 본인이 한눈에 파악할 수 있도록 기호화, 도식화 하여 메모하면 흐름을 이해하기가 더 수월하다. 이를 통해 자신만의 풀이 순서와 방향, 기준 또한 생길 것이다.

03 반복 풀이를 통해 취약 유형을 파악하라!

길지 않은 한정된 시간 동안 모든 문제를 다 푸는 것은 조금은 어려울 수도 있다. 따라서 고득점을 할 수 있는 효율적인 문제 풀이 방법을 찾아야 한다. 이때, 반복적인 문제 풀이를 통해 자신이 취약한 유형을 파악하는 것이 중요하다. 취약 유형 파악은 종료 시간이 임박했을 때 빛을 발할 것이다. 풀 수 있는 문제부터 빠르게 풀고 취약한 유형은 나중에 푸는 효율적인 문제 풀이를 통해 최대한의 고득점을 하는 것이 중요하다. 본인의 취약 유형을 파악하기 위해서는 많은 문제를 풀어 봐야 한다.

04 타고나는 것이 아니므로 열심히 노력하라!

대부분의 수험생들이 문제해결능력은 공부해도 실력이 늘지 않는 영역이라고 생각한다. 하지만 그렇지 않다. 문제해결능력이야말로 노력을 통해 충분히 고득점이 가능한 영역이다. 정확한 질문 의도 파악, 취약한 유형의 반복적인 풀이, 빈출유형 파악 등의 방법으로 충분히 실력을 향상시킬 수 있다. 자신감을 갖고 공부하기 바란다.

모듈이론

문제해결능력

I 문제해결능력

| 01 | 문제의 의의

(1) 문제와 문제점

문제	업무를 수행함에 있어서 답을 요구하는 질문이나 의논하여 해결해야 하는 사항
문제점	문제의 원인이 되는 사항으로 문제해결을 위해서 조치가 필요한 대상

난폭운전으로 전복사고가 일어난 경우는 '사고의 발생'이 문제이며, '난폭운전'은 문제점이다.

(2) 문제의 유형

① 기능에 따른 분류 : 제조 문제, 판매 문제, 자금 문제, 인사 문제, 경리 문제, 기술상 문제

② 시간에 따른 분류 : 과거 문제, 현재 문제, 미래 문제

③ 해결방법에 따른 분류 : 논리적 문제, 창의적 문제

④ 업무수행 과정 중 발생한 문제 유형 : 발생형 문제(보이는 문제), 탐색형 문제(찾는 문제), 설정형 문제(미래 문제)

구분	내용
발생형 문제 (보이는 문제)	• 우리 눈앞에 발생되어 걱정하고 해결하기 위해 고민하는 문제를 말하며 원인지향적인 문제라고도 함 • 일탈 문제 : 어떤 기준을 일탈함으로써 생기는 문제 • 미달 문제 : 기준에 미달하여 생기는 문제
탐색형 문제 (찾는 문제)	• 현재의 상황을 개선하거나 효율을 높이기 위한 문제를 말하며 문제를 방치하면 뒤에 큰 손실이 따르거나 해결할 수 없게 되는 것 • 잠재 문제 : 문제가 잠재되어 인식하지 못하다가 결국 문제가 확대되어 해결이 어려운 문제 • 예측 문제 : 현재는 문제가 아니지만 계속해서 현재 상태로 진행할 경우를 가정하고 앞으로 일어날 수 있는 문제 • 발견 문제 : 현재는 문제가 없으나 좋은 제도나 기법, 기술을 발견하여 개선, 향상할 수 있는 문제
설정형 문제 (미래의 문제)	• 장래의 경영전략을 통해 앞으로 어떻게 할 것인가 하는 문제 • 새로운 목표를 설정함에 따라 일어나는 문제로서 목표 지향적 문제라고도 함 • 지금까지 경험한 바가 없는 문제로 많은 창조적인 노력이 요구되므로 창조적 문제라고도 함

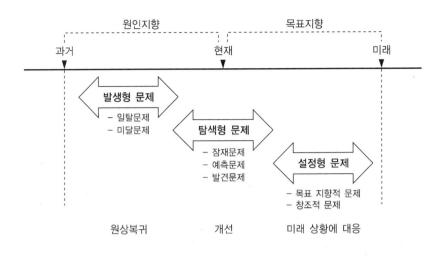

⊕ 문제의 종류
- 발생형 문제 : 현재 직면하여 해결하기 위해 고민하는 문제
- 탐색형 문제 : 현재의 상황을 개선하거나 효율을 높이기 위한 문제
- 설정형 문제 : 앞으로 어떻게 할 것인가 하는 문제

《 핵심예제 》

다음 중 문제에 대한 설명으로 옳지 않은 것은?

① 업무를 수행함에 있어서 답을 요구하는 질문이나 의논하여 해결해야 되는 사항을 의미한다.

② 해결하기를 원하지만 실제로 해결해야 하는 방법을 모르고 있는 상태도 포함된다.

③ 얻고자 하는 해답이 있지만 그 해답을 얻는 데 필요한 일련의 행동을 알지 못한 상태도 있다.

④ 일반적으로 발생형 문제, 설정형 문제, 논리적 문제로 구분된다.

⊕ 문제는 일반적으로 발생형 문제, 탐색형 문제, 설정형 문제로 구분된다.

정답 ④

| 02 | 문제해결의 의의

(1) 문제해결이란?

목표와 현상을 분석하고, 분석 결과를 토대로 주요 과제를 도출한 뒤, 바람직한 상태나 기대되는 결과가 나타나도록 최적의 해결책을 찾아 실행, 평가해가는 활동을 말한다.

(2) 문제해결에 필요한 기본요소

① 체계적인 교육훈련
② 창조적 스킬의 습득
③ 전문영역에 대한 지식 습득
④ 문제에 대한 체계적인 접근

⊕ 분석적 사고가 요구되는 문제
- 성과 지향의 문제 : 기대하는 결과를 명시하고 효과적으로 달성하는 방법을 사전에 구상
- 가설 지향의 문제 : 현상 및 원인분석 전에 일의 과정이나 결론을 가정한 후, 일을 수행
- 사실 지향의 문제 : 객관적 사실로부터 사고와 행동을 시작

| 03 | 문제해결에 필요한 기본적 사고

(1) 전략적 사고

현재 당면하고 있는 문제와 해결방법에만 집착하지 말고, 그 문제와 해결방안이 상위 시스템 또는 다른 문제와 어떻게 연결되어 있는지를 생각하는 것이 필요하다.

(2) 분석적 사고

전체를 각각의 요소로 나누어 그 요소의 의미를 도출한 다음 우선순위를 부여하고 구체적인 문제해결방법을 실행하는 것이 요구된다.

문제의 종류	요구되는 사고
성과 지향의 문제	기대하는 결과를 명시하고 효과적으로 달성하는 방법을 사전에 구상하고 실행에 옮길 것
가설 지향의 문제	현상 및 원인 분석 전에 지식과 경험을 바탕으로 일의 과정이나 결과, 결론을 가정한 다음 검증 후 사실일 경우 다음 단계의 일을 수행할 것
사실 지향의 문제	일상 업무에서 일어나는 상식, 편견을 타파하여 객관적 사실로부터 사고와 행동을 출발할 것

(3) 발상의 전환

사물과 세상을 바라보는 인식의 틀을 전환하여 새로운 관점에서 바로 보는 사고를 지향하는 것이 필요하다.

(4) 내·외부자원의 효과적 활용

기술, 재료, 방법, 사람 등 필요한 자원 확보 계획을 수립하고 내·외부자원을 효과적으로 활용하도록 해야 한다.

예제풀이

문제해결에 필요한 기본적 사고
전략적 사고, 분석적 사고, 발상의 전환, 내·외부자원의 활용

정답 ②

◀ 핵심예제 ▶

문제해결에 필요한 기본적 사고로 옳은 것은?

① 외부자원만을 효과적으로 활용한다.
② 전략적 사고를 해야 한다.
③ 같은 생각을 유지한다.
④ 추상적 사고를 해야 한다.

CHECK POINT

문제해결의 장애요소
주변 환경, 업무의 특성, 개인의 특성 등 다양하다.

| 04 | 문제해결의 장애요소

- 문제를 철저하게 분석하지 않는 것
- 고정관념에 얽매이는 것
- 쉽게 떠오르는 단순한 정보에 의지하는 것
- 너무 많은 자료를 수집하려고 노력하는 것

| 05 | 제3자를 통한 문제해결

종류	내용
소프트 어프로치	• 대부분의 기업에서 볼 수 있는 전형적인 스타일 • 조직 구성원들이 같은 문화적 토양을 가짐 • 직접적인 표현보다는 암시를 통한 의사전달 • 제3자 : 결론을 미리 그려가면서 권위나 공감에 의지함 • 결론이 애매하게 산출되는 경우가 적지 않음
하드 어프로치	• 조직 구성원들이 상이한 문화적 토양을 가짐 • 직설적인 주장을 통한 논쟁과 협상 • 논리, 즉 사실과 원칙에 근거한 토론 • 제3자 : 지도와 설득을 통해 전원이 합의하는 일치점 추구 • 이론적으로는 가장 합리적인 방법 • 창조적인 아이디어나 높은 만족감을 이끌어내기 어려움
퍼실리테이션	• 그룹이 나아갈 방향을 알려주고, 공감을 이룰 수 있도록 도와주는 것 • 제3자 : 깊이 있는 커뮤니케이션을 통해 창조적인 문제해결 도모 • 창조적인 해결방안 도출, 구성원의 동기와 팀워크 강화 • 퍼실리테이터의 줄거리대로 결론이 도출되어서는 안 됨

Ⅱ 사고력

| 01 | 창의적 사고의 의의

(1) 창의적 사고란?

당면한 문제를 해결하기 위해 이미 알고 있는 경험과 지식을 해체하여 다시 새로운 정보로 결합함으로써 새로운 아이디어를 다시 도출하는 것이다.

(2) 창의적 사고의 의미

> • 발산적(확산적) 사고
> • 새롭고 유용한 아이디어를 생산해 내는 정신적인 과정
> • 기발하거나, 신기하며 독창적인 것
> • 유용하고 적절하며, 가치가 있는 것
> • 기존의 정보들을 새롭게 조합시킨 것

(3) 창의적 사고의 특징

> • 정보와 정보의 조합
> • 사회나 개인에게 새로운 가치 창출
> • 교육훈련을 통해 개발 가능

CHECK POINT

창의적 사고
창의적 사고란 노벨상을 수상할 만한 발명과 같이 아무것도 없는 무에서 유를 만들어 내는 것이 아니라 끊임없이 참신한 아이디어를 산출하는 힘으로서, 필요한 물건을 싸게 사기 위해 하는 생각 등 우리는 매일매일 창의적 사고를 하며 살고 있다.

창의적 사고에 대한 편견
• 창의적 사고력은 선천적으로 타고난 사람들에게만 있다.
• 지능이 뛰어나거나 현실에 적응을 잘하지 못하는 사람들이 일반인보다 창의적이다.
• 사람의 나이가 적을수록 창의력이 높다.
• 창의적 사고란 아이디어를 내는 것으로 그 아이디어의 유용성을 따지는 것은 별개의 문제이다.

핵심예제

창의적 사고의 특징으로 옳지 않은 것은?

① 외부 정보끼리의 조합이다.

② 사회나 개인에게 새로운 가치를 창출한다.

③ 창조적인 가능성이다.

④ 사고력, 성격, 태도 등의 전인격적인 가능성을 포함한다.

| 02 | 창의적 사고의 개발 방법

(1) 자유 연상법 – 생각나는 대로 자유롭게 발상 – 브레인스토밍

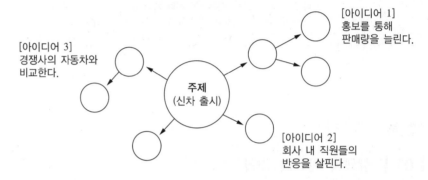

[아이디어 3]
경쟁사의 자동차와 비교한다.

[아이디어 1]
홍보를 통해 판매량을 늘린다.

주제
(신차 출시)

[아이디어 2]
회사 내 직원들의 반응을 살핀다.

(2) 강제 연상법 – 각종 힌트와 강제적으로 연결지어서 발상 – 체크리스트

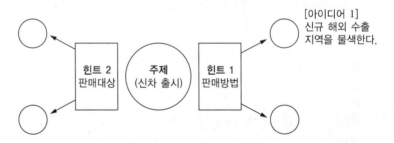

힌트 2
판매대상

주제
(신차 출시)

힌트 1
판매방법

[아이디어 1]
신규 해외 수출 지역을 물색한다.

(3) 비교 발상법 – 주제의 본질과 닮은 것을 힌트로 발상 – NM법, Synectics

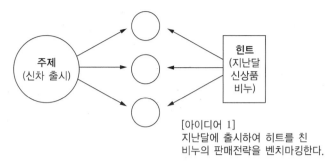

[아이디어 1]
지난달에 출시하여 히트를 친
비누의 판매전략을 벤치마킹한다.

(4) 브레인스토밍 진행 방법

- 주제를 구체적이고 명확하게 정한다.
- 구성원의 얼굴을 볼 수 있는 좌석 배치와 큰 용지를 준비한다.
- 구성원들의 다양한 의견을 도출할 수 있는 사람을 리더로 선출한다.
- 구성원은 다양한 분야의 사람들로 5 ~ 8명 정도로 구성한다.
- 발언은 누구나 자유롭게 할 수 있도록 하며, 모든 발언 내용을 기록한다.
- 아이디어에 대한 평가는 비판해서는 안 된다.

| 03 | 논리적 사고

(1) 논리적 사고란?

사고의 전개에 있어서 전후의 관계가 일치하고 있는가를 살피고, 아이디어를 평가하는 능력을 말한다.

(2) 논리적 사고의 5요소

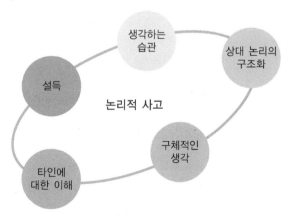

(3) 논리적 사고를 개발하기 위한 방법

① 피라미드 기법
보조 메시지들을 통해 주요 메인 메시지를 얻고, 다시 메인 메시지를 종합한 최종적인 정보를 도출해 내는 방법이다.

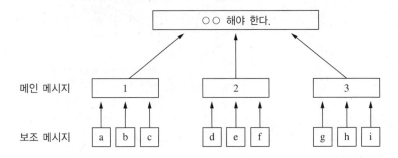

② So What 기법
"그래서 무엇이지?" 하고 자문자답하는 의미로 눈앞에 있는 정보로부터 의미를 찾아내어 가치 있는 정보를 이끌어 내는 사고이다. "So What?"은 "어떻게 될 것인가?", "어떻게 해야 한다."라는 내용이 포함되어야 한다. 아래는 이에 대한 사례이다.

상황

ㄱ. 우리 회사의 자동차 판매대수가 사상 처음으로 전년 대비 마이너스를 기록했다.

ㄴ. 우리나라의 자동차 업계 전체는 일제히 적자 결산을 발표했다.

ㄷ. 주식 시장은 몇 주간 조금씩 하락하는 상황에 있다.

So What?을 사용한 논리적 사고의 예

a. 자동차 판매의 부진

b. 자동차 산업의 미래

c. 자동차 산업과 주식시장의 상황

d. 자동차 관련 기업의 주식을 사서는 안 된다.

e. 지금이야말로 자동차 관련 기업의 주식을 사야 한다.

해설

a. 상황 ㄱ만 고려하고 있으므로 So What의 사고에 해당하지 않는다.

b. 상황 ㄷ을 고려하지 못하고 있으므로 So What의 사고에 해당하지 않는다.

c. 상황 ㄱ ~ ㄷ을 모두 고려하고는 있으나 자동차 산업과 주식시장이 어떻게 된다는 것을 알 수 없으므로 So What의 사고에 해당하지 않는다.

d·e. "주식을 사지 마라(사라)."는 메시지를 주고 있으므로 So What의 사고에 해당한다.

예제풀이

⊕ 논리적 사고의 요소
생각하는 습관, 상대 논리의
구조화, 구체적인 생각, 타
인에 대한 이해·설득

정답 ④

⟨ 핵심예제 ⟩

논리적 사고를 위한 요소가 아닌 것은?

① 생각하는 습관
② 상대 논리의 구조화
③ 타인에 대한 이해·설득
④ 추상적인 생각

| 04 | 비판적 사고

(1) 비판적 사고란?

어떤 주제나 주장 등에 대해서 적극적으로 분석하고 종합하며 평가하는 능동적인 사고를 말한다. 이는 문제의 핵심을 중요한 대상으로 하며, 지식과 정보를 바탕으로 합당한 근거에 기초를 두고 현상을 분석, 평가하는 사고이다. 비판적 사고를 개발하기 위해서는 지적 호기심, 객관성, 개방성, 융통성, 지적 회의성, 지적 정직성, 체계성, 지속성, 결단성, 다른 관점에 대한 존중과 같은 합리적인 태도가 요구된다.

CHECK POINT

⊕ 비판적 사고에 대한 편견
• 비판적 사고의 주요 목적
  은 어떤 주장의 단점을 파
  악하려는 데 있다.
• 비판적 사고는 타고 나는
  것이지 학습할 수 있는 것
  이 아니다.

(2) 비판적 사고에 필요한 태도

① 문제의식
   문제의식을 가지고 있다면 주변에서 발생하는 사소한 것에서도 정보를 수집하고 새로운 아이디어를 끊임없이 생산해 낼 수 있다.

② 고정관념 타파
   지각의 폭을 넓히는 일은 정보에 대한 개방성을 가지고 편견을 갖지 않는 것으로 이를 위해서는 고정관념을 타파하는 것이 중요하다.

Ⅲ 문제처리능력

| 01 | 문제 인식

CHECK POINT

문제 인식을 위해 필요한 것들
문제 상황에 대해 고객, 자사, 경쟁사의 환경을 분석하고, 분석 결과를 토대로 해결해야 하는 과제를 도출하는 일이 필요하다.

(1) 문제 인식 절차

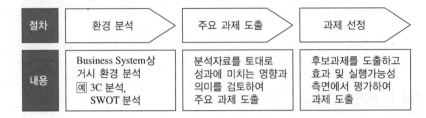

절차	환경 분석	주요 과제 도출	과제 선정
내용	Business System상 거시 환경 분석 예 3C 분석, SWOT 분석	분석자료를 토대로 성과에 미치는 영향과 의미를 검토하여 주요 과제 도출	후보과제를 도출하고 효과 및 실행가능성 측면에서 평가하여 과제 도출

CHECK POINT

환경 분석의 종류
3C 분석, SWOT 분석 등

(2) 환경 분석

① 3C 분석

사업환경을 구성하고 있는 요소인 자사, 경쟁사, 고객을 3C라고 한다.

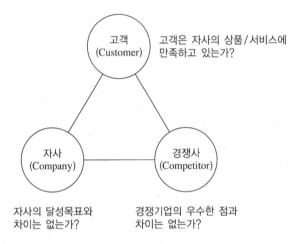

② SWOT 분석

㉠ 의의 : 기업내부의 강점, 약점과 외부환경의 기회, 위협요인을 분석 평가하고 이들을 서로 연관지어 전략을 개발하고 문제해결 방안을 개발하는 방법이다.

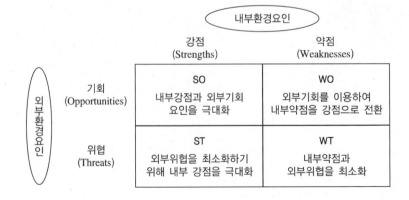

© SWOT 분석방법

외부환경 분석	• 좋은 쪽으로 작용하는 것은 기회, 나쁜 쪽으로 작용하는 것은 위협으로 분류 • 언론매체, 개인 정보망 등을 통하여 입수한 상식적인 세상의 변화 내용을 시작으로 당사자에게 미치는 영향을 순서대로 점차 구체화 • 인과관계가 있는 경우 화살표로 연결 • 동일한 Data라도 자신에게 긍정적으로 전개되면 기회로, 부정적으로 전개되면 위협으로 구분 • 외부환경분석시에는 SCEPTIC 체크리스트를 활용 ① Social(사회), ② Competition(경쟁), ③ Economic(경제), ④ Politic(정치), ⑤ Technology(기술), ⑥ Information(정보), ⑦ Client(고객)
내부환경 분석	• 경쟁자와 비교하여 나의 강점과 약점을 분석 • 강점과 약점의 내용 : 보유하거나 동원 가능하거나 활용 가능한 자원 • 내부환경분석에는 MMMITI 체크리스트를 활용 ① Man(사람), ② Material(물자), ③ Money(돈), ④ Information(정보), ⑤ Time(시간), ⑥ Image(이미지)

© SWOT 전략 수립 방법

내부의 강점과 약점을, 외부의 기회와 위협을 대응시켜 기업 목표 달성을 위한 SWOT분석을 바탕으로 구축한 발전전략의 특성은 다음과 같다.

SO전략	외부환경의 기회를 활용하기 위해 강점을 사용하는 전략 선택
ST전략	외부환경의 위협을 회피하기 위해 강점을 사용하는 전략 선택
WO전략	자신의 약점을 극복함으로써 외부환경의 기회를 활용하는 전략 선택
WT전략	외부환경의 위협을 회피하고 자신의 약점을 최소화하는 전략 선택

(3) 주요 과제 도출

과제 도출을 위해서는 다양한 과제 후보안을 다음 그림과 같은 표를 이용해서 하는 것이 체계적이며 바람직하다. 주요 과제 도출을 위한 과제안 작성 시, 과제안 간의 동일한 수준, 표현의 구체성, 기간내 해결 가능성 등을 확인해야 한다.

(4) 과제 선정

과제안 중 효과 및 실행 가능성 측면을 평가하여 가장 우선순위가 높은 안을 선정하며, 우선순위 평가 시에는 과제의 목적, 목표, 자원현황 등을 종합적으로 고려하여 평가한다.

CHECK POINT

고객요구 조사방법
• 심층면접법
 : 조사자와 응답자 간의 일대일 대면접촉에 의해 응답자의 잠재된 동기, 신념, 태도 등을 발견하는 방법
• Focus Group Interview
 : 6 ~ 8인으로 구성된 그룹에서 특정 주제에 대해 논의하는 과정으로, 숙련된 사회자의 컨트롤 기술에 의해 구성원 상호 간의 의견을 도출하는 방법

(5) 과제안 평가기준

과제해결의 중요성, 과제착수의 긴급성, 과제해결의 용이성을 고려하여 여러 개의 평가기준을 동시에 설정하는 것이 바람직하다.

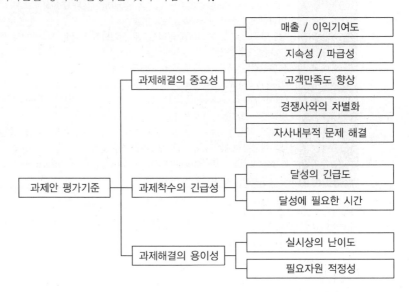

CHECK POINT

문제 도출 과정
문제를 도출하기 위해서는 해결해야 하는 문제들을 작고 다룰 수 있는 세분화된 문제들로 쪼개 나가는 과정이 필요하다. 이를 통해 문제의 내용이나 해결안들을 구조화할 수 있다.

| 02 | 문제 도출

(1) 세부 절차

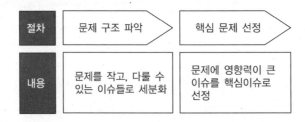

(2) 문제 구조 파악

전체 문제를 개별화된 세부 문제로 쪼개는 과정으로 문제의 내용 및 부정적인 영향 등을 파악하여 문제의 구조를 도출해내는 것이다. 이를 위해서는 문제가 발생한 배경이나 문제를 일으키는 원인을 분명히 해야 하며, 문제의 본질을 다양하고 넓은 시야로 보아야 한다.

(3) 로직 트리(Logic Tree)

주요 과제를 나무모양으로 분해하여 정리하는 기술이다. 제한된 시간 동안 문제의 원인을 깊이 파고든다든지, 해결책을 구체화할 때 유용하게 사용된다. 이를 위해서는 전체 과제를 명확히 해야 하며, 분해해 가는 가지의 수준을 맞춰야 하고, 원인이 중복되거나 누락되지 않고 각각의 합이 전체를 포함해야 한다.

| 03 | 원인 분석

(1) 세부 절차

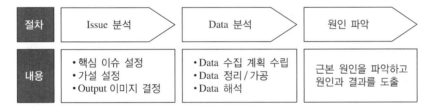

(2) Issue 분석

① 핵심 이슈 설정

업무에 가장 크게 영향을 미치는 문제로 선정하며, 사내외 고객 인터뷰 등을 활용한다.

② 가설 설정

이슈에 대해 자신의 직관, 경험 등에 의존하여 일시적인 결론을 예측하는 것이며, 설정된 가설은 관련자료 등을 통해 검증할 수 있어야 하고, 논리적이며 객관적이어야 한다.

③ 분석 결과 이미지 결정

가설검증계획에 따라 분석 결과를 미리 이미지화하는 것이다.

(3) 데이터 분석

① 데이터 수집 계획 수립

데이터 수집 시에는 목적에 따라 수집 범위를 정하고, 전체 자료의 일부인 표본을 추출하는 전통적인 통계학적 접근과 전체 데이터를 활용한 빅데이터 분석을 구분해야 한다. 이때, 객관적인 사실을 수집해야 하며 자료의 출처를 명확히 밝힐 수 있어야 한다.

② 데이터 정리 / 가공

데이터 수집 후에는 목적에 따라 수집된 정보를 항목별로 분류 정리하여야 한다.

③ 데이터 해석

정리된 데이터는 '무엇을', '왜', '어떻게' 측면에서 의미를 해석해야 한다.

(4) 원인 파악

① 단순한 인과관계

원인과 결과를 분명하게 구분할 수 있는 경우로, 날씨가 더울 때 아이스크림 판매량이 증가하는 경우가 이에 해당한다.

② 닭과 계란의 인과관계

원인과 결과를 구분하기가 어려운 경우로, 브랜드의 향상이 매출확대로 이어지고, 매출확대가 다시 브랜드의 인지도 향상으로 이어져 원인과 결과를 쉽게 밝혀내기 어려운 상황이 이에 해당한다.

③ 복잡한 인과관계

단순한 인과관계와 닭과 계란의 인과관계의 유형이 복잡하게 서로 얽혀 있는 경우로, 대부분의 문제가 이에 해당한다.

CHECK POINT

원인결과 다이어그램
문제를 세분화 해가면서 문제의 원인과 대안을 찾을 수 있는 기법이다. 기법의 구조가 생선의 머리와 뼈처럼 보이기 때문에 Fish Bone Diagram으로 알려져 있으며, 품질관리 분야에 널리 이용되고 있다.

| 04 | 해결안 개발

(1) 세부 절차

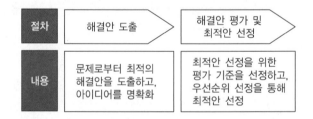

절차	해결안 도출	해결안 평가 및 최적안 선정
내용	문제로부터 최적의 해결안을 도출하고, 아이디어를 명확화	최적안 선정을 위한 평가 기준을 선정하고, 우선순위 선정을 통해 최적안 선정

(2) 해결안 도출 과정

① 근본 원인으로 열거된 내용을 어떠한 방법으로 제거할 것인지를 명확히 한다.
② 독창적이고 혁신적인 방안을 도출한다.
③ 유사한 방법이나 목적을 갖는 내용을 군집화한다.
④ 최종 해결안을 정리한다.

(3) 해결안 평가 및 최적안 선정

문제(What), 원인(Why), 방법(How)를 고려해서 해결안을 평가하고 가장 효과적인 해결안을 선정해야 하며, 중요도와 실현가능성 등을 고려해서 종합적인 평가를 내리고, 채택 여부를 결정하는 과정이다.

| 05 | 실행 및 평가

(1) 세부 절차

절차	실행계획 수립	실행	후속조치
내용	최종 해결안을 실행하기 위한 구체적인 계획 수립	실행계획에 따른 실행 및 모니터	실행 결과에 대한 평가

(2) 실행계획 수립

세부 실행내용의 난이도를 고려하여 가급적 구체적으로 세우는 것이 좋으며, 해결안별 실행계획서를 작성함으로써 실행의 목적과 과정별 진행내용을 일목요연하게 파악하도록 하는 것이 필요하다.

(3) 실행 및 후속조치

① 파일럿 테스트를 통해 문제점을 발견하고, 해결안을 보완한 후 대상 범위를 넓혀서 전면적으로 실시해야 한다. 그리고 실행상의 문제점 및 장애요인을 신속히 해결하기 위해서 모니터링 체제를 구축하는 것이 바람직하다.

② 모니터링 시 고려 사항

- 바람직한 상태가 달성되었는가?
- 문제가 재발하지 않을 것을 확신할 수 있는가?
- 사전에 목표한 기간 및 비용은 계획대로 지켜졌는가?
- 혹시 또 다른 문제를 발생시키지 않는가?
- 해결책이 주는 영향은 무엇인가?

CHECK POINT

실행 및 후속조치
문제의 원인을 분석하고, 해결안을 개발한 후에는 실행 계획을 수립하여 실제 실행하는 과정이 필요하다. 이를 통해서 실행 결과를 평가하고, 문제해결이 제대로 이루어졌는지를 확인할 수 있다.

《 핵심예제 》

다음 중 문제해결 과정이 순서대로 바르게 나열된 것은?

ㄱ. 문제 인식	ㄴ. 실행 및 평가
ㄷ. 원인 분석	ㄹ. 문제 도출
ㅁ. 해결안 개발	

① ㄱ - ㄴ - ㄷ - ㄹ - ㅁ
② ㄱ - ㄹ - ㄷ - ㅁ - ㄴ
③ ㄴ - ㄷ - ㄹ - ㅁ - ㄱ
④ ㄹ - ㄱ - ㄷ - ㅁ - ㄴ

예제풀이

문제해결 과정
문제 인식 → 문제 도출 → 원인 분석 → 해결안 개발 → 실행 및 평가

정답 ②

┌연속출제┐

다음 명제가 모두 참일 때, 반드시 참인 명제는?

> • 도보로 걷는 사람은 자가용을 타지 않는다.
> p $\sim q$
> • 자전거를 타는 사람은 자가용을 탄다.
> r q
> • 자전거를 타지 않는 사람은 버스를 탄다.
> $\sim r$ s

풀이순서

1) 질문의도
   : 명제추리

2) 문장분석
   : 기호화

3) 정답도출

① 자가용을 타는 사람은 도보로 걷는다. $q \rightarrow p$

② 버스를 타지 않는 사람은 자전거를 타지 않는다. $\sim s \rightarrow \sim r$

③ 버스를 타는 사람은 도보로 걷는다. $s \rightarrow p$

✔ 도보로 걷는 사람은 버스를 탄다. $p \rightarrow s$

📋 **유형 분석**
- 주어진 문장을 토대로 논리적으로 추론하여 참 또는 거짓을 구분하는 문제이다.
- 대체로 연역추론을 활용한 명제 문제가 출제되고 있다.

응용문제 : 자료를 제시하고 새로운 결과나 자료에 주어지지 않은 내용을 추론해 가는 형식의 문제가 출제된다.

📋 **풀이 전략**   각 문장에 있는 핵심단어 또는 문구를 기호화하여 정리한 뒤, 선택지와 비교하여 참 또는 거짓을 판단한다.

┌연속출제┐

다음은 2019년 상반기 노동시장의 특징 및 주요 요인에 대한 자료이다. 다음 〈보기〉 중 자료에 대한 설명으로 옳지 않은 것을 모두 고른 것은?

풀이순서

1) 질문의도
: 요인 → 주요 특징
⇒ 피라미드 기법

2) 사고법 적용

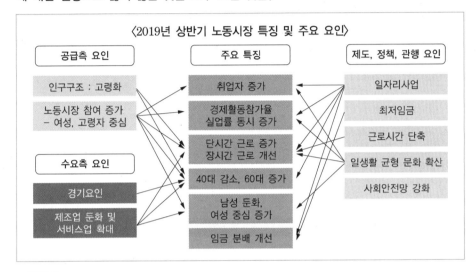

〈2019년 상반기 노동시장 특징 및 주요 요인〉

공급측 요인	주요 특징	제도, 정책, 관행 요인
인구구조 : 고령화	취업자 증가	일자리사업
노동시장 참여 증가 – 여성, 고령자 중심	경제활동참가율 실업률 동시 증가	최저임금
	단시간 근로 증가 장시간 근로 개선	근로시간 단축
수요측 요인	40대 감소, 60대 증가	일생활 균형 문화 확산
경기요인	남성 둔화, 여성 중심 증가	사회안전망 강화
제조업 둔화 및 서비스업 확대	임금 분배 개선	

보기

ㄱ. 정부의 일자리사업으로 60대 노동자가 증가하였다.
ㄴ. 제조업이 둔화함에 따라 남성 중심의 노동시장이 둔화하고 있다.
ㄷ. 정부의 최저임금 정책으로 단시간 근로자 수가 증가하였다.
ㄹ. 여성의 노동시장 참여가 늘어나면서 전체 취업자 수가 증가하였다.
ㅁ. 인구 고령화가 심화됨에 따라 경제활동참가율과 실업률이 동시에 증가하고 있다.

① ㄱ, ㄴ
② ㄱ, ㄷ
③ ㄴ, ㄹ
④ ㄴ, ㅁ
⑤ ㄷ, ㅁ

3) 정답도출

📋 **유형 분석**
• 문제해결에 필요한 사고력을 평가하기 위한 문제이다.
• 주로 피라미드 구조 기법, 5Why 기법, So What 기법 등을 활용한 문제들이 출제되고 있다.

📋 **풀이 전략**
질문을 읽고 문제를 해결하기 위해 필요한 사고법을 선별한 뒤 적용하여 풀어 나간다.
• 피라미드 구조 기법 : 하위의 사실이나 현상으로부터 상위의 주장을 만들어 나가는 방법
• 5Why 기법 : 주어진 문제에 대해서 계속하여 이유를 물어 가장 근본이 되는 원인을 찾는 방법
• So What 기법 : '그래서 무엇이지?'라고 자문자답하며 눈앞에 있는 정보로부터 의미를 찾아내어 가치 있는 정보를 이끌어 내는 방법

PART 1 직업기초능력평가

02 기출유형 3

┌연속출제┐

다음은 K공사가 추진 중인 '그린수소' 사업에 관한 보도 자료와 K공사에 대한 SWOT 분석 결과이다. ⎣SWOT 분석⎦ 결과를 참고할 때, '그린수소' 사업이 해당하는 전략은 무엇인가?

풀이순서

1) 질문의도
: SWOT 분석

K공사는 전라남도, 나주시와 '그린수소 사업 협력 MOU'를 체결하였다. 지난 5월 정부는 탄소 배출 없는 그린수소 생산을 위해 K공사를 사업자로 선정하였고, 재생에너지 잉여전력을 활용한 수전해(P2G) 기술을 통해 그린수소를 만들어 저장하는 사업을 정부 과제로 선정하여 추진하기로 하였다.

그린수소 사업은 정부의 '재생에너지 3020 계획'에 따라 계속 증가하는 재생에너지를 활용해 수소를 생산함으로써 재생에너지 잉여전력 문제를 해결할 것으로 예상된다.

MOU 체결식에서 K공사 사장은 "K공사는 전라남도, 나주시와 지속적으로 협력하여 정부 에너지전환 정책에 부응하고, 사업에 필요한 기술개발을 위해 더욱 노력할 것"이라고 밝혔다.

〈SWOT 분석 결과〉

강점(Strength)	약점(Weakness)
• 적극적인 기술개발 의지 • 차별화된 환경기술 보유	• 해외시장 진출에 대한 두려움 • 경험 많은 기술 인력의 부족
기회(Opportunity)	위협(Threat)
• 발전설비를 동반한 환경설비 수출 유리 • 세계 전력 시장의 지속적 성장	• 재생에너지의 잉여전력 증가 • 친환경 기술 경쟁 심화

2) 결과분석

① SO전략
② ST전략 ✓
③ WO전략
④ WT전략
⑤ OT전략

3) 정답도출

📋 유형 분석
• 상황에 대한 환경 분석 결과를 통해 주요 과제를 도출하는 문제이다.
• 주로 3C 분석 또는 SWOT 분석을 활용한 문제들이 출제되고 있으므로 해당 분석도구에 대한 사전 학습이 요구된다.

📋 풀이 전략
문제에서 제시된 분석도구가 무엇인지 확인한 후, 분석 결과를 종합적으로 판단하여 각 선택지의 전략 과제와 일치하는지를 판단한다.

기출유형 4

| 문제처리 ② |

┌연속출제┐

K씨는 인터넷뱅킹 사이트에 가입하기 위해 가입절차에 따라 정보를 입력하는데 그중 패스워드 만드는 과정이 까다로워 계속 실패 중이다. 사이트 가입 시 패스워드 〈조건〉이 다음과 같을 때, 〈조건〉에 부합하는 패스워드는 무엇인가?

풀이순서

1) 질문의도
   : 패스워드 조합

```
조건
```
• 패스워드는 7자리이다. ❺
• 영어 대문자와 소문자, 숫자, 특수기호를 적어도 하나씩 포함해야 한다. ❹ · ❺
• 숫자 0은 다른 숫자와 연속해서 나열할 수 없다. ❶
• 영어 대문자는 다른 영어 대문자와 연속해서 나열할 수 없다. ❶ · ❺
• 특수기호를 첫 번째로 사용할 수 없다. ❸

2) 조건확인

① a?102CB
③ #38Yup0
⑤ 6LI◇23

☑ 7!z0bT4
④ ssng99&

3) 정답도출

📋 **유형 분석**
• 주어진 상황과 정보를 종합적으로 활용하여 풀어 가는 문제이다.
• 비용, 시간, 순서, 해석 등 다양한 주제를 다루고 있어 문제유형을 한 가지로 단일화하기가 어렵다.
• 대체로 2문제 혹은 3문제가 묶여서 출제되고 있으며, 문제가 긴 경우가 많아 푸는 시간이 많이 걸린다.

📋 **풀이 전략**
먼저 문제에서 묻는 것을 파악한 후, 필요한 상황과 정보를 찾아 이를 활용하여 문제를 풀어 간다.

01 G공사에 근무하는 A대리는 공간정보 품질관리사업 대한 SWOT 분석결과 자료를 토대로 〈보기〉와 같이 판단하였다. 〈보기〉에서 SWOT 분석에 의한 경영전략에 따른 판단으로 적절하지 않은 것은?

〈공간정보 품질관리 사업에 대한 SWOT 분석결과〉

구분	분석 결과
강점(Strength)	• 도로명주소 서비스의 정확성 개선사업을 통한 국토정보 유지관리사업 추진 경험 • 위치기반 생활지원 서비스인 '랜디랑'의 성공적 구축
약점(Weakness)	• 국토정보 수집 관련 기기 및 설비 운용인력의 부족 • 공공수요에 편중된 국토정보 활용
기회(Opportunity)	국토정보체계 표준화에 성공한 해외 기관과의 지원협력 기회 마련
위협(Threat)	드론 조종사 양성을 위한 예산 확보 어려움

> **보기**
>
> ㄱ. 유지관리사업 추진 노하우를 해외 기관에 제공하고 이를 더욱 개선하기 위해 국내에서 예산을 확보하는 것은 SO전략에 해당한다.
> ㄴ. 랜디랑의 성공적 구축 사례를 활용해 드론 운용사업의 잠재성을 강조하여 드론 조종사 양성 예산을 확보해 내는 것은 ST전략에 해당한다.
> ㄷ. 해외 기관과의 협력을 통해 국토정보 유지관리사업을 개선하는 것은 WO전략에 해당한다.
> ㄹ. 드론 조종사 양성을 위한 예산을 확보하여 기기 운용인력을 확충하기 위해 노력하는 것은 WT전략에 해당한다.

① ㄱ, ㄴ   ② ㄱ, ㄷ
③ ㄴ, ㄷ   ④ ㄴ, ㄹ

02 결혼을 준비 중인 A씨가 SMART 법칙에 따라 계획한 내용이 다음과 같을 때, SMART 법칙에 맞지 않는 계획은?

> • S(Specific) : 내년 5월, 결혼식을 올리기 위해 집을 구매하고, 비상금을 저금한다.
> • M(Measurable) : 집을 구매하기 위해 대출금을 포함한 5억 원과 비상금 천만 원을 마련한다.
> • A(Action-oriented) : 생활에 꼭 필요하지 않다면 구매하지 않고 돈을 아낀다.
> • R(Realistic) : 월급이나 이자 등의 수입이 발생하면 목표 달성까지 전부 저금한다.
> • T(Time limited) : 비상금은 3월까지 저금하고, 4월에 집을 구매한다.

① S   ② M
③ A   ④ R

03 다음에서 설명하는 문제에 해당하는 사례로 옳지 않은 것은?

> 아직 일어나지 않은, 즉 눈에 보이지 않는 문제로, 잠재문제, 예측문제, 발견문제로 나눌 수 있다.
> 잠재문제는 문제를 인식하지 못하다가 결국은 문제가 확대되어 해결이 어려운 문제를 의미한다. 예측문제는 지금 현재는 문제가 없으나 앞으로 일어날 수 있는 문제가 생길 것을 알 수 있는 문제를 의미하며, 발견문제는 앞으로 개선 또는 향상시킬 수 있는 문제를 말한다.

① 어제 구입한 알람시계가 고장 났다.
② 바이러스가 전 세계적으로 확산됨에 따라 제품의 원가가 향상될 것으로 보인다.
③ 자사 제품의 생산성을 향상시킬 수 있는 프로그램이 개발되었다.
④ 자사 내부 점검 중 작년에 판매된 제품에서 문제가 발생할 수 있다는 것을 발견하였다.

04 다음은 반두라(Bandura)의 사회인지 이론에 대한 내용이다. 밑줄 친 ㉠ ~ ㉣에 해당하는 사례로 옳지 않은 것은?

> 인간의 지식 습득에 개인의 인지, 행동, 경험 그리고 주위 환경이 상호작용하면서 영향을 미친다는 반두라의 사회인지 이론은 행동주의 이론이 인간을 기계론적으로 보고 있다고 비판하면서 환경적 사건과 사고, 동기와 같은 개인적 요인들이 상호작용한다는 '상호결정론'을 제시하였다. 그중 인간은 어떤 모델의 행동을 관찰하고 모방함으로써 학습한다는 관찰학습은 ㉠ 주의집중 단계, ㉡ 보존(파지) 단계, ㉢ 운동재생 단계, ㉣ 동기화 단계의 4단계로 이루어진다.

① ㉠ : 후보 선수 B씨는 주전 선수 A씨가 달리는 모습을 유심히 관찰하였다.
② ㉡ : 후보 선수 B씨는 주전 선수 A씨가 숨을 한 번 쉴 때마다 다리를 다섯 번 움직인다는 것을 자신의 발가락 다섯 개로 기억하였다.
③ ㉢ : 후보 선수 B씨는 주전 선수 A씨와 같은 방법으로 달리기를 해 보았다.
④ ㉣ : 후보 선수 B씨는 주전 선수 A씨가 달리는 모습을 카메라로 촬영하였다.

05 문제해결절차의 문제 도출 단계는 (가)와 (나)의 절차를 거쳐 수행된다. 다음 중 (가)에 대한 설명으로 적절하지 않은 것은?

(가)		(나)
전체 문제를 개별화된 이슈들로 세분화	→	문제에 영향력이 큰 핵심이슈를 선정

① 문제의 내용 및 영향 등을 파악하여 문제의 구조를 도출한다.
② 본래 문제가 발생한 배경이나 문제를 일으키는 메커니즘을 분명히 해야 한다.
③ 현상에 얽매이지 말고 문제의 본질과 실제를 봐야 한다.
④ 눈앞의 결과를 중심으로 문제를 바라봐야 한다.

06 다음 제시된 커피의 종류, 은희의 취향 및 오늘 아침의 상황으로 판단할 때, 오늘 아침에 은희가 주문할 커피는?

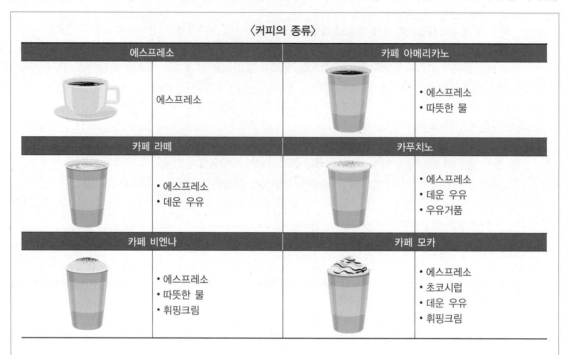

〈커피의 종류〉

에스프레소		카페 아메리카노	
	에스프레소		• 에스프레소 • 따뜻한 물
카페 라떼		카푸치노	
	• 에스프레소 • 데운 우유		• 에스프레소 • 데운 우유 • 우유거품
카페 비엔나		카페 모카	
	• 에스프레소 • 따뜻한 물 • 휘핑크림		• 에스프레소 • 초코시럽 • 데운 우유 • 휘핑크림

〈은희의 취향〉

• 배가 고플 때에는 데운 우유가 들어간 커피를 마신다.
• 다른 음식과 함께 커피를 마실 때에는 데운 우유를 넣지 않는다.
• 스트레스를 받으면 휘핑크림이나 우유거품을 추가한다.
• 피곤하면 휘핑크림이 들어간 경우에 한하여 초코시럽을 추가한다.

〈오늘 아침의 상황〉

출근을 하기 위해 지하철을 탄 은희는 꽉 들어찬 사람들 사이에서 스트레스를 받으며 내리기만을 기다리고 있었다. 목적지에 도착한 은희는 커피를 마시며 기분을 달래기 위해 커피전문점에 들렀다. 아침식사를 하지 못해 배가 고프고 고된 출근길에 피곤하지만, 시간 여유가 없어 오늘 아침은 커피만 마실 생각이다. 그런데 은희는 요즘 체중관리를 위해 휘핑크림은 넣지 않기로 하였다.

① 카페 라떼
② 카페 아메리카노
③ 카푸치노
④ 카페 모카

07 다음 글을 근거로 판단할 때, 사과 사탕 1개와 딸기 사탕 1개를 함께 먹은 사람과 E가 먹은 사탕을 옳게 짝지은 것은?

사과 사탕, 포도 사탕, 딸기 사탕이 각각 2개씩 있다. 다섯 명의 사람(A ~ E) 중 한 명이 사과 사탕 1개와 딸기 사탕 1개를 함께 먹고, 다른 네 명이 남은 사탕을 각각 1개씩 먹었다. 이 사실만을 알고 A ~ E는 차례대로 다음과 같이 말했으며, 모두 진실을 말하였다.

A : 나는 포도 사탕을 먹지 않았어.
B : 나는 사과 사탕만을 먹었어.
C : 나는 사과 사탕을 먹지 않았어.
D : 나는 사탕을 한 종류만 먹었어.
E : 너희 말을 다 듣고 아무리 생각해 봐도 나는 딸기 사탕을 먹은 사람 두 명 다 알 수는 없어.

① A, 포도 사탕 1개 ② A, 딸기 사탕 1개
③ C, 포도 사탕 1개 ④ C, 딸기 사탕 1개

08 다음 글을 근거로 판단할 때, 수호가 세탁을 통해 가질 수 있는 수건의 색조합으로 옳지 않은 것은?

• 수호는 현재 빨간색, 파란색, 노란색, 흰색, 검은색 수건을 각 1개씩 가지고 있다.
• 수호는 본인의 세탁기로 세탁하며, 동일한 수건을 여러 번 세탁할 수 있다.
• 수호가 가지고 있는 세탁기는 수건을 2개까지 동시에 세탁할 수 있고, 다른 색의 수건을 함께 세탁하면 다음과 같이 색이 변한다.
  － 빨간색 수건과 파란색 수건을 함께 세탁하면, 모두 보라색 수건이 된다.
  － 빨간색 수건과 노란색 수건을 함께 세탁하면, 각각 빨간색 수건과 주황색 수건이 된다.
  － 파란색 수건과 노란색 수건을 함께 세탁하면, 각각 파란색 수건과 초록색 수건이 된다.
  － 흰색 수건을 다른 색 수건과 함께 세탁하면, 모두 그 다른 색 수건이 된다.
  － 검은색 수건을 다른 색 수건과 함께 세탁하면, 모두 검은색 수건이 된다.

① 빨간색 1개, 파란색 1개, 보라색 2개, 검은색 1개
② 주황색 1개, 파란색 1개, 노란색 1개, 검은색 2개
③ 빨간색 1개, 주황색 1개, 파란색 2개, 검은색 1개
④ 보라색 3개, 초록색 1개, 검은색 1개

09 출근 후 매일 영양제를 챙겨 먹는 슬기는 요일에 따라 서로 다른 영양제를 섭취한다. 〈조건〉에 따라 평일 오전에 비타민B, 비타민C, 비타민D, 비타민E, 밀크시슬 중 하나씩을 섭취한다고 할 때, 항상 옳은 것은?

> **조건**
> • 밀크시슬은 월요일과 목요일 중에 섭취한다.
> • 비타민D는 비타민C를 먹은 날로부터 이틀 뒤에 섭취한다.
> • 비타민B는 비타민C와 비타민E보다 먼저 섭취한다.

① 월요일에는 비타민B를 섭취한다.
② 화요일에는 비타민E를 섭취한다.
③ 수요일에는 비타민C를 섭취한다.
④ 비타민E는 비타민C보다 먼저 섭취한다.

10 A～E는 부산에 가기 위해 서울역에서 저녁 7시에 출발하여 대전역과 울산역을 차례로 정차하는 부산행 KTX 열차를 타기로 했다. 이들 중 2명은 서울역에서 승차하였고, 다른 2명은 대전역에서, 나머지 1명은 울산역에서 각각 승차하였다면, 항상 옳은 것은?(단, 같은 역에서 승차한 경우 서로의 탑승 순서는 알 수 없다)

> A : 나는 B보다 먼저 탔지만, C보다 먼저 탔는지는 알 수 없어.
> B : 나는 C보다 늦게 탔어.
> C : 나는 가장 마지막에 타지 않았어.
> D : 나는 대전역에서 탔어.
> E : 나는 내가 몇 번째로 탔는지 알 수 있어.

① A는 대전역에서 승차하였다.
② B는 C와 같은 역에서 승차하였다.
③ C와 D는 같은 역에서 승차하였다.
④ E는 울산역에서 승차하였다.

11 다음은 재난관리 평가지침에 관한 자료이다. 상황을 근거로 판단할 때 옳은 것은?

〈재난관리 평가지침〉

■ **순위산정 기준**
- 최종순위 결정
  - 정량평가 점수(80점)와 정성평가 점수(20점)의 합으로 계산된 최종점수가 높은 순서대로 순위 결정
- 동점기관 처리
  - 최종점수가 동점일 경우에는 정성평가 점수가 높은 순서대로 순위 결정

■ **정성평가 기준**
- 지자체 및 민간분야와의 재난안전분야 협력(10점 만점)

평가	상	중	하
선정비율	20%	60%	20%
배점	10점	6점	3점

- 재난관리에 대한 종합평가(10점 만점)

평가	상	중	하
선정비율	20%	60%	20%
배점	10점	5점	1점

〈상황〉

일부 훼손된 평가표는 아래와 같다(단, 평가대상기관은 5개이다).

기관 \ 평가	정량평가 (80점 만점)	정성평가 (20점 만점)
A	71	20
B	80	11
C	69	11
D	74	
E	66	

① A기관이 2위일 수도 있다.
② B기관이 3위일 수도 있다.
③ C기관이 4위일 가능성은 없다.
④ E기관은 어떠한 경우에도 5위일 것이다.

12 다음 글과 상황을 읽고 추론한 것으로 항상 옳은 것을 〈보기〉에서 모두 고르면?

어떤 단체의 회원들은 단체의 결정에 대하여 각기 다른 선호를 보인다. 단체에 매월 납부하는 회비의 액수를 정하는 문제에 대해서도 마찬가지이다. 단체의 목적 달성에는 동의하나 재정이 넉넉하지 않은 사람은 될 수 있으면 적은 회비를 부담하려 한다(소극적 회원). 반면, 목적 달성에 동의하고 재정 또한 넉넉한 사람은 오히려 회비가 너무 적으면 안 된다고 생각한다(적극적 회원).

따라서 단체가 회비의 액수를 결정할 때에는 각 회원이 선호하는 액수를 알아야 한다. 회원들은 저마다 선호하는 회비의 범위가 있다. 만약 단체가 그 범위 내에서 회비를 결정한다면 회비를 내고 단체에 남아 있겠지만, 회비가 그 범위를 벗어난다면 단체의 결정에 불만을 품고 단체를 탈퇴할 것이다. 왜냐하면 소극적 회원은 과중한 회비 부담을 감수하려 들지 않을 것이고, 적극적 회원은 회비가 너무 적어 단체의 목적 달성이 불가능하다고 볼 것이기 때문이다.

〈상황〉

5명(A ~ E)의 회원으로 새롭게 결성된 이 단체는 10만 원에서 70만 원 사이의 일정 금액을 월 회비로 정하려고 한다. 각 회원이 선호하는 회비의 범위는 다음과 같다.

회원	범위
A	10만 원 이상 20만 원 미만
B	10만 원 이상 25만 원 미만
C	25만 원 이상 40만 원 미만
D	30만 원 이상 50만 원 미만
E	30만 원 이상 70만 원 미만

보기

ㄱ. C가 원하는 범위에서 회비가 정해지면, 최소 2인이 단체를 탈퇴할 것이다.
ㄴ. D가 원하는 범위에서 회비가 정해지면, 최소 3인이 단체를 탈퇴할 것이다.
ㄷ. 회비가 일단 정해지면, 최소 2명 이상은 이 단체를 탈퇴할 것이다.
ㄹ. 회비를 20만 원으로 결정하는 경우와 30만 원으로 결정하는 경우 탈퇴할 회원 수는 같다.

① ㄱ, ㄴ ② ㄱ, ㄷ
③ ㄴ, ㄷ ④ ㄴ, ㄹ

13 다음 글을 근거로 판단할 때, 〈보기〉에서 옳은 설명을 모두 고르면?

사슴은 맹수에게 계속 괴롭힘을 당하자 자신을 맹수로 바꾸어 달라고 산신령에게 빌었다. 사슴을 불쌍하게 여긴 산신령은 사슴에게 남은 수명 중 n년(n은 자연수)을 포기하면 여생을 아래 5가지의 맹수 중 하나로 살 수 있게 해 주겠다고 했다.

사슴으로 살 경우의 1년당 효용은 40이며, 다른 맹수로 살 경우의 1년당 효용과 그 맹수로 살기 위해 사슴이 포기해야 하는 수명은 아래의 표와 같다. 예를 들어 사슴의 남은 수명이 12년일 경우 사슴으로 계속 산다면 $12 \times 40 = 480$의 총효용을 얻지만, 독수리로 사는 것을 선택한다면 $(12-5) \times 50 = 350$의 총효용을 얻는다.

사슴은 여생의 총효용이 줄어드는 선택은 하지 않으며, 포기해야 하는 수명이 사슴의 남은 수명 이상인 맹수는 선택할 수 없다. 1년당 효용이 큰 맹수일수록, 사슴은 그 맹수가 되기 위해 더 많은 수명을 포기해야 한다. 사슴은 자신의 남은 수명과 표의 '?'로 표시된 수를 알고 있다.

맹수	1년당 효용	포기해야 하는 수명(년)
사자	250	14
호랑이	200	?
곰	170	11
악어	70	?
독수리	50	5

보기

ㄱ. 사슴의 남은 수명이 13년이라면, 사슴은 곰을 선택할 것이다.
ㄴ. 사슴의 남은 수명이 20년이라면, 사슴은 독수리를 선택하지는 않을 것이다.
ㄷ. 호랑이로 살기 위해 포기해야 하는 수명이 13년이라면, 사슴의 남은 수명에 따라 사자를 선택했을 때와 호랑이를 선택했을 때 여생의 총효용이 같은 경우가 있다.

① ㄴ
② ㄷ
③ ㄱ, ㄴ
④ ㄴ, ㄷ

14 E공사에 근무하는 A대리는 국내 자율주행자동차 산업에 대한 SWOT 분석 결과에 따라 국내 자율주행자동차 산업 발달을 위한 방안을 고안하는 중이다. A대리가 SWOT 분석에 의한 경영전략에 따라 판단하였다고 할 때, 다음 〈보기〉의 설명 중 SWOT 분석에 의한 경영전략에 맞춘 판단으로 적절하지 않은 것을 모두 고르면?

〈국내 자율주행자동차 산업에 대한 SWOT 분석 결과〉

구분	분석 결과
강점(Strength)	• 민간 자율주행기술 R&D지원을 위한 대규모 예산 확보 • 국내외에서 우수한 평가를 받는 국내 자동차기업 존재
약점(Weakness)	• 국내 민간기업의 자율주행기술 투자 미비 • 기술적 안전성 확보 미비
기회(Opportunity)	• 국가의 지속적 자율주행자동차 R&D 지원법안 본회의 통과 • 완성도 있는 자율주행기술을 갖춘 외국 기업들의 등장
위협(Threat)	• 자율주행차에 대한 국민들의 심리적 거부감 • 자율주행차에 대한 국가의 과도한 규제

〈SWOT 분석에 의한 경영전략〉

• SO전략 : 기회를 이용해 강점을 활용하는 전략
• ST전략 : 강점을 활용하여 위협을 최소화하거나 극복하는 전략
• WO전략 : 기회를 활용하여 약점을 보완하는 전략
• WT전략 : 약점을 최소화하고 위협을 회피하는 전략

보기

ㄱ. 자율주행기술 수준이 우수한 외국 기업과의 기술이전협약을 통해 국내 우수 자동차기업들의 자율주행기술 연구 및 상용화 수준을 향상시키려는 전략은 SO전략에 해당한다.
ㄴ. 민간의 자율주행기술 R&D를 적극 지원하여 자율주행기술의 안전성을 높이려는 전략은 ST전략에 해당한다.
ㄷ. 자율주행자동차 R&D를 지원하는 법률을 토대로 국내 기업의 기술개발을 적극 지원하여 안전성을 확보하려는 전략은 WO전략에 해당한다.
ㄹ. 자율주행기술개발에 대한 국내기업의 투자가 부족하므로 국가기관이 주도하여 기술개발을 추진하는 전략은 WT전략에 해당한다.

① ㄱ, ㄴ
② ㄱ, ㄷ
③ ㄴ, ㄷ
④ ㄴ, ㄹ

15 L공단에서 근무하는 A사원은 경제자유구역사업에 대한 SWOT 분석결과 자료를 토대로, SWOT 분석에 의한 경영전략에 맞추어 〈보기〉와 같이 판단하였다. 〈보기〉에서 SWOT 분석에 의한 경영전략에 따른 내용으로 적절하지 않은 것을 모두 고르면?

〈경제자유구역사업에 대한 SWOT 분석결과〉

구분	분석 결과
강점(Strength)	• 성공적인 경제자유구역 조성 및 육성 경험 • 다양한 분야의 경제자유구역 입주희망 국내기업 확보
약점(Weakness)	• 과다하게 높은 외자금액 비율 • 외국계 기업과 국내기업 간의 구조 및 운영상 이질감
기회(Opportunity)	• 국제경제 호황으로 인하여 타국 사업지구 입주를 희망하는 해외시장부문의 지속적 증가 • 국내진출 해외기업 증가로 인한 동형화 및 협업 사례 급증
위협(Threat)	• 국내거주 외국인 근로자에 대한 사회적 포용심 부족 • 대대적 교통망 정비로 인한 기성 대도시의 흡수효과 확대

〈SWOT 분석에 의한 경영전략〉

• SO전략 : 강점을 활용해 기회를 선점하는 전략
• ST전략 : 강점을 활용하여 위협을 최소화하거나 극복하는 전략
• WO전략 : 기회를 활용하여 약점을 보완하는 전략
• WT전략 : 약점을 최소화하고 위협을 회피하는 전략

보기

ㄱ. 성공적인 경제자유구역 조성 노하우를 활용하여 타국 사업지구로의 진출을 희망하는 해외기업을 유인 및 유치하는 전략은 SO전략에 해당한다.
ㄴ. 다수의 풍부한 경제자유구역 성공 사례를 바탕으로 외국인 근로자를 국내주민과 문화적으로 동화시킴으로써 원활한 지역발전의 토대를 조성하는 전략은 ST전략에 해당한다.
ㄷ. 기존에 국내에 입주한 해외기업의 동형화 사례를 활용하여 국내기업과 외국계 기업의 운영상 이질감을 해소하여 생산성을 증대시키는 전략은 WO전략에 해당한다.
ㄹ. 경제자유구역 인근 대도시와의 연계를 활성화하여 경제자유구역 내 국내·외 기업 간의 이질감을 해소하는 전략은 WT전략에 해당한다.

① ㄱ, ㄴ   ② ㄱ, ㄷ
③ ㄴ, ㄷ   ④ ㄴ, ㄹ

※ 김 대리는 아내와 함께 이사할 아파트를 결정하고자 한다. 다음은 A ~ E아파트에 대한 정보이다. 자료를 읽고 이어지는 질문에 답하시오. [16~17]

〈후보 아파트 현황〉

구분	A아파트	B아파트	C아파트	D아파트	E아파트
역과의 거리	80m	405m	390m	175m	560m
헬스장 유무	×	○	○	○	○
주차장 무료할당	○	○	○	○	×
방수	3개	1개	3개	3개	3개
층수	7층	11층	4층	19층	21층
평수	33평	35평	24평	41평	29평
가격	8억 7천만 원	10억 2천만 원	8억 원	7억 7천만 원	6억 9천만 원
옥상정원 유무	×	○	×	○	×

※ '역과의 거리'란 가장 가까운 지하철역과의 거리를 의미한다.
※ '주차장 무료할당'이란 별도의 금액을 내지 않고도 가구당 주차공간을 부여할 수 있는 것을 의미한다.

16 김 대리는 A ~ E아파트 중 〈조건〉에 따라 이사할 주택을 결정하고자 한다. 다음 중 김 대리가 선택할 아파트는?

조건

- 출퇴근의 편의를 위해 지하철역과 500m 이내에 있어야 한다.
- 주차장이 무료로 할당되는 아파트를 선택한다.
- 아직 자녀가 없으므로 방은 2개 이상이면 충분하다.
- 30평 이상인 아파트를 선택한다.
- 22평 이상 30평 미만인 아파트 중, 가격이 A ~ E아파트에서 가장 높은 가격의 80% 미만일 경우 선택 가능하다.
- 휴식을 위해 옥상정원이 있는 곳으로 결정한다.

① A아파트
② B아파트
③ C아파트
④ D아파트

17 김 대리는 아내와 상의 후, 이사할 아파트 선택 기준을 다시 설정하였다. 〈조건〉에 따라 김 대리와 아내가 아파트를 선택한다고 할 때, 이들 부부가 선택할 아파트는?

> **조건**
> • 효율적인 건강증진을 위해 헬스장이 있는 아파트를 선택한다.
> • 전망을 위하여 적어도 10층 이상의 아파트를 선택한다.
> • 평수가 25평 이상인 아파트를 선택한다.
> • 주차장이 무료할당되는 경우, 평수가 25평 미만이어도 선택 가능하다.
> • 조건을 충족하는 아파트 중 가격이 되도록 저렴한 아파트를 선택한다.
> • 출산을 염두에 두어 방은 3개 이상인 곳을 선택한다.

① A아파트　　　　　　　　　　② B아파트
③ C아파트　　　　　　　　　　④ E아파트

18 다음 중 문제의 유형이 다른 하나는 무엇인가?

① 김한별 사원은 생산성을 향상시키기 위해서 업무 프로세스, 작업방법 등을 개선시킬 수 있는 방안을 마련하여 발표하였다.
② 이연미 대리는 HR 제도 개선을 위한 인력 재산정 프로젝트를 추진하기 위해 해당 직무 담당자들과 인터뷰를 진행하였다.
③ 임연준 과장은 구성원들의 성과를 향상시킬 수 있는 방안을 마련하기 위하여, 구성원들에게 제공할 수 있는 교육·훈련 프로그램을 구상하여 발표하였다.
④ 최수인 팀장은 2030 비전 달성을 위한 해외 사업 진출 프로젝트 방안을 마련하여 발표하였다.

19 다음은 환경 분석에 사용하는 3C 분석 방법에 대한 자료이다. (가) ~ (다) 항목에 대한 분석 내용을 〈보기〉에서 찾아 올바르게 연결한 것은?

사업 환경을 구성하고 있는 요소인 자사(Company), 경쟁사(Competitor), 고객(Customer)을 3C라고 하며, 3C에 대한 체계적인 분석을 통해 환경 분석을 수행할 수 있다.

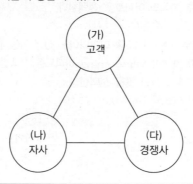

보기

㉠ 주요 소비층은 무엇을 좋아하는가?

㉡ 우리 조직의 장단점은 무엇인가?

㉢ 신규 경쟁자의 진입장벽은 무엇인가?

㉣ 경쟁사의 핵심 경쟁력은 무엇인가?

㉤ 소비자들의 정보습득 및 교환은 어디서 일어나는가?

	(가)	(나)	(다)
①	㉠, ㉢	㉡, ㉣	㉤
②	㉠, ㉤	㉡	㉢, ㉣
③	㉡, ㉣	㉠, ㉤	㉢
④	㉡, ㉤	㉢, ㉣	㉠

20 L공사에 근무 중인 A ~ D는 이번 인사발령을 통해 용인, 인천, 안양, 과천의 4개 지점에서 각각 근무하게 되었다. 〈조건〉을 참고할 때, 항상 참인 것은?

> **조건**
> • 이미 근무했던 지점에서는 다시 근무할 수 없다.
> • A와 B는 용인 지점에서 근무한 적이 있다.
> • C와 D는 인천 지점에서 근무한 적이 있다.
> • A는 이번 인사발령을 통해 과천 지점에서 근무하게 되었다.

① A는 안양 지점에서 근무한 적이 있다.
② B는 과천 지점에서 근무한 적이 있다.
③ B는 인천 지점에서 근무하게 되었다.
④ C는 용인 지점에서 근무하게 되었다.

CHAPTER 03
대인관계능력

합격 Cheat Key

대인관계능력은 직장생활에서 접촉하는 사람들과 원만한 관계를 유지하고 조직구성원들에게 도움을 줄 수 있으며 조직 내부 및 외부의 갈등을 원만히 해결하고 고객의 요구를 충족할 수 있는 능력을 의미한다. 또한, 직장생활을 포함한 일상에서 스스로를 관리하고 개발하는 능력을 말한다.

국가직무능력표준에 따르면 대인관계능력의 세부 유형은 팀워크 능력·갈등관리 능력·협상 능력·고객서비스 능력으로 나눌 수 있다. 대인관계능력은 NCS 기반 채용을 진행한 공사·공단 중 68% 정도가 채택했으며, 문항 수는 전체의 평균 4% 정도로 출제되었다.

01 일반적인 수준에서 판단하라!

일상생활에서의 대인관계를 생각하면서 문제에 접근하면 어렵지 않게 풀 수 있다. 그러나 수험생들 입장에서 직장 내에서의 상황, 특히 역할(직위)에 따른 대인관계를 묻는 문제는 까다롭게 느껴질 수 있고 일상과는 차이가 있을 수 있기 때문에 이런 유형에 대해서는 따로 알아둘 필요가 있다.

02 이론을 먼저 익히라!

대인관계능력 이론을 접목한 문제가 종종 출제된다. 물론 상식 수준에서도 풀 수 있지만 정확하고 신속하게 해결하기 위해서는 이론을 정독한 후 자주 출제되는 부분들은 암기를 필수로 해야 한다. 자주 출제되는 부분은 리더십과 멤버십의 차이, 단계별 협상 과정, 고객불만 처리 프로세스 등이 있다.

03 실제 업무에 대한 이해를 높이라!

출제되는 문제의 수는 많지 않으나, 고객과의 접점에 있는 서비스직군 시험에 출제될 가능성이 높은 영역이다. 특히 상황제시형 문제들이 많이 출제되므로 실제 업무에 대한 이해를 높여야 한다.

04 애매한 유형의 빈출 문제, 선택지를 파악하라!

대인관계능력의 출제 문제들을 보면 이것도 맞고, 저것도 맞는 것 같은 선택지가 많다. 하지만 정답은 하나이다. 출제자들은 대인관계능력이란 공부를 통해 얻는 것이 아닌 본인의 독립적인 성품으로부터 자연스럽게 나오는 것이라고 생각한다. 수험생들이 선택하는 보기로 그 수험생들을 파악한다. 그러므로 대인관계능력은 빈출 유형의 문제와 선택지를 파악하고 가는 것이 애매한 문제들의 정답률을 높이는 데 도움이 될 것이다. 내가 맞다고 생각하는 선택지가 답이 아닐 가능성이 있기 때문이다.

| 01 | 대인관계능력의 의의

(1) 대인관계능력이란?

① 대인관계의 의의와 중요성

ㄱ 대인관계능력의 의의

조직구성원 간에 협조적인 관계를 유지하고, 구성원들에게 도움을 줄 수 있으며, 조직 내·외부의 갈등을 원만히 해결하고 고객의 요구를 충족시키는 능력을 말한다.

ㄴ 대인관계의 중요성

직장생활을 하다 보면 많은 사람들을 만나 함께 일하게 되는데, 요즘 같이 일의 규모가 커진 현실에서 혼자서 어떤 일을 하기란 매우 힘들다. 그러므로 대인관계를 원활히 유지하고, 개발하는 능력이 중요하다.

◁ **핵심예제** ▷

대인관계능력의 정의 중 빈칸에 알맞은 말은 무엇인가?

> 대인관계능력이란 직장생활에서 협조적인 관계를 유지하고, 조직구성원들에게 도움을 줄 수 있으며, 조직 내부·외부의 _____을/를 원만히 해결하고 고객의 _____을/를 충족시켜줄 수 있는 능력이다.

② 대인관계능력의 하위능력

종류	내용
팀워크 능력	직장생활에서 다른 구성원들과 목표를 공유하고 원만한 관계를 유지하며, 자신의 역할을 이해하고 책임감 있게 업무를 수행하는 능력
리더십 능력	직장생활 중 조직구성원들의 업무 향상에 도움을 주며 동기화시킬 수 있고, 조직의 목표 및 비전을 제시할 수 있는 능력
갈등관리 능력	직장생활에서 조직구성원 사이에 갈등이 발생하였을 경우 이를 원만히 조절하는 능력
협상 능력	직장생활에서 협상 가능한 목표를 세우고 상황에 맞는 협상 전략을 선택하여 다른 사람과 협상하는 능력
고객서비스 능력	직장생활에서 고객서비스에 대한 이해를 바탕으로 실제 현장에서 다양한 고객에 대처할 수 있으며, 고객만족을 이끌어낼 수 있는 능력

③ 대인관계능력의 향상 방법

　ⓐ 감정은행계좌

　　인간관계에서 구축하는 신뢰의 정도를 은행계좌에 빗대어 은유적으로 표현한
　　것이다. 다른 사람에 대해 공손하고 친절하며, 정직하고 약속을 지킨다면 감정
　　을 저축하는 셈이 된다.

　ⓑ 감정은행계좌 저축방법

• 상대방에 대한 이해와 배려	• 사소한 일에 대한 관심
• 약속 이행 및 언행일치	• 칭찬하고 감사하는 마음
• 진정성 있는 태도(진지한 사과)	

《 핵심예제 》

다음 중 감정은행계좌에 예금을 적립하는 경우가 아닌 것은?

① 항상 약속을 지키려고 노력하였다.

② 상대방의 사소한 일에도 관심을 기울였다.

③ 잘못한 일에 대해서 반복되는 사과를 하였다.

④ 다른 사람을 진정으로 이해하기 위해 노력하였다.

예제풀이

감정은행계좌에 대한 예금 적립은 대인관계의 향상을 의미한다. ①은 '약속의 이행', ②는 '사소한 일에 대한 관심', ④는 '상대방에 대한 이해심'을 의미하는 것으로, 모두 대인관계를 향상시키는 방법이 될 수 있다. 그러나 '잘못한 일에 대한 반복된 사과'는 오히려 대인관계 향상에 좋지 않은 영향을 미칠 수 있다.

정답 ③

(2) 대인관계 양식의 유형과 특징

구분	특징	보완점
지배형	• 대인관계에 자신 있으며 자기주장이 강하고 주도권 행사 • 지도력과 추진력, 지휘 • 강압적, 독단적, 논쟁적, 마찰 발생 • 지시에 순종하지 않고 거만하게 보임	• 경청과 수용의 자세 • 자신의 지배적 욕구를 깊이 성찰
실리형	• 이해관계에 예민하며 성취 지향적 • 자기중심적, 경쟁적, 이익 우선 　→ 타인에 대한 관심과 배려 부족 • 타인을 신뢰하지 못함 • 불공평한 대우에 예민	• 타인을 배려하는 노력 • 타인과 신뢰를 형성
냉담형	• 이성적이고 냉철하며, 의지가 강하고 타인과 거리를 둠 • 타인의 감정에 무관심 • 긍정적인 감정 표현에 어려움 • 오랜 기간 깊게 사귀기 어려움	타인의 감정에 관심을 가지고 긍정적 감정을 표현하는 기술 습득
고립형	• 혼자 일하는 것을 좋아하며 감정을 드러내지 않음 • 사회적 상황을 회피하며 감정을 지나치게 억제 • 침울하고 우유부단하여 고립 가능성	• 대인관계의 중요성 인식 • 타인에 대한 불편함과 두려움에 대해 깊이 성찰
복종형	• 수동적이고 의존적 • 자신감 낮고 주목받는 일을 피함 • 자신의 의사를 전달하기 어려움 • 상급자의 위치에서 일하는 것에 부담	• 자기표현, 자기주장이 필요 • 독립성 향상
순박형	• 단순하고 솔직하여 너그럽고 겸손함 • 주관 없이 끌려 다니기 쉬움 　→ 이용당할 가능성 • 원치 않은 의견에 반대하지 못함	• 타인의 의도를 깊게 판단하고 행동하는 신중함 • 자신의 의견을 표현하는 노력

| 02 | 팀워크능력

(1) 팀워크의 의의와 특징

① 팀워크란 무엇인가?

⊙ 팀워크의 정의

'Team'과 'Work'의 합성어로, 팀 구성원이 공동의 목적을 달성하기 위해 상호 관계성을 가지고 협력해 업무를 수행하는 것을 말한다.

⊙ 응집력과 팀워크의 차이

팀워크	응집력
구성원이 공동의 목적을 달성하기 위해 상호 관계성을 가지고 서로 협력해 업무를 수행하는 것	사람들로 하여금 집단에 머물도록 하고, 그 집단의 구성원으로 계속 남아 있기를 원하게 만드는 힘

⊙ 팀워크의 유형

협력·통제·자율 등의 3가지 기제를 통해 구분되는데, 조직이나 팀의 목적, 추구하는 사업 분야에 따라 서로 다른 유형의 팀워크를 필요로 한다.

② 팀워크를 저해하는 요소

- 조직에 대한 이해 부족
- 이기주의
- 자아의식 과잉
- 질투나 시기로 인한 파벌주의
- 그릇된 우정과 인정
- 사고방식의 차이에 대한 무시

《핵심예제》

다음 중 팀워크에 대한 설명으로 적절하지 않은 것은?

① 팀워크의 유형은 보통 3가지 기제, 즉 협력·통제·자율을 통해 구분된다.

② 효과적인 팀워크를 형성하기 위해서는 명확한 팀 비전과 목표설정을 공유해야 한다.

③ 팀워크란 팀 구성원이 공동의 목적을 달성하기 위해 상호 관계성을 가지고 협력해 일을 수행하는 것을 의미한다.

④ 팀워크란 사람들로 하여금 집단에 머물도록 느끼게 만들고, 그 집단의 멤버로서 계속 남아 있기를 원하게 만드는 힘을 의미한다.

② 효과적인 팀의 특징

- 팀의 사명과 목표를 명확히 기술
- 창조적 운영
- 업무의 초점은 결과에
- 역할과 책임의 명료화
- 조직화
- 강점의 활용
- 리더십 역량 공유, 상호 간 지원
- 갈등의 건설적 해결

(2) 팔로워십

① 팔로워십의 의의

리더를 따르는 것으로, 따르는 사람들은 헌신, 전문성, 용기, 정직하고 현명한 평가 능력, 융화력, 겸손함이 있어야 하며, 리더가 결점이 보일 때도 덮어주는 아량도 있어야 한다. 리더십과 팔로워십은 상호 보완적이며 필수적인 관계를 이룬다.

② 팔로워십의 유형

구분	소외형	순응형	실무형	수동형	주도형
자아상	• 자립적 • 고의로 반대의견 제시 • 조직의 양심	• 기쁜 마음으로 과업수행 • 팀플레이 • 리더나 조직을 믿고 헌신	• 조직의 운영방침에 민감 • 균형 잡힌 시각 • 규정과 규칙	• 리더에 의존 • 지시에 의한 행동	이상적 유형
동료/리더의 시각	• 냉소적 • 부정적 • 고집이 셈	• 아이디어 없음 • 인기 없는 일은 하지 않음 • 조직을 위해 자신과 가족의 요구를 양보	• 개인의 이익 극대화 • 적당한 열의와 평범한 수완	• 제 몫을 하지 못함 • 감독이 반드시 필요	
조직에 대한 자신의 느낌	• 자신을 인정하지 않음 • 적절한 보상의 부재 • 불공정하며 문제가 있음	• 기존 질서의 존중 • 리더의 의견을 거스르지 못함 • 획일적인 태도	• 규정준수 강조 • 명령과 계획의 잦은 변경 • 리더와 부하 간의 비인간적 풍토	• 조직이 자신의 아이디어를 원치 않음 • 노력과 공헌은 소용 없음 • 리더는 마음대로 함	

③ 썩은 사과의 해결

- 문제 상황에 대하여 먼저 그와 대화를 나눔(리더의 판단이 잘못될 수 있음)
- 문제가 있는 것으로 판명되면 그에게 기대하는 것을 분명히 전하고 스스로 변화될 수 있는 기회를 줌
- 그로 하여금 책임감을 갖고 변화하게 함
- 그가 변하지 않았다면 그를 팀에서 내보냄, 한 사람의 썩은 사과는 팀 전체를 망칠 수 있음

◀핵심예제▶

다음의 멤버십 유형을 적절한 것끼리 연결하시오.

㉠ 소외형	ⓐ 자립적인 사람, 일부러 반대 의견 제시
㉡ 순응형	ⓑ 조직의 운영 방침에 민감, 사건을 균형 잡힌 시각으로 봄
㉢ 실무형	ⓒ 가장 이상적인 멤버십 유형
㉣ 수동형	ⓓ 판단·사고를 리더에 의존, 지시가 있어야 행동
㉤ 주도형	ⓔ 팀플레이를 함, 리더나 조직을 믿고 헌신함

(3) 팀워크의 촉진방법

① 팀의 문제 발생 징후

- 불평불만 증가
- 팀원들 간의 적대감이나 갈등
- 할당된 임무와 관계에 대한 혼동
- 냉담과 전반적 관심 부족
- 제안과 혁신 또는 효율적인 문제해결의 부재
- 비효율적인 회의
- 리더에 대한 높은 의존도

② 건설적 피드백

문제 제기	해당 팀원으로 하여금 업무 수행이나 근무태도의 특정 사안에 시정해야 할 부분이 있음을 알게 하는 것으로, 업무목표 달성과 관련된 경우나 자신이 해야 할 일이 아닌 업무를 하고 있을 때 문제를 제기하는 단계
상황 이해	업무 수행과 근무태도가 부서에 미치는 영향에 관해 기술하고 상호 이해에 도달함으로써 해당 팀원이 무엇이 문제인지를 알게 하는 단계
문제 해결	바람직한 결과를 끌어내기 위해서 해당 팀원이 현재 상황을 개선할 수 있도록 행동을 취하게 하는 단계

③ 갈등의 해결

㉠ 성공적으로 운영되는 팀은 갈등의 해결에 능숙하다. 효과적인 갈등관리로 혼란과 내분을 방지하고 팀의 진전 과정에서의 방해 요소를 미리 없앤다.

㉡ 팀원 사이의 갈등을 발견하면 제3자로서 신속히 개입해 중재해야 한다.

④ 훌륭한 결정이 되기 위해서 고려해야 할 2가지 측면

결정의 질	• 쟁점의 모든 측면을 다루었는가? • 모든 팀원과 협의하였는가? • 추가 정보나 조언을 얻기 위해 팀 외부와 협의할 필요가 있는가?
구성원의 참여	• 모든 팀원이 결정에 동의하는가? • 팀원들은 결정을 실행함에 있어서 각자의 역할을 이해하고 있는가? • 팀원들은 결정을 열성적으로 실행하고자 하는가?

예제풀이

➕ 팀원 사이의 갈등을 발견하면 제3자로서 재빨리 개입해 중재해야 한다. 갈등을 일으키고 있는 구성원과의 비공개적인 미팅을 통해 그들 각자와 의견을 교환하면 갈등의 해결에 도움이 된다.

정답 ②

〈핵심예제〉

팀워크를 촉진시키기 위한 다음의 행동을 읽고 이해한 내용으로 옳지 않은 것은?

- 동료 피드백 장려하기
- 갈등을 해결하기
- 창의력 조성을 위해 협력하기
- 참여적으로 의사결정하기
- 양질의 결정 내리기
- 구성원들의 동참 구하기

① 팀 목표 달성에 대하여 동료의 잘못된 행동을 발견 시 즉각적인 피드백을 제공해야 한다.

② 팀원 사이의 갈등을 발견할 경우 제3자로서 개입하기보다는 둘이 스스로 원만하게 풀기를 기다린다.

③ 아이디어에 대해 아무런 제약을 가하지 않는 환경을 조성할 때 성공적인 팀워크를 달성할 수 있다.

④ 모든 팀원들이 결정에 동의하였는지 확인하고, 결정을 실행함에 있어 각자의 역할을 이해하고 있는지 확인해야 한다.

| 03 | 리더십 능력

(1) 리더십의 의의

① 리더십의 의의

모든 조직구성원이 각자의 위치에서 가질 수 있는 것으로, '조직의 공통된 목적을 달성하기 위하여 개인이 조직원들에게 영향을 미치는 과정'을 의미한다.

② 리더십에 대한 일반적인 정의·개념

- 조직 구성원들로 하여금 조직의 목표를 위해 자발적으로 노력하도록 영향을 주는 행위
- 어떤 주어진 상황 내에서 목표 달성을 위해 개인 또는 집단에 영향력을 행사하는 과정
- 자신의 주장을 소신 있게 나타내고 다른 사람들을 격려하는 힘

리더십의 발휘 구도는 산업 사회에서 정보 사회로 바뀌면서 수직적 구조에서 전방위적 구조의 형태로 바뀌었다. 과거에는 상사가 하급자에게 리더십을 발휘하는 형태만을 리더십으로 보았으나, 오늘날은 리더십이 전방위적으로 발휘된다. 즉, 상사가 하급자에게 발휘하는 형태뿐만 아니라 동료나 상사에게까지도 발휘해야 되는 형태를 띤다.

정답 ②

◀ 핵심예제 ▶

다음 중 리더십에 대한 설명으로 적절하지 않은 것은?

① 모든 조직구성원들에게 요구되는 역량
② 상사가 하급자에게 발휘하는 형태만을 의미함
③ 자신의 주장을 소신 있게 나타내고 다른 사람들을 격려하는 힘
④ 조직 구성원들로 하여금 조직의 목표를 위해 자발적으로 노력하도록 영향을 주는 행위

③ 리더와 관리자

리더	관리자
• 새로운 상황 창조자	• 상황에 수동적
• 혁신지향적	• 유지지향적
• '내일'에 초점을 맞춘다.	• '오늘'에 초점을 맞춘다.
• 사람을 중시	• 체제나 기구를 중시
• 정신적	• 기계적
• 계산된 리스크를 취한다.	• 리스크를 회피한다.
• '무엇을 할까?'를 생각한다.	• '어떻게 할까?'를 생각한다.

④ 리더십의 발휘 구도

산업 사회에서 정보 사회로 이행되면서 상사가 하급자에게 발휘하는 형태가 아니라, 하급자뿐만 아니라 동료나 상사에게까지도 발휘해야 되는 형태로 바뀌었다.

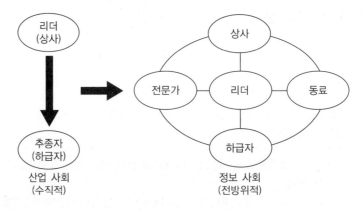

리더와 관리자는 다른 개념이다. ④는 관리자에 대한 설명으로서, 리더는 '어떻게 할까?'에 초점을 맞추기보다는 '무엇을 할까?'에 주안점을 둔다.

정답 ④

◀ 핵심예제 ▶

다음 중 리더에 대한 설명으로 적절하지 않은 것은?

① 혁신지향적
② 새로운 상황 창조자
③ 계산된 리스크를 취함
④ '무엇을 할까?'보다는 '어떻게 할까?'에 초점을 맞춤

(2) 리더십의 유형

① 독재자 유형

ⓐ 정책의사결정과 대부분의 핵심 정보를 자신에게만 국한해 소유

ⓑ 통제가 없이 방만한 상태에 있을 때 혹은 가시적인 성과물이 보이지 않을 때 효과적

ⓒ 특징

> - 질문 금지
>   집단의 규칙 하에 지배자로 군림하고, 동료에게는 그의 권위에 순응하도록 요구하며, 개개인들에게는 주어진 업무만을 수행할 것을 기대
> - 모든 정보는 내 것
>   '지식(정보)이 권력의 힘'이라고 믿으며, 대부분의 구성원들과 조직에 대한 핵심 정보를 독점
> - 실수를 용납하지 않음
>   언제 어디서나 최고의 질적 수준을 요구함. 한 번의 실수는 해고나 다른 형태의 징계로 이어짐

② 민주주의 근접 유형

ⓐ 독재자 유형보다는 관대하다. 그룹에 정보를 전달하려고 노력하고, 전체 그룹 구성원 모두를 목표 방향 설정에 참여시킴으로써 구성원들에게 확신을 심어주려고 노력한다.

ⓑ 혁신적이고 탁월한 부하 직원들을 거느리고, 그러한 방향을 계속적으로 지향할 때 가장 효과적이다.

ⓒ 특징

> - 참여
>   리더는 팀원들이 한 사람도 소외됨이 없이 동등하다는 것을 확신시킴으로써 비즈니스의 모든 방면에 종사하도록 함
> - 토론의 장려
>   리더는 경쟁과 토론의 가치를 인식해야 하며, 팀이 나아갈 새로운 방향의 설정에 팀원들을 참여시켜야 함
> - 거부권
>   '민주주의에 근접한'이라는 말에서 알 수 있듯이, 이 유형의 리더들이 비록 민주주의적이긴 하지만 최종 결정권은 리더에게만 있음

③ 파트너십 유형

ⓐ 리더와 집단 구성원 사이의 구분이 희미하고, 리더가 조직에서 한 구성원이 되기도 한다.

ⓑ 소규모 조직에서 풍부한 경험과 재능을 소유한 개개인들에게 적합하고, 신뢰, 정직, 구성원들의 능력에 대한 믿음이 파트너십의 핵심 요소이다.

© 특징

> - 평등
>   리더는 조직구성원 중 한 명일 뿐으로 다른 구성원들보다 더 비중 있게 대우 받아서는 안 됨
> - 집단의 비전
>   집단의 모든 구성원들은 의사결정 및 팀의 방향을 설정하는 데 참여
> - 책임 공유
>   집단의 모든 구성원들은 집단의 행동의 성과 및 결과에 대해 책임을 공유

④ 변혁적 유형

③ 개개인과 팀이 유지해 온 업무 수행 상태를 뛰어넘으려 한다. 변혁적 리더는 전체 조직이나 팀원들에게 변화를 가져오는 원동력이다.

© 특징

> - 카리스마
>   조직에 명확한 비전 제시, 집단 구성원들에게 그 비전을 쉽게 전달
> - 자기 확신
>   뛰어난 사업 수완과 함께 어떠한 의사결정이 조직에 긍정적으로 영향을 미치는지 예견할 수 있는 능력을 지님
> - 존경심과 충성심
>   개개인에게 시간을 할애해 그들 스스로가 중요한 존재임을 깨닫게 하고, 존경심과 충성심을 부여
> - 풍부한 칭찬
>   구성원이나 팀이 직무를 완벽히 수행했을 때 칭찬을 아끼지 않고 한 가지 일에 대한 성공이 미래의 여러 도전을 극복할 수 있는 자극제가 될 수 있다는 것을 깨닫게 함
> - 감화
>   사범이 되어 구성원들이 도저히 해낼 수 없다고 생각하는 일들을 해낼 수 있도록 자극하고 돕는 일을 수행

예제풀이

정답 ㉠ - ⓒ
　　 ㉡ - ⓓ
　　 ㉢ - ⓑ
　　 ㉣ - ⓐ

《 핵심예제 》

다음에 제시된 리더십 유형 4가지를 가장 효과적으로 활용할 수 있는 상황과 각각 연결하시오.

㉠ 독재자 유형	ⓐ 조직에 있어서 획기적인 변화가 요구될 때
㉡ 민주주의 근접 유형	ⓑ 소규모 조직에서 경험, 재능을 소유한 조직원이 있을 때
㉢ 파트너십 유형	ⓒ 통제 없이 방만한 상태, 가시적인 성과물이 안 보일 때
㉣ 변혁적 유형	ⓓ 혁신적이고 탁월한 부하 직원들을 거느리고 있을 때

(3) 동기부여와 임파워먼트(Empowerment)

① 동기부여

   ⊙ 동기부여의 의의

      '동기부여'는 리더십의 핵심 개념이다. 성과와 목표의 실현은 동기부여의 직접적인 결과이며, 자신에게 동기를 부여해야 좋은 결과를 얻을 수 있다.

   ⊙ 동기부여의 방법

> • 긍정적 강화법 : 목표달성을 높이 평가하여 곧바로 보상하는 행위
> • 새로운 도전의 기회 부여 : 환경 변화에 따라 조직원에게 새로운 업무를 맡을 기회를 제공하여 발전과 창조성을 고무
> • 창의적인 문제 해결법 발견 : 리더는 조직원이 문제를 해결하도록 지도하고 개입하지만, 실질적인 해결책은 조직원 스스로 찾을 수 있도록 분위기를 조성
> • 역할과 행동에 책임감 부여 : 자신의 업무에 책임을 지도록 하는 환경 조성 → 구성원은 안정감을 느끼고 의미 있는 일을 하고 있다는 긍지를 가짐
> • 코칭 : 문제 및 진척 상황을 팀원들과 함께 살피고 지원하며, 지도 및 격려
> • 변화를 두려워하지 않음 : 위험을 감수해야 할 합리적인 이유와 실현 가능한 목표제시를 통해 팀원이 안전지대를 벗어나 높은 목표를 향해 가도록 격려
> • 지속적 교육 : 지속적인 교육과 성장의 기회 제공을 통해 직원이 상사로부터 인정받고 있으며, 권한을 위임받았다고 느낄 수 있도록 동기 부여

◀ 핵심예제 ▶

다음 중 동기부여와 관련된 설명으로 적절하지 않은 것은?

① 목표 달성을 높이 평가하여 조직원에게 곧바로 보상하는 행위를 긍정적 강화라고 한다.

② 조직원들을 동기부여하기 위해서는 조직원 스스로 조직의 일원임을 느끼도록 일깨워주는 것이 가장 좋다.

③ 조직원들을 지속적으로 동기부여하기 위해 가장 좋은 방법은 금전적인 보상이나 편익, 승진 등의 외적인 동기유발제이다.

④ 단기적인 관점에서 보면 공포 분위기로 인해 직원들이 일을 적극적으로 할 수도 있지만, 장기적으로는 공포감 조성이 오히려 해가 될 수 있다.

예제풀이

외적인 동기유발제는 일시적으로 효과를 내고 단기간에 좋은 결과를 가져오며 사기를 끌어올릴 수 있지만, 그 효과는 오래가지 못한다. 조직원들이 지속적으로 자신의 잠재력을 발휘하도록 만들기 위해서는 외적인 동기유발제 이상의 것을 제공해야 한다.

정답 ③

② 임파워먼트(Empowerment)

   ⊙ 임파워먼트의 의의

      직원들에게 일정 권한을 위임하면 자신의 능력을 인정받았다고 인식해 업무 효율성이 높아지므로 훨씬 쉽게 목표를 달성할 수 있다.

ⓛ 임파워먼트 환경의 특징

- 도전적이고 흥미 있는 일
- 학습과 성장의 기회
- 높은 성과와 지속적인 개선을 가져오는 요인들에 대한 통제
- 성과에 대한 지식
- 긍정적인 인간관계
- 개인들이 공헌하며 만족한다는 느낌
- 상부로부터의 지원

예제풀이

③은 임파워먼트의 장애 요인으로 볼 수 있다.

정답 ③

◀핵심예제▶

다음 중 임파워먼트를 조성할 수 있는 조건으로 옳지 않은 것은?

리더십의 핵심 개념 중 하나는 '임파워먼트', 즉 '권한위임'이다. 직원들에게 일정 권한을 위임함으로써 훨씬 수월하게 성공의 목표를 이룰 수 있고, 존경받는 리더로 거듭날 수 있다. 자신의 능력을 인정받아 권한을 위임받았다고 인식하는 순간부터 직원들의 업무 효율성은 높아지게 마련이지만, 안타까운 점은 많은 리더들이 직원들에게 권한을 위임하지 않는다는 것이다. 이처럼 임파워먼트란 '조직구성원들을 신뢰하고, 그들의 잠재력을 믿으며, 그 잠재력의 개발을 통해 높은 수준의 조직이 되도록 하는 일련의 행위'로 정의할 수 있다.

① 긍정적인 인간관계　　　　　② 상부로부터의 지원
③ 제한된 정책과 절차　　　　　④ 도전적이고 흥미 있는 업무

ⓒ 임파워먼트의 장애요인

개인 차원	주어진 일을 해내는 역량의 결여, 동기의 결여, 결의의 부족, 책임감 부족, 의존성
대인 차원	다른 사람과의 성실성 결여, 약속 불이행, 성과를 제한하는 조직의 규범, 갈등 처리 능력 부족, 승패의 태도
관리 차원	통제적 리더십 스타일, 효과적 리더십 발휘 능력 결여, 경험 부족, 정책 및 기획의 실행 능력 결여, 비전의 효과적 전달능력 결여
조직 차원	공감대 형성이 없는 구조와 시스템, 제한된 정책과 절차

(4) 변화관리의 단계

① 1단계 : 변화의 이해

리더는 먼저 변화의 실상을 정확히 파악한 다음, 익숙했던 것들을 버리는 데서 오는 감정과 심리적 상태를 어떻게 다룰 것인가에 대해 심사숙고해야 한다. 변화관리에서 변화를 다루는 방법만큼 중요한 것은 없다.

- 변화가 왜 필요한가?
  변화가 일어나고 있다는 사실은 부인할 수 없다. 변화는 발전을 더욱 가속화한다.
- 무엇이 변화를 일으키는가?
  경쟁에서 살아남도록 외부에서 자극을 주는 것으로부터 변화는 시작된다.
- 변화는 모두 좋은 것인가?
  변화를 단행하기 전에 반드시 변화와 관련되는 사항들을 면밀히 검토해야 한다.

② 2단계 : 변화의 인식

리더는 직원들에게 변화와 관련된 상세한 정보를 제공하여 직원들 자신이 변화를 주도하고 있다는 마음이 들도록 이끌어야 한다.

- 개방적인 분위기를 조성한다.
- 객관적인 자세를 유지한다.
- 구성원들의 감정을 세심하게 살핀다.
- 변화의 긍정적인 면을 강조한다.
- 변화에 적응할 시간을 준다.

③ 3단계 : 변화의 수용

- 부정적인 행동을 보이는 구성원은 개별 면담을 통해 늘 관심 있게 지켜보고 있다는 사실과 언제든지 대화를 나눌 수 있다는 점을 주지시킨다.
- 변화에 스스로 대처하려는 직원들에게도 도움을 주어야 한다. 이런 구성원들에게는 '인간은 자기실현적 예언자'라는 점을 인식시키면 좋다.
- 직원들과 수시로 커뮤니케이션하는 것이 중요하다.

《 핵심예제 》

다음을 읽고 K팀장에게 조언할 수 있는 내용으로 적절하지 않은 것은?

팀장 K는 팀으로 하여금 기존의 틀에 박힌 업무 방식에서 벗어나게 하고, 변화를 통해 효과적인 업무 방식을 도입하고자 한다. 하지만 변화에 대한 팀원들의 걱정이 염려스럽다. 변화가 일어나면 모든 팀원들이 눈치를 채기 마련이며, 이들은 변화에 대한 소문이 돌거나 변화 내용에 대한 설명도 하기 전에 그것을 알아차림으로써 불확실하고 의심스러운 분위기가 조성될 수 있기 때문이다. 이로 인해 직원들은 두려움과 스트레스에 시달리며, 사기는 땅으로 떨어질 수 있다.

① 주관적인 자세를 유지한다.
② 변화에 적응할 시간을 준다.
③ 개방적인 분위기를 조성한다.
④ 직원들의 감정을 세심하게 살핀다.

예제풀이

➕ 변화에 저항하는 직원들을 성공적으로 이끌기 위해서는 주관적인 자세보다는 가능한 객관적인 자세로 업무에 임할 수 있도록 해야 한다. 변화를 수행하는 것이 힘들더라도 변화가 필요한 이유를 직원들이 명확히 알도록 해야 하며, 변화의 유익성을 밝힐 수 있는 객관적인 수치 및 사례를 직원들에게 직접 확인시킬 필요가 있다.

정답 ①

| 04 | 갈등관리능력

(1) 갈등의 의의

① '갈등'의 일반적 의미

조직을 구성하는 개인과 집단, 조직 간에 잠재적 또는 현재 대립하고 마찰하는 사회적·심리적 상태를 말한다.

② 갈등과 조직성과 사이의 관계

아래의 그래프에서 갈등이 X_1 수준일 때 조직의 직무성과가 가장 높아진다. 즉, 갈등수준이 전혀 없거나 낮을 때에는 조직 내부는 의욕이 상실되고 환경 변화에 대한 적응력도 떨어져 조직성과가 낮아지게 된다. 그러나 갈등수준이 적정(X_1)할 때는 조직 내부에 생동감이 넘치고 변화지향적이며 문제해결 능력이 발휘된다. 그 결과 조직성과는 높아지고, 갈등의 순기능이 작용한다.

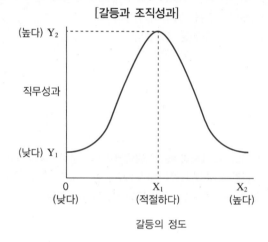

[갈등과 조직성과]

③ 갈등의 증폭원인

적대적 행동	• 팀원은 '승·패의 경기'를 시작한다. • 팀원은 문제를 해결하기보다는 '승리하기'를 원한다.
입장 고수	• 팀원은 공동의 목표를 달성할 필요성을 느끼지 않는다. • 팀원은 각자의 입장만을 고수하고, 의사소통의 폭을 줄이며, 서로 접촉하는 것을 꺼린다.
감정적 관여	팀원은 자신의 입장에 감정적으로 묶인다.

예제풀이

팀원들이 문제를 해결하기보다는 '승리하기'를 원하는 적대적 행동을 한다면 갈등은 증폭된다.

정답 ④

◀ 핵심예제 ▶

다음 중 갈등을 증폭시키는 원인이 아닌 것은?

① 승·패의 경기

② 각자의 입장만을 고수

③ 자신의 입장에 감정적으로 묶임

④ 승리하는 것보다는 문제를 해결하려 함

(2) 갈등의 쟁점과 유형

① 갈등의 두 가지 쟁점

모든 갈등에는 두 가지 쟁점들이 서로 중복되거나 교차한다. 주된 갈등이 어떤 일을 하는 방법에 기인한 것이라고 할지라도, 자존심을 위협하거나 질투를 유발하는 것과 같은 감정적인 문제들이 갈등의 강도를 높일 수 있다.

핵심 문제	감정적 문제
• 역할 모호성 • 방법에 대한 불일치 • 목표에 대한 불일치 • 절차에 대한 불일치 • 책임에 대한 불일치 • 가치에 대한 불일치 • 사실에 대한 불일치	• 공존할 수 없는 개인적 스타일 • 통제나 권력 확보를 위한 싸움 • 자존심에 대한 위협 • 질투 • 분노

핵심적인 문제들은 대부분 갈등의 밑바닥에 깔려 있는 반면에, 감정적인 문제들은 갈등을 복잡하게 만든다. 갈등을 해결하기 위해서는 핵심적인 문제부터 해결해야 한다.

② 갈등의 두 가지 유형

㉠ 불필요한 갈등

> • 개개인이 저마다 문제를 다르게 인식하거나 정보가 부족한 경우, 편견 때문에 발생한 의견 불일치로 적대적 감정이 생길 때 불필요한 갈등이 일어난다.
> • 당신이 중요하게 생각하는 문제가 타인으로 인해 해결되지 못한다는 생각이 들 때, 불필요한 갈등이 생긴다.
> • 관리자의 신중하지 못한 태도로 인해 갈등이 발생했을 때, 불필요한 갈등이 심각한 수준에 이를 수 있다.

㉡ 해결할 수 있는 갈등

두 사람이 정반대되는 욕구나 목표, 가치, 이해에 놓였을 때는 해결 가능한 갈등이 일어난다. 목표와 욕망, 가치, 문제를 바라보는 시각과 이해하는 시각이 다를 경우에 일어날 수 있는 갈등이다. 이러한 갈등은 상대를 먼저 이해하고, 서로가 원하는 것을 만족시켜주면 저절로 해결된다.

◀ 핵심예제 ▶

다음 빈칸에 적절한 말은 무엇인가?

> 갈등에는 두 가지 유형이 있다. 첫 번째 유형은 _____이다. 개개인이 저마다 문제를 다르게 인식하거나 정보가 부족한 경우, 편견 때문에 발생한 의견 불일치로 적대적 감정이 생길 때 불필요한 갈등이 일어난다. 두 번째 유형은 _____이다. 목표와 욕망, 가치, 문제를 바라보는 시각과 이해하는 시각이 다를 경우에 일어날 수 있는 갈등이다.

예제풀이

➕ 갈등의 두 가지 유형은 불필요한 갈등과 해결할 수 있는 갈등으로 구분할 수 있다.

정답 불필요한 갈등, 해결할 수 있는 갈등

(3) 갈등을 해결하기 위한 방법

① 갈등의 과정

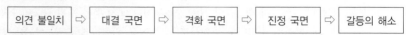

| 의견 불일치 | ⇨ | 대결 국면 | ⇨ | 격화 국면 | ⇨ | 진정 국면 | ⇨ | 갈등의 해소 |

② 갈등 해결 방법

회피형 (Avoiding)	• 자신과 상대방에 대한 관심이 모두 낮은 경우 • 개인의 갈등상황으로부터 철회 또는 회피하는 것 • '나도 지고 너도 지는 방법(I lose-You lose)'
경쟁형 (Competing)	• 지배형이라고도 함 • 자신에 대한 관심은 높고 상대방에 대한 관심은 낮은 경우 • '나는 이기고 너는 지는 방법(Win-Lose)', 제로섬(Zero Sum)
수용형 (Accomodating)	• 자신에 대한 관심은 낮고 상대방에 대한 관심은 높은 경우 • '나는 지고 너는 이기는 방법(I Lose-You Win)' • 상대방이 거친 요구를 해오는 경우에 전형적으로 나타나는 반응
타협형 (Compromising)	• 서로가 받아들일 수 있는 결정을 하기 위하여 타협적으로 주고받는 방식 (Give and Take) • 갈등 당사자들이 반대의 끝에서 시작하여 중간 정도 지점에서 타협하여 해결점을 찾는 것
통합형 (Integrating)	• 협력형(Collaborating)이라고도 함 • 자신은 물론 상대방에 대한 관심이 모두 높은 경우로서 '나도 이기고 너도 이기는 방법(Win-Win)' • 가장 바람직한 갈등 해결 유형
갈등해결 방법을 조직원들과 함께 모색하기	• 다른 사람들의 입장을 이해한다. 사람들이 당황하는 모습을 자세하게 살핀다. • 어려운 문제는 피하지 말고 맞선다. • 자신의 의견을 명확하게 밝히고 지속적으로 강화한다. • 사람들과 눈을 자주 마주친다. • 마음을 열어놓고 적극적으로 경청한다. • 타협하려 애쓴다. • 어느 한쪽으로 치우치지 않는다. • 논쟁하고 싶은 유혹을 떨쳐낸다. • 존중하는 자세로 사람들을 대한다.

예제풀이

갈등해결 방법을 모색하는 데 있어서 어려운 문제에 직면했더라도 피하지 말고 적극적으로 대응하는 것이 중요하다.

정답 ①

《 핵심예제 》

다음 중 갈등해결 방법을 모색할 경우에 적절한 행동이 아닌 것은?

① 어려운 문제는 우선 피한다.
② 다른 사람들의 입장을 이해한다.
③ 존중하는 자세로 사람들을 대한다.
④ 마음을 열어놓고 적극적으로 경청한다.

(4) 윈-윈(Win-Win) 갈등관리법

① 윈-윈 갈등관리법의 의미

문제해결을 위해 서로의 관점과 공동의 책임을 수용하도록 하는 방법으로, 팀원들에게 서로의 역할을 바꾸어서 수행해보도록 하는 것 등을 예시로 들 수 있다(어떤 모델을 적용할지 미리 결정하는 것보다 팀 내에서 대립이 있을 때마다 적절한 모델을 적용하는 것이 중요).

② 윈-윈 전략에 의거한 갈등해결 7단계

㉠ 충실한 사전 준비(1단계)

> - 비판적인 패러다임 전환
> - 자신의 위치와 관심사 확인
> - 상대방의 입장과 드러내지 않은 관심사 연구

㉡ 긍정적인 접근 방식(2단계)

> - 상대방이 필요로 하는 것에 대해 생각해 보았다는 점을 인정
> - 자신의 '윈-윈 의도' 명시
> - 윈-윈 절차, 즉 협동적인 절차에 임할 자세가 되어 있는지 알아보기

㉢ 두 사람의 입장을 명확히 하기(3단계)

> - 동의하는 부분 인정하기
> - 기본적으로 다른 부분 인정하기
> - 자신이 이해한 바를 점검하기

㉣ 윈-윈에 기초한 기준에 동의하기(4단계)

> - 상대방에게 중요한 기준을 명확히 하기
> - 자신에게 어떠한 기준이 중요한지 말하기

㉤ 몇 가지 해결책을 생각해내기(5단계)
㉥ 몇 가지 해결책 평가하기(6단계)
㉦ 최종 해결책을 선택하고, 실행하는 것에 동의하기(7단계)

◀ 핵심예제 ▶

'윈 - 윈(Win - Win) 갈등관리법'에 대한 설명으로 적절하지 않은 것은?

① 문제의 본질적인 해결책을 얻는 방법이다.
② 긍정적인 접근 방식에 의거한 갈등해결 방식이다.
③ 갈등을 피하거나 타협으로 예방하기 위한 방법이다.
④ 갈등 당사자 서로가 원하는 바를 얻을 수 있는 방법이다.

예제풀이

➕ 갈등을 피하거나 타협으로 예방하려고 하는 접근법은 문제를 근본적으로 해결하는 데 한계가 있다. 갈등과 관련된 모든 사람으로부터 의견을 받아서 문제의 본질적인 해결책을 얻고자 하는 방법이 '윈 - 윈 갈등관리법'이다.

정답 ③

| 05 | 협상능력

(1) 협상의 의의

① 다양한 차원에서의 협상의 의미

차원	내용
의사소통 차원	이해당사자들이 자신들의 욕구를 충족시키기 위해 상대방으로부터 최선의 것을 얻어내기 위해 상대방을 설득하는 커뮤니케이션 과정
갈등 해결 차원	개인, 조직 또는 국가가 가지고 있는 갈등의 문제를 해결하기 위해서 갈등 관계에 있는 이해당사자들이 대화를 통해서 상반되는 이익은 조정하고 공통되는 이익을 증진시키는 상호작용 과정
지식과 노력 차원	우리가 얻고자 원하는 것을 어떻게 다른 사람들보다 더 우월한 지위를 점유하면서 얻을 수 있을 것인가 등에 관련된 지식이며 노력의 장
의사결정 차원	둘 이상의 이해당사자들이 여러 대안들 가운데서 이해당사자들 모두가 수용가능한 대안을 찾기 위한 의사결정 과정
교섭 차원	선호가 서로 다른 당사자들이 합의에 도달하기 위해 의사 결정하는 과정

예제풀이

정답 ㉠-ⓑ
　　ㄴ-ⓐ
　　ㄷ-ⓔ
　　ㄹ-ⓒ
　　ㅁ-ⓓ

〈 핵심예제 〉

협상의 의미와 관련한 다음 내용을 읽고 알맞은 것끼리 연결하시오.

㉠ 의사소통 차원　　　　　㉡ 갈등해결 차원
㉢ 지식과 노력 차원　　　　㉣ 의사결정 차원
㉤ 교섭 차원

ⓐ 갈등관계에 있는 이해당사자들이 대화를 통해서 갈등을 해결하고자 하는 상호작용 과정
ⓑ 이해당사자들이 자신들의 욕구를 충족시키기 위해 상대방으로부터 최선의 것을 얻어내기 위해 상대방을 설득하는 커뮤니케이션 과정
ⓒ 둘 이상의 이해당사자들이 여러 대안들 가운데서 이해당사자들 모두가 수용 가능한 대안을 찾기 위한 의사결정 과정
ⓓ 선호가 서로 다른 협상 당사자들이 합의에 도달하기 위해 공동으로 의사결정하는 과정
ⓔ 우리가 얻고자 하는 것을 가진 사람의 호의를 쟁취하기 위한 것에 관한 지식이며 노력의 분야

② 협상의 단계

| 협상 시작 | ⇨ | 상호 이해 | ⇨ | 실질 이해 | ⇨ | 해결 대안 | ⇨ | 합의 문서 |

예제풀이

정답 ㉠ – ⓒ
ㄴ – ⓓ
ㄷ – ⓐ
ㄹ – ⓔ
ㅁ – ⓑ

〈 핵심예제 〉

협상 과정을 협상 시작, 상호 이해, 실질 이해, 해결 대안, 합의 문서의 5단계로 구분할 경우에 각 단계에서 해야 할 일을 연결하시오.

| ㉠ 협상 시작
ㄴ 상호 이해
ㄷ 실질 이해
ㄹ 해결 대안
ㅁ 합의 문서 | ⓐ 겉으로 주장하는 것과 실제로 원하는 것을 구분해 실제로 원하는 것을 찾아냄
ⓑ 합의문을 작성하고 서명함
ⓒ 협상 당사자들 사이에 상호 친근감을 쌓고, 협상 진행을 위한 체제를 짬
ⓓ 갈등 문제의 진행 상황과 현재의 상황을 점검함
ⓔ 협상 안건마다 대안들을 개발함 |

③ 협상과정에서의 주요 실수

종류	대처방안
준비되기도 전에 협상을 시작하는 것	• 상대방이 먼저 협상을 요구하거나 재촉하면 아직 준비가 덜 되었다고 솔직히 말하는 것 • 협상준비가 되지 않았을 때는 듣기만 하기
잘못된 사람과의 협상	• 협상 상대가 협상에 대하여 책임을 질 수 있고 타결권한을 가지고 있는 사람인지 확인하고 협상을 시작 • 상급자는 협상의 올바른 상대가 아님
특정 입장만 고집하는 것 (입장협상)	• 협상에서 한계를 설정하고 그 다음 단계를 대안으로 제시 • 상대방이 특정 입장만 내세우는 협상을 할 경우에는 준비를 도와주고 서로 의견을 교환하면서 상대의 마음을 열게 하기
협상의 통제권을 잃을까 두려워하는 것	• 그 사람과의 협상 자체를 고려해보기 • 자신의 한계를 설정하고 그것을 고수하여 그런 염려를 하지 않게 하기
설정한 목표와 한계에서 벗어나는 것	한계와 목표를 잃지 않도록 그것을 기록하고, 기록된 노트를 협상의 길잡이로 삼기
상대방에 대해서 너무 많은 염려를 하는 것	• 상대방이 원하는 것을 얻을까 너무 염려하지 말기 • 협상 마무리 전 자신과 상대방이 각기 만족할만한 결과를 얻었는지, 결과가 현실적으로 효력이 있었는지, 모두 만족할 만한 상황이 되었는지 확인
협상 타결에 초점을 맞추지 못하는 것	협상의 모든 단계에서 협상의 종결에 초점을 맞추고, 항상 종결을 염두에 두기

(2) 협상 전략의 종류

종류	내용
협력전략 (문제해결전략) (Cooperative Strategy)	• 협상 참여자들이 협동과 통합으로 문제를 해결하고자 하는 협력적 문제해결전략 • 문제를 해결하는 합의에 이르기 위해서 협상 당사자들이 서로 협력하는 것 • "I Win, You Win, We Win" 전략 • 협상전술 : 협동적 원인탐색, 정보수집과 제공, 쟁점의 구체화, 대안 개발, 개발된 대안들에 대한 공동평가, 협동하여 최종안 선택
유화전략 (양보전략) (Smoothing Strategy)	• 상대방이 제시하는 것을 일방적으로 수용하여 협상의 가능성을 높이려는 전략 • 상대방의 욕구와 주장에 자신의 욕구와 주장을 조정하고 순응시켜 굴복 • "I Lose, You Win" 전략 • 협상전술 : 유화, 양보, 순응, 수용, 굴복, 요구사항의 철회 등
회피전략 (무행동전략) (Avoiding Strategy)	• 협상을 피하거나 잠정적으로 중단하거나 철수하는 전략 • 협상의 가치가 낮거나 중단하고자 할 때 혹은 상대방에게 필요한 양보를 얻어내고자 할 때, 또는 협상 이외의 방법으로 대안이 존재할 경우에 사용 • "I Lose, You Lose, We Lose" 전략 • 협상전술 : 협상을 회피, 무시, 상대방의 도전에 대한 무반응, 협상안건을 타인에게 넘겨주기, 협상으로부터 철수 등
강압전략 (경쟁전략) (Forcing Strategy)	• 상대방의 주장을 무시하고 자신의 힘으로 일방적으로 밀어붙여 상대방에게 자신의 입장을 강요하는 전략 • 상대방에 비해 자신의 힘이 강하거나 서로 인간관계가 나쁘고, 신뢰가 전혀 없는 상황에서 자신의 실질적 결과를 극대화하고자 할 때 사용 • "I Win, You Lose" 전략 • 협상전술 : 위압적인 입장 천명, 협박과 위협, 협박적 설득, 확고한 입장에 대한 논쟁, 협박적 회유와 설득, 상대방 입장에 대한 강압적 설명 요청

《 핵심예제 》

협상 전략은 크게 협력 전략, 유화 전략, 회피 전략, 강압 전략으로 구분할 수 있다. 각각의 전략과 특징을 올바르게 연결하시오.

㉠ 협력 전략
㉡ 유화 전략
㉢ 회피 전략
㉣ 강압 전략

ⓐ Win – Lose(I Win, You Lose) 전략
ⓑ Lose – Win(I Lose, You Win) 전략
ⓒ Win – Win(I Win, You Win, We Win) 전략
ⓓ Lose – Lose(I Lose, You Lose, We Lose) 전략

(3) 상대방을 설득하는 방법

① See – Feel – Change 전략

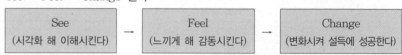

| See
(시각화 해 이해시킨다) | → | Feel
(느끼게 해 감동시킨다) | → | Change
(변화시켜 설득에 성공한다) |

② 상대방 이해 전략

협상 상대방을 설득하기 위해서는 설득에 장애가 되는 요인들을 척결해야 한다. 협상 전략에 있어서 상대방 이해란 협상 과정상의 갈등해결을 위해서 상대방에 대한 이해가 선행되어 있으면 갈등해결이 용이하다는 것이다.

③ 호혜관계 형성 전략

협상 당사자 사이에 어떤 혜택들을 주고받는 관계가 형성되어 있으면 그 협상 과정
상의 갈등해결에 용이하다.

④ 헌신과 일관성 전략

협상 당사자 사이에 기대하는 바에 일관성 있게 헌신적으로 부응해 행동하게 되면
협상 과정상의 갈등해결이 용이하다.

⑤ 사회적 입증 전략

어떤 과학적인 논리보다도 동료나 이웃의 언행에 의해서 상대방 설득을 진행하는
것이 협상 과정상의 갈등해결이 더 쉽다.

《 핵심예제 》

다음 내용이 설명하고 있는 설득 전략으로 적절한 것은?

어떤 과학적인 논리보다도 동료나 사람들의 행동에 의해서 상대방 설득을 진행하
는 것이 협상 과정상에서 갈등해결이 더 쉬울 수 있다. 즉, 사람은 과학적 이론보
다 자신의 동료나 이웃의 말이나 행동에 의해서 쉽게 설득된다는 것이다. 예를 들
어 광고를 내보내서 고객들로 하여금 자신의 제품을 구매하도록 설득하는 것보다,
소위 '입소문'을 통해서 설득하는 것이 매출에 더 효과적임 알 수 있다.

① 사회적 입증 전략   ② 희소성 해결 전략
③ 호혜관계 형성 전략   ④ 헌신과 일관성 전략

예제풀이

➕ 사회적 입증 전략이란 사람
은 과학적 이론보다는 자신
의 동료나 이웃의 말이나 행
동에 의해서 쉽게 설득된다
는 것과 관련된 전략이다.

정답 ①

⑥ 연결 전략

협상 과정상의 갈등상태가 발생했을 때 그 갈등 문제와 갈등관리자를 연결하는 것
이 아니라 그 갈등을 야기한 사람과 관리자를 연결하면 갈등해결이 용이해진다.

⑦ 권위 전략

직위나 전문성, 외모 등을 이용하면 협상 과정상의 갈등해결에 도움이 될 수 있다.
사람들은 자신보다 더 높은 직위, 더 많은 지식을 가지고 있다고 느끼는 사람으로부
터 설득당하기가 쉽다.

⑧ 희소성 해결 전략

인적·물적 자원 등의 희소성을 해결하는 것이 협상 과정상의 갈등해결에 용이하
다. 사람들은 시간적으로 희소하고 사회경제적으로 희소한 것을 소유하고자 하는
강력한 욕구가 있을 때 목숨을 걸 정도로 설득을 잘 당한다.

⑨ 반항심 극복 전략

협상 과정상의 갈등관리를 위해서 자신의 행동을 통제하려는 상대방에게 반항한다
는 것에 관련된 것이다. 반대가 심화될수록 희소성이 강화되고 반항심을 더욱 자극
해 설득에 실패할 확률이 높아진다.

예제풀이

협상 과정에서 갈등이 발생
했을 때 그 갈등을 야기한 사
람과 관리자를 연결하면 갈
등해결이 용이해진다. 여기
서 연결이란 제품(정부 정
책)과 자신을 연결하는 것이
아니라 그 제품을 판매(집
행)하는 사람과 자신을 연결
한다는 것이다.

정답 ②

《핵심예제》

다음 내용이 설명하고 있는 설득 전략으로 적절한 것은?

> 연결이란 예컨대 정부 정책과 자신을 연결하는 것이 아니라 그 정책을 집행하는
> 사람과 자신을 연결한다는 것이다. 따라서 어떤 정책을 집행할 때 그 정책에 이해
> 관계를 가진 집단들에게 우호적인 사람으로 하여금 집행하게 되면 그 정책으로 인
> 해 발생하는 갈등을 용이하게 해결할 수 있다.

① 권위 전략　　　　　　　　② 연결 전략
③ 희소성 해결 전략　　　　　④ 반항심 극복 전략

| 06 | 고객서비스 능력

(1) 고객서비스의 의의와 고객의 불만

① 고객서비스의 의의

　㉠ 고객서비스의 정의

　　다양한 고객의 요구를 파악하고, 대응법을 마련하여 고객에게 양질의 서비스를
　　제공하는 것을 말한다.

　㉡ 고객중심 기업의 일반적 특성

> • 내부 고객, 외부 고객 모두를 중요시한다.
> • 고객만족에 중점을 둔다.
> • 고객이 정보, 제품, 서비스 등에 쉽게 접근할 수 있도록 한다.
> • 기업의 전반적 관리시스템이 고객서비스 업무를 지원한다.
> • 기업이 실행한 서비스에 대해 계속적인 재평가를 실시함으로써 고객에게 양
> 　질의 서비스를 제공하도록 서비스 자체를 끊임없이 변화시키고 업그레이드
> 　한다.

예제풀이

고객중심 기업은 기업이 실
행한 서비스에 대해 계속적
인 재평가를 실시함으로써
고객에게 양질의 서비스를
제공하도록 서비스 자체를
끊임없이 변화시키고 업그
레이드한다.

정답 ②

《핵심예제》

다음 중 고객중심 기업의 특징이 아닌 것은?

① 고객만족에 중점을 둔다.
② 기업이 실행한 서비스에 대한 평가는 한 번만 실시한다.
③ 보다 나은 서비스를 제공할 수 있도록 기업 정책을 수립한다.
④ 고객이 정보, 제품, 서비스 등에 쉽게 접근할 수 있도록 한다.

② 고객의 불만표현 유형

유형	내용
거만형	• 자신의 과시욕을 드러내고 싶어 하는 고객으로, 보통 제품을 폄하하는 사람들이 많다. • 대응법 : 정중하게 대하는 것이 좋고, 자신의 과시욕이 채워지도록 뽐내든 말든 내버려 두는 것이 좋으며, 의외로 단순한 면이 있으므로 일단 그의 호감을 얻게 되면 여러 면으로 득이 되는 경우가 많다.
의심형	• 직원의 설명이나 제품의 품질에 대해 의심을 많이 하는 고객을 말한다. • 대응법 : 분명한 증거나 근거를 제시해 스스로 확신을 갖도록 유도하고, 때로는 책임자로 하여금 응대하는 것도 좋다.
트집형	• 사소한 것으로 트집을 잡는 까다로운 고객을 말한다. • 대응법 : 이야기를 경청하고, 맞장구치고, 추켜세우고, 설득하는 방법이 효과적이다. 잠자코 고객의 의견을 경청하고 사과를 하는 응대가 바람직하다.
빨리빨리형	• 성격이 급하고, 확신 있는 말이 아니면 잘 믿지 않는 고객을 말한다. • 대응법 : 여러 가지 일을 신속하게 처리하는 모습을 보이면 응대하기 쉽다.

《 핵심예제 》

다음은 고객의 불만 표현을 유형별로 구분한 것이다. ㉠ ~ ㉣을 상대하는 데 있어 주의해야 할 사항으로 옳지 않은 것은?

㉠ 거만형	㉡ 의심형
㉢ 트집형	㉣ 빨리빨리형

① ㉠의 경우 상대방의 과시욕이 채워질 수 있도록 무조건 정중하게 대하는 것이 좋다.

② ㉡의 경우 분명한 증거나 근거를 제시해 스스로 확신을 갖도록 유도해야 한다.

③ ㉢의 경우 이야기를 경청하고, 맞장구치고, 추켜세우고, 설득하는 방법이 효과적이다.

④ ㉣의 경우 애매한 화법을 사용해 최대한 시간을 끌어야 한다.

③ 고객의 불평을 긍정적으로 활용하기 위해 알아야 할 사항

• 불만족한 고객 대부분은 불평하지 않는다. 불평하는 고객은 사업자를 도와주려는 생각에서 불평을 하는 경우가 많다. 따라서 고객의 불평을 감사히 여겨야 한다.
• 고객의 불평은 종종 거친 말로 표현된다. 그러나 그것은 꼭 불만의 내용이 공격적이기 때문에 그런 것은 아니다.
• 대부분의 불평고객은 단지 기업이 자신의 불평을 경청하고, 잘못된 내용을 설명하고 제대로 고치겠다고 약속하면서 사과하기를 원한다.
• 미리 들을 준비를 하고 침착하게 긍정적으로 고객을 대하면 대부분의 불평은 빠르게 큰 고통 없이 해결된다.

예제풀이

➕ 빨리빨리형은 성격이 급하고, 확신이 있는 말이 아니면 잘 믿지 않는 고객을 말한다. 빨리빨리형에게 애매한 화법을 사용하면 고객의 기분이 더욱 나빠질 수 있다. 빨리빨리형은 만사를 시원스럽게 처리하는 모습을 통해 응대하는 것이 적절하다.

정답 ④

(2) 고객불만 처리 프로세스와 고객만족 조사
① 고객불만 처리 프로세스

경청	고객의 항의를 경청하고, 선입관을 버리고 문제를 파악한다.
감사와 공감 표시	• 일부러 시간을 내서 해결의 기회를 준 것에 감사를 표시한다. • 고객의 항의에 공감을 표시한다.
사과	문제점에 대해 인정하고 잘못된 부분에 대해 사과한다.
해결 약속	고객이 불만을 느낀 상황에 대해 관심과 공감을 보이며, 문제의 빠른 해결을 약속한다.
정보 파악	• 문제 해결을 위해 꼭 필요한 질문만 하여 정보를 얻는다. • 최선의 해결 방법을 찾기 어려우면 고객에게 어떻게 해주면 만족스러울지를 묻는다.
신속 처리	잘못된 부분을 신속하게 시정한다.
처리 확인과 사과	불만 처리 후 고객에게 처리 결과에 만족하는지를 물어본다.
피드백	고객불만 사례를 회사 및 전 직원에게 알려 다시는 동일한 문제가 발생하지 않도록 한다.

예제풀이

고객불만 처리 프로세스는 '경청 → 감사와 공감 표시 → 사과 → 해결 약속 → 정보 파악 → 신속 처리 → 처리 확인과 사과 → 피드백' 이다.

정답 ㉠ 경청
　　㉡ 사과
　　㉢ 정보 파악
　　㉣ 피드백

《핵심예제》

㉠ ~ ㉣을 채워 다음의 고객불만 처리 프로세스를 완성하시오.

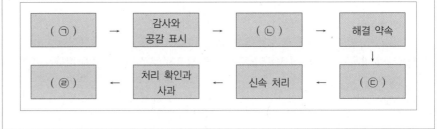

② 고객만족 조사
㉠ 고객만족 조사의 목적

고객의 주요 요구를 파악해 가장 중요한 요구를 도출하고, 자사가 가지고 있는 자원을 토대로 경영 프로세스의 개선에 활용함으로써 경쟁력을 증대시키기 위한 것이다.

㉡ 고객만족 측정 시 범할 수 있는 오류의 유형

> • 고객이 원하는 것을 알고 있다고 생각함
> • 비전문가로부터 도움을 얻음
> • 포괄적인 가치만을 질문함
> • 중요도 척도를 오용함
> • 모든 고객들이 동일한 수준의 서비스를 원하고 필요하다고 가정함

ⓒ 고객만족 조사계획 수립

- 조사 분야 및 대상 설정
- 조사 목적 설정
- 조사 방법 및 횟수
- 조사 결과 활용 계획

〈핵심예제〉

고객만족 조사 계획에 대한 다음 설명이 맞으면 ○를, 틀리면 ×를 표시하시오.

㉠ 조사 분야와 범위는 명확하게 정의해야 한다.   (   )
㉡ 고객만족 조사의 목적은 오직 평가만을 위한 것이다.   (   )
㉢ 고객만족 조사는 대부분 설문조사만 실시한다.   (   )
㉣ 조사 횟수는 연속 조사가 바람직하다.   (   )
㉤ 조사 결과 활용 계획은 굳이 세울 필요 없다.   (   )

예제풀이

정답 ㉠ - ○
     ㉡ - ×
     ㉢ - ×
     ㉣ - ○
     ㉤ - ×

안심Touch

┌연속출제┐

C대리는 2020년 10월, 이직에 성공하였다. C대리는 새로운 회사로 출근한 지 3주가 지났지만 <u>팀원들이 C대리를 무시하고 선을 긋는 느낌을 받아 적응에 힘들어 하고 있다.</u> 이런 상황에서 │C대리가 취할 행동│은?

☑ 팀장에게 면담을 신청해 자신이 느끼는 점을 이야기한다.
② 자신이 팀원들과 어울리지 않는 것이라고 생각한다.
③ 인사팀에 팀을 옮겨 달라고 한다.
④ 이전 회사 팀장님에게 다시 돌아가고 싶다고 말한다.
⑤ 그냥 지금 상태를 유지하기로 마음먹는다.

풀이순서

1) 질문의도
  : 상황
    → 적절한 행동

2) 선택지 분석
  : 이직 → 적응 ×

3) 정답도출
  : 상사에게 면담신청
    → 해결책 모색

📋 **유형 분석**
- 하나의 조직 안에서 구성원 간의 관계, 즉 '팀워크'에 관한 이해를 묻는 문제이다.
- 직장 내 상황 중에서도 주로 갈등 상황이 제시되고 그 속에서 구성원으로서 어떤 결정을 해야 하는지를 묻는다.
- 상식으로도 풀 수 있지만 개인의 가치가 개입될 가능성이 높기 때문에 자의적인 판단을 유의해야 한다.

📋 **풀이 전략**
질문으로 실제 회사에서 있음직한 상황이 제시된다. 자신이 문제 속의 입장이라고 생각하고 가장 모범적인 답이라고 생각되는 것을 찾아야 한다.

┌연속출제┐

갈등을 관리하고 해소하는 방법을 보다 잘 이해하기 위해서는 갈등을 증폭시키는 원인이 무엇인지 알 필요가 있다. 다음 중 조직에서 갈등을 증폭시키는 행위로 볼 수 없는 것은?

① 상대보다 더 높은 인사고과를 얻기 위해 팀원 간에 경쟁한다.

② 팀의 공동목표 달성보다 본인의 승진을 더 중요하게 생각한다.

③ 다른 팀원이 중요한 프로젝트를 맡은 경우, 자신이 알고 있는 노하우를 알려 주지 않는다.

④ 갈등이 발견되면 문제를 즉각적으로 다루려고 한다.

⑤ 팀 내에 대립이 있을 때는 미리 정한 모델로 해결한다.

풀이순서

1) 질문의도
   : 갈등 증폭 행위 ×

2) 정답도출
   : 빠른 처리
     → 갈등해소
        가능성 ↑

📝 **유형 분석**
- 조직 내 갈등을 심화하게 하는 요인에 대한 이해를 묻는 문제이다.
- 여러 사람이 협력해야 하는 직장에서 구성원 간의 갈등은 불가피하고 실제로 흔히 찾아볼 수 있기 때문에 갈등에 관한 문제는 출제 빈도가 높다.
- 크게 어렵지 않지만 자의적인 판단을 하지 않도록 유의해야 한다.

응용문제 : 갈등 발생 시 대처 방법에 대해서는 꼭 알아두도록 한다. 갈등의 개념 · 특징은 상식으로도 알 수 있지만 대처 방법은 정리해둘 필요가 있다.

📝 **풀이 전략**
제시된 문제의 질문이 옳은 것을 묻는지, 옳지 않은 것을 고르라는 것인지를 정확히 표시한 뒤 선택지를 확인하면 된다.

CHAPTER 03 기출유형 3

| 협상 |

┌연속출제─┐

협상과정은 '협상 시작 → 상호 이해 → 실질 이해 → 해결 대안 → 합의 문서' 5단계로 구분할 수 있다. 다음 〈보기〉의 내용을 협상 순서에 따라 올바르게 나열한 것은?

> ㉠ 최선의 대안에 대해 합의하고 이를 선택한다.
> ㉡ 겉으로 주장하는 것과 실제로 원하는 것을 구분하여 실제로 원하는 바를 찾아낸다.
> ㉢ 협상 진행을 위한 체제를 구축한다.
> ㉣ 갈등 문제의 진행 상황 및 현재 상황을 점검한다.
> ㉤ 합의문의 합의 내용, 용어 등을 재점검한다.

① ㉠ → ㉡ → ㉣ → ㉢ → ㉤
② ㉠ → ㉣ → ㉡ → ㉢ → ㉤
✔③ ㉢ → ㉣ → ㉡ → ㉠ → ㉤
④ ㉢ → ㉡ → ㉣ → ㉠ → ㉤
⑤ ㉢ → ㉡ → ㉣ → ㉤ → ㉠

풀이순서

1) 질문의도
   : 협상 순서

2) 지문파악

3) 정답도출

📋 **유형 분석**
- 협상전략에 대한 이해를 묻는 문제이다.
- 지문은 특징을 제시하고 이에 해당하는 협상이 무엇인지 묻는 단순한 형태도 나오지만 상황이 주어지는 경우가 더 많다. 예시 문제는 상황이 개념에 대한 분명한 이해가 없으면 오히려 더 혼동될 수 있기 때문에 유의해야 한다.
  응용문제 : 전략 명칭과 각각의 예가 섞여서 선택지로 제시될 수도 있다.

📋 **풀이 전략**
사례를 읽으면서 키워드를 찾는다. 협상전략마다 특징이 있기 때문에 어떤 예시든 그 안에 특징이 제시된다. 이를 바탕으로 적절한 협상전략을 찾으면 된다.

CHAPTER 03 기출유형 4

┌연속출제┐

※ 고객서비스의 향상을 위해서는 기업에 대한 고객의 불만을 해소하는 것이 매우 중요하다. 다음에서 제시된 상황을 읽고 이어지는 질문에 답하시오.

> 백화점 의류매장에 한 손님이 옷을 사기 위해 들렀다. 그는 매장에 진열된 옷들이 품위가 없다. 너무 싸구려 같다. 촌스럽고 유행에 뒤쳐져 보인다며 불평하면서 매장 직원에게 더 값비싸 보이고 고급스런 옷을 보여달라고 요청하였다.

풀이순서

2) 상황분석
: 거만형 고객

01 백화점 매장을 찾은 손님은 어떤 불만유형 에 해당하는가?

① 의심형   ② 트집형
✔ 거만형   ④ 빨리빨리형

1) 질문의도
: 고객 불만 유형,
응대 시 주의사항

3) 정답도출

02 위의 사례에 해당하는 불만족 고객의 유형을 응대 하기 위해 백화점 매장 직원이
주의해야 할 사항 으로 가장 적절하지 않은 것은?

① 정중하게 대하는 것이 좋다.
② 손님의 과시욕이 채워지도록 뽐내든 말든 내버려 둔다
✔ 만사를 시원스럽게 처리하는 모습을 보이면 응대하기 쉽다. ──▶ 빨리빨리형 고객 응대 방법
④ 의외로 단순한 면이 있으므로 고객의 호감을 얻게 되면 여러 면에서 득이 될 수 있다.

📋 **유형 분석**
- 대인관계능력 중에서도 직업 상황의 특성이 가장 두드러지게 나타나는 문제 유형이다.
- 지문은 주로 상황이 제시되고 꼭 서비스 직종이 아니어도 알 수 있을 만한 수준의 문제이다.

응용문제 : 고객의 유형에 따른 응대 방법의 차이는 정리해서 알아둘 필요가 있다. 태도 차원에서 적절한 것을 찾는 것이 아니라 유형에 따라 적합한 것을 찾아야 하기 때문이다.

📋 **풀이 전략**
문제를 먼저 보고 지문으로 제시된 상황을 확인해도 되고, 상황을 빠르게 확인한 뒤 문제로 접근해도 큰 차이가 없다. 중요한 것은 고객이 어떤 유형에 해당하는지를 드러내는 키워드를 정확히 찾아내는 것이다.

안심Touch

01　다음 중 감정은행계좌에 대한 설명으로 가장 적절하지 않은 것은?

〈감정은행계좌〉

- 감정은행계좌란?

　인간관계에서 구축하는 신뢰의 정도를 은유적으로 표현한 것으로, 만약 우리가 다른 사람에 대해 공손하고 친절하며 정직하고 약속을 지킨다면 우리는 감정을 저축하는 것이 되고, 무례하고 불친절한 행동 등을 한다면 감정을 인출하는 것이 된다.

- 감정은행계좌 주요 예입수단

내용	사례
상대방에 대한 이해심	여섯 살 아이는 벌레를 좋아하였지만, 아이의 행동을 이해하지 못한 부모는 벌레를 잡아 내쫓았다. 결국 아이는 크게 울고 말았다.
사소한 일에 대한 관심	두 아들과 여행을 간 아버지는 막내아들이 추워하자 입고 있던 자신의 코트를 벗어 막내아들에게 입혔다. 여행에서 돌아온 뒤 표정이 좋지 않은 큰아들과 이야기를 나누어보니 동생만 챙긴다고 서운해하고 있었다.
약속의 이행	A군은 B군과 오전에 만나기로 약속하였으나, B군은 오후가 다 되어서야 약속장소에 나왔다. A군은 앞으로 B군과 만나기로 약속할 경우 약속 시간보다 늦게 나가야겠다고 생각하였다.
기대의 명확화	이번에 결혼한 신혼부부는 결혼생활에 대한 막연한 기대감을 품고 있었다. 그러나 결혼 후의 생활이 각자 생각하던 것과 달라 둘 모두 서로에게 실망하였다.
언행일치	야구선수 C는 이번 시즌에서 20개 이상의 홈런과 도루를 성공하겠다고 이야기하였다. 실제 이번 시즌에서 C가 그 이상을 해내자 사람들은 C의 능력을 확실히 믿게 되었다.
진지한 사과	사원 D는 작업 수행 중 실수가 발생하면 자신의 잘못을 인정하고 사과하였다. 처음에는 상사도 이를 이해하고 진행하였으나, 같은 실수와 사과가 반복되자 이제 사원 D를 신뢰하지 않게 되었다.

① 상대방을 제대로 이해하지 못하면 감정이 인출될 수 있다.

② 분명한 기대치를 제시하지 않아 오해가 생기면 감정이 인출될 수 있다.

③ 말과 행동을 일치시키거나 약속을 지키면 신뢰의 감정이 저축된다.

④ 잘못한 것에 대해 사과를 하면 항상 신뢰의 감정이 저축된다.

02 다음 사례에서 기러기가 발휘하고 있는 것을 모두 고르면?

> 기러기는 장거리 비행을 할 때 브이(V) 형태로 바다를 건너 날아간다. 맨 앞에 가는 기러기가 공기저항을 줄여 단독
> 비행을 할 때보다 약 70% 이상 더 많이 이동할 수 있다. 이때, 선두의 기러기는 한 마리가 아니다. 선두의 기러기가
> 지치면 후미의 기러기가 교대하여 무리를 이끌고 간다. 또한 기러기들은 선두의 기러기를 응원하기 위해 이동 중
> 끊임없이 소리를 내기도 한다.

① 리더십
③ 헤드십
② 팔로워십
④ 리더십, 팔로워십

03 다음 중 갈등의 단서로 옳은 것을 모두 고르면?

> ㄱ. 지나치게 감정적으로 논평과 제안을 한다.
> ㄴ. 타인의 의견발표가 끝나기도 전에 타인의 의견에 대해 공격한다.
> ㄷ. 핵심을 이해하지 못한 데 대해 서로 비난한다.
> ㄹ. 편을 가르고, 타협하기를 거부한다.
> ㅁ. 개인적인 수준에서 미묘한 방식으로 서로를 공격한다.

① ㄱ, ㄴ, ㄷ
③ ㄷ, ㄹ ㅁ
② ㄴ, ㄷ, ㄹ
④ ㄱ, ㄴ, ㄷ, ㄹ, ㅁ

04 다음 중 거래적 리더십과 변혁적 리더십의 차이점에 대한 설명으로 옳지 않은 것은?

> 거래적 리더십은 '규칙을 따르는' 의무에 관계되어 있기 때문에 거래적 리더들은 변화를 촉진하기보다 조직의 안정
> 을 유지하는 것을 중시한다. 그리고 거래적 리더십에는 리더의 요구에 부하가 순응하는 결과를 가져오는 교환과정
> 이 포함되지만, 조직원들이 과업목표에 대해 열의와 몰입까지는 발생시키지 않는 것이 일반적이다.
> 변혁적 리더십은 거래적 리더십 내용에 대조적이다. 리더가 조직원들에게 장기적 비전을 제시하고 그 비전을 향해
> 매진하도록 조직원들로 하여금 자신의 정서·가치관·행동 등을 바꾸어 목표달성을 위한 성취의지와 자신감을 고
> 취시킨다.
> 즉 거래적 리더십은 교환에 초점을 맞춰 단기적 목표를 달성하고 이에 따른 보상을 받고, 변혁적 리더십은 장기적으
> 로 성장과 발전을 도모하며 조직원들이 소속감, 몰입감, 응집력, 직무만족 등을 발생시킨다.

① 거래적 리더십의 보상체계는 규정에 맞게 성과 달성 시 인센티브와 보상이 주어진다.
② 변혁적 리더십은 기계적 관료제에 적합하고, 거래적 리더십은 단순구조나 임시조직에 적합하다.
③ 거래적 리더십은 안전을 지향하고 폐쇄적인 성격을 가지고 있다.
④ 변혁적 리더십은 공동목표를 추구하고 리더가 교육적 역할을 담당한다.

05 다음은 Tuckman 팀 발달 모형이다. 〈보기〉에서 격동기에 해당하는 것은?

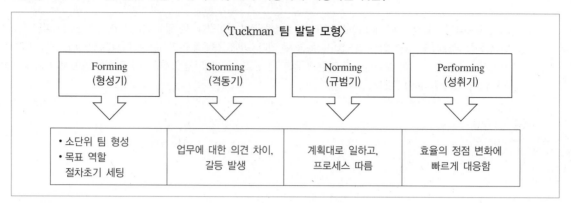

(가) 팀원 간의 마찰이 그룹의 문제로 표면화될 수 있고 아닐 수도 있지만, 그것은 존재하기 마련이다. 어떤 일에 대한 책임을 누가 질 것인지, 규칙은 무엇인지, 보상체계는 어떠한지, 그리고 평가기준은 어떻게 되는지에 대한 질문들이 제기될 것이다. 따라서 리더십, 구조, 권한, 권위에 대한 문제 전반에 걸쳐서 경쟁심과 적대감이 나타난다.

(나) 팀원들은 팀에서 인정받기를 원하며, 다른 팀원들을 신뢰할 수 있는지 확인하고 싶어 한다. 그들은 팀에 대한 기대를 형성하면서 팀원들 사이의 유사성과 논쟁을 피하기 위해 단순하게 유지되며, 심각한 주제들과 생각들에 대한 논의는 회피된다. 팀원들은 서로에게 뿐만 아니라 과제에 몰두하기 위해 노력한다. 논의는 주로 과제의 범위를 정하고, 그것에 접근하는 방법에 집중하여 이루어진다.

(다) 팀원들이 스스로 책임을 지게 되고, 전체의 인정을 받으려는 욕구는 더 이상 중요하게 생각되지 않는다. 팀원들은 대단히 과제지향적이자 인간지향적이며, 조화를 이루고 사기충천하며, 팀으로서의 충성심을 보여준다. 전체적인 목표는 문제해결과 일을 통한 생산성이며, 이는 팀이 이룰 수 있는 최적의 단계로 이끌어진다.

(라) 다른 팀원들과 의견이 엇갈릴 때는 개인적인 사심 또는 고집을 버리고 적극적으로 논의하며, 리더십이 공유되고 파벌이 사라지기 시작한다. 팀원들이 서로를 알게 되고 파악하기 시작하면 신뢰수준이 향상되고, 이는 단결력을 심화시켜 준다. 팀원들은 상호 간의 마찰을 해결함에서 얻는 만족감과 공동체 의식을 경험하기 시작한다.

① (가) ② (나)
③ (다) ④ (라)

06 다음을 읽고 K팀장에게 조언할 수 있는 내용으로 적절하지 않은 것은?

> K팀장은 팀으로 하여금 기존의 틀에 박힌 업무 방식에서 벗어나게 하고, 변화를 통해 효과적인 업무 방식을 도입하고자 한다. 하지만 변화에 대한 팀원들의 걱정이 염려스럽다. 변화가 일어나면 모든 팀원들이 눈치를 채기 마련이며, 이들은 변화에 대한 소문이 돌거나 변화 내용에 대한 설명도 하기도 전에 그것을 알아차림으로써 불확실하고 의심스러운 분위기가 조성될 수 있기 때문이다. 이로 인해 직원들은 두려움과 스트레스에 시달리며, 사기는 땅으로 떨어질 수 있다.

① 주관적인 자세를 유지한다.
② 개방적인 분위기를 조성한다.
③ 변화의 긍정적인 면을 강조한다.
④ 직원들의 감정을 세심하게 살핀다.

07 다음 글을 읽고 이해한 내용으로 가장 적절한 것은?

> 사람들이 일을 하는 이유는 무엇일까. 어제도 했으니 오늘도 한다는 별다른 목적 없이 타성으로 매일 출근할 수도 있다. 그리고 보상을 얻거나 처벌을 피하기 위한 경제적 압박감 때문에 일을 할 수도 있고, 다른 사람들이 어떻게 생각할까 걱정하는 정서적 압박감으로 일을 할 수도 있다. 이와 같은 타성, 경제적 압박감, 정서적 압박감 세 가지 일의 이유는 경직된 조직을 만들 가능성이 높다.
> 그리고 일 그 자체에 집중하기보다 보상·처벌·두려움 등 일의 외부적인 요인에 더 주의를 기울이게 된다. 이로 인해 일의 성과는 떨어지며, 나아가 만약 성과를 만들기 위해 편법을 사용하게 된다면 조직에 치명상을 입힐 수도 있다.
> 반면 일 그 자체를 좋아하는 '즐거움'이 일을 하는 이유가 될 때도 있다. 그리고 자신이 하는 일의 결과가 가치가 있다고 생각하는 '의미감'이나 지금 하는 일이 미래에 자신이 원하는 것을 이룰 수 있다는 '성장감'이 일하는 이유가 되기도 한다.
> 이런 즐거움·의미·성장 세 가지 일의 이유는 변화에 유연하고 민첩하게 반응할 가능성이 높다. 왜냐하면 호기심을 갖고 끊임없이 새로운 시도를 하거나, 변화하는 세상에 가치를 주고자 노력하며 스스로 성장할 수 있는 방법을 찾을 가능성이 높기 때문이다. 또한 스스로 알아서 일하기 때문에 성과를 지속적으로 실현할 가능성도 높아진다. 이처럼 타성, 정서적 압박감, 경제적 압박감보다는 즐거움·의미·성장을 일의 이유로 삼는다면 변화와 위기의 상황에서 유연하고 민첩하게 반응하는 조직을 만들 수 있다. 그리고 높은 성과를 지속적으로 실현할 가능성도 높아진다.

① 팀원들에게 스스로 중요한 존재임을 깨닫게 하여 존경심과 충성심을 불어넣는 것이 중요해.
② 이루고자 하는 성과와 목표의 실현은 동기부여의 직접적인 결과라고 해도 지나치지 않아.
③ 집단의 모든 구성원들로 하여금 의사결정 및 팀의 방향을 설정하는 데 참여하도록 노력해야겠어.
④ 팀원들로 하여금 한 사람도 소외됨이 없이 모두 동등하다는 것을 확신시켜, 모든 방면에 종사하도록 해야 해.

08 다음 팔로워십의 유형에 대한 설명을 보고 〈보기〉에서 알 수 있는 A와 B의 팔로워십 유형은?

ㄱ. 수동형
- 의존적이고 비판적이지 않지만 임무 역시 열심히 참여하지 않는다.
- 책임감이 결여되어 지시하지 않으면 임무를 수행하지 않는다.

ㄴ. 소외형
- 개성이 강한 사람으로 조직에 대해 독립적이고 비판적인 의견을 내며, 임무 수행에서는 소극적이다.
- 리더의 노력을 비판하면서 스스로는 노력하지 않거나 불만스런 침묵으로 일관한다.

ㄷ. 모범형
- 스스로 생각하고 행동하며, 집단과 리더를 도와준다.
- 독립심이 강하고 헌신적이며 건설적인 비판을 한다.

ㄹ. 실무형
- 비판적이지 않으며 리더의 지시에 의문이 생겨도 적극적으로 대립하지 않는다.
- 지시한 일은 잘 수행하지만 그 이상을 하지 않는 등 개인의 이익을 따진다.

ㅁ. 순응형
- 독립적 비판적인 사고는 부족하지만 자신의 임수를 수행한다.
- 리더의 지시나 판단에 지나치게 의존하는 경향이 있다.

보기

- 팀장은 평소 일에 대한 책임감이 적은 A에게 무엇을 시켜야 하는지, 어떻게 말해야 되는지 매일 생각하고 있다. A는 스스로 무엇을 할지 생각하지 않고, 해야 될 것을 알려달라고 하며 맡은 일을 제대로 하지 못해 감독이 필요하다.
- B는 사람들 사이에서 잔머리를 굴릴 줄 안다고 얘기된다. B는 평소 업무를 수행하면서 가지고 있는 불만을 표현하지 않고 모두 수행하지만 더 능력이 있음에도 더 노력하지 않는다.

	A	B			A	B
①	수동형	실무형		②	소외형	순응형
③	모범형	수동형		④	실무형	소외형

09 다음은 갈등해결 방법에 있어서 명심해야 될 점이다. 제시된 9가지 행동 중 옳지 않은 것은 총 몇 가지인가?

〈갈등해결 방법에 있어서 명심해야 될 점〉

- 다른 사람들의 입장을 이해한다.
- 어려운 문제는 피하도록 한다.
- 자신의 의견을 명확하게 밝히고 지속적으로 강화한다.
- 사람들과 눈을 자주 마주치지 않도록 한다.
- 마음을 열어놓고 적극적으로 경청한다.
- 타협하려 애쓴다.
- 어느 한쪽으로 치우치지 않는다.
- 논쟁하고 싶은 유혹을 떨쳐낸다.
- 존중하는 자세로 사람들을 대한다.

---

① 1가지
② 2가지
③ 3가지
④ 4가지

10 다음은 리더십의 유형 중 한 유형의 특징을 나타낸 것이다. 다음 특징에 해당하는 리더십 유형으로 가장 적절한 것은?

- 리더는 조직 구성원들 중 한 명일 뿐이다. 그는 물론 다른 조직 구성원들보다 경험이 더 풍부하겠지만 다른 구성원들보다 더 비중 있게 대우받아서는 안 된다.
- 집단의 모든 구성원들은 의사결정 및 팀의 방향을 설정하는 데 참여한다.
- 집단의 모든 구성원들은 집단의 행동의 성과 및 결과에 대해 책임을 공유한다.

---

① 독재자 유형
② 민주주의에 근접한 유형
③ 파트너십 유형
④ 변혁적 유형

CHAPTER 04
정보능력

합격 Cheat Key

정보능력은 업무를 수행함에 있어 기본적인 컴퓨터를 활용하여 필요한 정보를 수집·분석·활용하는 능력을 의미한다. 또한, 업무와 관련된 정보를 수집하고, 이를 분석하여 의미있는 정보를 얻는 능력이다.

국가직무능력표준에 따르면 정보능력의 세부 유형은 컴퓨터활용능력·정보처리능력으로 나눌 수 있다. 정보능력은 NCS 기반 채용을 진행한 기업 중 52% 정도가 채택했으며, 문항 수는 전체에서 평균 6% 정도 출제되었다.

01 **평소에 컴퓨터활용 스킬을 틈틈이 익히라!**

윈도우(OS)에서 어떠한 설정을 할 수 있는지, 응용프로그램(엑셀 등)에서 어떠한 기능을 활용할 수 있는지를 평소에 직접 사용해 본다면 문제를 보다 수월하게 해결할 수 있다. 여건이 된다면 컴퓨터활용능력에 관련된 자격증 공부를 하는 것도 이론과 실무를 익히는 데 도움이 될 것이다.

02 **문제의 규칙을 찾는 연습을 하라!**

일반적으로 코드 체계나 시스템 논리 체계를 제공하고 이를 분석하여 문제를 해결하는 유형이 출제된다. 이러한 문제는 문제해결능력과 같은 맥락으로 규칙을 파악하여 접근하는 방식의 연습이 필요하다.

03 현재 보고 있는 그 문제에 집중하자!

정보능력의 모든 것을 공부하려고 한다면 양이 너무나 방대하다. 그렇기 때문에 수험서에서 본인이 현재 보고 있는 문제들을 집중적으로 공부하고 기억하려고 해야 한다. 그러나 엑셀의 함수 수식, 연산자 등 암기를 필요로 하는 부분들은 필수적으로 암기를 해서 출제가 되었을 때 오답률을 낮출 수 있도록 한다.

04 사진 · 그림을 기억하자!

컴퓨터의 활용능력을 파악하는 영역이다 보니 컴퓨터의 옵션, 기능, 설정 등의 사진 · 그림이 문제에 같이 나오는 경우들이 있다. 그런 부분들은 직접 컴퓨터를 통해서 하나하나 확인을 하면서 공부한다면 더 기억에 잘 남게 된다. 조금 귀찮더라도 한 번씩 클릭하면서 확인을 해보도록 한다.

모듈이론

정보능력

I 정보능력

| 01 | 정보능력의 의의

(1) 정보의 의의

① 정보능력의 의미

컴퓨터를 활용하여 필요한 정보를 수집·분석·활용하는 능력이다.

② 자료(Data), 정보(Information), 지식(Knowledge)

구분	일반적 정의	사례
자료	객관적 실체를 전달이 가능하게 기호화한 것	스마트폰 활용 횟수
정보	자료를 특정한 목적과 문제 해결에 도움이 되도록 가공한 것	20대의 스마트폰 활용 횟수
지식	정보를 체계화하여 보편성을 갖도록 한 것	스마트폰 디자인에 대한 20대의 취향

일반적으로 '자료⊇지식⊇정보'의 포함관계로 나타낼 수 있다.

예제풀이

ⓒ·ⓜ 음식과 색상에 대한 자료를 가구, 연령으로 특징지음으로써 자료를 특정한 목적으로 가공한 정보이다.

오답분석

㉠ 특정 목적을 달성하기 위한 지식이다.

ⓒ·ⓔ 특정 목적이 없는 자료이다.

정답 ②

핵심예제

다음 중 정보의 사례로 옳은 것을 모두 고르면?

㉠ 남성용 화장품 개발
ⓒ 1인 가구의 인기 음식
ⓒ 라면 종류별 전체 판매량
ⓔ 다큐멘터리와 예능 시청률
ⓜ 5세 미만 아동들의 선호 색상

① ㉠, ⓒ

② ⓒ, ⓜ

③ ⓒ, ⓜ

④ ⓒ, ⓔ

⑤ ⓔ, ⓜ

③ 정보의 핵심특성

㉠ 적시성 : 정보는 원하는 시간에 제공되어야 한다.

㉡ 독점성 : 정보는 공개가 되고 나면 정보가치가 급감하나(경쟁성), 정보획득에 필요한 비용이 줄어드는 효과도 있다(경제성).

구분	공개 정보	반(半)공개 정보	비(非)공개 정보
경쟁성	낮음	→	높음
경제성	높음	→	낮음

(2) 정보화 사회

① 정보화 사회의 의의

정보가 사회의 중심이 되는 사회로 IT기술을 활용해 필요한 정보가 창출되는 사회이다.

② 정보화 사회의 특징

- 정보의 사회적 중요성이 요구되며, 정보 의존성이 강화됨
- 전 세계를 하나의 공간으로 여기는 수평적 네트워크 커뮤니케이션이 가능해짐
- 경제 활동의 중심이 유형화된 재화에서 정보, 서비스, 지식의 생산으로 옮겨감
- 정보의 가치 생산을 중심으로 사회 전체가 움직이게 됨

〈 핵심예제 〉

다음 제시문이 설명하고 있는 사회는?

이 세상에서 필요로 하는 정보가 사회의 중심이 되는 사회로서, 컴퓨터 기술과 정보통신 기술을 활용해 사회 각 분야에서 필요로 하는 가치 있는 정보를 창출하고, 보다 유익하고 윤택한 생활을 영위하는 사회로 발전시켜 나가는 것을 뜻한다.

① 시민 사회   ② 미래 사회

③ 정보화 사회   ④ 산업화 사회

예제풀이

➕ 정보화 사회는 경제 활동의 중심이 상품의 정보나 서비스, 지식의 생산으로 옮겨지는 사회이다. 즉, 지식·정보와 관련된 산업이 부가가치를 높일 수 있는 사회이다.

정답 ③

③ 미래 사회의 특징

- 지식 및 정보 생산 요소에 의한 부가가치 창출
- 세계화의 진전
- 지식의 폭발적 증가

④ 정보화 사회의 필수 행위

정보 검색, 정보 관리, 정보 전파

(3) 컴퓨터의 활용 분야

① 기업 경영 분야

경영정보시스템(MIS), 의사결정지원시스템(DSS)	기업 경영에 필요한 정보를 효과적으로 활용하도록 지원해 경영자가 신속히 의사결정을 할 수 있게 함
전략정보시스템(SIS)	기업의 전략을 실현해 경쟁 우위를 확보하기 위한 목적으로 사용
사무자동화(OA)	문서 작성과 보관의 자동화, 전자 결재 시스템이 도입되어 업무 처리의 효율을 높여 줌
전자상거래(EC)	기업의 입장에서는 물류 비용을 절감할 수 있으며, 소비자는 값싸고 질 좋은 제품을 구매할 수 있게 함

② 행정 분야

행정 데이터베이스	민원 처리, 행정 통계 등의 행정 관련 정보의 데이터베이스 구축
행정 사무자동화	민원 서류의 전산 발급

③ 산업 분야

공업	컴퓨터를 이용한 공정 자동화와 산업용 로봇의 활용
상업	POS 시스템

예제풀이

전략정보시스템(SIS)은 기업의 전략을 실현해 경쟁 우위를 확보하기 위한 목적으로 사용되는 정보시스템으로, 기업의 궁극적 목표인 이익에 직접적인 영향을 끼치는 시장점유율 향상, 매출 신장, 신상품 전략, 경영 전략 등의 전략 계획에 도움을 준다.

정답 ②

핵심예제

다음 중 빈칸에 들어갈 용어로 가장 적절한 것은?

이것은 기업이 경쟁에서 우위를 확보하려고 구축·이용하는 것이다. 기존의 정보 시스템이 기업 내 업무의 합리화·효율화에 역점을 두었던 것에 반해, 기업이 경쟁에서 승리해 살아남기 위한 필수적인 시스템이라는 뜻에서 _____(이)라고 한다. 그 요건으로는 경쟁 우위의 확보, 신규 사업의 창출이나 상권의 확대, 업계 구조의 변혁 등을 들 수 있다. 실례로는 금융 기관의 대규모 온라인시스템, 체인점 등의 판매시점관리(POS)를 들 수 있다.

① 경영정보시스템(MIS)
② 전략정보시스템(SIS)
③ 전사적 자원관리(ERP)
④ 의사결정지원시스템(DSS)

(4) 정보 처리 과정

기획	→	수집	→	관리	→	활용

① 기획

정보 활동의 가장 첫 단계이며, 정보 관리의 가장 중요한 단계이다.

5W	What(무엇을)	정보의 입수대상을 명확히 한다.
	Where(어디에서)	정보의 소스를 파악한다.
	When(언제)	정보의 요구시점을 고려한다.
	Why(왜)	정보의 필요 목적을 염두에 둔다.
	Who(누가)	정보 활동의 주체를 확정한다.
2H	How(어떻게)	정보의 수집 방법을 검토한다.
	How much(얼마나)	정보 수집의 효용성을 중시한다.

② 수집

㉠ 다양한 정보원으로부터 목적에 적합한 정보를 입수하는 것이다.

㉡ 정보 수집의 최종적인 목적은 '예측'을 잘하기 위함이다.

③ 관리

㉠ 수집된 다양한 형태의 정보를 사용하기 쉬운 형태로 바꾸는 것이다.

㉡ 정보관리의 3원칙

목적성	사용 목적을 명확히 설명해야 한다.
용이성	쉽게 작업할 수 있어야 한다.
유용성	즉시 사용할 수 있어야 한다.

④ 활용

최신 정보기술을 통한 정보들을 당면한 문제에 활용하는 것이다.

《 핵심예제 》

다음 중 정보 관리의 3원칙이 아닌 것은?

① 목적성 ② 용이성

③ 유용성 ④ 상대성

예제풀이

정보 관리의 3원칙에는 목적성, 용이성, 유용성이 있다.

정답 ④

| 02 | 컴퓨터 활용능력

(1) 인터넷 서비스의 종류

① 전자우편

> • 인터넷을 이용하여 다른 이용자들과 정보를 주고받는 통신 방법을 말한다.
> • 포털, 회사, 학교 등에서 제공하는 전자우편 시스템에 계정을 만들어 이용가능
>   하다.

② 웹하드

웹서버에 대용량의 저장 기능을 갖추고 사용자가 개인의 하드디스크와 같은 기능을
인터넷을 통해 이용할 수 있게 하는 서비스를 말한다.

③ 메신저

컴퓨터를 통해 실시간으로 메시지와 데이터를 주고받을 수 있는 서비스이며 응답이
즉시 이루어져 가장 보편적으로 사용되는 서비스이다.

④ 클라우드

> • 사용자들이 별도의 데이터 센터를 구축하지 않고도, 인터넷 서버를 활용해 정보
>   를 보관하고 있다가 필요할 때 꺼내 쓰는 기술을 말한다.
> • 모바일 사회에서는 장소와 시간에 관계없이 다양한 단말기를 통해 사용가능하다.

⑤ SNS

온라인 인맥 구축을 목적으로 개설된 커뮤니티형 웹사이트를 말하며 트위터, 페이
스북, 인스타그램과 같은 1인 미디어와 정보 공유 등을 포괄하는 개념이다.

⑥ 전자상거래

협의의 전자상거래	인터넷이라는 전자적인 매체를 통해 재화나 용역을 거래하는 것
광의의 전자상거래	소비자와의 거래 뿐만 아니라 관련된 모든 기관과의 행위를 포함

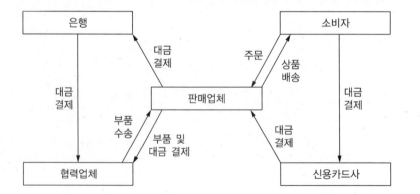

CHECK POINT

클라우드 컴퓨팅
사용자들이 복잡한 정보를
보관하기 위해 별도의 데이
터 센터를 구축하지 않고도,
인터넷을 통해 제공되는 서
버를 활용해 정보를 보관하
고 있다가 필요할 때 꺼내 쓰
는 기술

SNS
온라인 인맥 구축을 목적으
로 개설된 커뮤니티형 웹사
이트

⟨핵심예제⟩

다음 중 전자상거래에 관한 설명으로 옳은 것을 모두 고르면?

> ㉠ 내가 겪은 경험담도 전자상거래 상품이 될 수 있다.
> ㉡ 인터넷 서점, 홈쇼핑, 홈뱅킹 등도 전자상거래 유형이다.
> ㉢ 팩스나 전자우편 등을 이용하면 전자상거래가 될 수 없다.
> ㉣ 개인이 아닌 공공기관이나 정부는 전자상거래를 할 수 없다.

① ㉠, ㉡   ② ㉠, ㉢
③ ㉡, ㉢   ④ ㉡, ㉣

➕ 오답분석
㉢ 팩스나 전자우편 등을 이용해 전자상거래를 할 수 있다.
㉣ 공공기관이나 정부도 전자상거래를 할 수 있다.

정답 ①

PART 1 직업기초능력평가

(2) 검색 엔진의 유형

종류	내용
키워드 검색 방식	• 정보와 관련된 키워드를 직접 입력하여 정보를 찾는 방식 • 방법이 간단하나 키워드를 불명확하게 입력하면 검색이 어려움
주제별 검색 방식	• 주제별, 계층별로 문서들을 정리해 DB를 구축한 후 이용하는 방식 • 원하는 정보를 찾을 때까지 분류된 내용을 차례로 선택해 검색
자연어 검색 방식	문장 형태의 질의어를 형태소 분석을 거쳐 각 질문에 답이 들어 있는 사이트를 연결해 주는 방식
통합형 검색 방식	• 검색엔진 자신만의 DB를 구축하지 않음 • 검색어를 연계된 다른 검색 엔진에 보낸 후 검색 결과를 보여줌

(3) 업무용 소프트웨어

① 워드프로세서

  ㉠ 문서를 작성, 편집, 저장, 인쇄할 수 있는 프로그램을 말하며, 키보드 등으로 입력한 문서의 내용을 화면으로 확인하면서 쉽게 고칠 수 있어 편리하다.

  ㉡ 흔글과 MS-Word가 가장 대표적으로 활용되는 프로그램이다.

  ㉢ 워드프로세서의 주요 기능

종류	내용
입력	키보드나 마우스를 통해 문자, 그림 등을 입력할 수 있는 기능
표시	입력한 내용을 표시 장치를 통해 나타내주는 기능
저장	입력된 내용을 저장하여 필요할 때 사용할 수 있는 기능
편집	문서의 내용이나 형태 등을 변경해 새롭게 문서를 꾸미는 기능
인쇄	작성된 문서를 프린터로 출력하는 기능

② 스프레드시트

　㉠ 수치나 공식을 입력하여 그 값을 계산해내고, 결과를 차트로 표시할 수 있는 프로그램을 말하며, 다양한 함수를 이용해 복잡한 수식도 계산할 수 있다.

　㉡ Excel이 가장 대표적으로 활용되는 프로그램이다.

　㉢ 스프레드시트의 구성단위

　스프레드시트는 셀, 열, 행, 영역의 4가지 요소로 구성된다. 그중에서 셀은 가로행과 세로열이 교차하면서 만들어지는 공간을 말하며, 이는 정보를 저장하는 기본단위이다.

《 핵심예제 》

다음은 스프레드시트로 작성한 워크시트이다. ㉠ ～ ㉣에 대한 설명으로 옳지 않은 것은?

	A	B	C	D	E	F	
1	참고서 구입 현황						← ㉠
2						[단위 : 명]	
3	종류	1학년	2학년	3학년	합계	순위	← ㉡
4	국어	67	98	102	267	3	
5	수학	68	87	128	283	1	
6	영어	24	110	115	249	4	← ㉢
7	사회	56	85	98	239	5	
8	과학	70	86	112	268	2	
9	합계	285	466	555	1306		

㉣ (B9)

① ㉠은 '셀 병합' 기능을 이용해 작성할 수 있다.

② ㉡은 '셀 서식'의 '채우기' 탭에서 색상을 변경할 수 있다.

③ ㉢은 셀 F4를 ＝RANK(F4, E4:E8)로 구한 후에 '자동 채우기' 기능으로 구할 수 있다.

④ ㉣은 '자동 합계' 기능을 사용해 구할 수 있다.

③ 프레젠테이션

　㉠ 컴퓨터 등을 이용하여 그 속에 담겨 있는 각종 정보를 전달하는 행위를 프레젠테이션이라고 하며, 이를 위해 사용되는 프로그램 들을 프레젠테이션 프로그램이라고 한다.

　㉡ 파워포인트가 가장 대표적으로 활용되는 프로그램이다.

(4) 데이터베이스

① 데이터베이스의 의의

여러 개의 서로 연관된 파일을 데이터베이스라 하며, 이 연관성으로 인해 사용자는 여러 개의 파일에 있는 정보를 한 번에 검색할 수 있다.

데이터베이스 관리시스템	데이터와 파일의 관계를 생성, 유지, 검색할 수 있게 하는 소프트웨어
파일 관리시스템	한 번에 한 개의 파일만 생성, 유지, 검색할 수 있는 소프트웨어

CHECK POINT

데이터베이스의 작업 순서
데이터베이스 만들기 → 자료 입력 → 저장 → 자료 검색 → 보고서 인쇄

② 데이터베이스의 필요성

종류	내용
데이터 중복 감소	데이터를 한 곳에서만 갖고 있으므로 유지 비용이 절감된다.
데이터 무결성 증가	데이터가 변경될 경우 한 곳에서 수정하는 것만으로 해당 데이터를 이용하는 모든 프로그램에 반영된다.
검색의 용이	한 번에 여러 파일에서 데이터를 찾을 수 있다.
데이터 안정성 증가	사용자에 따라 보안등급의 차등을 둘 수 있다.

③ 데이터베이스의 기능

종류	내용
입력 기능	형식화된 폼을 사용해 내용을 편리하게 입력할 수 있다.
검색 기능	필터나 쿼리 기능을 이용해 데이터를 빠르게 검색하고 추출할 수 있다.
일괄 관리 기능	테이블을 사용해 데이터를 관리하기 쉽고, 많은 데이터를 종류별로 분류해 일괄적으로 관리할 수 있다.
보고서 기능	데이터를 이용해 청구서나 명세서 등의 문서를 쉽게 만들 수 있다.

〈 **핵심예제** 〉

다음 중 데이터베이스의 필요성에 관한 옳은 설명을 고르면?

ㄱ 데이터의 양이 많아 검색이 어려워진다.
ㄴ 데이터의 중복을 줄이고 안정성을 높인다.
ㄷ 프로그램의 개발이 쉽고 개발기간도 단축한다.
ㄹ 데이터가 한 곳에만 기록되어 있어 결함 없는 데이터를 유지하기 어려워진다.

① ㄱ, ㄴ
② ㄱ, ㄷ
③ ㄴ, ㄷ
④ ㄴ, ㄹ

예제풀이

오답분석

ㄱ 한 번에 여러 파일에서 데이터를 찾아내는 기능은 원하는 검색이나 보고서 작성 등을 쉽게 할 수 있게 해준다.
ㄹ 데이터가 중복되지 않고 한 곳에만 기록되어 있으므로 데이터의 무결성, 즉 결함 없는 데이터를 유지하는 것이 훨씬 쉬워진다.

정답 ③

| 03 | 정보처리능력

(1) 정보의 수집

① 1차 자료와 2차 자료

1차 자료	원래의 연구 성과가 기록된 자료
2차 자료	1차 자료를 효과적으로 찾아보기 위한 자료 혹은 1차 자료에 포함되어 있는 정보를 압축, 정리한 자료

② 인포메이션과 인텔리전스

인포메이션	하나하나의 개별적인 정보
인텔리전스	인포메이션 중에 몇 가지를 선별해 그것을 연결시켜 판단하기 쉽게 도와주는 하나의 정보 덩어리

③ 정보 수집을 잘하기 위한 방법

ㄱ 신뢰관계 수립 : 중요한 정보는 신뢰관계가 좋은 사람에게만 전해지므로 중요한 정보를 수집하려면 먼저 신뢰관계를 이루어야 한다.

ㄴ 선수필승(先手必勝) : 변화가 심한 시대에는 질이나 내용보다 빠른 정보 획득이 중요하다.

ㄷ 구조화 : 얻은 정보를 의식적으로 구조화하여 머릿속에 가상의 서랍을 만들어두자.

ㄹ 도구의 활용 : 기억력에는 한계가 있으므로 박스, 스크랩 등을 활용하여 정리하자.

CHECK POINT

정보분석의 이해(훌륭한 분석) ➕
좋은 데이터(자료)가 있어도 훌륭한 분석이 되는 것은 아니다. 훌륭한 분석이랑 하나의 메커니즘을 그려낼 수 있고, 동향, 미래를 예측할 수 있는 것이어야 한다.

(2) 정보 분석

① 정보 분석의 정의

여러 정보를 상호관련지어 새로운 정보를 생성해내는 활동을 말한다.

② 정보 분석의 절차

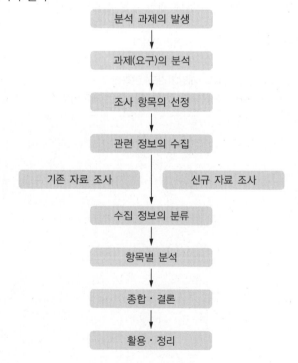

분석 과제의 발생

↓

과제(요구)의 분석

↓

조사 항목의 선정

↓

관련 정보의 수집

기존 자료 조사 　　　　신규 자료 조사

↓

수집 정보의 분류

↓

항목별 분석

↓

종합 · 결론

↓

활용 · 정리

③ 정보의 서열화와 구조화

　　㉠ 1차 정보가 포함하는 내용을 몇 개의 카테고리로 분석해 각각의 상관관계를 확
　　　 정하고,

　　㉡ 1차 정보가 포함하는 주요 개념을 대표하는 용어(키워드)를 추출하여,

　　㉢ 이를 간결하게 서열화·구조화해야 한다.

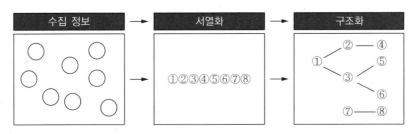

《핵심예제》

다음 중 정보 분석에 대한 설명으로 옳지 않은 것은?

① 좋은 자료는 항상 훌륭한 분석이 될 수 있다.

② 반드시 고도의 수학적 기법을 요구하는 것만은 아니다.

③ 한 개의 정보로써 불분명한 사항을 다른 정보로써 명백히 할 수 있다.

④ 서로 상반되거나 큰 차이가 있는 정보의 내용을 판단해서 새로운 해석을 할 수
　 있다.

예제풀이

➕ 좋은 자료가 있다고 해서 항
상 훌륭한 분석이 되는 것은
아니다. 좋은 자료가 있어도
그것을 평범한 것으로 바꾸
는 것만으로는 훌륭한 분석
이라고 할 수 없다. 훌륭한
분석이란 하나의 메커니즘
을 그려낼 수 있고, 동향과
미래를 예측할 수 있는 것이
어야 한다.

정답 ①

(3) 효율적인 정보 관리 방법

① 목록을 이용한 정보 관리

　　정보에서 중요 항목을 찾아 기술한 후 정리해 목록을 만드는 것이며, 디지털 파일로
　　저장해두면 특정 용어를 입력하는 것만으로 결과물을 쉽게 찾을 수 있다.

② 색인을 이용한 정보 관리

　　㉠ 목록과 색인의 차이

목록	하나의 정보원에 하나의 목록이 대응된다.
색인	하나의 정보원에 여러 색인을 부여할 수 있다.

　　㉡ 색인의 구성요소

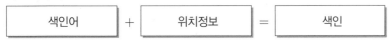

③ 분류를 이용한 정보 관리

　　㉠ 유사한 정보를 하나로 모아 분류하여 정리하는 것은 신속한 정보 검색을 가능하
　　　 게 한다.

© 분류 기준 예시

기준	내용	예
시간적 기준	정보의 발생 시간별로 분류	2021년 봄, 7월 등
주제적 기준	정보의 내용에 따라 분류	역사, 스포츠 등
기능적 / 용도별 기준	정보의 용도나 기능에 따라 분류	참고자료용, 강의용, 보고서 작성용 등
유형적 기준	정보의 유형에 따라 분류	도서, 비디오, CD, 한글파일, 파워포인트 파일 등

예제풀이

목록은 한 정보원에 하나만 만드는 것이지만, 색인은 여러 개를 추출해 한 정보원에 여러 개의 색인어를 부여할 수 있다.

정답 ②

《핵심예제》

다음 중 효율적인 정보 관리 방법에 대한 설명으로 옳지 않은 것은?

① 디지털 파일에 색인을 저장하면 추가·삭제·변경이 쉽다.

② 색인은 1개를 추출해 한 정보원에 1개의 색인어를 부여할 수 있다.

③ 정보 목록은 정보에서 중요 항목을 찾아 기술한 후 정리하면서 만들어진다.

④ 정보를 유사한 것끼리 모아 체계화해 정리하면 나중에 정보를 한번에 찾기가 가능하다.

(4) 인터넷의 역기능과 네티켓

① 인터넷의 역기능

• 불건전 정보의 유통	• 언어 훼손
• 개인 정보 유출	• 인터넷 중독
• 사이버 성폭력	• 불건전한 교제
• 사이버 언어폭력	• 저작권 침해

② 네티켓

네트워크(Network) + 에티켓(Etiquette) = 네티켓(Netiquettee)

상황	내용
전자우편 사용 시	• 메시지는 가능한 짧게 요점만 작성한다. • 메일을 보내기 전에 주소가 올바른지 확인한다. • 제목은 메시지 내용을 함축해 간략하게 쓴다. • 가능한 메시지 끝에 Signature(성명, 직위 등)를 포함시킨다.
온라인 대화 시	• 도중에 들어가면 지금까지 진행된 대화의 내용과 분위기를 익힌다. • 광고, 홍보 등을 목적으로 악용하지 않는다.
게시판 사용 시	• 글의 내용은 간결하게 요점만 작성한다. • 제목에는 내용을 파악할 수 있는 함축된 단어를 사용한다. • 글을 쓰기 전에 이미 같은 내용의 글이 있는지 확인한다.
공개자료실 이용 시	• 자료는 가급적 압축된 형식으로 등록한다. • 프로그램을 등록할 경우에는 바이러스 감염 여부를 점검한다. • 음란물, 상업용 S/W를 올리지 않는다.
인터넷 게임	• 온라인 게임은 온라인 상의 오락으로 끝나야 한다. • 게임 중에 일방적으로 퇴장하지 않는다.

(5) 개인정보 보호

① 개인정보의 의미

생존하는 개인에 관한 정보로서, 정보에 포함된 성명 등에 의해 개인을 식별할 수 있는 정보를 의미하며, 단일 정보뿐만 아니라 다른 정보와 결합해 식별할 수 있는 것도 이에 해당한다.

② 개인정보의 유출 방지

> - 회원 가입 시 이용 약관 확인
> - 이용 목적에 부합하는 정보를 요구하는지 확인
> - 정기적인 비밀번호 교체
> - 정체가 불분명한 사이트 접속 자제
> - 가입 해지 시 정보 파기 여부 확인
> - 생년월일, 전화번호 등 유추 가능한 비밀번호 사용 자제

〈 핵심예제 〉

다음 중 개인정보의 유출을 방지할 수 있는 방법이 아닌 것은?

① 정체 불명의 사이트는 멀리한다.

② 비밀번호는 주기적으로 교체한다.

③ 회원 가입 시 이용약관을 읽는다.

④ 비밀번호는 기억하기 쉬운 전화번호를 사용한다.

예제풀이

생년월일이나 전화번호 등 남들이 쉽게 유추할 수 있는 비밀번호는 사용하지 말아야 한다.

정답 ④

안심Touch

┌연속출제┐

2020년에 출시될 음료 제품의 블라인드 테스트를 진행한 설문 응답표를 엑셀 표로 정리하였다. 결과표를 만들고 싶을 때 필요한 엑셀의 함수는?

풀이순서

1) 질문의도
  : 응답표 → 결과표
   = 엑셀함수

설문지

문항 1. 음료를 개봉했을 때, 냄새가 바로 느껴지는가?
    1. 매우 그렇다.   2. 그렇다.   3. 보통이다.   4. 아니다.   5. 매우 아니다.

문항 2. 음료를 마신 후, 이전에 먹어본 비슷한 음료가 생각나는가?
    1. 매우 그렇다.   2. 그렇다.   3. 보통이다.   4. 아니다.   5. 매우 아니다.
                        ⋮

2) 자료비교
  : 조건＋개수세기

	A	B	C	D	E	F	G
1				〈설문 응답표〉			
2		설문자 A	설문자 B	설문자 C	설문자 D	설문자 E	…
3	문항 1	1	2	3	4	5	…
4	문항 2	5	4	3	2	1	…
5	문항 3	1	1	1	1	1	…
6	문항 4	2	2	2	3	3	…
7	문항 5	4	4	5	1	2	…
8	…	…	…	…	…	…	…

설문자 명단별
↓
응답번호별

	A	B	C	D	E	F	G
1				〈결과표〉			
2		매우 그렇다(1)	그렇다(2)	보통(3)	아니다(4)	매우 아니다(5)	…
3	문항 1	1	1	1	1	1	…
4	문항 2	1	1	1	1	1	…
5	문항 3	5	0	0	0	0	…
6	문항 4	0	3	2	0	0	…
7	문항 5	1	1	0	2	1	…
8	…	…	…	…	…	…	…

3) 정답도출
  : COUNTIF는 지정한
   범위 내에서 조건에
   맞는 셀의 개수를 구
   하는 함수

☑ COUNTIF   ② COUNT
③ COUNTA   ④ DSUM
⑤ SUMIF

📋 **유형 분석**   • 문제의 주어진 상황에서 사용할 적절한 엑셀함수가 무엇인지 묻는 문제이다.
                • 주로 업무 수행 중에 많이 활용되는 대표적인 엑셀함수가 출제된다.
                응용문제 : 엑셀시트를 제시하여 각 셀에 들어갈 함수식을 고르는 문제가 출제된다.

📋 **풀이 전략**   제시된 상황에서 사용할 엑셀함수가 무엇인지 파악한 후 선택지에서 적절한 함수식을 고른다. 사전에 대표적인 엑
                셀함수를 익혀두면 풀이시간을 줄일 수 있다.

┌연속출제┐

다음 프로그램의 실행 결과로 옳은 것은?

종류	연산자	설명
비트	~	비트를 반전시킨다.
	&	대응되는 비트가 모두 1일 때 1이다. (and)
	|	대응되는 비트가 모두 0일 때 0이다. (or)
	^	두 개의 비트가 다를 때 1이다.
논리	!	논리식의 진위를 반대로 만든다. (not)
	||	논리식 중 하나만 참이면 참이다.
관계	==	좌변과 우변이 같다.
	!=	좌변과 우변이 다르다
	>	좌변이 우변보다 크다.
	<	좌변이 우변보다 작다.
산술	%	두 연산자를 나눈 후 몫은 버리고 나머지 값만 취한다.

```c
#include <stdio.h>
void main( ) {
    int a = 9 % 6;
    int b = 20 % 7;
    if ( !(a == b) ) {
        printf("%d", a + b);
    } else {
        printf("%d", a * b);
    }
}
```

① 3

② 6

③ 9

④ 18

⑤ -6

풀이순서

1) 질문의도
  : C언어

2) 자료비교
  : 관련 조건 찾기
  → 연산자 %
  → 연산자 !
  → 연산자 ==

3) 정답도출
  : % 연산자 → 나머지
  를 구해주는 연산자
  • 9 % 6의 결과는 3
  • 20 % 7의 결과는 6
  a의 값과 b의 값을
  비교하면 같지 않기
  때문에 결과는 거짓
  이지만 결괏값에 !
  (역)를 취했기 때문
  에 if문은 참을 만족
  하게 되어 9가 실행
  결과

📝 **유형 분석**   • 문제에 주어진 정보를 통해 최종적으로 도출값이 무엇인지 묻는 문제이다.
  • 주로 C언어 연산자를 적용하여 나오는 값을 구하는 문제가 출제된다.
  응용문제 : 정보를 제공하지 않고, 기본적인 C언어 지식을 통해 도출되는 C언어를 고르는 문제가 출제된다.

📝 **풀이 전략**   제시된 상황에 있는 C언어 연산자가 무엇이 있는지 파악한 후, 연산자를 적용하여 값을 구한다. C언어에 대한 기본
  적인 지식을 익혀 두면 도움이 된다.

안심Touch

01 다음 시트에서 'O' 한 개당 20점으로 시험 점수를 계산하여 점수 필드에 입력하려고 할 때, [H2] 셀에 입력할 함수식으로 옳은 것은?

	A	B	C	D	E	F	G	H
1	수험번호	성명	문항 1	문항 2	문항 3	문항 4	문항 5	점수
2	20190001	구대영	O	O	×	O	O	
3	20190002	오해영	×	O	O	O	×	
4	20190003	김은희	O	O	O	O	O	

① =COUNT(C2:G2, "O")*20

② =COUNTIF(C2:G2, "O")*20

③ =SUM(C2:G2, "O")*20

④ =SUMIF(C2:G2, "O")*20

02 사원코드 두 번째 자리의 숫자에 따라 팀이 구분된다. 1은 홍보팀, 2는 기획팀, 3은 교육팀이라고 할 때, 팀명을 출력하기 위한 함수로 옳은 것은?

	A	B	C	D	E
1			〈직원 명단〉		
2	이름	사원코드	직급	팀명	입사연도
3	강민희	J1203	부장		1980
4	김범민	J1526	과장		1982
5	조현진	J3566	과장		1983
6	최진석	J1523	부장		1978
7	한기욱	J3214	대리		1998
8	정소희	J1632	부장		1979
9	김은정	J2152	대리		1999
10	박미옥	J1125	대리		1997

① CHOOSE, MID

② CHOOSE, RIGHT

③ COUNTIF, MID

④ IF, MATCH

03 다음 [C2:C3] 셀과 같이 함수식을 작성한 셀에 결과가 아닌 함수식 자체가 출력되도록 하는 방법으로 옳은 것은?

	A	B	C
1	국어	한국사	총점
2	93	94	=SUM(A2:B2)
3	92	88	=SUM(A3:B3)

① [수식] 탭 – [수식 분석] 그룹 – [수식 표시] 클릭
② [보기] 탭 – [표시 / 숨기기] 그룹 – [수식 입력줄] 클릭
③ [셀 서식] – [표시 형식] 탭 – [수식] 선택
④ [셀 서식] – [표시 형식] 탭 – [계산식] 선택

04 다음은 K사의 신입공채 지원자들에 대한 평가점수를 정리한 자료이다. [B9] 셀에 보기와 같은 함수를 실행하였을 때, 결괏값으로 옳지 않은 것은?

	A	B	C	D	E
1	이름	협동점수	태도점수	발표점수	필기점수
2	부경필	75	80	92	83
3	김효남	86	93	74	95
4	박현정	64	78	94	80
5	백자영	79	86	72	97
6	이병현	95	82	79	86
7	노경미	91	86	80	79
8					
9	점수				

[B9] 셀에 입력된 함수   결괏값

① =AVERAGE(LARGE(B2:E2,3),SMALL(B5:E5,2)) → 79.5

② =SUM(MAX(B3:E3),MIN(B7:E7)) → 174

③ =AVERAGE(MAX(B7:E7),COUNTA(B6:E6)) → 50

④ =SUM(MAXA(B4:E4),COUNT(B3:E3)) → 98

05 A대리는 고객의 지출성향을 파악하기 위하여 다음과 같은 내역을 조사하여 파일을 작성하였다. 외식비로 지출된 금액의 총액을 구하고자 할 때, [G5] 셀에 들어갈 함수식으로 올바른 것은?

	A	B	C	D	E	F	G
1							
2		날짜	항목	지출금액			
3		01월 02일	외식비	35,000			
4		01월 05일	교육비	150,000			
5		01월 10일	월세	500,000		외식비 합계	
6		01월 14일	외식비	40,000			
7		01월 19일	기부	1,000,000			
8		01월 21일	교통비	8,000			
9		01월 25일	외식비	20,000			
10		01월 30일	외식비	15,000			
11		01월 31일	교통비	2,000			
12		02월 05일	외식비	22,000			
13		02월 07일	교통비	6,000			
14		02월 09일	교육비	120,000			
15		02월 10일	월세	500,000			
16		02월 13일	외식비	38,000			
17		02월 15일	외식비	32,000			
18		02월 16일	교통비	4,000			
19		02월 20일	외식비	42,000			
20		02월 21일	교통비	6,000			
21		02월 23일	외식비	18,000			
22		02월 24일	교통비	8,000			
23							
24							

① =SUMIF(C4:C23, "외식비", D4:D23)

② =SUMIF(C3:C22, "외식비", D3:D22)

③ =SUMIF(C3:C22, "C3", D3:D22)

④ =SUMIF("외식비", C3:C22, D3:D22)

06 [A2:B8] 영역을 선택한 후 오른쪽 그림과 같이 중복된 항목을 제거하였다. 다음 중 유지되는 행의 개수는?

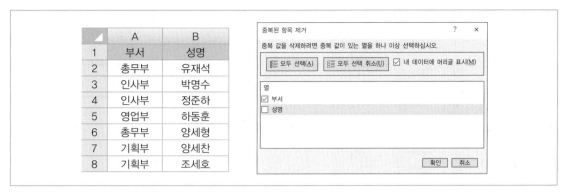

① 1개   ② 2개

③ 3개   ④ 4개

07 A공단에 근무하는 B사원은 제품 판매 결과보고서를 작성할 때, 자주 사용하는 여러 개의 명령어를 묶어 하나의 키 입력 동작으로 만들어서 빠르게 완성하였다. 그리고 판매 결과를 여러 유통 업자에게 알리기 위해 같은 내용의 안내문을 미리 수집해 두었던 주소록을 활용하여 쉽게 작성하였다. 〈보기〉에서 B사원이 사용한 워드 프로세서의 기능을 모두 고르면?

> **보기**
> ㄱ. 매크로   ㄴ. 글맵시
> ㄷ. 메일 머지   ㄹ. 하이퍼링크

① ㄱ, ㄴ   ② ㄱ, ㄷ

③ ㄴ, ㄷ   ④ ㄴ, ㄹ

※ K대리는 각 지점별 매출 및 매입 현황을 정리하고 있다. 이어지는 질문에 답하시오. **[8~10]**

	A	B	C	D	E	F
1	지점명	매출	매입			
2	주안점	2,500,000	1,700,000			
3	동암점	3,500,000	2,500,000		최대 매출액	
4	간석점	7,500,000	5,700,000		최소 매출액	
5	구로점	3,000,000	1,900,000			
6	강남점	4,700,000	3,100,000			
7	압구정점	3,000,000	1,500,000			
8	선학점	2,500,000	1,200,000			
9	선릉점	2,700,000	2,100,000			
10	교대점	5,000,000	3,900,000			
11	서초점	3,000,000	1,900,000			
12	합계					

08 다음 중 매출과 매입의 합계를 구할 때 사용하는 함수는?

① REPT
② CHOOSE
③ SUM
④ AVERAGE

09 다음 중 [F3] 셀을 구하는 함수식으로 옳은 것은?

① =MIN(B2:B11)
② =MAX(B2:C11)
③ =MIN(C2:C11)
④ =MAX(B2:B11)

10 다음 중 제시된 파이썬 프로그램의 실행 결과로 옳은 것은?

```
>>> print(50/5)
```

① 50.0
② 5.0
③ 1.0
④ 10.0

CHAPTER 05
수리능력

합격 Cheat Key

수리능력은 사칙연산·통계·확률의 의미를 정확하게 이해하고 이를 업무에 적용하는 능력으로, 기초연산과 기초통계, 도표분석 및 작성의 문제 유형으로 출제된다. 수리능력 역시 채택하지 않는 공사·공단이 거의 없을 만큼 필기시험에서 중요도가 높은 영역이다.

수리능력은 NCS 기반 채용을 진행한 거의 모든 기업에서 다루었으며, 문항 수는 전체의 평균 16% 정도로 많이 출제되었다. 특히, 난이도가 높은 공사·공단의 시험에서는 도표분석, 즉 자료해석 유형의 문제가 많이 출제되고 있고, 응용수리 역시 꾸준히 출제하는 공사·공단이 많기 때문에 기초연산과 기초통계에 대한 공식의 암기와 자료해석능력을 기를 수 있는 꾸준한 연습이 필요하다.

01 응용수리능력의 공식은 반드시 암기하라!

응용수리능력은 지문이 짧지만, 풀이 과정은 긴 문제도 자주 볼 수 있다. 그렇기 때문에 응용수리능력의 공식을 반드시 암기하여 문제의 상황에 맞는 공식을 적절하게 적용하여 답을 도출해야 한다. 따라서 문제에서 묻는 것을 정확하게 파악하여 그에 맞는 공식을 적절하게 적용하는 꾸준한 노력과 공식을 암기하는 연습이 필요하다.

02 통계에서의 사건이 동시에 발생하는지 개별적으로 발생하는지 구분하라!

통계에서는 사건이 개별적으로 발생했을 때, 경우의 수는 합의 법칙, 확률은 덧셈정리를 활용하여 계산하며, 사건이 동시에 발생했을 때, 경우의 수는 곱의 법칙, 확률은 곱셈정리를 활용하여 계산한다. 특히, 기초통계능력에서 출제되는 문제 중 순열과 조합의 계산 방법이 필요한 문제도 다수이므로 순열(순서대로 나열)과 조합(순서에 상관없이 나열)의 차이점을 숙지하는 것 또한 중요하다. 통계 문제에서의 사건 발생 여부만 잘 판단하여도 계산과 공식을 적용하기가 수월하므로 문제의 의도를 잘 파악하는 것이 중요하다.

03 자료의 해석은 자료에서 즉시 확인할 수 있는 지문부터 확인하라!

대부분의 공사·공단 취업준비생들이 어려워 하는 영역이 수리영역 중 도표분석, 즉 자료해석능력이다. 자료는 표 또는 그래프로 제시되고, 쉬운 지문은 증가 혹은 감소 추이, 간단한 사칙연산으로 풀이가 가능한 문제 등이 있고, 자료의 조사기간 동안 전년 대비 증가율 혹은 감소율이 가장 높은 기간을 찾는 문제들도 있다. 따라서 일단 증가·감소 추이와 같이 눈으로 확인이 가능한 지문을 먼저 확인한 후 복잡한 계산이 필요한 지문을 확인하는 방법으로 문제를 풀이한다면, 시간을 조금이라도 아낄 수 있다. 특히, 그래프와 같은 경우에는 그래프에 대한 특징을 알고 있다면, 그래프의 길이 혹은 높낮이 등으로 대강의 수치를 빠르게 확인이 가능하므로 이에 대한 숙지도 필요하다. 또한, 여러 가지 보기가 주어진 문제 역시 지문을 잘 확인하고 문제를 풀이한다면 불필요한 계산을 생략할 수 있으므로 항상 지문부터 확인하는 습관을 들이기를 바란다.

04 도표작성능력에서 지문에 작성된 도표의 제목을 반드시 확인하라!

도표작성은 하나의 자료 혹은 보고서와 같은 수치가 표현된 자료를 도표로 작성하는 형식으로 출제되는데, 대체로 표보다는 그래프를 작성하는 형태로 많이 출제된다. 지문을 살펴보면 각 지문에서 주어진 도표에도 소제목이 있는 경우가 대부분이다. 이때, 자료의 수치와 도표의 제목이 일치하지 않는 경우 함정이 존재하는 문제의 비중이 높으므로 도표의 제목을 반드시 확인하는 것이 중요하다. 도표작성의 경우 대부분 비율 계산이 많이 출제되는데, 도표의 제목과는 다른 수치로 작성된 도표가 존재하는 경우가 있다. 그렇기 때문에 지문에서 작성된 도표의 소제목을 먼저 확인하는 연습을 하여 간단하지 않은 비율 계산을 두 번 하는 일이 없도록 해야 한다.

모듈이론

Ⅰ 수리능력

| 01 | 수리능력의 의의

(1) 수리능력이란?

직업생활에서 요구되는 사칙연산과 기초적인 통계를 이해하고, 도표의 의미를 파악하거나 도표를 이용해서 결과를 효과적으로 제시하는 능력을 의미한다.

(2) 수리능력의 분류

분류	내용
기초연산능력	기초적인 사칙연산과 계산방법을 이해하고 활용하는 능력
기초통계능력	평균, 합계와 같은 기초적인 통계기법을 활용하여 자료의 특성과 경향성을 파악하는 능력
도표분석능력	도표의 의미를 파악하고, 필요한 정보를 해석하는 능력
도표작성능력	자료를 이용하여 도표를 효과적으로 제시하는 능력

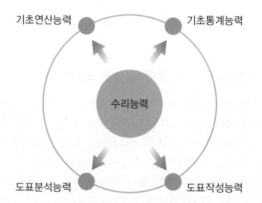

| 02 | 수리능력의 중요성

(1) 수학적 사고를 통한 문제해결

수학 원리를 활용하면 업무 중 문제 해결이 더욱 쉽고 편해진다.

(2) 직업세계 변화에 적응

수리능력은 논리적이고 단계적 학습을 통해서만 향상된다. 수십 년에 걸친 직업세계의 변화에 적응하기 위해 수리능력을 길러야 한다.

(3) 실용적 가치의 구현

수리능력의 향상을 통해 일상생활과 업무수행에 필요한 수학적 지식을 습득하며, 생활 수준의 발전에 따라 실용성도 늘어난다.

CHECK POINT

수리능력 학습평가 유형
사전평가, 학습성취도 평가, 사후평가

| 03 | 도표의 분석 및 작성

(1) 도표의 의의

내용을 선, 그림, 원 등으로 시각화하여 표현하는 것이며, 한눈에 내용을 파악할 수 있다는 데에 그 특징이 있다.

(2) 도표 작성의 목적

① 타인에 대한 보고·설명 : 회의에서의 설명, 상급자에게 보고
② 현재의 상황분석 : 상품별 매출액의 경향
③ 관리목적 : 진도표

(3) 도표 작성 시 주의사항

- 보기 쉽게 깨끗이 그린다.
- 하나의 도표에 여러 가지 내용을 넣지 않는다.
- 특별히 순서가 정해 있지 않는 것은 큰 것부터, 왼쪽에서 오른쪽으로, 또는 위에서 아래로 그린다.
- 눈금의 간격을 부적절하게 설정할 경우 수치가 왜곡될 수 있으므로 주의한다.
- 수치를 생략할 경우에는 잘못 이해하는 경우가 생기니 주의한다.
- 컴퓨터에 의한 전산 그래프를 최대한 이용한다.

CHECK POINT

도표 해석상의 유의사항
- 요구되는 지식의 수준
- 도표에 제시된 자료의 의미에 대한 정확한 숙지
- 도표로부터 알 수 있는 것과 없는 것의 구별
- 총량의 증가와 비율증가의 구분
- 백분위수와 사분위수의 이해

| 04 | 일상생활에서 필요한 단위의 환산

종류	단위 환산
길이	$1cm=10mm,\ 1m=100cm,\ 1km=1,000m$
넓이	$1cm^2=100mm^2,\ 1m^2=10,000cm^2,\ 1km^2=1,000,000m^2$
부피	$1cm^3=1,000mm^3,\ 1m^3=1,000,000cm^3,\ 1km^3=1,000,000,000m^3$
들이	$1mL=1cm^3,\ 1dL=100cm^3=100mL,\ 1L=1,000cm^3=10dL$
무게	$1kg=1,000g,\ 1t=1,000kg=1,000,000g$
시간	1분=60초, 1시간=60분=3,600초
할푼리	1푼=0.1할, 1리=0.01할, 1모=0.001할

예제풀이

1에서 200까지의 숫자 중 소수인 수는 약수가 2개이고, 소수의 제곱은 약수가 3개이므로 2, 3, 5, 7, 11, 13의 제곱인 4, 9, 25, 49, 121, 169로 총 6개이다.

정답 ②

〈 핵심예제 〉

1부터 200까지의 숫자 중 약수가 3개인 수는 몇 개인가?

① 5개   ② 6개

③ 7개   ④ 8개

Ⅱ   기초연산능력

| 01 | 사칙연산과 검산

(1) 사칙연산의 의의

수에 관한 덧셈, 뺄셈, 곱셈, 나눗셈의 네 종류의 계산법으로 사칙계산이라고도 한다. 특히 업무를 원활하게 수행하기 위해서는 기본적인 사칙연산뿐만 아니라 복잡한 사칙연산까지도 수행할 수 있어야 한다.

(2) 기초연산능력이 요구되는 상황

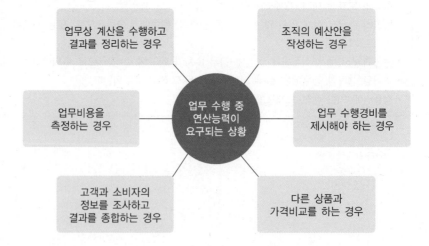

예제풀이

➕ $\therefore 14-(3\times4)=14-12=2$

정답 ①

《핵심예제》

다음 식을 계산하면?

$$14-(3\times4)$$

① 2   ② 5
③ 7   ④ 44

(3) 검산

① 검산의 의의
연산의 결과를 확인하는 과정을 의미하며, 업무를 수행하는 데 있어서 연산의 결과를 확인하는 검산과정을 거치는 것은 필수적이다.

② 검산방법의 종류

역연산법	본래의 풀이와 반대로 연산을 해가면서 본래의 답이 맞는지를 확인해나가는 방법이다.
구거법	원래의 수와 각자리 수의 합이 9로 나눈 나머지와 같다는 원리를 이용하는 것으로서, 각각의 수를 9로 나눈 나머지가 같은지를 확인하는 방법이다.

③ 구거법의 예
$3,456+341=3,797$에서 좌변의 $3+4+5+6$의 9로 나눈 나머지는 0, $3+4+1$의 9로 나눈 나머지는 8이고, 우변의 $3+7+9+7$을 9로 나눈 나머지는 8인데, 구거법에 의하면 좌변의 나머지의 합(8)과 우변의 나머지(8)가 같으므로 이 계산은 옳은 것이 된다.

예제풀이

➕ 15^2-6^2
$=(15+6)(15-6)$
$=21\times9$
$=189$

정답 ③

《핵심예제》

15^2-6^2의 값은 얼마인가?

① 165   ② 170
③ 189   ④ 215

| 02 | 응용수리

(1) 방정식·부등식의 활용

① 거리·속력·시간

$$(거리)=(속력)\times(시간), \quad (속력)=\frac{(거리)}{(시간)}, \quad (시간)=\frac{(거리)}{(속력)}$$

② 일

전체 작업량을 1로 놓고, 단위 시간 동안 한 일의 양을 기준으로 식을 세움

예제풀이

영미와 민수가 하루에 할 수 있는 일의 양은 각각 $\frac{1}{4}$, $\frac{1}{6}$ 이다. 민수가 x일 동안 일한 다고 하면,

$$\frac{1}{4}\times2+\frac{1}{6}\times x=1$$

$$\rightarrow \frac{x}{6}=\frac{1}{2}$$

$$\therefore x=3$$

정답 ②

> **핵심예제**
>
> 영미가 혼자 하면 4일, 민수가 혼자 하면 6일 걸리는 일이 있다. 영미가 먼저 2일 동안 일하고, 남은 양을 민수가 끝내려고 한다. 민수는 며칠 동안 일을 해야 하는가?
>
> ① 2일 　　　　　　　　 ② 3일
> ③ 4일 　　　　　　　　 ④ 5일

③ 농도

ⓐ $[소금물의\ 농도(\%)]=\dfrac{(소금의\ 양)}{(소금물의\ 양)}\times100$

ⓑ $(소금의\ 양)=\dfrac{[소금물의\ 농도(\%)]}{100}\times(소금물의\ 양)$

예제풀이

$x\%$의 소금물이 된다고 하면

$$\frac{10}{100}\times100+\frac{25}{100}\times200$$

$$=\frac{x}{100}\times(100+200)$$

$$\therefore x=20$$

정답 ②

> **핵심예제**
>
> 10%의 소금물 100g과 25%의 소금물 200g을 섞으면, 몇 %의 소금물이 되겠는가?
>
> ① 15% 　　　　　　　　 ② 20%
> ③ 25% 　　　　　　　　 ④ 30%

④ 나이

문제에서 제시된 조건의 나이가 현재인지 과거인지를 확인한 후 구해야 하는 한 명의 나이를 변수로 잡고 식을 세움

⑤ 비율

$$x가\ a\%\ 증가 : x\times\left(1+\frac{a}{100}\right), \quad x가\ a\%\ 감소 : x\times\left(1-\frac{a}{100}\right)$$

⑥ 금액

    ㉠ (정가)=(원가)+(이익)

       ※ (이익)=(원가)×(이율)

    ㉡ a원에서 $b\%$ 할인한 가격$=a\times\left(1-\dfrac{b}{100}\right)$

    ㉢ 단리법·복리법(원금 : a, 이율 : r, 기간 : n, 원리합계 : S)

단리법	복리법
• 정의 : 원금에 대해서만 약정된 이자율과 기간을 곱해 이자를 계산 • $S=a\times(1+r\times n)$	• 정의 : 원금에 대한 이자를 가산한 후 이 합계액을 새로운 원금으로 계산 • $S=a\times(1+r)^{n}$

⑦ 날짜·요일

    ㉠ 1일=24시간=1,440(=24×60)분=86,400(=1,440×60)초

    ㉡ 월별 일수 : 1, 3, 5, 7, 8, 10, 12월은 31일, 4, 6, 9, 11월은 30일, 2월은 28일 또는 29일

    ㉢ 윤년(2월 29일)은 4년에 1회

◀ 핵심예제 ▶

2월 5일이 수요일이라고 할 때, 8월 15일은 무슨 요일인가?(단, 2월은 29일까지이다)

① 토요일   ② 일요일

③ 월요일   ④ 화요일

⑧ 시계

    ㉠ 시침이 1시간 동안 이동하는 각도 : $\dfrac{360°}{12}=30°$

    ㉡ 시침이 1분 동안 이동하는 각도 : $\dfrac{30°}{60}=0.5°$

    ㉢ 분침이 1분 동안 이동하는 각도 : $\dfrac{360°}{60}=6°$

◀ 핵심예제 ▶

12시 이후 처음으로 시침과 분침의 각도가 55°가 되는 시각은 12시 몇 분인가?

① 10분   ② 11분

③ 12분   ④ 13분

예제풀이

2월 5일에서 8월 15일까지는 총 24+31+30+31+30+31+15=192일이다. 이를 7로 나누면 192÷7=27 … 3이므로 8월 15일은 토요일이다.

정답 ①

예제풀이

시침은 1시간에 30°, 1분에 0.5°씩 움직인다. 분침은 1분에 6°씩 움직이므로 시침과 분침은 1분에 5.5°씩 차이가 난다. 12시에 분침과 시침 사이의 각은 0°이고, 55°가 되려면 5.5°씩 10번 벌어지면 된다.

정답 ①

안심Touch

⑨ 수

　㉠ 연속한 두 자연수 : x, $x+1$

　㉡ 연속한 세 자연수 : $x-1$, x, $x+1$

　㉢ 연속한 두 짝수(홀수) : x, $x+2$

　㉣ 연속한 세 짝수(홀수) : $x-2$, x, $x+2$

　㉤ 십의 자릿수가 x, 일의 자릿수가 y인 두 자리 자연수 : $10x+y$

　㉥ 백의 자릿수가 x, 십의 자릿수가 y, 일의 자릿수가 z인 세 자리 자연수
　　　: $100x+10y+z$

(2) 경우의 수와 확률

① 경우의 수

　㉠ 어떤 사건이 일어날 수 있는 모든 가짓수

　㉡ 합의 법칙 : 두 사건 A와 B가 동시에 일어나지 않을 때, 사건 A가 일어나는 경우의 수를 m, 사건 B가 일어나는 경우의 수를 n이라 하면, 사건 A 또는 B가 일어나는 경우의 수는 $(m+n)$이다.

　㉢ 곱의 법칙 : 사건 A가 일어나는 경우의 수를 m, 사건 B가 일어나는 경우의 수를 n이라 하면, 사건 A와 B가 동시에 일어나는 경우의 수는 $(m \times n)$이다.

예제풀이

• A에서 짝수의 눈이 나오는 경우의 수
　: 2, 4, 6 → 3가지
• B에서 3 또는 5의 눈이 나오는 경우의 수
　: 3, 5 → 2가지
A, B 주사위는 동시에 던지므로 곱의 법칙에 의해 3×2 =6가지이다.

정답 ④

《 핵심예제 》

A, B주사위 2개를 동시에 던졌을 때, A에서는 짝수의 눈이 나오고, B에서는 3 또는 5의 눈이 나오는 경우의 수는?

① 2가지　　　　　　　　　② 3가지

③ 5가지　　　　　　　　　④ 6가지

② 순열・조합

순열	조합
㉠ 서로 다른 n개에서 r개를 순서대로 나열하는 경우의 수	㉠ 서로 다른 n개에서 r개를 순서에 상관없이 나열하는 경우의 수
㉡ $_n\mathrm{P}_r = \dfrac{n!}{(n-r)!}$	㉡ $_n\mathrm{C}_r = \dfrac{n!}{(n-r)! \times r!}$
㉢ $_n\mathrm{P}_n = n!$, $0! = 1$, $_n\mathrm{P}_0 = 1$	㉢ $_n\mathrm{C}_r = {_n\mathrm{C}_{n-r}}$, $_n\mathrm{C}_0 = {_n\mathrm{C}_n} = 1$

예제풀이
홀수 항은 -4, 짝수 항은 -7
인 수열이다.
따라서 ( )$=27-4=23$
이다.

정답 ②

《 핵심예제 》

일정한 규칙으로 수를 나열할 때, 빈칸에 들어갈 수로 옳은 것은?

| 31 | 71 | 27 | 64 | ( ) | 57 | 19 | 50 |

① 9   ② 23
③ 41   ④ 63

---

③ 확률

　㉠ (사건 A가 일어날 확률)$=\dfrac{(\text{사건 A가 일어나는 경우의 수})}{(\text{모든 경우의 수})}$

　㉡ 여사건의 확률 : 사건 A가 일어날 확률이 p일 때, 사건 A가 일어나지 않을 확률
　　은 $(1-p)$이다.

　㉢ 확률의 덧셈정리 : 두 사건 A, B가 동시에 일어나지 않을 때 A가 일어날 확률을
　　p, B가 일어날 확률을 q라고 하면, 사건 A 또는 B가 일어날 확률은 $(p+q)$이다.

　㉣ 확률의 곱셈정리 : A가 일어날 확률을 p, B가 일어날 확률을 q라고 하면, 사건
　　A와 B가 동시에 일어날 확률은 $(p \times q)$이다.

예제풀이

• 두 개의 주사위를 던지는
　경우의 수 : $6 \times 6 = 36$가지
• 나온 눈의 곱이 홀수인 경
　우(홀수×홀수)의 수
　: $3 \times 3 = 9$가지
∴ 주사위의 눈의 곱이 홀수
　일 확률 : $\dfrac{9}{36} = \dfrac{1}{4}$

정답 ①

《 핵심예제 》

서로 다른 2개의 주사위 A, B를 동시에 던졌을 때, 나온 눈의 곱이 홀수일 확률은?

① $\dfrac{1}{4}$ ② $\dfrac{1}{5}$

③ $\dfrac{1}{6}$ ④ $\dfrac{1}{8}$

Ⅲ 기초통계능력

| 01 | 통계의 의의

(1) 통계란?

집단현상에 대한 구체적인 양적 기술을 반영하는 숫자를 의미하며, 특히 사회집단 또는 자연집단의 상황을 숫자로 나타낸 것을 말한다.

(2) 통계의 의의

사회적, 자연적인 현상이나 추상적인 수치를 포함한 모든 집단적 현상을 숫자로 나타낸 것을 말한다.

(3) 통계의 본질

① 구체적인 일정집단에 대한 숫자자료가 통계이며, 단일개체에 대한 숫자자료일 때에는 통계라고 하지 않는다.
② 통계의 요소인 단위나 표지를 어떻게 규정하는지에 따라 통계자료가 다르게 나타나게 되므로 이들에 대한 구체적 개념이나 정의를 어떻게 정하는가가 중요하다.
③ 통계의 필요성이나 작성능력의 측면에서 볼 때 대부분 정부나 지방자치단체 등에 의한 관청통계로 작성되고 있다.

(4) 통계의 기능

- 많은 수량적 자료를 처리가능하고 쉽게 이해할 수 있는 형태로 축소시킴
- 표본을 통해 연구대상 집단의 특성을 유추할 수 있게 함
- 의사결정의 보조수단으로 이용됨
- 관찰가능한 자료를 통해 논리적으로 결론을 추출·검증할 수 있게 함

(5) 통계의 속성

① 단위와 표지
집단을 구성하는 각 개체를 단위라 하며, 이 단위가 가지고 있는 공통의 성질을 표지라고 한다.

② 표지의 분류

속성통계	질적인 표지	남녀, 산업, 직업 등
변수통계	양적인 표지	연령, 소득금액 등

(6) 기본적인 통계치

종류	내용
빈도	어떤 사건이 일어나거나 증상이 나타나는 정도
빈도분포	빈도를 표나 그래프로 종합적이면서도 일목요연하게 표시하는 것
평균	모든 사례의 수치를 합한 후 총 사례 수로 나눈 값
백분율	백분비라고도 하며, 전체의 수량을 100으로 하여, 해당되는 수량이 그중 몇이 되는가를 가리키는 수를 %로 나타낸 것
범위	분포의 흩어진 정도를 가장 간단히 알아보는 방법으로써 최곳값에서 최젓값을 뺀 값을 의미
분산	각 관찰값과 평균값과의 차이의 제곱의 평균을 의미하며, 구체적으로는 각 관찰값과 평균값 차이의 제곱을 모두 합한 값을 개체의 수로 나눈 값
표준편차	분산의 제곱근 값을 의미하며, 개념적으로는 평균으로부터 얼마나 떨어져 있는가를 나타내는 개념으로서 분산과 개념적으로 동일함

통계기법 활용
직업인들은 업무를 수행함에 있어서 다양한 통계기법을 활용하게 되며 특히 자료를 요약함에 있어서 가장 빈번히 활용하는 것은 평균과 표준편차 등이 있다.

| 02 | 통계자료의 해석

(1) 다섯숫자 요약

종류	내용
최솟값(m)	원자료 중 값의 크기가 가장 작은 값
최댓값(M)	원자료 중 값의 크기가 가장 큰 값
중앙값(Q_2)	최솟값부터 최댓값까지 크기에 의하여 배열하였을 때 중앙에 위치하는 값
하위 25%값(Q_1) 상위 25%값(Q_3)	원자료를 크기 순서로 배열하여 4등분한 값을 의미하며 백분위 수의 관점에서 25백분위수, 제75백분위수로 표기

(2) 평균값과 중앙값

① 원자료에 대한 대푯값으로써 평균값과 중앙값은 엄연히 다른 개념이지만 모두 중요한 역할을 하게 되므로 통계값을 제시할 때에는 어느 수치를 이용했는지를 명확하게 제시해야 한다.

② 평균값이 중앙값보다 높다는 의미는 자료 중에 매우 큰 값이 일부 있음을 의미하며, 이와 같은 경우는 평균값과 중앙값 모두를 제시해줄 필요가 있다.

Ⅳ 도표분석능력

| 01 | 도표의 종류와 활용

CHECK POINT

도표의 종류를 분석하는 이유
도표는 관리나 문제해결의 과정에서 다양하게 활용되며, 활용되는 국면에 따라 활용되는 도표의 종류를 달리할 필요가 있다. 직업인으로서 업무수행을 원활하게 하기 위해서는 다양한 도표의 종류를 암기할 필요는 없지만, 각각의 도표를 활용하여야 하는 경우에 대해서는 숙지하고 있을 필요가 있다.

(1) 도표의 종류

도표는 크게 목적별·용도별·형상별로 구분할 수 있는데, 실제로는 목적, 용도와 형상을 여러 가지로 조합하여 하나의 도표로 작성하게 된다.

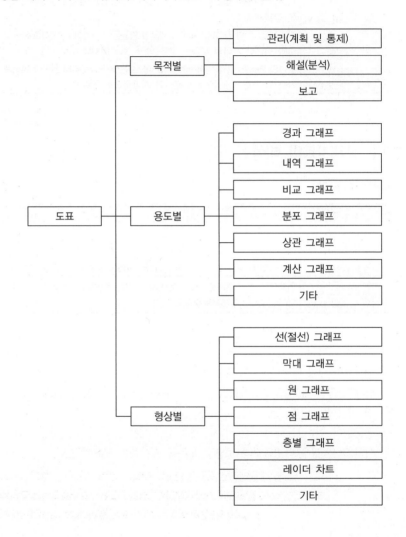

(2) 도표의 활용

종류	내용
선 그래프	• 시간적 추이(시계열 변화)를 표시하고자 할 때 적합 예 연도별 매출액 추이 변화
막대 그래프	• 수량 간의 대소관계를 비교하고자 할 때 적합 예 영업소별 매출액
원 그래프	• 내용의 구성비를 분할하여 나타내고자 할 때 적합 예 제품별 매출액 구성비
점 그래프	• 지역분포를 비롯한 기업 등의 평가나 위치, 성격을 표시하고자 할 때 적합 예 광고비율과 이익률의 관계
층별 그래프	• 합계와 각 부분의 크기를 백분율로 나타내고 시간적 변화를 보고자 할 때 적합 예 상품별 매출액 추이
방사형 그래프	• 다양한 요소를 비교하고자 할 때 적합 예 매출액의 계절변동

| 02 | 도표의 형태별 특징

(1) 선 그래프

시간의 경과에 따라 수량에 의한 변화의 상황을 선의 기울기로 나타내는 그래프로, 시간적 변화에 따른 수량의 변화를 표현하기에 적합하다.

〈중학교 장학금, 학비감면 수혜현황〉

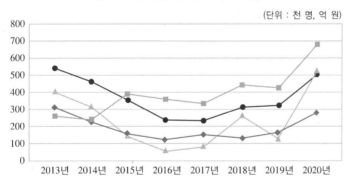

안심Touch

(2) 막대 그래프

비교하고자 하는 수량을 막대 길이로 표시하고 그 길이를 비교하여 각 수량 간의 대소관계를 나타내는 그래프로서, 전체에 대한 구성비를 표현할 때 다양하게 활용할 수 있다.

〈연도별 암 발생 추이〉

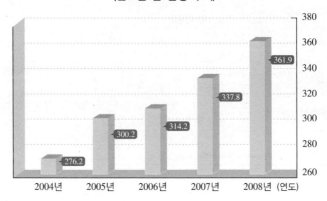

(3) 원 그래프

내용의 구성비를 원을 분할하여 작성하는 그래프로서, 전체에 대한 구성비를 표현할 때 다양하게 활용할 수 있다.

〈C국의 가계 금융자산 구성비〉

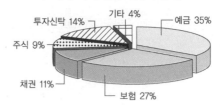

(4) 층별 그래프

선의 움직임보다는 선과 선 사이의 크기로써 데이터 변화를 나타내는 그래프로서, 시간적 변화에 따른 구성비의 변화를 표현하고자 할 때 활용할 수 있다.

〈우리나라 세계유산 현황〉

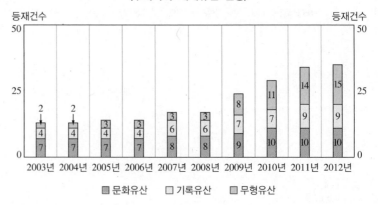

(5) 점 그래프

종축과 횡축에 두 개의 요소를 두고, 보고자 하는 것이 어떤 위치에 있는가를 알고자 하는 데 쓰인다.

〈OECD 국가의 대학졸업자 취업률 및 경제활동인구 비중〉

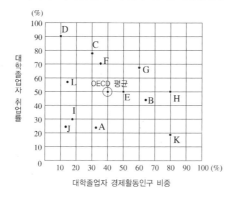

점 그래프를 활용하는 경우 분포도를 나타내는 그래프로서 어디에 어떻게 분포하고 있는지를 시각적으로 나타낼 때 활용할 수 있다.

(6) 방사형 그래프(레이더 차트, 거미줄 그래프)

비교하는 수량을 직경 또는 반경으로 나누어 원의 중심에서의 거리에 따라 각 수량의 관계를 나타내는 그래프로서 대상들을 비교하거나 경과를 나타낼 때 활용할 수 있다.

〈외환위기 전후 한국의 경제상황〉

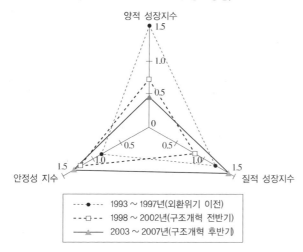

| 03 | 도표 해석 시 유의사항

- 요구되는 지식의 수준을 넓혀야 한다.
- 도표에 제시된 자료의 의미를 정확히 숙지하여야 한다.
- 도표로부터 알 수 있는 것과 없는 것을 구별하여야 한다.
- 총량의 증가와 비율의 증가를 구분하여야 한다.
- 백분위수와 사분위수를 정확히 이해하고 있어야 한다.

Ⅴ 도표작성능력

CHECK POINT

업무수행 중에 활용되는 도
표작성
- 업무결과를 도표를 사용하
  여 제시하는 경우
- 업무의 목적에 맞게 계산
  결과를 묘사하는 경우
- 업무 중 계산을 수행하고
  결과를 정리하는 경우
- 업무에 소요되는 비용을
  시각화 해야 하는 경우
- 고객과 소비자의 정보를
  조사하고 결과를 설명하는
  경우

| 01 | 도표의 작성절차

① 작성하려는 도표의 종류 결정

⬇

② 가로축과 세로축에 나타낼 것을 결정

⬇

③ 가로축과 세로축의 눈금의 크기 결정

⬇

④ 자료를 가로축과 세로축이 만나는 곳에 표시

⬇

⑤ 표시된 점에 따라 도표 작성

⬇

⑥ 도표의 제목 및 단위 표기

| 02 | 도표 작성 시 유의사항

CHECK POINT

➕ 엑셀프로그램을 활용한 그래프 작성
① 자료의 입력
② [삽입] – [차트] 선택
③ 그래프의 종류 선택하기
④ 데이터의 범위와 계열 지정
⑤ 옵션 지정
⑥ 차트 위치 지정

(1) 선 그래프

① 세로축에 수량(금액, 매출액 등), 가로축에 명칭 구분(연, 월, 장소 등)을 표시하고 축의 모양은 L자형으로 하는 것이 일반적이다.

② 선의 높이에 따라 수치를 파악하는 경우가 많으므로 세로축의 눈금을 가로축의 눈금보다 크게 하는 것이 효과적이다.

③ 선이 두 종류 이상인 경우는 각각에 대해 명칭을 기입해야 하며, 중요한 선을 다른 선보다 굵게 하는 등의 노력을 기울일 필요가 있다.

(2) 막대 그래프

① 세로형이 보다 일반적이나 가로형으로 작성할 경우 사방을 틀로 싸는 것이 좋다.

② 가로축은 명칭 구분(연, 월, 장소 등), 세로축은 수량(금액, 매출액)을 표시하는 것이 일반적이다.

③ 막대의 수가 많은 경우에는 눈금선을 기입하는 것이 알아보기에 좋다.

④ 막대의 폭은 모두 같게 하여야 한다.

(3) 원 그래프

① 정각 12시의 선을 시작선으로 하며, 이를 기점으로 하여 오른쪽으로 그리는 것이 보통이다.

② 분할선은 구성 비율이 큰 순서로 그리되, '기타' 항목은 구성 비율의 크기에 관계없이 가장 뒤에 그리는 것이 좋다.

③ 각 항목의 명칭은 같은 방향으로 기록하는 것이 일반적이나, 각도가 적어서 명칭을 기록하기 힘든 경우에는 지시선을 사용하여 기록한다.

(4) 층별 그래프

① 가로로 할 것인지 세로로 할 것인지는 작성자의 기호나 공간에 따라 판단하나, 구성 비율 그래프는 가로로 작성하는 것이 좋다.

② 눈금은 선 그래프나 막대 그래프보다 적게 하고 눈금선을 넣지 않아야 하며, 층별로 색이나 모양이 모두 완전히 다른 것이어야 한다.

③ 같은 항목은 옆에 있는 층과 선으로 연결하여 보기 쉽도록 하여야 한다.

④ 세로 방향일 경우 위로부터 아래로, 가로 방향일 경우 왼쪽에서 오른쪽으로 나열하면 보기가 좋다.

┌연속출제┐

일정한 규칙으로 숫자와 문자를 나열할 때, 빈칸에 들어갈 숫자 또는 문자로 옳은 것은?

풀이순서

	1		3		8		21	
a	2	c	5	h	13	( )	34	

↑
u

① k

② n

③ q

✓④ u

⑤ r

1) 질문의도
: 규칙찾기

2) 규칙찾기
(i) 알파벳
→ 숫자변환
(ii) 피보나치 수열

3) 정답도출
21 → u

📋 **유형 분석**
- 나열된 숫자의 규칙을 찾아 정답을 고르는 수열 문제이다.
- 기존 적성검사의 수 추리 문제와 유사한 유형이다.
- 등차·등비수열 등 다양한 수열 규칙을 미리 알아두면 쉽게 풀어 나갈 수 있다.

응용문제 : 나열된 숫자들의 관계가 사칙연산으로 이루어진 형식의 문제가 출제된다.

📋 **풀이 전략**　수열 규칙을 바탕으로 나열된 숫자들의 관계를 찾아내어 정답을 고른다. 사전에 수열 규칙에 대해 학습하도록 한다.

CHAPTER 05 기출유형 2

| 기초연산 ① |

┌연속출제┐

금연프로그램을 신청한 흡연자 A씨는 K공단에서 진료 및 상담비용과 금연보조제 비용의 일정 부분을 지원받고 있다. A씨는 의사와 상담을 6회 받았고, 금연보조제로 니코틴 패치 3묶음을 구입했다고 할 때, 다음 지원 현황에 따라 흡연자 A씨가 지불하는 부담금은 얼마인가?

<금연프로그램 지원 현황>

구분	진료 및 상담	금연보조제(니코틴패치)
가격	30,000원/회	12,000원/묶음
지원금 비율	90%	75%

※ 진료 및 상담료 지원금은 6회까지 지원한다.

① 21,000원   ② 23,000원

③ 25,000원   ✔ 27,000원

풀이순서

1) 질문의도
   : 지불하려는 부담금

2) 조건확인
   ⓐ 일정 부분 지원
   ⓑ 상담 6회
   ⓒ 금연보조제 3묶음

3) 정답도출

$$(30,000 \times 0.1 \times 6) + (12,000 \times 0.25 \times 3) = 27,000원 \longleftarrow$$

📋 **유형 분석**
- 문제에서 제공하는 정보를 파악한 뒤 사칙연산을 활용하여 계산하는 전형적인 수리문제이다.
- 다양한 직무상황과 연관을 지어 복잡하게 문제를 출제하지만 실제로 정답을 도출하는 과정은 단순하다.
- 문제를 풀기 위한 정보가 산재되어 있는 경우가 많으므로 꼼꼼히 읽어야 한다.

응용문제 : 최소공배수 등 수학 이론을 활용하여 계산하는 문제도 출제된다.

📋 **풀이 전략**
문제에서 묻는 것을 정확하게 확인한 후, 필요한 조건 또는 정보를 구분하여 신속하게 풀어 간다. 단, 계산에 착오가 생기지 않도록 유의하여야 한다.

기출유형 3

┌연속출제┐

K건설회사 G시 신도시 아파트 분양을 위하여 다음 주에 모델하우스를 오픈한다. 아파트 입주자 모집을 성황리에 마무리 짓기 위해 방문하시는 고객에게 소정의 사은품을 나눠 줄 예정이다. K건설회사에 근무 중인 A사원은 오픈행사 시 고객 1인당 1개의 쇼핑백을 나눠 줄 수 있도록 준비 중인데, 각 쇼핑백에 각티슈 1개, 위생장갑 1pack, 롤팩 3개, ⓑ 물티슈 2개, 머그컵 1개가 들어가야 한다. 각 물품 수량을 다음과 같이 보유하고 있다면 최대 몇 명에게 사은품을 줄 수 있는가?(단, 사은품 구성 물품과 수량은 1개라도 부족해서 ⓒ 는 안 된다)

풀이순서
2) 조건확인 : ⓐ ~ ⓒ
1) 질문의도 : 최대 증정 인원 수
3) 계산
4) 정답도출 : 최대 150명

각티슈 200개, 위생장갑 250pack, 롤팩 600개, 물티슈 400개, 머그컵 150개

$$\frac{}{1}=200 \quad \frac{}{1}=250 \quad \frac{}{3}=200 \quad \frac{}{2}=200 \quad \frac{}{1}=150$$

(K건설회사 로고가 찍힌 쇼핑백은 사은품 구성 Set만큼 주문할 예정임)

✔ 150명   ② 200명

③ 250명   ④ 300명

⑤ 350명

📋 유형 분석
- 문제에서 제공하는 정보를 파악한 뒤 사칙연산을 활용하여 계산하는 전형적인 수리문제이다.
- 다양한 직무상황과 연관을 지어 복잡하게 문제를 출제하지만 실제로 정답을 도출하는 과정은 단순하다.
- 문제를 풀기 위한 정보가 산재되어 있는 경우가 많으므로 꼼꼼히 읽어야 한다.

응용문제 : 표, 그림 및 도표 등이 제시되고 문제에서 요구하는 정보를 찾아야 하는 문제가 출제된다. 이러한 문제의 경우에는 계산이 복잡하거나 단위가 커서 실수하기 쉽다.

📋 풀이 전략
문제에서 묻는 것을 정확하게 확인한 후, 필요한 조건 또는 정보를 구분하여 신속하게 풀어 간다. 단, 계산에 착오가 생기지 않도록 유의하여야 한다.

┌ 연속출제 ┐

다음은 의약품 종류별 상자 수에 따른 가격표이다. 종류별 상자 수를 <u>가중치로 적용하여</u> 가격 ⓐ 에 대한 <u>가중평균</u>을 구하면 66만 원이다. 이때, 빈칸에 들어갈 가격으로 적절한 것은?

ⓑ
〈의약품 종류별 가격 및 상자 수〉

(단위 : 만 원, 개)

구분	A	B	C	D
원값 ← 가격	( )	70	60	65
가중치 ← 상자 수	30	20	30	20

① 60만 원 ② 65만 원
✓ 70만 원 ④ 75만 원
⑤ 80만 원

풀이순서

1) 질문의도
   : 빈칸 구하기

2) 규칙찾기
   ⓐ 가중치 적용
   ⓑ 가중평균

3) 정답도출

$$\frac{(a \times 30) + (70 \times 20) + (60 \times 30) + (65 \times 20)}{30 + 20 + 30 + 30} = 66 \rightarrow \frac{30a + 4,500}{100} = 66$$

$$\rightarrow 30a = 6,600 - 4,500 \rightarrow a = \frac{2,100}{30} \rightarrow a = 70$$

📋 **유형 분석**
- 통계와 관련한 이론을 활용하여 계산하는 문제이다.
- 기초연산능력과 마찬가지로 중·고등 수준의 통계 이론을 알아두어야 한다.
- 주로 상대도수, 평균, 표준편차, 최댓값, 최솟값, 가중치 등이 활용된다.

📋 **풀이 전략**
우선 질문을 꼼꼼히 읽고 정답을 이끌어내기 위한 통계 이론을 적절하게 활용하여 정확히 계산한다.

기출유형 5

┌연속출제┐

다음은 2019년도 국가별 국방예산 그래프이다. 그래프를 이해한 내용으로 옳지 않은 것은?
(단, 비중은 소수점 이하 둘째 자리에서 반올림한다)

〈국가별 국방예산〉

(단위 : 억 원)

① 국방예산이 가장 많은 국가와 가장 적은 국가의 예산 차이는 324억 원이다.
② 사우디아라비아 국방예산은 프랑스 예산보다 14% 이상 많다.
③ 인도보다 국방예산이 적은 국가는 5개 국가이다.
✔ 영국과 일본의 국방예산 차액은 독일과 일본의 국방예산 차액의 55% 이상이다.
⑤ 8개 국가 국방예산 총액에서 한국이 차지하는 비중은 약 8.8%이다.

풀이순서

1) 질문의도
   : 도표분석

3) 도표분석
   : 국가별 국방예산

2) 선택지 키워드 찾기

4) 정답도출

📋 **유형 분석**
- 문제에서 주어진 도표를 분석하여 각 선택지의 정답 유무를 판단하는 문제이다.
- 주로 그래프와 표로 많이 제시되며, 경영·경제·산업과 관련된 최신 이슈를 많이 다룬다.
- 정답을 도출하는 데 상당한 시간이 걸리며, 증감률·비율·추세 등을 자주 묻는다.

응용문제 : 도표(그래프, 표)와 함께 신문기사 혹은 보도자료 등을 함께 제공하여 복합적으로 판단하는 형식의 문제도 출제된다. 때로는 선택지에 경제·경영학 이론을 묻는 경우도 있다.

📋 **풀이 전략**
선택지를 먼저 읽고 필요한 정보를 도표(그래프, 표)에서 찾아 정답 유무를 판단한다.

CHAPTER 05 기출유형 6

| 도표작성 |

┌연속출제┐

※ 다음 글을 읽고 이어지는 질문에 답하시오.

풀이순서

(가) 지난해 콜탄 1, 2위 생산국은 민주콩고와 르완다로, 두 나라가 전 세계 콜탄 생산량의 66%를 차지하고 있다. 미국 지질조사국에 의하면 <u>콜탄은 미국에서만 1년 새 소비량이 27% 늘었고, 2017년 9월 1kg의 가격은 224달러로 2015년의 193달러에서 16%가 올랐다. 스마트폰이 나오기 직전인 2006년 1kg당 70달러였던 가격에 비하면 300% 이상 오른 것이다.</u> ⓐ · ⓑ

(나) 이 콜탄이 민주콩고의 내전 장기화에 한몫했다는 주장이 곳곳에서 나오고 있다. 휴대폰 이용자들이 기기를 바꿀 때마다 콩고 주민 수십 명이 죽는다는 말도 있다. '피 서린 휴대폰(Bloody Mobile)'이란 표현이 나올 정도다. 1996년 시작된 콩고 내전은 2003년 공식 종료되면서 500만 명을 희생시켰으나, 이후로도 크고 작은 분쟁이 그치질 않고 있다.

3) 정답도출
   (가) 문단
   • 스마트폰 사용 현황
   • 콜탄의 가격 상승

글의 내용을 효과적으로 전달하기 위해 다음과 같은 자료를 만들었다고 할 때, (가) ~ (나) 문단 중 다음 자료에 해당하는 문단은?

1) 질문의도
   : 자료의 시각화

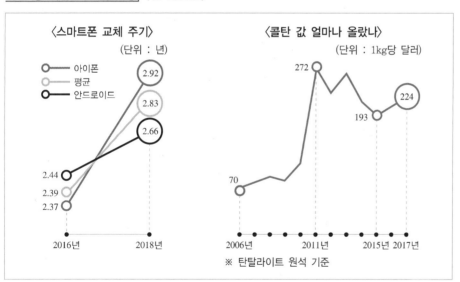

2) 도표제목 확인
   ⓐ 스마트폰 교체
      주기
   ⓑ 콜탄 값 얼마나
      올랐나

📋 **유형 분석**
• 문제에서 주어진 자료를 읽고 도표를 작성하는 문제이다.
• 주어진 자료에 있는 수치와 그래프 또는 표에 있는 수치가 서로 일치하는지 여부를 판단하는 것이다.
• 문제에서 주어지는 자료는 보고서나 신문기사 등의 일부 내용을 제시하거나 표를 제시하고 있다.

📋 **풀이 전략**
각 선택지에 있는 도표의 제목을 먼저 확인한다. 제목에서 어떠한 정보가 필요한지 확인한 후에 문제에서 주어진 자료를 읽으면서 일치 여부를 판단한다.

01 마트에서 500mL 우유 1팩과 슈퍼백 1개를 묶음 판매하고 있다. 묶어서 판매하는 행사가격은 우유와 슈퍼백 정가의 20%를 할인해서 2,000원이다. 슈퍼백 1개의 정가가 800원일 때, 우유 1팩 정가는 얼마인가?

① 800원

② 1,200원

③ 1,500원

④ 1,700원

02 4년 전 김 대리의 나이는 조카 나이의 4배였고, 3년 후에는 김 대리의 나이가 조카 나이의 2배보다 7살이 많다고 한다. 이때, 현재 김 대리의 조카는 몇 살인가?

① 11살

② 12살

③ 13살

④ 14살

03 볼펜 29자루, 지우개 38개, 샤프 26개를 가지고 가능한 한 많은 학생들에게 똑같이 나누어 주면 볼펜은 1개가 부족하고, 샤프와 지우개는 2개가 남는다. 이때 학생 수는 몇 명인가?

① 5명

② 6명

③ 7명

④ 8명

04 L슈퍼에서는 아이스크림 제조공장에서 아이스크림을 유통하여 소비자에게 판매한다. 다음은 아이스크림의 공장 판매가와 최대 판매 개수에 대한 자료이다. L슈퍼가 60만 원 이상의 순수익을 내고자 할 때 각 아이스크림의 가격을 최소 얼마 이상으로 해야 하는가?(단, 판매된 아이스크림 개수를 최소한으로 하려 하고 판매 가격은 공장 판매가의 5배를 넘기지 않는다)

아이스크림	공장 판매가	최대 판매 개수
A	100원	250개
B	150원	300개
C	200원	400개

	A	B	C
①	400원	650원	900원
②	350원	600원	800원
③	450원	700원	950원
④	500원	750원	1,000원

05 다음은 수면제 A ~ D를 사용한 불면증 환자 갑 ~ 무의 숙면시간을 측정한 결과이다. 자료에 대한 〈보기〉의 설명 중 옳은 것만을 모두 고르면?

〈수면제별 숙면시간〉

(단위 : 시간)

수면제＼환자	갑	을	병	정	무	평균
A	5.0	4.0	6.0	5.0	5.0	5.0
B	4.0	4.0	5.0	5.0	6.0	4.8
C	6.0	5.0	4.0	7.0	( )	5.6
D	6.0	4.0	5.0	5.0	6.0	( )

보기

ㄱ. 평균 숙면시간이 긴 수면제부터 순서대로 나열하면 C – D – A – B 순서이다.
ㄴ. 을 환자와 무 환자의 숙면시간 차이는 C수면제가 B수면제보다 크다.
ㄷ. B수면제와 D수면제의 숙면시간 차이가 가장 큰 환자는 갑이다.
ㄹ. C수면제의 평균 숙면시간보다 C수면제의 숙면시간이 긴 환자는 2명이다.

① ㄱ, ㄴ
② ㄱ, ㄷ
③ ㄴ, ㄹ
④ ㄱ, ㄴ, ㄷ

06 다음은 민간분야 사이버 침해사고 발생현황에 관한 자료이다. 기타 해킹이 가장 많았던 연도의 전체 사이버 침해사고 건수의 전년 대비 증감률은 얼마인가?(단, 소수점 이하 첫째 자리에서 반올림한다)

〈민간분야 사이버 침해사고 발생현황〉

(단위 : 건)

구분	2017년	2018년	2019년	2020년
홈페이지 변조	6,490	10,148	5,216	3,727
스팸릴레이	1,163	988	731	365
기타 해킹	3,175	2,743	4,126	2,961
단순침입시도	2,908	3,031	3,019	2,783
피싱 경유지	2,204	4,320	3,043	1,854
전체	15,940	21,230	16,135	11,690

① -26%
② -25%
③ -24%
④ -23%

07 다음은 인공지능(AI)의 동물식별 능력을 조사한 결과이다. 자료에 대한 〈보기〉의 설명으로 옳은 것만을 모두 고르면?

〈AI의 동물식별 능력 조사 결과〉

(단위 : 마리)

실제 \ AI 식별결과	개	여우	돼지	염소	양	고양이	합계
개	457	10	32	1	0	2	502
여우	12	600	17	3	1	2	635
돼지	22	22	350	2	0	3	399
염소	4	3	3	35	1	2	48
양	0	0	1	1	76	0	78
고양이	3	6	5	2	1	87	104
합계	498	641	408	44	79	96	1,766

보기

ㄱ. AI가 돼지로 식별한 동물 중 실제 돼지가 아닌 비율은 10% 이상이다.
ㄴ. 실제 여우 중 AI가 여우로 식별한 비율은 실제 돼지 중 AI가 돼지로 식별한 비율보다 낮다.
ㄷ. 전체 동물 중 AI가 실제와 동일하게 식별한 비율은 85% 이상이다.
ㄹ. 실제 염소를 AI가 고양이로 식별한 수보다 양으로 식별한 수가 많다.

① ㄱ, ㄴ
② ㄱ, ㄷ
③ ㄴ, ㄷ
④ ㄱ, ㄷ, ㄹ

08 매일의 날씨 자료를 수집 및 분석한 결과, 전날의 날씨를 기준으로 그 다음 날의 날씨가 변할 확률은 다음과 같았다. 만약 내일 날씨가 화창하다면, 사흘 뒤에 비가 올 확률은 얼마인가?

전날 날씨	다음 날 날씨	확률
화창	화창	25%
화창	비	30%
비	화창	40%
비	비	15%

※ 날씨는 '화창'과 '비'로만 구분하여 분석한다.

① 12%   ② 13%

③ 14%   ④ 15%

09 다음은 콘크리트 유형별 기준강도 및 시험체 강도판정결과에 관한 자료이다. 자료에 근거하여 (가) ~ (다)에 해당하는 강도판정결과를 올바르게 나열한 것은?

〈콘크리트 유형별 기준강도 및 시험체 강도판정결과〉

(단위 : MPa)

콘크리트 유형 \ 구분	기준강도	시험체 강도				강도판정결과
		시험체 1	시험체 2	시험체 3	평균	
A	24	22.8	29.0	20.8	( )	(가)
B	27	26.1	25.0	28.1	( )	불합격
C	35	36.9	36.8	31.6	( )	(나)
D	40	36.4	36.3	47.6	40.1	합격
E	45	40.3	49.4	46.8	( )	(다)

※ 강도판정결과는 '합격'과 '불합격'으로 구분됨

〈판정기준〉

아래 조건을 모두 만족하는 경우에만 강도판정결과가 '합격'이다.

- 시험체 강도의 평균은 기준강도 이상이어야 한다.
- 기준강도가 35MPa 초과인 경우에는 각 시험체 강도가 모두 기준강도의 90% 이상이어야 한다.
- 기준강도가 35MPa 이하인 경우에는 각 시험체 강도가 모두 기준강도에서 3.5MPa을 뺀 값 이상이어야 한다.

	(가)	(나)	(다)
①	합격	합격	합격
②	합격	합격	불합격
③	합격	불합격	불합격
④	불합격	합격	합격

10 다음 글을 근거로 판단할 때, A회사가 한 해 캐롤 음원이용료로 지불해야 하는 최대 금액은?

> A회사에서는 매년 크리스마스 트리 점등식(11월 네 번째 목요일) 이후 돌아오는 첫 월요일부터 크리스마스(12월 25일)까지 회사 내에서 캐롤을 틀어 놓는다(단, 휴점일 제외). 이 기간 동안 캐롤을 틀기 위해서는 하루에 2만 원의 음원이용료를 지불해야 한다. A회사 휴점일은 매월 네 번째 수요일이지만, 크리스마스와 겹칠 경우에는 정상영업을 한다.

① 48만 원
② 52만 원
③ 58만 원
④ 60만 원

11 다음은 A공단에 근무하는 김유진 대리의 급여명세서이다. 자료에 대한 설명으로 옳은 것은?(단, 비율은 소수점 이하 첫째 자리에서 반올림한다)

〈급여지급명세서〉
2021년 5월

사번	12343	성명	김유진
소속	법무팀	직급	대리

• 지급 내역

지급항목(원)		공제항목(원)	
기본급여	1,000,000	주민세	4,160
시간 외 수당	45,000	고용보험	16,250
직책수당	200,000	건강보험	( )
상여금	400,000	국민연금	112,500
특별수당	100,000	장기요양	4,960
교통비	150,000	소득세	41,630
교육지원	0		
식대	50,000		
급여 총액	1,945,000	공제 총액	255,370

① 공제 총액은 기본급여의 30% 이상이다.
② 주민세와 소득세 총액은 국민연금의 35%를 차지한다.
③ 5월 건강보험료는 75,870원이다.
④ 시간 외 수당은 건강보험료보다 많다.

12 다음은 2020년 국가기록원의 '비공개기록물 공개 재분류 사업' 결과 및 현황이다. 이에 대한 설명으로 옳지 않은 것은?

〈표 1〉비공개기록물 공개 재분류 사업 결과

(단위 : 건)

구분	합계	재분류 결과			비공개
		공개			
		소계	전부공개	부분공개	
합계	2,702,653	1,298,570	169,646	1,128,924	1,404,083
30년 경과 비공개기록물	1,199,421	1,079,690	33,012	1,046,678	119,731
30년 미경과 비공개기록물	1,503,232	218,880	136,634	82,246	1,284,352

〈표 2〉30년 경과 비공개기록물 중 비공개로 재분류된 기록물의 비공개 사유별 현황

(단위 : 건)

합계	비공개 사유						
	법령상 비밀	국방 등 국익침해	국민의 생명 등 공익침해	재판 관련 정보	공정한 업무수행 지장	개인 사생활 침해	특정인의 이익침해
119,731	619	313	54,329	18,091	24	46,298	57

① 2020년 '비공개기록물 공개 재분류 사업' 대상 전체 기록물 중 절반 이상이 다시 비공개로 재분류되었다.

② 30년 경과 비공개기록물 중 전부공개로 재분류된 기록물 건수가 30년 경과 비공개기록물 중 '개인 사생활 침해' 사유에 해당하여 비공개로 재분류된 기록물 건수보다 적다.

③ 30년 경과 비공개기록물 중 공개로 재분류된 기록물의 비율이 30년 미경과 비공개기록물 중 비공개로 재분류된 기록물의 비율보다 낮다.

④ 재분류 건수가 많은 것부터 순서대로 나열하면, 30년 경과 비공개기록물은 부분공개, 비공개, 전부공개 순서이고 30년 미경과 비공개기록물은 비공개, 전부공개, 부분공개 순서이다.

13 다음은 양성평등정책에 대한 의견을 성별 및 연령별로 정리한 자료이다. 이에 대한 〈보기〉의 설명 중 옳은 것을 모두 고르면?

〈양성평등정책에 대한 성별 및 연령별 의견〉

(단위 : 명)

구분	30세 미만		30세 이상	
	여성	남성	여성	남성
찬성	90	78	60	48
반대	10	22	40	52
합계	100	100	100	100

보기

ㄱ. 30세 미만 여성이 30세 이상 여성보다 양성평등정책에 찬성하는 비율이 높다.
ㄴ. 30세 이상 여성이 30세 이상 남성보다 양성평등정책에 찬성하는 비율이 높다.
ㄷ. 양성평등정책에 찬성하는 비율의 성별 차이는 연령별 차이보다 크다.
ㄹ. 남성의 절반 이상이 양성평등정책에 찬성하고 있다.

① ㄱ, ㄷ　　　　　　　　　　　　② ㄴ, ㄹ
③ ㄱ, ㄴ, ㄷ　　　　　　　　　　④ ㄱ, ㄴ, ㄹ

14 〈조건〉을 이용하여 산란 지점까지의 거리를 계산하면?

조건

• 대형 수조 안에서 연어는 시속 12km의 속도로 헤엄친다.
• 오전 9시에 산란을 위해 강을 거슬러 올라가는 연어에 인식표를 달았다.
• 관찰 지점의 하천 유속은 시속 4km이다.
• 산란에 걸리는 시간은 2시간이다.
• 오후 5시에 인식표가 부착된 연어가 산란 직후 죽어서 떠내려 왔다.

① 4km　　　　　　　　　　　　② 8km
③ 12km　　　　　　　　　　　④ 16km

15 갑이 컴퓨터를 구입하려고 할 때 컴퓨터 구매조건과 기준에 근거하여 구입할 컴퓨터는?

〈컴퓨터 구매조건〉

항목 컴퓨터	메모리 용량(Giga Bytes)	하드 디스크 용량(Tera Bytes)	가격(천 원)
A	4	2	500
B	15	1	1,500
C	3	3	2,500
D	16	2	2,400

조건

- 컴퓨터를 구입할 때, 메모리 용량, 하드 디스크 용량, 가격을 모두 고려한다.
- 메모리와 하드 디스크 용량이 크면 클수록, 가격은 저렴하면 저렴할수록 선호한다.
- 각 항목별로 가장 선호하는 경우 100점, 가장 선호하지 않는 경우 0점, 그 외의 경우 50점을 각각 부여한다. 단, 가격은 다른 항목보다 중요하다고 생각하여 2배의 점수를 부여한다.
- 각 항목별 점수의 합이 가장 큰 컴퓨터를 구입한다.

① A컴퓨터
② B컴퓨터
③ C컴퓨터
④ D컴퓨터

16 다음은 권장 소비자 가격과 판매 가격 차이를 조사한 자료 중 일부이다. 〈조건〉을 적용했을 때, 할인가 판매 시 괴리율이 가장 높은 품목은?(단, 괴리율은 소수점 이하 둘째 자리에서 버림한다)

(단위 : 원, %)

상품	판매 가격		권장 소비자 가격과의 괴리율	
	정상가	할인가	권장 소비자 가격	정상가 판매 시 괴리율
세탁기	600,000	580,000	640,000	6.2
무선전화기	175,000	170,000	181,000	3.3
오디오세트	470,000	448,000	493,000	4.6
운동복	195,000	180,000	212,500	8.2

조건

- $$[권장 \ 소비자 \ 가격과의 \ 괴리율(\%)] = \frac{(권장 \ 소비자 \ 가격) - (판매 \ 가격)}{(권장 \ 소비자 \ 가격)} \times 100$$
- 정상가 : 할인 판매를 하지 않는 상품의 판매 가격
- 할인가 : 할인 판매를 하는 상품의 판매 가격

① 세탁기
② 무선전화기
③ 오디오세트
④ 운동복

17 다음 글을 근거로 판단할 때, 〈보기〉에서 인증이 가능한 경우만을 모두 고른 것은?

S국 친환경농산물의 종류는 3가지로, 인증기준에 부합하는 재배방법은 각각 다음과 같다.
1) 유기농산물의 경우 일정 기간(다년생 작물 3년, 그 외 작물 2년) 이상을 농약과 화학비료를 사용하지 않고 재배한다.
2) 무농약농산물의 경우 농약을 사용하지 않고, 화학비료는 권장량의 2분의 1 이하로 사용하여 재배한다.
3) 저농약농산물의 경우 화학비료는 권장량의 2분의 1 이하로 사용하고, 농약은 살포시기를 지켜 살포 최대횟수의 2분의 1 이하로 사용하여 재배한다.

〈농산물별 관련 기준〉

종류	재배기간 내 화학비료 권장량(kg/ha)	재배기간 내 농약살포 최대횟수	농약 살포시기
사과	100	4	수확 30일 전까지
감귤	80	3	수확 30일 전까지
감	120	4	수확 14일 전까지
복숭아	50	5	수확 14일 전까지

※ 1ha=10,000m², 1t=1,000kg

보기

ㄱ. 갑은 5km²의 면적에서 재배기간 동안 농약을 전혀 사용하지 않고 20t의 화학비료를 사용하여 사과를 재배하였으며, 이 사과를 수확하여 무농약농산물 인증신청을 하였다.
ㄴ. 을은 3ha의 면적에서 재배기간 동안 농약을 1회 살포하고 50kg의 화학비료를 사용하여 복숭아를 재배하였다. 하지만 수확시기가 다가오면서 병충해 피해가 나타나자 농약을 추가로 1회 살포하였고, 열흘 뒤 수확하여 저농약농산물 인증신청을 하였다.
ㄷ. 병은 지름이 1km인 원 모양의 농장에서 작년부터 농약을 전혀 사용하지 않고 감귤을 재배하였다. 작년에는 5t의 화학비료를 사용하였으나, 올해는 전혀 사용하지 않고 감귤을 수확하여 유기농산물 인증신청을 하였다.
ㄹ. 정은 가로와 세로가 각각 100m, 500m인 과수원에서 감을 재배하였다. 재배기간 동안 총 2회(올해 4월 말과 8월 초) 화학비료 100kg씩을 뿌리면서 병충해 방지를 위해 농약도 함께 살포하였다. 정은 추석을 맞아 9월 말에 감을 수확하여 저농약농산물 인증신청을 하였다.

① ㄱ, ㄹ
② ㄴ, ㄷ
③ ㄱ, ㄴ, ㄹ
④ ㄱ, ㄷ, ㄹ

※ 다음은 2020년 J회사에서 판매된 자동차 800대를 대상으로 조사한 자료이다. 이어지는 질문에 답하시오. **[18~19]**

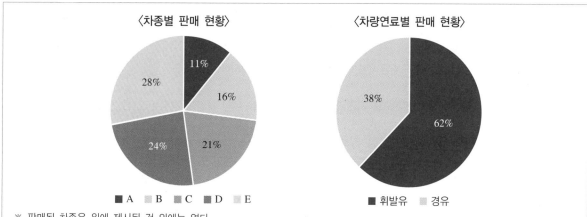

<차종별 판매 현황>

- 11%
- 16%
- 21%
- 24%
- 28%
- ■ A ■ B ■ C ■ D ■ E

<차량연료별 판매 현황>

- 38%
- 62%
- ■ 휘발유 ■ 경유

※ 판매된 차종은 위에 제시된 것 외에는 없다.

※ 한 사람당 한 대의 차량을 구매했다.

※ A~E차종 모두 휘발유차량과 경유차량 모두 존재하며, 위 그래프 중 차량연료별 판매 현황 자료는 2020년 J회사에서 판매된 자동차 800대 전체에 대한 자료가 아니라, A~E차종 중 한 차종에 대한 자료이다.

<차량 구매자 연령 비율>

구분	20대	30대	40대	50대	60대
비율		34%	21%	27%	

※ 차량 구입 연령은 자료에 제시된 것 외에는 존재하지 않는다.

18 다음 중 자료에 대한 설명으로 옳지 않은 것은?(단, 소수점 이하 첫째 자리에서 반올림한다)

① 차량 구매자 중 20대와 60대를 합친 인원수는 40대의 인원수보다 적다.

② 차량연료별 판매 현황 그래프가 A차종에 대한 것일 때의 휘발유 판매차량 수는 차량연료별 판매 현황 그래프가 E차종에 대한 것일 때의 2배 이상이다.

③ 40대 모두 E차종 경유 차량을 구매했으며, E차종 경유 차량 모두 40대에게 판매되었다면, E차종 경유 차량 판매량은 E차종 휘발유 차량 판매량의 3배이다.

④ 30대, 40대, 50대 모두 A차종을 구매하지 않았다면, 30대, 40대, 50대가 구매하지 않은 차종 중 A차종 이외에 차종 판매량은 A차종의 판매량보다 작다.

19 A~E차종의 차량연료별 판매 현황 그래프가 모두 동일하다고 할 때, A~C차종의 휘발유 차량 판매량 수를 a대, D~E차종의 경유 차량 판매량 수를 b대라고 한다면 $a+b$의 값이 전체 차량 판매량에서 차지하는 비율은? (단, 소수점 이하 첫째 자리에서 반올림한다)

① 28%

② 36%

③ 50%

④ 62%

20 다음 지원계획과 연구모임 현황 및 평가결과를 근거로 판단할 때, 연구모임 A ~ D 중 두 번째로 많은 총 지원금을 받는 모임은?

〈지원계획〉

• 지원을 받기 위해서는 한 모임당 6명 이상 9명 미만으로 구성되어야 한다.
• 기본지원금
  한 모임당 1,500천 원을 기본으로 지원한다. 단, 상품개발을 위한 모임의 경우는 2,000천 원을 지원한다.
• 추가지원금
  연구 계획 사전평가결과에 따라, '상' 등급을 받은 모임에는 구성원 1인당 120천 원을, '중' 등급을 받은 모임에는 구성원 1인당 100천 원을, '하' 등급을 받은 모임에는 구성원 1인당 70천 원을 추가로 지원한다.
• 협업 장려를 위해 협업이 인정되는 모임에는 위의 두 지원금을 합한 금액의 30%를 별도로 지원한다.

〈연구모임 현황 및 평가결과〉

모임	상품개발 여부	구성원 수	연구 계획 사전평가결과	협업 인정 여부
A	○	5	상	○
B	×	6	중	×
C	×	8	상	○
D	○	7	중	×

① A모임
③ C모임
② B모임
④ D모임

CHAPTER 06
기술능력

합격 Cheat Key

기술능력은 업무를 수행함에 있어 도구, 장치 등을 포함하여 필요한 기술에 어떠한 것들이 있는지 이해하고, 실제 업무를 수행함에 있어 적절한 기술을 선택하여 적용하는 능력이다. 사무직을 제외한 특수 직렬을 지원하는 수험생이라면 전공을 포함하여 반드시 준비해야 하는 영역이다.

국가직무능력표준에 따르면 기술능력의 세부 유형은 기술이해능력·기술선택능력·기술적용능력으로 나눌 수 있다. 제품설명서나 상황별 매뉴얼을 제시하는 문제 또는 명령어를 제시하고 규칙을 대입할 수 있는지 묻는 문제가 출제되기 때문에 이런 유형들을 공략할 수 있는 전략을 세워야 한다. 기술능력은 NCS 기반 채용을 진행한 기업 중 50% 정도가 채택했으며, 문항 수는 전체에서 평균 2% 정도 출제되었다.

01 긴 지문이 출제될 때는 보기의 내용을 미리 보자!

기술능력에서 자주 출제되는 제품설명서나 상황별 매뉴얼을 제시하는 문제에서는 기술을 이해하고, 상황에 알맞은 원인 및 해결방안을 고르는 문제가 출제된다. 실제 시험장에서 문제를 풀 때는 시간적 여유가 없기 때문에 보기를 먼저 읽고, 그 다음 긴 지문을 보면서 동시에 보기와 일치하는 내용이 나오면 확인해 가면서 푸는 것이 좋다.

02 모듈형에 대비하라!

모듈형 문제의 비중이 늘어나는 추세이므로 공기업을 준비하는 취업준비생이라면 모듈형 문제에 대비해야 한다. 기술능력의 모듈형 이론 부분을 학습하고 모듈형 문제를 풀어보고 여러 번 읽으며 이론을 확실히 익혀두면 실제 시험장에서 이론을 묻는 문제가 나왔을 때 단번에 답을 고를 수 있다.

03 전공 이론도 익혀두자!

지원하는 직렬의 전공 이론이 기술능력으로 출제되는 경우가 많기 때문에 전공 이론을 익혀두는 것이 좋다. 깊이 있는 지식을 묻는 문제가 아니더라도 출제되는 문제의 소재가 전공과 관련된 내용일 가능성이 크기 때문에 최소한 지원하는 직렬의 전공 용어는 확실히 익혀두어야 한다.

04 포기하지 말자!

직업기초능력에서 주요 영역이 아니면 소홀한 경우가 많다. 시험장에서 기술능력을 읽어보지도 않고 포기하는 경우가 많은데 차근차근 읽어보면 지문만 잘 읽어도 풀 수 있는 문제들이 출제되는 경우가 있다. 이론을 모르더라도 풀 수 있는 문제인지 파악해보자.

CHAPTER

06

모듈이론

기술능력

| 01 | 기술능력의 의의

(1) 기술의 의의

① 기술의 의미

지적인 도구를 특정한 목적에 사용하는 지식 체계를 말하며 제품이나 용역을 생산하는 원료, 생산 공정 등에 관한 지식의 집합체를 의미한다.

② 노하우(Know-how)와 노와이(Know-why)

원래 노하우의 개념이 강하였으나 시대가 지남에 따라 노하우와 노와이가 결합하는 모습을 보이고 있다.

노하우	• 특허권을 수반하지 않는 엔지니어 등이 가지고 있는 체화된 기술 • 경험적, 반복적인 행위를 통해 얻게 됨
노와이	• 어떻게 기술이 성립하고 작용하는가에 관한 원리적 측면 • 이론적인 지식으로서, 과학적인 탐구를 통해 얻게 됨

③ 기술의 특징

- 하드웨어나 인간에 의해 만들어진 비자연적인 대상 혹은 그 이상이다.
- 기술을 설계, 생산, 사용하기 위해서는 노하우가 필요하므로 기술은 노하우를 포함한다.
- 하드웨어를 생산하는 과정이다.
- 인간의 능력을 확장시키기 위한 하드웨어와 그것의 활용이다.
- 정의 가능한 문제를 해결하기 위해 순서화되고 이해 가능한 노력이다.

예제풀이

㉠ 기술은 소프트웨어를 생산하는 과정이 아니라 하드웨어를 생산하는 과정이다.

정답 ㉠-×

㉡-○

㉢-○

〈핵심예제〉

기술의 특징에 대한 다음 설명이 맞으면 ○를, 틀리면 ×를 괄호 안에 표시하시오.

㉠ 기술은 소프트웨어를 생산하는 과정이다. ( )

㉡ 기술은 인간의 능력을 확장시키기 위한 하드웨어와 그것의 활용이다.( )

㉢ 모든 직업 세계에서 필요로 하는 기술적 요소들로 이루어지는 것은 기술의 광의의 개념이다. ( )

④ 광의의 기술과 협의의 기술

광의의 기술	직업 세계에서 필요로 하는 기술적 요소
협의의 기술	구체적 직무 수행 능력

《 핵심예제 》

다음 중 지속 가능한 기술의 특징으로 옳지 않은 것은?

① 이용 가능한 자원과 에너지를 고려하는 기술이다.
② 자원이 생산적인 방식으로 사용되는가에 주의를 기울이는 기술이다.
③ 자원이 사용되고 그것이 재생산되는 비율의 조화를 추구하는 기술이다.
④ 석탄에너지와 같이 고갈되는 자연 에너지를 활용하며, 낭비적인 소비 형태를 지양하고, 기술적 효용만을 추구한다.

예제풀이

지속 가능한 기술은 태양에너지처럼 고갈되지 않는 자연 에너지를 활용하기 때문에 ④에서 석탄에너지와 같이 고갈되는 자연 에너지를 활용한다는 것은 옳지 않다.

정답 ④

(2) 기술능력의 의의

① 기술교양과 기술능력

기술교양	기술의 특성 등에 대해 일정 수준의 지식을 갖추는 것
기술능력	일상적으로 요구되는 수단, 도구, 조작 등에 관한 기술적인 요소들을 이해하고, 적절한 기술을 선택, 적용하는 능력. 기술교양의 개념을 구체화시킨 개념

《 핵심예제 》

다음 글에 나타난 K씨가 선반 작업과 관련해 지닌 기술능력은 무엇인가?

> K씨는 자신의 선반 작업에 관한 관련 기술의 특성, 기술적 행동, 기술의 결과에 대해 어느 정도 지식을 가지고 있다. 그리고 선반 작업에 관련한 문제 발생을 해결할 수 있는 생산력, 체계, 환경을 설계하고 개발해야 할 때 비판적 사고를 갖고 있다. 즉, 그는 선반 작업에 관한 기술을 사용하고 운영하고 이해하는 능력을 지니고 있다.

① 기술교양   ② 기술지능
③ 전문기술   ④ 기술상식

예제풀이

기술교양을 갖춘 사람들은 기술학의 특성과 역할을 이해하고, 기술 관련 이익을 가치화하고 위험을 평가할 수 있으며, 기술과 관련한 윤리적 딜레마에 합리적으로 반응할 수 있는 특징이 있다.

정답 ①

② 기술능력이 뛰어난 사람의 특징

- 기술적 해결이 아닌 실질적 해결을 필요로 하는 문제를 인식한다.
- 인식된 문제를 위한 다양한 해결책을 개발, 평가한다.
- 실제적 문제를 해결하기 위해 지식 등을 선택해 최적화시켜 적용한다.
- 주어진 한계속에서 제한된 자원을 가지고 일한다.
- 기술적 해결에 대한 효용성을 평가한다.

예제풀이

기술능력이 뛰어난 사람은 기술적 해결에 대한 문제점이 아니라 기술적 해결에 대한 효과성을 평가한다.

정답 ①

〈 **핵심예제** 〉

다음 중 기술능력이 뛰어난 사람의 특징으로 옳지 않은 것은?

① 기술적 해결에 대한 문제점을 평가한다.

② 실질적 해결을 필요로 하는 문제를 인식한다.

③ 부과된 한계 속에서 제한된 자원을 가지고 일한다.

④ 실제적 문제를 해결하기 위해 지식이나 기타 자원을 선택해 최적화시키며 적용한다.

③ 기술능력을 향상시키는 방법

전문 연수원	• 연수 분야의 노하우를 통한 체계적인 교육이 가능하다. • 최신 실습장비, 전산 시설 등을 활용할 수 있다. • 자체교육에 비해 교육비가 저렴하며, 고용보험 환급도 가능하다.
E-Learning	• 원하는 시간과 장소에서 학습이 가능하다. • 새로운 내용을 커리큘럼에 반영하기가 수월하다. • 의사소통과 상호작용이 자유롭게 이루어질 수 있다.
상급학교 진학	• 실무 중심의 교육이 가능하며, 인적 네트워크 형성이 가능하다. • 경쟁을 통해 학습 효과를 향상시킬 수 있다.
OJT	• 시간 낭비가 적고 조직의 필요에 부합하는 교육이 가능하다. • 교육자와 피교육자 사이에 친밀감이 조성된다.

예제풀이

E-learning은 컴퓨터만 연결돼 있다면 원하는 시간·장소에서 학습이 가능하므로 시간적·공간적으로 독립적이다. 또한 비디오·사진·텍스트·소리·동영상 등 멀티미디어를 이용한 학습이 가능하고, 이메일·토론방·자료실 등을 통해 의사교환과 상호작용이 자유롭게 이루어질 수 있다.

정답 ④

〈 **핵심예제** 〉

다음 글에 나타난 중견사원 K씨는 전산 관련 자기계발을 고려 중이다. K씨가 선택할 수 있는 가장 적절한 학습 방법은?

• K씨는 야간과 주말에 학습 시간을 확보할 수 있고 주변에 컴퓨터가 잘 연결돼 있지만 근무지가 시외로 도시 외곽에 있다.

• 학습의 효과를 높일 수 있는 비디오, 사진, 텍스트, 소리, 동영상 등 멀티미디어를 이용한 학습을 이용하기를 원한다.

① OJT

② 야간대학

③ 사내연수원

④ E-learning

(3) 산업재해

① 산업재해의 의미

산업 활동 중의 사고로 인해 사망, 부상을 당하거나 유해 물질에 의한 중독 등으로 직업성 질환, 신체적 장애를 가져오는 것

PART 1 직업기초능력평가

핵심예제

다음 중 산업재해로 볼 수 없는 것은?

① 선반 작업 시 근로자의 손이 절단된 경우
② 근로자가 휴가 중 교통사고에 의해 부상당한 경우
③ 산업 현장에서 근로자가 시설물에 의해 넘어져 부상당한 경우
④ 아파트 건축 현장에서 근로자가 먼지에 의해 질병에 걸린 경우

예제풀이

산업안전보건법에서는 노무를 제공하는 사람이 업무에 관계되는 건설물·설비·원재료·가스·증기·분진 등에 의하거나 작업 또는 그 밖의 업무로 인하여 사망 또는 부상하거나 질병에 걸리는 것을 산업재해로 정의한다.

정답 ②

---

② 산업재해의 원인

교육적 원인	안전지식의 불충분, 안전수칙의 오해, 훈련의 불충분 등
기술적 원인	기계 장치의 설계불량, 구조물의 불안정, 생산 공정의 부적당 등
작업 관리상 원인	안전관리 조직의 결함, 작업 준비 불충분, 인원 배치의 부적당 등

핵심예제

산업재해의 기본적인 원인 중 다음 〈보기〉의 예에 해당하는 것은?

> **보기**
> • 건물·기계 장치의 설계 불량
> • 구조·재료의 부적합
> • 생산 공정의 부적당
> • 점검·정비·보존의 불량

① 교육적 원인   ② 기술적 원인
③ 작업 관리상 원인   ④ 불안전한 상태

예제풀이

산업재해의 기본적 원인 중에서 기술적 원인은 물적 요소들의 관리 소홀 때문에 발생한다.

정답 ②

---

③ 산업재해 예방 대책 5단계

안전관리 조직	• 경영자 : 사업장의 안전 목표 설정, 안전관리 책임자 선정 • 안전관리 책임자 : 안전계획 수립, 시행, 감독
사실의 발견	사고 조사, 현장 분석, 관찰 및 보고서 연구, 면담 등
원인 분석	발생 장소, 재해 형태, 재해 정도, 공구 및 장비의 상태 등
시정책의 선정	기술적 개선, 인사 조정 및 교체, 공학적 조치 등
시정책의 적용	안전에 대한 교육 및 훈련 실시, 결함 개선 등

예제풀이

산업재해의 예방 대책은 '안전관리 조직 → 사실의 발견 → 원인 분석 → 시정책의 선정 → 시정책 적용 및 뒤처리'의 5단계로 이루어진다.

정답 ②

〈핵심예제〉

다음의 산업재해의 예방 대책 5단계를 차례대로 나열한 것은?

㉠ 안전관리 조직	㉡ 시정책의 선정
㉢ 사실의 발견	㉣ 원인 분석
㉤ 시정책의 적용 및 뒤처리	

① ㉠ - ㉡ - ㉢ - ㉣ - ㉤

② ㉠ - ㉢ - ㉣ - ㉡ - ㉤

③ ㉡ - ㉣ - ㉢ - ㉤ - ㉠

④ ㉢ - ㉣ - ㉡ - ㉤ - ㉠

④ 불안전한 행동과 상태의 제거

불안전한 행동 제거	안전수칙 제정, 상호간 불안전한 행동 지적, 쾌적한 작업 환경 등
불안전한 상태 제거	안전성이 보장된 설비제작, 사고 요인의 사전 제거

| 02 | 기술이해능력과 기술선택능력

(1) 기술이해능력

① 기술 시스템의 의의

개별 기술들이 네트워크로 결합하여 새로운 기술이 만들어지는 것을 말한다.

예제풀이

정답 ㉠ 기술적
㉡ 사회적
㉢ 사회기술 시스템

〈핵심예제〉

다음은 기술 시스템의 정의를 설명한 글이다. 빈칸에 알맞은 단어를 쓰시오.

기술 시스템은 인공물의 집합체만이 아니라 회사, 투자회사, 법적 제도, 정치, 과학, 자연자원을 모두 포함하는 것이기 때문에 기술 시스템에는 ㉠ 인 것과 ㉡ 인 것이 결합·공존한다. 이러한 의미에서 기술 시스템은 ㉢ (이)라고 불리기도 한다.

② 기술 시스템 발전의 4단계

1단계	• 발명, 개발, 혁신의 단계 • 기술 시스템이 탄생하고 성장하며, 기술자의 역할이 중요
2단계	• 이전의 단계 • 성공적인 기술이 다른 지역으로 이동하며, 기술자의 역할이 중요
3단계	• 성장의 단계 • 기술 시스템 사이의 경쟁이 이루어지며 기업가의 역할이 중요
4단계	• 공고화 단계 • 경쟁에서 승리한 기술 시스템이 관성화되며 자문 엔지니어의 역할이 중요

예제풀이

기술 이전의 단계는 성공적
인 기술이 다른 지역으로 이
동하는 단계로, 기술자들의
역할이 중요하다. 기술 공고
화 단계는 경쟁에서 승리한
기술 시스템이 관성화된다.

정답 ㉠ 이전
㉡ 공고화

《 핵심예제 》

다음은 기술 시스템의 발전 단계를 도식화한 것이다. ㉠ ~ ㉡에 알맞은 단어를 쓰시오.

③ 기술 혁신의 특성

- 과정 자체가 매우 불확실하고 장기간의 시간을 필요로 한다.
- 지식 집약적인 활동이며, 조직의 경계를 넘나드는 특성이 있다.
- 혁신과정의 불확실성, 모호함은 기업 내에서 많은 논쟁과 갈등을 유발할 수 있다.
- 기술 혁신은 조직의 경계를 넘나드는 특성을 갖고 있다.

예제풀이

기술 혁신은 지식 집약적인
활동이다. 인간의 개별적인
지능과 창의성, 상호 학습을
통해 새로운 지식과 경험은
빠르게 축적되고 학습되지
만, 기술 개발에 참가한 엔지
니어의 지식은 문서화되기
어렵기 때문에 다른 사람들
에게 쉽게 전파될 수 없다.

정답 ①

《 핵심예제 》

기술 혁신의 특성으로 옳지 않은 것은?

① 기술 혁신은 노동 집약적인 활동이다.
② 기술 혁신은 조직의 경계를 넘나드는 특성이 있다.
③ 기술 혁신은 그 과정 자체가 매우 불확실하고 장기간의 시간을 필요로 한다.
④ 혁신 과정의 불확실성과 모호함은 기업 내에서 많은 논쟁과 갈등을 유발할 수 있다.

④ 기술 혁신의 과정과 역할

과정	혁신 활동	필요한 자질
아이디어 창안	• 아이디어를 창출하고 가능성을 검증 • 일을 수행하는 새로운 방법 고안	• 각 분야의 전문지식 • 추상화와 개념화 능력
챔피언	• 아이디어의 전파 • 혁신을 위한 자원 확보	• 정력적이고 위험을 감수 • 아이디어의 응용
프로젝트 관리	• 리더십 발휘 • 프로젝트의 기획 및 조직	• 의사결정능력 • 업무수행방법에 대한 지식
정보 수문장	• 조직 외부의 정보를 내부에 전달 • 조직 내 정보원 기능	• 높은 수준의 기술적 역량 • 원만한 대인관계능력
후원	• 혁신에 대한 격려와 안내 • 불필요한 제약에서 프로젝트 보호	조직의 주요 의사결정에 대한 영향력

《 핵심예제 》

다음은 기술 혁신의 과정과 활동을 도식화한 것이다. ㉠~㉡에 알맞은 단어를 쓰시오.

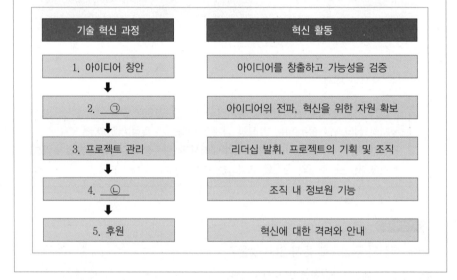

(2) **기술선택능력**

① 기술선택의 의의

　　기업이 어떤 기술을 외부로부터 도입할 것인지 자체 개발할 것인지를 결정하는 것이다.

《 핵심예제 》

다음 빈칸에 적절한 단어는 무엇인지 쓰시오.

_____ 기술선택은 기업 전체 차원에서 필요한 기술에 대한 체계적인 분석이나 검토를 생략하고, 연구자나 엔지니어들이 자율적으로 기술을 선택하는 방법을 뜻한다.

② 의사결정 방법

상향식 기술선택	• 연구자나 엔지니어들이 자율적으로 기술을 선택한다. • 고객의 니즈와 동떨어진 기술이 선택될 수 있다.
하향식 기술선택	• 경영진과 기획담당자들에 의한 체계적인 분석이 이루어진다. • 내부역량과 외부환경 분석, 전략수립을 통해 우선순위를 결정한다.

〈핵심예제〉

다음 빈칸에 적절한 단어는 무엇인지 쓰시오.

> _____ 기술선택은 기술경영진과 기술기획 기획담당자들에 의한 체계적인 분석을 통해 기업이 획득해야 하는 대상 기술과 목표 기술 수준을 결정하는 방법을 뜻한다.

예제풀이

하향식 기술선택은 기업이 직면하고 있는 외부환경과 기업의 보유 자원에 대한 분석을 통해 기업의 중장기적인 사업목표를 설정하고, 이를 달성하기 위해 확보해야 하는 핵심 고객층과 그들에게 제공하고자 하는 제품과 서비스를 결정하는 방법이다.

정답 하향식

③ 기술선택 시 우선순위

- 제품의 성능이나 원가에 미치는 영향력이 큰 기술
- 매출과 이익 창출 잠재력이 큰 기술
- 기업 간에 모방이 어려운 기술
- 기업이 생산하는 제품에 보다 광범위하게 활용할 수 있는 기술
- 최신 기술로 인해 진부화될 가능성이 적은 기술

④ 기술선택 절차

외부환경 분석 → 중장기 사업목표 설정 → 내부 역량 분석
↓
사전 전략 수립
↓
요구 기술 분석
↓
기술 전략 수립
↓
핵심 기술 선택

◀핵심예제▶

다음 빈칸에 적절한 단어는 무엇인지 쓰시오.

외부환경 분석 → 중장기 사업목표 설정 → 내부 역량 분석

↓

사전 전략 수립

↓

___㉠___ 분석

↓

___㉡___ 수립

↓

핵심 기술 선택

(3) 벤치마킹

① 벤치마킹의 의의

특정 분야에서 뛰어난 기술 등을 배워 합법적으로 응용하는 것으로, 단순한 모방이 아니라 자사의 환경에 맞추어 재창조하는 것을 말한다.

벤치마킹은 단순한 모방과 달리 우수한 기업이나 성공한 상품, 기술, 경영방식 등의 장점을 충분히 배우고 익힌 후 자사의 환경에 맞추어 재창조하는 것이다.

정답 벤치마킹

◀핵심예제▶

다음 빈칸에 적절한 단어는 무엇인지 쓰시오.

_____은/는 특정 분야에서 뛰어난 업체나 상품, 기술, 경영방식 등을 배워 합법적으로 응용하는 것을 뜻하는 말이다. 단순한 모방과는 달리 우수한 기업이나 성공한 상품, 기술, 경영방식 등의 장점을 충분히 배우고 익힌 후 자사의 환경에 맞추어 재창조하는 것이다. 쉽게 아이디어를 얻어 신상품을 개발하거나 조직 개선을 위한 새로운 출발점의 기법으로 많이 이용된다.

② 벤치마킹의 종류

비교 대상에 따른 분류	내부 벤치마킹	• 대상 : 같은 기업 내의 유사한 활용 • 자료수집이 용이하고 다각화된 기업의 경우 효과가 크나, 관점이 제한적일 수 있다.
	경쟁적 벤치마킹	• 대상 : 동일 업종에서 고객을 공유하는 경쟁기업 • 기술에 대한 비교가 가능하지만, 대상의 적대적인 태도로 인해 자료수집이 어렵다.
	비경쟁적 벤치마킹	• 대상 : 우수한 성과를 거둔 비경쟁 기업 • 혁신적인 아이디어의 창출 가능성이 높으나, 환경이 상이하다는 것을 감안하지 않으면 효과가 없다.
	글로벌 벤치마킹	• 대상 : 최고로 우수한 동일 업종의 비경쟁적 기업 • 자료수집이 용이하나, 문화, 제도적인 차이로 인한 차이를 감안하지 않으면 효과가 없다.
수행 방식에 따른 분류	직접적 벤치마킹	• 직접 접촉하여 조사하기 때문에 정확도가 높으며 지속가능하다. • 대상선정이 어렵고 비용·시간이 과다하게 소요된다.
	간접적 벤치마킹	• 인터넷 및 문서 형태의 자료를 통해서 수행한다. • 비용과 시간이 절약되나 벤치마킹 결과가 피상적이며 핵심 자료의 수집이 어렵다.

⟪ 핵심예제 ⟫

다음 중 간접적 벤치마킹의 특징을 잘못 설명한 것은?

① 벤치마킹 대상의 수에 제한이 없고 다양함
② 벤치마킹 대상을 직접 방문해 수행하는 방법
③ 비용 또는 시간적 측면에서 상대적으로 많이 절감됨
④ 벤치마킹 결과가 피상적이며 정확한 자료의 확보가 어려움

예제풀이

➊ 벤치마킹 대상을 직접적으로 방문해 수행하는 방법은 직접적 벤치마킹에 해당하는 방법이다.

[정답] ②

(4) 매뉴얼

① 매뉴얼의 의의

기술선택과 적용, 활용에 있어 가장 종합적이고 기본적인 안내서를 말한다.

② 매뉴얼의 종류

제품 매뉴얼	• 제품의 특징이나 기능 설명, 사용방법, 유지보수, A/S, 폐기까지의 제품에 관련된 정보를 소비자에게 제공하는 것 • 사용 능력 및 사용자의 오작동까지 고려해 만들어야 함
업무 매뉴얼	• 어떤 일의 진행방식, 규칙, 관리 상의 절차 등을 일관성 있게 여러 사람이 보고 따라할 수 있도록 표준화해 설명하는 지침서 • 프랜차이즈 점포의 경우 '편의점 운영 매뉴얼', '제품 진열 매뉴얼', 기업의 경우 '부서 운영 매뉴얼', '품질경영 매뉴얼' 등이 대표적임

예제풀이

제품 매뉴얼은 제품의 의도
된 안전한 사용과 사용 중 해
야 할 일 또는 하지 말아야
할 일까지 정의해야 한다.

정답 제품 매뉴얼

《핵심예제》

다음 빈칸에 적절한 단어는 무엇인지 쓰시오.

_____은/는 사용자를 위해 제품의 특징이나 기능 설명, 사용방법과 고장 조치 방법, 유지보수 및 A/S, 폐기까지 제품에 관련된 모든 서비스에 대해 소비자가 알아야 할 모든 정보를 제공하는 것을 말한다.

③ 매뉴얼 작성 방법

- 내용이 정확해야 한다.
  추측성 기능 설명은 사용자에게 사고를 유발할 수 있으므로 절대 금물이다.
- 사용자가 이해하기 쉬운 문장으로 작성해야 한다.
  하나의 문장에는 하나의 명령 또는 밀접하게 관련된 소수의 명령만을 포함해야 하며, 수동태 보다는 능동태를, 추상적 명사보다는 행위 동사를 사용한다.
- 사용자를 위한 심리적 배려가 있어야 한다.
  사용자의 질문들을 예상하고 사용자에게 답을 제공한다.
- 사용자가 찾고자 하는 정보를 쉽게 찾을 수 있어야 한다.
  짧고 의미 있는 제목을 사용하여 원하는 정보의 위치를 파악하는 데 도움이 된다.
- 사용하기 쉬워야 한다.
  사용자가 보기 불편하게 크거나, 구조가 복잡해 찾아보기 힘들다면 아무 소용이 없다.

예제풀이

매뉴얼은 제품 특징이나 기능 설명, 사용방법과 고장 조치 방법, 유지보수 및 A/S, 폐기까지 제품에 관련된 모든 서비스에 대해 기본적으로 알아야 할 모든 정보를 담고 있다. 그리고 작업장에서 적용하고자 하는 기술에 대한 활용방법 또는 조작 방법에 대해서도 설명하고 있다.

정답 ③

《핵심예제》

다음의 상황에서 총무과장 K씨가 참고해야 할 자료로 가장 적절한 것은?

총무과장 K씨는 자사에게 생산되는 ○○ 제품에 대한 특징이나 기능 설명, 사용방법과 고장 조치 방법, 유지보수 및 A/S, 폐기까지 제품에 관련된 모든 서비스에 대해 기본적으로 알아야 할 모든 정보를 신입사원에게 교육하고자 한다. 그리고 신입사원이 작업장에서 적용하고자 하는 기술에 대한 활용방법 또는 조작 방법에 대해서도 설명하고자 한다.

① 정관   ② 약관
③ 매뉴얼   ④ 작업지시서

(5) 지식재산권

① 지식재산권의 의의

인간의 창조적 활동 또는 경험 등을 통해 창출되거나 발견한 지식, 정보, 기술이나 표현, 표시, 그 밖에 무형적인 것으로서, 재산적 가치가 실현될 수 있는 지적 창작물에 부여된 권리를 말한다.

② 지식재산권의 체계

산업재산권
- 특허 : 기술적 창작인 원천 핵심 기술(대발명)
- 실용신안 : Life Cycle이 짧고 실용적인 주변 개량 기술(소발명)
- 의장 : 심미감을 느낄 수 있는 물품의 형상, 모양
- 상표 : 다른 상품과 식별할 수 있는 기호, 문자, 도형

저작권
- 협의저작권 : 문학, 예술 분야 창작물
- 저작인접권 : 실연, 음반제작자, 방송사업자 권리

신지식재산권
- 첨단산업저작권 : 반도체 집적회로 배치설계, 생명공학, 식물 신품종
- 산업저작권 : 컴퓨터 프로그램, 인공지능, 데이터베이스
- 정보재산권 : 영업 비밀, 멀티미디어, 뉴미디어 등

《 핵심예제 》

다음은 신지식재산권의 종류들이다. 명칭이 바르게 연결된 것은?

ㄱ 반도체 집적회로 배치설계권, 생명공학기술권
ㄴ 컴퓨터 프로그램과 인공지능, 소프트웨어권
ㄷ 영업비밀보호권, 데이터베이스권, 뉴미디어권, 소프트웨어권

① ㄱ 첨단산업재산권, ㄴ 산업저작권, ㄷ 정보재산권
② ㄱ 첨단산업재산권, ㄴ 정보재산권, ㄷ 산업저작권
③ ㄱ 산업저작권, ㄴ 정보재산권, ㄷ 첨단산업재산권
④ ㄱ 정보재산권, ㄴ 산업저작권, ㄷ 첨단산업재산권

예제풀이

➕ ㄱ 첨단산업재산권은 반도체 집적회로 배치설계권, 생명공학기술권 등이 있다.
ㄴ 산업저작권은 컴퓨터 프로그램과 인공지능, 소프트웨어권 등이 있다.
ㄷ 정보재산권 영업비밀보호권, 데이터베이스권, 뉴미디어권, 소프트웨어권 등이 있다.

정답 ①

③ 지식재산권의 특징

> - 국가 산업 발전 및 경쟁력을 결정짓는 산업자본이다.
> - 눈에 보이지 않는 무형의 재산이다.
> - 지식재산권을 활용한 다국적 기업화가 이루어지고 있다.
> - 타인에게 사용권을 설정하거나 권리 자체를 양도해 판매수입 등을 얻을 수 있다.

핵심예제

다음 중 지식재산권의 특징으로 적절하지 않은 것은?

① 물체가 아니고 실체가 없는 기술상품이다.
② 국가 산업 발전 및 경쟁력을 결정짓는 '산업자본'이다.
③ 지식재산권을 활용한 다국적 기업화가 이루어지고 있다.
④ 타인에게 사용권을 설정하거나 권리 자체를 양도할 수는 없다.

| 03 | 기술적용능력

(1) 기술적용능력과 기술경영

① 기술적용능력의 의의
직장생활에 필요한 기술을 실제로 적용하고 결과를 확인하는 능력을 말한다.

② 기술적용의 형태

기술을 그대로 적용	· 시간과 비용의 절감 · 기술이 적합하지 않을 경우 실패할 가능성 높음
기술은 그대로 적용하되, 불필요한 기술은 버리고 적용	· 시간과 비용의 절감, 프로세스의 효율성 · 버린 기술이 과연 불필요한가에 대한 문제제기
기술을 분석하고 가공	· 시간과 비용의 소요 · 업무환경에 맞는 프로세스를 구축할 수 있음

핵심예제

다음 중 기술을 적용하는 모습으로 가장 바람직한 것은?

① 현진 : 항상 앞서가는 동료가 선택한 기술은 다 좋을 것이므로 따라서 선택한다.
② 재호 : 기술을 적용할 때 불필요한 부분이 있을 수 있지만 검증된 기술이라면 그대로 받아들인다.
③ 상기 : 지금 내가 하고 있는 기술이 가장 좋은 기술이기 때문에 다른 기술은 굳이 받아들일 필요가 없다.
④ 지현 : 자신의 업무환경, 발전 가능성, 업무의 효율성 증가, 성과향상 등에 도움을 줄 수 있는 기술인지 판단해 선택한다.

③ 기술적용 시 고려사항

- 기술적용에 따른 비용이 많이 드는가?
- 기술의 수명주기는 어떻게 되는가?
- 기술의 전략적 중요도는 어떻게 되는가?
- 잠재적으로 응용 가능성이 있는가?

〈핵심예제〉

다음 ㉠ ~ ㉣ 중에 A회사가 기술적용 시 고려해야 할 사항으로 옳은 것을 모두 고르면?

A회사는 기계가공 제품을 생산한다. 최근 새로운 가공 기술이 개발되어 구입해 적용하고 싶지만, 소규모 주문자 맞춤형 제품 위주로 생산하는 관계로 신기술의 도입이 적절하지 않다고 판단했다. 또한 이 기술을 익숙하게 활용할 수 있도록 적응하는 데에도 일정한 시간이 요구되는데, 단기간에 기술이 진보하거나 변화할 것이라고 예상되고 있다.
㉠ 비용
㉡ 수명주기
㉢ 전략적 중요도
㉣ 잠재적 응용 가능성

① ㉠, ㉡
② ㉠, ㉡, ㉢
③ ㉡, ㉢, ㉣
④ ㉠, ㉡, ㉢, ㉣

예제풀이

기술적용 시 고려할 사항에는 비용, 수명주기, 전략적 중요도, 잠재적 응용 가능성 등이 있다.

정답 ④

④ 기술경영자의 일반적 요건

- 기술 개발이 결과 지향적으로 수행되도록 유도하는 능력
- 기술 개발 과제의 세부사항까지 파악하는 치밀함
- 기술 개발 과제의 전 과정을 전체적으로 조망하는 능력

⑤ 기술경영자에게 요구되는 행정능력

- 기술을 기업의 전반적인 전략 목표에 통합시키는 능력
- 새로운 기술을 습득하고 기존의 기술에서 탈피하는 능력
- 기술을 효과적으로 평가할 수 있는 능력
- 기술 이전을 효과적으로 할 수 있는 능력
- 새로운 제품개발 시간을 단축할 수 있는 능력
- 서로 다른 분야에 걸쳐있는 프로젝트를 수행할 수 있는 능력
- 기술 전문 인력을 운용할 수 있는 능력

기술경영자는 새로운 제품개
발 시간을 연장하는 것이 아
니라 단축할 수 있는 능력을
보유해야 한다.

정답 ③

<< 핵심예제 >>

다음 중 기술경영자에게 요구되는 능력이 아닌 것은?

① 기술을 효과적으로 평가할 수 있는 능력

② 기술 이전을 효과적으로 할 수 있는 능력

③ 새로운 제품개발 시간을 연장할 수 있는 능력

④ 빠르고 효과적으로 새로운 기술을 습득하고 기존의 기술에서 탈피하는 능력

(2) 네트워크 혁명과 융합기술

① 네트워크 혁명의 의의

사람과 사람을 연결하는 방법, 정보를 교환하는 방법 등 대상 간의 연결 방법에 혁
명적인 변화가 생기고 있는 현상을 말하며, 인터넷이 상용화된 1990년대 이후에 촉
발되었다.

② 네트워크 혁명의 특징

- 정보통신 네트워크의 전 지구성에 따라 네트워크 혁명도 진 지구적이다.
- 상호 영향이 보편화되면서 사회의 위험과 개인의 불안이 증가한다.
- '이타적 개인주의'라는 공동체 철학이 부각된다.

네트워크 혁명으로 인해 전
세계의 사람들과 나의 지식·
활동이 연결되면서 지구 반
대편에 있는 사람에게 미치
는 영향의 범위와 정도가 증
대되고, 반대로 지구 저쪽에
서 내려진 결정이 내게 영향
을 미칠 수 있는 가능성도 커
졌다.

정답 ④

<< 핵심예제 >>

다음 내용이 설명하고 있는 '이러한 사회'가 가능하게 된 것은 무엇 때문인가?

이러한 사회에서는 '이타적 개인주의'라는 새로운 공동체 철학의 의미가 부각된다.
원자화된 개인주의나 협동을 배제한 경쟁만으로는 성공을 꿈꾸기 힘들기 때문이
다. 기업과 기업 사이에, 개인과 공동체 사이에, 노동자와 기업가 사이에 새로운
창조적인 긴장 관계가 이루어지는 것이다.

① 산업 혁명   ② 자원 혁명

③ 민주화 혁명   ④ 네트워크 혁명

③ 네트워크 혁명의 3가지 법칙

무어의 법칙	컴퓨터의 파워가 18개월마다 2배씩 증가
메트칼피의 법칙	네트워크의 가치는 사용자 수의 제곱에 비례
카오의 법칙	창조성은 네트워크가 가진 다양성이 비례

예제풀이

〈 핵심예제 〉

네트워크 혁명과 관련한 다음 용어와 그것에 해당하는 설명을 연결하시오.

ⓐ 창조성은 네트워크에 접속되어 있는 다양한 지수
함수로 비례한다는 법칙
ⓑ 네트워크의 가치는 사용자 수의 제곱에 비례한다
는 법칙
ⓒ 컴퓨터의 파워가 18개월마다 2배씩 증가한다는
법칙

㉠ 무어의 법칙
㉡ 메트칼피의 법칙
㉢ 카오의 법칙

정답 ㉠ - ⓒ
㉡ - ⓑ
㉢ - ⓐ

④ 네트워크 혁명의 역기능

• 사례 : 디지털 격차(Digital Divide), 정보화에 따른 실업, 게임 중독, 반사회적
사이트 활성화, 정보기술을 이용한 감시
• 문제점 : 네트워크의 역기능과 순기능은 잘 분리가 되지 않아 해결책을 찾기 어
려움
• 해결방안 : 법적 - 제도적 기반 구축, 사회 전반에 걸친 정보화 윤리의식 강화,
시스템 보안-관리 제품의 개발

⑤ 융합기술의 의의
나노기술(NT), 생명공학기술(BT), 정보기술(IT), 인지과학(CS)의 4대 핵심기술(NBIC)
이 상호 의존적으로 결합되는 것을 의미한다.

기출유형 1

| 기술이해 |

┌연속출제┐

귀하는 반도체 회사의 기술연구팀에서 연구원으로 근무하고 있다. 하루는 인사팀에서 기술 능력이 뛰어난 신입사원 한 명을 추천해달라는 요청을 받았다. 귀하는 추천에 앞서 먼저 해당 추천서에 필요한 평가 항목을 정하려 한다. 다음 중 추천서의 평가 항목으로 적절하지 <u>않은</u> 것은 무엇인가?

① 문제를 해결하기 위해 다양한 해결책을 개발하고 평가하려는 사람인가?
② 실질적 문제해결을 위해 필요한 지식이나 자원을 선택하고 적용할 줄 아는 사람인가?
③ <u>아무런 제약이 없다면</u> 자신의 능력을 최대한 발휘할 수 있는 사람인가?
④ 처리하는 기술적 문제 사항이 실제 업무에 효용성이 있는가?
⑤ 해결에 필요한 문제를 예리하게 간파할 줄 아는 사람인가?

풀이순서

1) 질문의도
   : 뛰어난 기술능력
   → 평가항목

2) 정답도출
   : 제약하에서 최대
   능력 발휘

📋 **유형 분석** · NCS e-Book [기술능력]에서 설명하고 있는 이론을 토대로 출제된 문제이다.
· 특히 기술능력이 뛰어난 사람의 특징, 지속가능한 기술, 친환경 기술 등의 주제로 자주 출제되고 있다.

📋 **풀이 전략** 문제에서 묻고자 하는 바를 이해하고 선택지에서 정답을 고른다. 사전에 NCS e-book [기술능력]을 미리 학습해두면 풀이시간을 줄일 수 있다.

─연속출제─

※ P회사에서는 화장실의 청결을 위해 비데를 구매하고 화장실과 가까운 곳에 위치한 귀하의 팀원들에게 비데를 설치하도록 지시하였다. 다음 내용은 비데를 설치하기 위해 참고할 제품 설명서의 일부 내용이다. 이어지는 질문에 답하시오.

풀이순서

〈A/S 신청 전 확인 사항〉

현상	원인	조치방법
물이 나오지 않을 경우	급수밸브가 잠김	매뉴얼을 참고하여 급수밸브를 열어 주세요.
	정수필터가 막힘	매뉴얼을 참고하여 정수필터를 교체하여 주세요 (A/S상담실로 문의하세요).
	본체 급수호스 등이 동결	더운물에 적신 천으로 급수호스 등의 동결부위를 녹여 주세요.
기능 작동이 되지 않을 경우	ⓐ 수도필터가 막힘	흐르는 물에 수도필터를 닦아 주세요.
	ⓑ 착좌센서 오류	착좌센서에서 의류, 물방울, 이물질 등을 치워 주세요.
수압이 약할 경우	수도필터에 이물질이 낌	흐르는 물에 수도필터를 닦아 주세요.
	본체의 호스가 꺾임	호스의 꺾인 부분을 펴 주세요.
노즐이 나오지 않을 경우	착좌센서 오류	착좌센서에서 의류, 물방울, 이물질을 치워 주세요.
본체가 흔들릴 경우	고정 볼트가 느슨해짐	고정 볼트를 다시 조여 주세요.
비데가 작동하지 않을 경우	급수밸브가 잠김	매뉴얼을 참고하여 급수밸브를 열어 주세요.
	급수호스의 연결문제	급수호스의 연결상태를 확인해 주세요. 계속 작동하지 않는다면 A/S상담실로 문의하세요.
변기의 물이 샐 경우	급수호스가 느슨해짐	급수호스 연결부분을 조여 주세요. 계속 샐 경우 급수밸브를 잠근 후 A/S상담실로 문의하세요.

3) 원인확인
  : ⓐ ~ ⓑ

귀하는 지시에 따라 비데를 설치하였다. 일주일이 지난 뒤, 동료 K사원으로부터 비데의 기능이 작동하지 않는다는 사실을 접수하였다. 다음 중 귀하가 해당 문제점에 대한 원인을 파악하기 위해 확인해야 할 사항 으로 적절한 것은?

① 급수밸브의 잠김 여부
③ 정수필터의 청결 상태
⑤ 비데의 고정 여부

☑ 수도필터의 청결 상태
④ 급수밸브의 연결 상태

1) 질문의도
  : 원인 → 확인사항

2) 상황확인
  : 비데 기능 작동 ×

4) 정답도출

📑 **유형 분석**
• 제품설명서 등을 읽고 제시된 문제 상황에 적절한 해결책을 찾는 문제이다.
• 흔히 기업에서 사용하고 있는 제품이나 기계들의 설명서가 제시된다.
• 문제에서 제시하는 정보가 많고 길이가 긴 경우가 많아 실수를 하기 쉽다.

📑 **풀이 전략**
문제에서 의도한 바(문제원인, 조치사항 등)를 확인한 후, 이를 해결할 수 있는 정보를 찾아 문제를 풀어간다.

※ 다음은 비데를 설치하기 위해 참고할 제품설명서의 일부 내용이다. 이어지는 질문에 답하시오. **[1~3]**

〈설치방법〉

1) 비데 본체의 변좌와 변기의 앞면이 일치되도록 전후로 고정하십시오.
2) 비데용 급수호스를 정수필터와 비데 본체에 연결한 후 급수밸브를 열어 주십시오.
3) 전원을 연결하십시오(반드시 전용 콘센트를 사용하십시오).
4) 비데가 작동하는 소리가 들린다면 설치가 완료된 것입니다.

〈주의사항〉

• 전원은 반드시 AC220V에 연결하십시오(반드시 전용 콘센트를 사용하십시오).
• 변좌에 걸터앉지 말고 항상 중앙에 앉고, 변좌 위에 어떠한 것도 놓지 마십시오(착좌센서가 동작하지 않을 수도 있습니다).
• 정기적으로 수도필터와 정수필터를 청소 또는 교환해 주십시오.
• 급수밸브를 꼭 열어 주십시오.

〈A/S 신청 전 확인 사항〉

현상	원인	조치방법
물이 나오지 않을 경우	급수 밸브가 잠김	매뉴얼을 참고하여 급수밸브를 열어 주세요.
	정수필터가 막힘	매뉴얼을 참고하여 정수필터를 교체해 주세요(A/S상담실로 문의하세요).
	본체 급수호스 등이 동결	더운물에 적신 천으로 급수호스 등의 동결부위를 녹여 주세요.
기능 작동이 되지 않을 경우	수도필터가 막힘	흐르는 물에 수도필터를 닦아 주세요.
	착좌센서 오류	착좌센서에서 의류, 물방울, 이물질 등을 치워 주세요.
수압이 약할 경우	수도필터에 이물질이 낌	흐르는 물에 수도필터를 닦아 주세요.
	본체의 호스가 꺾임	호스의 꺾인 부분을 펴 주세요.
노즐이 나오지 않을 경우	착좌센서 오류	착좌센서에서 의류, 물방울, 이물질을 치워 주세요.
본체가 흔들릴 경우	고정 볼트가 느슨해짐	고정 볼트를 다시 조여 주세요.
비데가 작동하지 않을 경우	급수밸브가 잠김	매뉴얼을 참고하여 급수밸브를 열어 주세요.
	급수호스의 연결문제	급수호스의 연결상태를 확인해 주세요. 계속 작동하지 않는다면 A/S상담실로 문의하세요.
변기의 물이 샐 경우	급수호스가 느슨해짐	급수호스 연결부분을 조여 주세요. 계속 샐 경우 급수 밸브를 잠근 후 A/S상담실로 문의하세요.

01 P사원은 지시에 따라 비데를 설치하였다. 일주일이 지난 뒤, 비데의 기능이 작동하지 않는다는 사실을 알게 되었을 때, 해당 문제점에 대한 원인을 파악하기 위해 확인해야 할 사항으로 적절한 것은?

① 급수밸브의 잠김 여부
② 수도필터의 청결 상태
③ 정수필터의 청결 상태
④ 급수밸브의 연결 상태

02 01번의 문제에서 확인한 사항이 추가로 다른 문제를 일으킬 수 있는지 미리 점검하고자 한다. 다음 중 P사원이 취할 행동으로 적절한 것은?

① 수압이 약해졌는지 확인한다.
② 물이 나오지 않는지 확인한다.
③ 본체가 흔들리는지 확인한다.
④ 노즐이 나오지 않는지 확인한다.

03 01 ~ 02번과 동일한 현상이 재발되지 않도록 하기 위한 근본적인 해결방안으로 가장 적절한 것은?

① 변좌에 이물질이나 물방울이 남지 않도록 수시로 치워준다.
② 정수필터가 막히지 않도록 수시로 점검하고 교체한다.
③ 수도필터가 청결함을 유지할 수 있도록 수시로 닦아준다.
④ 급수호수가 꺾여있는 부분이 없는지 수시로 점검한다.

※ 다음은 LPG 차량의 동절기 관리 요령에 대해 설명한 자료이다. 이어지는 질문에 답하시오. [4~5]

〈LPG 차량의 동절기 관리 요령〉

LPG 차량은 가솔린이나 경유에 비해 비등점이 낮은 특징을 갖고 있기 때문에 대기온도가 낮은 겨울철에 시동을 걸기 힘들다는 결점이 있습니다. 동절기 시동성 향상을 위해 다음 사항을 준수하시기 바랍니다.

▶ LPG 충전

동절기에 상시 운행지역을 벗어나 추운 지방으로 이동할 경우에는 도착지 LPG 충전소에서 연료를 완전 충전하시면 다음 날 시동이 보다 용이합니다. 이는 지역별로 외기온도에 따라 시동성 향상을 위해 LPG 내에 포함된 프로판 비율이 다르며, 추운 지역의 LPG는 프로판 비율이 높기 때문입니다(동절기에는 반드시 프로판 비율이 15 ~ 35%를 유지하도록 관련 법규에 명문화되어 있습니다).

▶ 주차 시 요령

가급적 건물 내 또는 주차장에 주차하는 것이 좋으나, 부득이 옥외에 주차할 경우에는 엔진 위치가 건물벽 쪽을 향하도록 주차하거나, 차량 앞쪽을 해가 뜨는 방향으로 주차함으로써 태양열의 도움을 받을 수 있도록 하는 것이 좋습니다.

▶ 시동 요령
- 엔진 시동 전에 반드시 안전벨트를 착용하여 주십시오.
- 주차 브레이크 레버를 당겨주십시오.
- 모든 전기장치는 OFF하여 주십시오.
- 점화스위치를 'ON' 위치로 하여 주십시오.
- 저온(혹한기) 조건에서는 계기판에 PTC 작동 지시등이 점등됩니다.
  - PTC 작동 지시등의 점등은 차량 시동성 향상을 위한 것으로 부품의 성능에는 영향이 없습니다.
  - 주행 후 단시간 시동 시에는 점등되지 않을 수 있습니다.
- PTC 작동 지시등이 소등되었는지 확인 후, 엔진 시동을 걸어 주십시오.

▶ 시동 시 주의 사항

시동이 잘 안 걸리는 경우 1회에 10초 이내로만 시동을 거십시오. 계속해서 시동을 걸면 배터리가 방전될 수 있습니다.

▶ 시동 직후 주의 사항
- 낮은 온도에서 시동을 걸면 계기판에 가속방지 지시등이 점등됩니다.
- 가속방지 지시등의 점등은 주행성 향상을 위한 것으로 부품의 성능에는 영향이 없습니다.
- 가속방지 지시등이 점등된 때는 고속 주행을 삼가십시오.
- 가속방지 지시등이 점등된 때의 급가속, 고속 주행은 연비하락 및 엔진꺼짐 등의 원인이 될 수 있습니다.
- 가급적 가속방지 지시등이 소등된 후에 주행하여 주시길 바랍니다.

04 다음 자료를 참고할 때, 동절기 LPG 차량 시동 요령으로 적절하지 않은 것은?

① 점화스위치를 켜둔다.
② PTC 작동 지시등의 소등 여부를 확인한다.
③ 시동 전에 안전벨트를 착용한다.
④ 모든 전기장치를 켜둔다.

05 다음 자료를 읽고 이해한 내용으로 적절하지 않은 것은?

① 옥외에 주차할 경우 차량 앞쪽을 해가 뜨는 방향에 주차하는 것이 좋다.
② PTC 작동 지시등의 점등은 부품 성능에 영향이 없다.
③ 추운 지역의 LPG는 따뜻한 지역보다 프로판 비율이 낮다.
④ 가속방지 지시등 점등 시 고속 주행을 삼가도록 한다.

06 다음 중 코닥이 몰락하게 된 원인은?

> 1980년대에 세계 필름 시장의 2/3를 지배했던 '필름의 명가' 코닥사는 131년의 역사를 가지고 있다. 그런 코닥의 몰락을 가져온 디지털 카메라를 처음 개발한 회사는 역설적이게도 코닥 그 자신이었다. 코닥 카메라는 세계 최초로 1975년 디지털 카메라를 개발하였지만 이 기술로 돈을 벌지 못하였다. 이유는 디지털 시대가 도래했지만 이 신기술에 대한 미온적인 태도로 디지털 카메라를 무시했기 때문이다. 코닥은 디지털 카메라보다 회사의 주요 제품인 필름이 필요한 즉석 카메라에 집중했다. 폴라로이드와 즉석 카메라 특허로 분쟁을 일으키기까지 하였다. 한편 디지털 카메라를 적극적으로 받아들인 일본의 소니, 캐논 등이 디지털 카메라 시장으로 진출하자 필름 카메라의 영역은 급속하게 축소되었다. 뒤늦게 코닥이 디지털 카메라 시장에 뛰어들지만 상황을 바꾸기에는 역부족이었다.

① 폴라로이드의 시장 점유율이 코닥을 뛰어 넘었기 때문이다.
② 변화하는 추세를 따라가지 못했기 때문이다.
③ 즉석 카메라 기술 비용으로 자금난에 시달렸기 때문이다.
④ 새로운 분야에 계속해서 도전했기 때문이다.

※ 다음은 정수기 사용 설명서이다. 이어지는 질문에 답하시오. [7~9]

〈제품규격〉

모델명	SDWP-8820
전원	AC 220V/60Hz
외형치수	260(W)×360(D)×1100(H)(단위 : mm)

〈설치 시 주의사항〉

• 낙수, 우수, 목욕탕, 샤워실, 옥외 등 제품에 물이 닿거나 습기가 많은 장소에는 설치하지 마십시오.
• 급수호스가 꼬이거나 꺾이게 하지 마십시오.
• 화기나 직사광선은 피하십시오.
• 단단하고 수평한 곳에 설치하십시오.
• 제품은 반드시 냉수배관에 연결하십시오.
• 설치 위치는 벽면에서 20cm 이상 띄워 설치하십시오.

〈필터 종류 및 교환시기〉

구분	1단계	2단계	3단계	4단계
필터	세디먼트	프리카본	UF중공사막	실버블록카본
교환시기	약 4개월	약 8개월	약 20개월	약 12개월

〈청소〉

세척 부분	횟수	세척방법
외부	7일 1회	플라스틱 전용 세척제 및 젖은 헝겊으로 닦습니다(시너 및 벤젠은 제품의 변색이나 표면이 상할 우려가 있으므로 사용하지 마십시오).
물받이통	수시	중성세제로 닦습니다.
취수구	1일 1회	히든코크를 시계 반대 방향으로 돌려서 분리하고 취수구를 멸균 면봉을 사용하여 닦습니다. 히든코크는 젖은 헝겊을 사용하여 닦습니다.
피팅(연결구)	2년 1회 이상	필터 교환 시 피팅 또는 튜빙을 점검하고 필요시 교환합니다.
튜빙(배관)		

〈제품 이상 시 조치방법〉

현상	예상원인	조치방법
온수 온도가 낮음	공급 전원 낮음	공급 전원이 220V인지 확인하고 아니면 전원을 220V로 맞춰 주십시오.
	온수 램프 확인	온수 램프에 전원이 들어오는지 확인하고 제품 뒷면의 온수 스위치가 켜져 있는지 확인하십시오.
냉수가 안 됨	공급 전원 낮음	공급 전원이 220V인지 확인하고 아니면 전원을 220V로 맞춰 주십시오.
	냉수 램프 확인	냉수 램프에 전원이 들어오는지 확인하고 제품 뒷면의 냉수 스위치가 켜져 있는지 확인하십시오.
물이 나오지 않음	필터 수명 종료	필터 교환 시기를 확인하고 서비스센터에 연락하십시오.
	연결 호스 꺾임	연결 호스가 꺾인 부분이 있으면 그 부분을 펴 주십시오.

냉수는 나오는데 온수가 안 나옴	온도 조절기 차단	제품 뒷면의 온수 스위치를 끄고 서비스센터에 연락하십시오.
	히터 불량	
정수물이 너무 느리게 채워짐	필터 수명 종료	서비스센터에 연락하고 필터를 교환하십시오.
제품에서 누수 발생	조립 부위 불량	원수밸브를 잠근 후 작동을 중지시키고 서비스센터에 연락하십시오.
불쾌한 맛이나 냄새 발생	냉수 탱크 세척 불량	냉수 탱크를 세척하여 주십시오.

07 다음 자료를 기준으로 판단할 때 정수기에 대한 설명으로 옳지 않은 것을 고르면?

① 정수기 청소는 하루에 최소 2곳을 해야 한다.
② 불쾌한 맛이나 냄새가 발생하면 냉수 탱크를 세척하면 된다.
③ 적정 시기에 필터를 교환하지 않으면 발생할 수 있는 문제는 2가지이다.
④ 정수기의 크기는 가로 26cm, 깊이 36cm, 높이 110cm이다.

08 다음 중 제품에 문제가 발생했을 때, 서비스센터에 연락해야만 해결이 가능한 현상이 아닌 것은?

① 정수물이 너무 느리게 채워진다.
② 물이 나오지 않는다.
③ 제품에서 누수가 발생한다.
④ 냉수는 나오는데 온수가 나오지 않는다.

09 다음 자료를 기준으로 판단할 때, 〈보기〉에서 정수기에 대한 설명으로 옳은 것을 모두 고르면?

> **보기**
> ㄱ. 정수기에 사용되는 필터는 총 4개이다.
> ㄴ. 급한 경우에는 시너나 벤젠을 사용하여 정수기 외부를 청소해도 된다.
> ㄷ. 3년 사용할 경우 프리카본 필터는 3번 교환해야 한다.
> ㄹ. 벽면과의 간격을 10cm로 하여 정수기를 설치하면 문제가 발생할 수 있다.

① ㄱ, ㄴ ② ㄱ, ㄷ
③ ㄱ, ㄹ ④ ㄴ, ㄷ

10 회사 공식 블로그를 담당하는 B사원은 게시물 마지막에 '영리적인 목적으로 사용해서는 안 되며 저작자를 밝히면 자유로운 이용이 가능함'을 뜻하는 저작권 마크를 항상 입력한다. B사원이 사용하는 마크는?

구분	BY	NC	ND	SA
마크	![BY]	![NC]	![ND]	![SA]
의미	저작권표시	비영리목적	변경금지	동일조건변경허락

①

②

③

④

PART
2

실전모의고사

제1회

사무직 / 역무직
실전모의고사

※ 인천메트로서비스 실전모의고사는 채용공고를 기준으로 구성한 것으로
실제 시험과 다를 수 있습니다.

■ 취약영역 분석

번호	O/×	영역	번호	O/×	영역	번호	O/×	영역
1			16			31		
2			17			32		
3			18			33		대인관계능력
4			19			34		
5			20			35		
6			21			36		
7			22			37		
8		의사소통능력	23		문제해결능력	38		정보능력
9			24			39		
10			25			40		
11			26					
12			27					
13			28					
14			29					
15			30					

평가 문항	40문항	맞힌 개수	문항	시작시간	:
평가 시간	50분	취약 영역		종료시간	:

사무직 / 역무직
제 1 회 FINAL

실전모의고사

🕐 응시시간 : 50분   📝 문항 수 : 40문항

모바일
OMR
답안분석
서비스

정답 및 해설 p.30

01 다음 글의 빈칸에 들어갈 문장을 〈보기〉에서 찾아 올바른 순서로 나열한 것은?

한 조사 기관에 따르면, 해마다 척추 질환으로 병원을 찾은 청소년들이 연평균 5만 명에 이르며 그 수가 지속적으로 증가하고 있다. 청소년의 척추 질환은 성장을 저해하고 학업의 효율성을 저하시킬 수 있다. ____(가)____ 따라서 청소년 척추 질환의 원인을 알고 예방하기 위한 노력이 필요하다.

전문가들은 앉은 자세에서 척추에 가해지는 하중이 서 있는 자세에 비해 1.4배 정도 크기 때문에 책상 앞에 오래 앉아 있는 청소년들의 경우, 척추 건강에 적신호가 켜질 가능성이 매우 높다고 말한다. 또한, 전문가들은 청소년들의 운동 부족도 청소년 척추 질환의 원인이라고 강조한다. 척추 건강을 위해서는 기립근과 장요근 등을 강화하는 근력 운동이 필요하다. 그런데 실제로 질병관리본부의 조사에 따르면, 청소년들 가운데 주 3일 이상 근력 운동을 하고 있다고 응답한 비율은 남성이 약 33%, 여성이 약 9% 정도밖에 되지 않았다.

청소년들이 생활 속에서 비교적 쉽게 척추 질환을 예방할 수 있는 방법은 무엇일까? 첫째, 바른 자세로 책상 앞에 앉아 있는 습관을 들여야 한다. ____(나)____ 또한 책을 보기 위해 고개를 아래로 많이 숙이는 행동은 목뼈가 받는 부담을 크게 늘려 척추 질환을 유발하므로 책상 높이를 조절하여 목과 허리를 펴고 반듯하게 앉아 책을 보는 것이 좋다. 둘째, 틈틈이 척추 근육을 강화하는 운동을 해 준다. ____(다)____

그리고 발을 어깨보다 약간 넓게 벌리고 서서 양손을 허리에 대고 상체를 서서히 뒤로 젖혀 준다. 이러한 동작들은 척추를 지지하는 근육과 인대를 강화시켜 척추가 휘어지거나 구부러지는 것을 막아 준다. 따라서 이런 운동은 척추 건강을 위해 반드시 필요하다.

보기

㉠ 허리를 곧게 펴고 앉아 어깨를 뒤로 젖히고 고개를 들어 하늘을 본다.
㉡ 그렇기 때문에 적절한 대응 방안이 마련되지 않으면 문제가 더욱 심각해질 것이다.
㉢ 의자에 앉아 있을 때는 엉덩이를 의자 끝까지 밀어 넣고 등받이에 반듯하게 상체를 기대 척추를 꼿꼿하게 유지해야 한다.

	(가)	(나)	(다)
①	㉡	㉠	㉢
②	㉡	㉢	㉠
③	㉢	㉠	㉡
④	㉢	㉡	㉠

02 다음 빈칸에 들어갈 말이 올바르게 연결된 것은?

피드백의 효과를 극대화하기 위해서는 다음과 같은 반응의 세 가지 규칙을 지켜야 한다.
- _____㉠_____ : 시간을 낭비하지 않는 것. 시간이 갈수록 피드백의 영향력은 줄어들기 때문에 상대방에게 바로 피드백을 주어야 한다.
- _____㉡_____ : 진정한 반응뿐만 아니라 조정하고자 하는 마음 또는 보이고 싶지 않은 부정적인 느낌까지 보여주어야 한다.
- _____㉢_____ : _____㉡_____ 하다고 해서 잔인해서는 안 된다. 부정적인 의견을 표현할 때도 부드럽게 표현하는 방법을 사용하여야 한다.
이러한 쌍방적 의사소통은 화자와 청자 모두에게 도움이 된다.

	㉠	㉡	㉢
①	즉각적	진실	공감
②	효율적	진실	지지
③	즉각적	정직	지지
④	효율적	정직	지지

03 다음 중 문서이해의 절차를 올바르게 나열한 것은?

㉠ 문서의 목적을 이해
㉡ 상대방의 의도를 도표나 그림 등으로 메모하여 요약·정리
㉢ 문서를 통해 상대방의 욕구와 의도 및 요구되는 행동에 관한 내용 분석
㉣ 문서의 정보를 밝혀내고 문서가 제시하고 있는 현안 문제 파악
㉤ 문서에서 이해한 목적 달성을 위해 취해야 할 행동을 생각하고 결정
㉥ 문서가 작성되게 된 배경과 주제 파악

① ㉠ - ㉡ - ㉢ - ㉣ - ㉤ - ㉥
② ㉠ - ㉥ - ㉣ - ㉢ - ㉤ - ㉡
③ ㉡ - ㉢ - ㉣ - ㉤ - ㉥ - ㉠
④ ㉥ - ㉠ - ㉣ - ㉢ - ㉤ - ㉡

04 공감적 이해의 단계를 인습적 수준, 기본적 수준, 심층적 수준 세 가지 수준으로 나누어 볼 때, 다음 사례에 나타난 A ~ C는 각각 어느 수준에 해당하는가?

A ~ C는 같은 초등학교에 다니고 있는 아이들의 학부모로, 서로 나이도 비슷하고 취미도 비슷하여 친하게 지내고 있다. 그러나 이 셋은 아이들과 대화할 때 대화 방식에서 큰 차이를 보인다.

초등학생인 아이가 "학교 숙제는 제가 알아서 할게요. 자꾸 집에 오면 숙제부터 먼저 하라고 하시는데 제가 작성한 하루 일과표에 따라 순서대로 할게요."라고 하였을 때, A ~ C는 다음과 같이 이야기하였다.

A : "지난번에도 알아서 하겠다고 해놓고, 결국엔 잊어버려서 학교에 가서 혼나지 않았니? 엄마, 아빠 말 들어서 나쁠 거 하나 없어."

B : "이제 스스로 더 잘 할 수 있다는 이야기구나. 하루 일과표를 지키겠다는 책임감도 갖게 된 것 같구나."

C : "엄마, 아빠가 너무 학교 숙제에 대해서만 이야기해서 기분이 상했구나."

	A	B	C
①	인습적	기본적	심층적
②	인습적	심층적	기본적
③	기본적	인습적	심층적
④	기본적	심층적	인습적

05 다음 중 제시된 문장 뒤에 이어질 내용을 논리적 순서에 맞게 나열한 것은?

녹조(綠藻)란 강이나 호수에 조류가 과도하게 성장하여 물의 색이 짙은 녹색으로 변하는 현상을 말한다.

㉠ 이는 물고기들의 호흡에 지장을 주고, 결국 죽은 물고기들이 악취를 유발하여 사람들에게 피해를 주게 된다.
㉡ 이처럼 유해 요소를 배출하는 녹조는 최근 계절에 관계없이 발생하며 다양한 환경 문제를 일으키고 있다.
㉢ 그러나 조류의 양이 너무 많아지면 녹조 현상이 나타나고, 이 현상이 심화되면 각종 유해 요소가 배출된다.
㉣ 번식한 녹조는 수중으로 햇빛이 닿거나 산소가 녹아드는 것을 막아 물속의 산소량을 감소시킨다.
㉤ 녹조의 원인이 되는 조류는 식물 플랑크톤으로, 수생태계에서 1차 생산자의 역할을 하는 수생태계에 꼭 필요한 존재이다.

① ㉡ - ㉤ - ㉢ - ㉣ - ㉠
② ㉢ - ㉣ - ㉤ - ㉠ - ㉡
③ ㉢ - ㉤ - ㉣ - ㉡ - ㉠
④ ㉤ - ㉢ - ㉡ - ㉣ - ㉠

06 다음은 대화 과정에서 지켜야 할 협력의 원리에 대한 설명이다. 자료를 참고할 때, 〈보기〉의 사례에 대한 설명으로 옳은 것은?

> 협력의 원리란 대화 참여자가 대화의 목적에 최대한 기여할 수 있도록 서로 협력해야 한다는 것으로, 듣는 사람이 요구하지 않은 정보를 불필요하게 많이 제공하거나 대화의 목적이나 주제에 맞지 않는 내용을 말하는 것은 바람직하지 않다. 협력의 원리를 지키기 위해서는 다음과 같은 사항을 고려해야 한다.
> • 양의 격률 : 필요한 만큼만 정보를 제공해야 한다.
> • 질의 격률 : 타당한 근거를 들어 진실한 정보를 제공해야 한다.
> • 관련성의 격률 : 대화의 목적이나 주제와 관련된 것을 말해야 한다.
> • 태도의 격률 : 모호하거나 중의적인 표현을 피하고, 간결하고 조리 있게 말해야 한다.

> **보기**
>
> A사원 : 오늘 점심은 어디로 갈까요?
> B대리 : 아무거나 먹읍시다. 오전에 간식을 먹었더니 배가 별로 고프진 않은데, 아무 데나 괜찮습니다.

① B대리는 불필요한 정보를 제공하고 있으므로 양의 격률을 지키지 않았다.
② B대리는 거짓된 정보를 제공하고 있으므로 질의 격률을 지키지 않았다.
③ B대리는 질문에 적합하지 않은 대답을 하고 있으므로 관련성의 격률을 지키지 않았다.
④ B대리는 대답을 명료하게 하지 않고 있으므로 태도의 격률을 지키지 않았다.

07 직장 내에서의 의사소통은 반드시 필요하지만, 적절한 의사소통을 형성한다는 것은 쉽지 않다. 다음과 같은 갈등 상황을 유발하는 원인으로 가장 적절한 것은?

> 기획팀의 K대리는 팀원 3명과 함께 프로젝트를 수행하고 있다. K대리는 이번 프로젝트를 조금 여유 있게 진행할 것을 팀원들에게 요청하였다. 팀원들은 프로젝트 진행을 위해 회의를 진행하였는데, L사원과 P사원의 의견이 서로 대립하는 바람에 결론을 내리지 못한 채 회의를 마치게 되었다. K대리가 회의 내용을 살펴본 결과 L사원은 프로젝트 기획 단계에서 좀 더 꼼꼼하고 상세한 자료를 모으자는 의견이었고, 반대로 P사원은 여유 있는 시간을 프로젝트 수정·보완 단계에서 사용하자는 의견이었다.

① L사원과 P사원이 K대리의 의견을 서로 다르게 받아들였기 때문이다.
② L사원은 K대리의 고정적 메시지를 잘못 이해하고 있기 때문이다.
③ L사원과 P사원이 자신의 정보를 상대방이 이해하기 어렵게 표현하고 있기 때문이다.
④ L사원과 P사원이 서로 잘못된 정보를 전달하고 있기 때문이다.

지난 2002년 프랑스의 보케 교수는 물수제비 횟수는 돌의 속도가 빠를수록 증가하며, 최소 한 번 이상 튀게 하려면 시속 1km는 되어야 한다는 실험 결과를 발표하면서 수평으로 걸어준 회전이 또한 중요한 변수라고 지적했다. 즉, 팽이가 쓰러지지 않고 균형을 잡는 것처럼 돌에 회전을 걸어주면 돌이 수평을 유지하여 평평한 쪽이 수면과 부딪칠 수 있다. 그러면 돌은 물의 표면장력을 효율적으로 이용해 위로 튕겨 나간다는 것이다.

물수제비 현상에서는 또 다른 물리적 원리를 생각할 수 있다. 단면(斷面)이 원형인 물체를 공기 중에 회전시켜 던지면 물체 표면 주변의 공기가 물체에 끌려 물체와 동일한 방향으로 회전하게 된다. 또한, 물체 외부의 공기는 물체의 진행 방향과는 반대 방향으로 흐르게 된다. 이때 베르누이의 원리에 따르면, 물체 표면의 회전하는 공기가 물체 진행 방향과 반대편으로 흐르는 쪽은 공기의 속도가 빨라져 압력이 작아지지만, 물체 진행 방향과 동일한 방향으로 흐르는 쪽의 공기는 속도가 느려 압력이 커지게 되고, 결국 회전하는 물체는 압력이 낮은 쪽으로 휘어 날아가게 된다. 이를 '마그누스 효과'라고 하는데, 돌을 회전시켜 던지면 바로 이런 마그누스 효과로 인해 물수제비가 더 잘 일어날 수 있는 것이다. 이에 보케 교수는 공기의 저항을 줄이기 위해 돌에 구멍을 내는 것도 물수제비 발생에 도움이 될 것이라고 말했다.

최근 프랑스 물리학자 클라네 박사와 보케 교수가 밝혀낸 바에 따르면 물수제비의 핵심은 돌이 수면을 치는 각도에 있었다. 이들은 알루미늄 원반을 자동 발사하는 장치를 만들고 1백 분의 1초 이하의 순간도 잡아내는 고속 비디오카메라로 원반이 수면에 부딪치는 순간을 촬영했다. 그 결과 알루미늄 원반이 물에 빠지지 않고 최대한 많이 수면을 튕겨 가게 하려면 원반과 수면의 각도를 20°에 맞춰야 한다는 사실을 알아냈다. 클라네 박사의 실험에서 20°보다 낮은 각도로 던져진 돌은 일단 수면에서 튕겨 가기는 하지만 그 다음엔 수면에 맞붙어 밀려가면서 운동에너지를 모두 잃어버리고 물에 빠져 버렸다. 돌이 수면과 부딪치는 각도가 45°보다 크게 되면 곧바로 물에 빠져 들어가 버렸다.

물수제비를 실제로 활용한 예도 있다. 2차 대전이 한창이던 1943년, 영국군은 독일 루르 지방의 수력 발전용 댐을 폭파해 군수 산업에 치명타를 가했다. 고공 폭격으로는 댐을 정확하게 맞추기 어렵고, 저공으로 날아가 폭격을 하자니 폭격기마저 폭발할 위험이 있었다. 그래서 영국 공군은 4t 무게의 맥주통 모양 폭탄을 제작하여 18m의 높이로 저공비행을 하다가 댐 약 800m 앞에서 폭탄을 분당 500회 정도의 역회전을 시켜 투하시켰다. 포탄은 수면을 몇 번 튕겨 나간 다음 의도한 대로 정확히 댐 바로 밑에서 폭발했다.

이러한 물수제비 원리가 응용된 것이 성층권 비행기 연구이다. 즉, 이륙 후 약 40km 상공의 성층권까지 비행기가 올라가서 엔진을 끈 후 아래로 떨어지다가 밀도가 높은 대기층을 만나면 물수제비처럼 튕겨 오르게 된다. 이때 엔진을 다시 점화해 성층권까지 올라갔다가 또 다시 아래로 떨어지면서 대기층을 튕겨 가는 방식을 되풀이한다. 과학자들은 비행기가 이런 식으로 18번의 물수제비를 뜨면 시카고에서 로마까지 72분에 갈 수 있을 것으로 기대하고 있다. 과학자들은 ㉠ 우리 주변에서 흔히 보는 물수제비를 바탕으로 초고속 비행기까지 생각해냈다. 그 통찰력이 참으로 놀랍다.

08 윗글의 내용과 일치하는 것은?

① 돌이 무거울수록 물수제비 현상은 더 잘 일어난다.

② 돌의 표면이 거칠수록 물의 표면장력은 더 커진다.

③ 돌을 회전시켜 던지면 공기 저항을 최소화할 수 있다.

④ 수면에 부딪친 돌의 운동에너지가 유지되어야 물수제비가 일어난다.

09 다음 중 ㉠과 유사한 사례로 볼 수 없는 것은?

① 프리즘을 통해 빛이 분리되는 것을 알고 무지개 색을 규명해냈다.
② 새가 날아갈 때 날개에 양력이 생김을 알고 비행기를 발명하게 되었다.
③ 푸른곰팡이에 세균을 죽이는 성분이 있음을 알고 페니실린을 만들어냈다.
④ 물이 넘치는 것을 통해 부력이 존재함을 알고 거대한 유조선을 바다에 띄웠다.

10 W회사의 신입사원인 A ~ E는 회사에서 문서작성 시 주의해야 할 사항에 대한 교육을 받은 뒤 이에 대해 서로 이야기를 나누었다. 〈보기〉에서 잘못된 내용을 이야기하고 있는 사람을 모두 고르면?

> 보기
>
> A사원 : 문서를 작성할 때는 주로 '누가, 언제, 어디서, 무엇을, 어떻게, 왜'의 육하원칙에 따라 작성해야 해.
> B사원 : 물론 육하원칙에 따라 글을 작성하는 것도 중요하지만, 되도록 글이 한눈에 들어올 수 있도록 하나의 사안은 한 장의 용지에 작성해야 해.
> C사원 : 글은 한 장의 용지에 작성하되, 자료는 최대한 많이 첨부하여 문서를 이해하는 데 어려움이 없도록 하는 것이 좋아.
> D사원 : 문서를 작성한 후에는 내용을 다시 한 번 검토해 보면서 높임말로 쓰인 부분은 없는지 살펴보고, 있다면 이를 낮춤말인 '해라체'로 고쳐 써야 해.
> E사원 : 특히 문서나 첨부 자료에 금액이나 수량, 일자 등이 사용되었다면 정확하게 쓰였는지 다시 한 번 꼼꼼하게 검토하는 것이 좋겠지.

① A사원, B사원
② A사원, C사원
③ B사원, E사원
④ C사원, D사원

11 의사표현에서는 말하는 사람이 말하는 순간 듣는 사람이 바로 알아들을 수 있어야 하므로 어떠한 언어를 사용하는지가 매우 중요하다. 〈보기〉에서 의사표현에 사용되는 언어로 적절하지 않은 것을 모두 고르면?

> 보기
>
> ㉠ 이해하기 쉬운 언어
> ㉡ 상세하고 구체적인 언어
> ㉢ 간결하면서 정확한 언어
> ㉣ 전문적 언어
> ㉤ 단조로운 언어
> ㉥ 문법적 언어

① ㉠, ㉡
② ㉡, ㉢
③ ㉢, ㉣
④ ㉣, ㉤

12 다음 중 경청 훈련 방법과 사례가 잘못 연결된 것은?

	방법	사례
①	주의 기울이기	A씨는 말을 하고 있는 B씨의 얼굴과 몸의 움직임뿐만 아니라 호흡하는 자세까지도 주의하여 관찰하고 있다. 또한 B씨의 어조와 억양, 소리 크기에도 귀를 기울이고 있다.
②	상대방의 경험을 인정하고 더 많은 정보 요청하기	C씨는 자신의 경험담을 이야기하고 있는 D씨에게 관심과 존경을 보이고 있으며, D씨가 계속해서 이야기를 할 수 있도록 질문을 던지기도 한다.
③	정확성을 위해 요약하기	E씨는 유치원에서 친구와 다투었다는 아이의 말을 듣고는 "친구와 간식을 두고 다툼을 해서 너의 기분이 좋지 않구나."라며 아이의 이야기를 자신의 말로 반복하여 표현하였다.
④	개방적인 질문	F씨는 G씨에 대한 이해의 정도를 높이기 위해 주말에 부산으로 여행을 간다는 G씨에게 이번 여행은 누구와 가는지 질문하고 있다.

13 다음 사례에 나타난 A씨의 문제점으로 가장 적절한 것은?

안 좋은 일이 발생하면 항상 자신을 탓하는 편인 A씨는 친구가 약속 시간에 늦는 경우에도 "내가 빨리 나온 게 죄지."라고 말한다. 또한 A씨는 평소 사소한 실수에도 '죄송합니다.', '미안합니다.' 등의 표현을 입에 달고 산다. 다른 사람에 의해 발생한 실수에도 자신이 미안해하는 탓에 A씨를 잘 모르는 사람들은 A씨를 예의 바른 사람으로 평가한다. 그러나 A씨를 오랫동안 지켜본 사람들은 A씨의 그런 태도가 오히려 A씨의 이미지를 부정적으로 만들고 있다고 이야기한다.

① 무엇을 보든지 부정적으로 평가를 내린다.
② 상대의 말에 공감을 하지 않는다.
③ 낮은 자존감과 열등감으로 자기 자신을 대한다.
④ 자신의 대화 패턴을 제대로 이해하지 못한다.

14 다음 중 제시된 문단을 읽고, (가) ~ (라) 문단을 논리적 순서대로 올바르게 나열한 것은?

아놀드 토인비는 『역사의 연구』를 펴내며 역사 연구의 기본단위를 국가가 아닌 문명으로 설정했다. 그는 예를 들어 영국이 대륙과 떨어져 있을지라도 유럽의 다른 나라들과 서로 영향을 미치며 발전해 왔으므로, 영국의 역사는 그 자체만으로는 제대로 이해할 수 없고 서유럽 문명이라는 틀 안에서 바라보아야 한다고 하였다. 그는 문명 중심의 역사를 이해하기 위한 몇 가지 가설들을 세웠다. 그리고 방대한 사료를 바탕으로 그 가설들을 검증하여 문명의 발생과 성장 그리고 쇠퇴 요인들을 규명하려 하였다.

(가) 여기서 중요한 것은 그 환경이 역경이라는 점이다. 인간의 창의적 행동은 역경을 당해 이를 이겨 내려는 분투 과정에서 발생하기 때문이다.

(나) 토인비가 세운 가설들의 중심축은 '도전과 응전' 및 '창조적 소수와 대중의 모방' 개념이다. 그에 의하면 환경의 도전에 대해 성공적으로 응전하는 인간 집단이 문명을 발생시키고 성장시킨다.

(다) 즉 도전의 강도가 지나치게 크면 응전이 성공적일 수 없게 되며, 반대로 너무 작을 경우에는 전혀 반응이 나타나지 않고, 최적의 도전에서만 성공적인 응전이 나타난다는 것이다.

(라) 토인비는 이 가설이 단순하게 도전이 강력할수록 그 도전이 주는 자극의 강도가 커지고 응전의 효력도 이에 비례한다는 식으로 해석되는 것을 막기 위해, 소위 '세 가지 상호 관계의 비교'를 제시하여 이 가설을 보완하고 있다.

이렇게 성공적인 응전을 통해 나타난 문명이 성장하기 위해서는 그 후에도 지속적으로 나타나는 문제, 즉 새로운 도전들을 해결해야만 한다. 토인비에 따르면 이를 해결하기 위해서는 그 사회의 창조적 인물들이 역량을 발휘해야 한다. 그러나 이들은 소수이기 때문에 응전을 성공적으로 이끌기 위해서는 다수의 대중까지 힘을 결집해야 한다. 이때 대중은 일종의 사회적 훈련인 '모방'을 통해 그들의 역할을 수행한다. 물론 모방은 모든 사회의 일반적인 특징으로서 문명을 발생시키지 못한 원시 사회에서도 찾아볼 수 있다. 여기에 대해 토인비는 모방의 유무가 중요한 것이 아니라 모방의 작용 방향이 중요하다고 설명한다.

① (가) – (나) – (라) – (다)
② (나) – (라) – (다) – (가)
③ (나) – (가) – (라) – (다)
④ (라) – (다) – (나) – (가)

15 직장생활에서 필요한 의사소통능력을 문서적인 의사소통능력으로서의 문서이해능력과 문서작성능력, 언어적인 의사소통능력으로서의 경청능력, 의사표현능력으로 구분할 수 있다. 다음 사례에 필요한 의사소통능력을 종류에 따라 올바르게 구분한 것은?

> 출판사에 근무하는 K대리는 오늘 아침 출근하자마자 오늘의 주요 업무를 다음과 같이 정리하였다.
>
> 〈주요 업무〉
>
> ㉠ 입사 지원 이력서 메일 확인
> ㉡ 팀 회의 – 팀원 담당 업무 지시
> ㉢ 금일 출간 도서 발주서 작성
> ㉣ 유선 연락을 통한 채용 면접 일정 안내
> ㉤ 퇴근 전 업무 일지 작성

	문서적인 의사소통	언어적인 의사소통
①	㉠, ㉤	㉡, ㉢, ㉣
②	㉠, ㉢, ㉣	㉡, ㉤
③	㉠, ㉢, ㉤	㉡, ㉣
④	㉡, ㉢, ㉤	㉠, ㉣

16 다음 중 SWOT 분석에 대한 설명으로 적절하지 않은 것은?

> 〈SWOT 분석〉
>
> 강점, 약점, 기회, 위협요인을 분석·평가하고 이들을 서로 연관 지어 전략을 개발하고 문제해결 방안을 개발하는 방법이다.
>
> | | 강점
(Strengths) | 약점
(Weaknesses) |
> |---|---|---|
> | 기회
(Opportunities) | SO | WO |
> | 위협
(Threats) | ST | WT |

① 강점과 약점은 외부 환경요인에 해당하며, 기회와 위협은 내부 환경요인에 해당한다.
② SO전략은 강점을 살려 기회를 포착하는 전략을 의미한다.
③ ST전략은 강점을 살려 위협을 회피하는 전략을 의미한다.
④ WO전략은 약점을 보완하여 기회를 포착하는 전략을 의미한다.

17 같은 회사에 근무 중인 L주임, O사원, C사원, J대리가 이번 달 직원 휴게실 청소 당번이 되었다. 서로 역할을 분담한 뒤 결정한 청소 당번 규칙이 다음과 같을 때, 항상 참이 되는 것은?

- 커피를 타는 담당자는 커피 원두를 채우지 않는다.
- 화분 관리를 담당하는 O사원은 주변 정돈을 담당하는 J대리를 도와준다.
- 주변 정돈을 하고 있는 사람은 커피를 타지 않는다.
- C사원은 주변 정돈을 도우면서 커피 원두를 채운다.

① O사원은 커피 원두를 채운다.
② J대리는 O사원의 화분 관리를 도와준다.
③ L주임이 바쁘면 커피를 타지 못한다.
④ C사원은 커피를 탄다.

18 다음은 문제해결절차의 문제 도출 단계에서 사용되는 방법을 나타낸 자료이다. 다음 자료에 나타난 문제해결방법은 무엇인가?

- 주의 사항
  - 전체 과제를 명확히 해야 한다.
  - 원인이 중복되거나 누락되지 않고 각각의 합이 전체를 포함해야 한다.

① So What 방법
② 피라미드 구조 방법
③ Logic Tree 방법
④ SWOT 분석 방법

19 다음은 성공적인 문제해결을 위해 일반적으로 거쳐야 할 단계이다. 프로세스를 보고 〈보기〉의 내용을 문제해결절차에 맞게 나열한 것은?

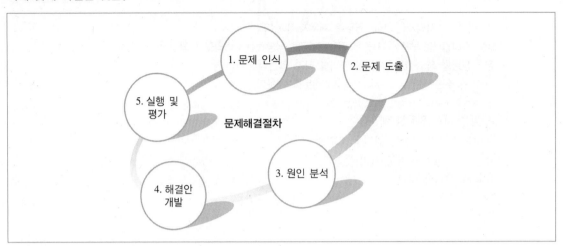

① ㉡－㉣－㉢－㉠－㉤   ② ㉣－㉡－㉢－㉠－㉤
③ ㉡－㉢－㉣－㉠－㉤   ④ ㉡－㉣－㉢－㉤－㉠

20 다음은 창의적 사고를 개발하기 위한 방법인 자유연상법, 강제연상법, 비교발상법을 그림으로 나타낸 자료이다. (가) ~ (다)를 올바르게 연결한 것은?

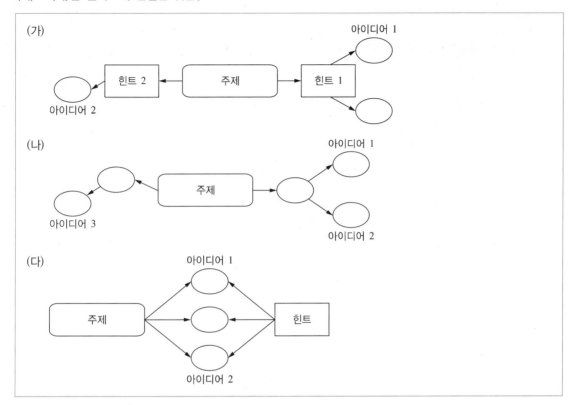

	(가)	(나)	(다)
①	비교발상법	자유연상법	강제연상법
②	비교발상법	강제연상법	자유연상법
③	강제연상법	비교발상법	자유연상법
④	강제연상법	자유연상법	비교발상법

21 퇴직을 앞둔 회사원 L씨는 1년 뒤 샐러드 도시락 프랜차이즈 가게를 운영하고자 한다. 다음은 L씨가 회사 근처 샐러드 도시락 프랜차이즈 가게에 대해 SWOT 분석을 실시한 결과이다. 〈보기〉에서 분석에 따른 대응 전략으로 적절한 것을 모두 고르면?

강점(Strength)	약점(Weakness)
• 다양한 연령층을 고려한 메뉴 • 월별 새로운 메뉴 제공	• 부족한 할인 혜택 • 홍보 및 마케팅 전략의 부재
기회(Opportunity)	위협(Threat)
• 건강한 식단에 대한 관심 증가 • 회사원들의 간편식 점심 수요 증가	• 경기 침체로 인한 외식 소비 위축 • 주변 음식점과의 경쟁 심화

보기

ㄱ. 다양한 연령층이 이용할 수 있도록 새로운 한식 도시락을 출시한다.
ㄴ. 계절 채소를 이용한 샐러드 런치 메뉴를 출시한다.
ㄷ. 제품의 가격 상승을 유발하는 홍보 방안보다 먼저 품질 향상 방안을 마련해야 한다.
ㄹ. 주변 회사와 제휴하여 이용 고객에 대한 할인 서비스를 제공한다.

① ㄱ, ㄴ　　　　　　　　　　　② ㄱ, ㄷ
③ ㄴ, ㄷ　　　　　　　　　　　④ ㄴ, ㄹ

22 다음은 문제의 3가지 유형인 발생형 문제, 탐색형 문제, 설정형 문제에 해당되는 상황이다. 〈보기〉에서 설정형 문제에 해당하는 것을 모두 고르면?

보기

㉠ 회전 교차로에서 교통사고가 발생하여 도움을 청하는 전화가 오고 있다.
㉡ 새로 만들어지는 인공섬에서 예측되는 교통사고를 파악해야 한다.
㉢ 새로 설치한 신호등의 고장으로 교통체증이 심해지고 있다.
㉣ 순경들의 안전을 위한 방침을 조사해야 한다.
㉤ 교차로에서 발생하는 교통사고를 줄이기 위한 보고서를 작성해야 한다.

① ㉠　　　　　　　　　　　　② ㉡
③ ㉢, ㉣　　　　　　　　　　④ ㉠, ㉡

23 다음 중 SWOT 분석에 대한 설명으로 옳지 않은 것은?

① 문제를 해결하기 위한 전략을 수립하는 과정에서 외부의 환경과 내부의 역량을 동시에 분석하는 방법이다.

② WT전략은 외부의 위협에 대해 대응할 수 있는 조직 내부의 역량이 부족하거나, 약점 밖에 없는 상태이므로 사업을 축소하거나 철수를 고려하는 전략이다.

③ ST전략은 내부의 강점을 이용하여 외부의 기회를 포착하는 전략이다.

④ 조직 내부의 강점, 약점을 외부의 기회, 위협 요인과 대응시켜 전략을 개발하는 방법이다.

24 다음 예시는 어떤 창의적 사고를 개발하는 방법인가?

> '신차 출시'라는 같은 주제에 대해서 판매방법, 판매대상 등의 힌트를 통해 사고 방향을 미리 정해서 발상한다. 이 때, 판매방법이라는 힌트에 대해서는 '신규 해외 수출 지역을 물색한다.'라는 아이디어를 떠올릴 수 있을 것이다.

① 자유 연상법   ② 강제 연상법

③ 비교 발상법   ④ 비교 연상법

25 다음은 업무 수행 과정에서 발생하는 문제의 유형 3가지를 소개한 자료이다. 자료에서 설명하는 문제의 유형에 대하여 〈보기〉의 사례가 적절하게 연결된 것은?

〈문제의 유형〉

발생형 문제	현재 직면한 문제로, 어떤 기준에 대하여 일탈 또는 미달함으로써 발생하는 문제이다.
탐색형 문제	탐색하지 않으면 나타나지 않는 문제로, 현재 상황을 개선하거나 효율을 더 높이기 위해 발생하는 문제이다.
설정형 문제	미래지향적인 새로운 과제 또는 목표를 설정하면서 발생하는 문제이다.

보기

(가) A회사는 초콜릿 과자에서 애벌레로 보이는 곤충 사체가 발견되어 과자 제조과정에 대해 고민하고 있다.

(나) B회사는 점차 다가오는 초고령사회에 대비하여 노인들을 위한 애플리케이션을 개발하기로 했다.

(다) C회사는 현재의 충전지보다 더 많은 전압을 회복시킬 수 있는 충전지를 연구하고 있다.

(라) D회사는 발전하고 있는 드론시대를 위해 드론센터를 건립하기로 결정했다.

(마) E회사는 업무 효율을 높이기 위해 근로시간을 단축하기로 결정했다.

(바) F회사는 올해 개발한 침대에 방사능이 검출되어 안전기준에 부적합 판정을 받았다.

	발생형 문제	탐색형 문제	설정형 문제
①	(가), (바)	(다), (마)	(나), (라)
②	(가), (마)	(나), (라)	(다), (바)
③	(가), (나)	(다), (바)	(라), (마)
④	(가), (나)	(마), (바)	(다), (라)

26 다음 규칙을 근거로 판단할 때, 〈보기〉에서 옳은 설명을 모두 고르면?

〈규칙〉

• △△배 씨름대회는 아래와 같은 대진표에 따라 진행되며, 11명의 참가자는 추첨을 통해 동일한 확률로 A부터 K 까지의 자리 중에서 하나를 배정받아 대회에 참가한다.

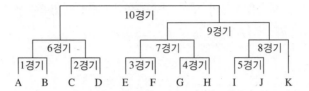

• 대회는 첫째 날에 1경기부터 시작되어 10경기까지 순서대로 매일 하루에 한 경기씩 쉬는 날 없이 진행되며, 매 경기에서는 무승부 없이 승자와 패자가 가려진다.

• 각 경기를 거듭할 때마다 패자는 제외시키면서 승자끼리 겨루어 최후에 남은 두 참가자 간에 우승을 가리는 승자 진출전 방식으로 대회를 진행한다.

보기

ㄱ. 이틀 연속 경기를 하지 않으면서 최소한의 경기로 우승할 수 있는 자리는 총 5개이다.

ㄴ. 첫 번째 경기에 승리한 경우 두 번째 경기 전까지 3일 이상을 경기 없이 쉴 수 있는 자리에 배정될 확률은 50% 미만이다.

ㄷ. 총 4번의 경기를 치러야 우승할 수 있는 자리에 배정될 확률이 총 3번의 경기를 치르고 우승할 수 있는 자리에 배정될 확률보다 높다.

① ㄱ

② ㄴ

③ ㄷ

④ ㄱ, ㄷ

27 다음 문장이 모두 참이라고 가정할 때, 〈보기〉에서 반드시 참인 것만 모두 고르면?

> • A, B, C, D 중 한 명의 근무지는 서울이다.
> • A, B, C, D는 각기 다른 한 도시에서 근무한다.
> • 갑, 을, 병 각각의 두 진술 중 하나는 참이고 다른 하나는 거짓이다.
> • 갑은 "A의 근무지는 광주이다."와 "D의 근무지는 서울이다."라고 진술했다.
> • 을은 "B의 근무지는 광주이다."와 "C의 근무지는 세종이다."라고 진술했다.
> • 병은 "C의 근무지는 광주이다."와 "D의 근무지는 부산이다."라고 진술했다.

보기

> ㄱ. A의 근무지는 광주이다.
> ㄴ. B의 근무지는 서울이다.
> ㄷ. C의 근무지는 세종이다.

① ㄱ
② ㄷ
③ ㄱ, ㄴ
④ ㄱ, ㄴ, ㄷ

28 귀하의 회사에서 신제품을 개발하여 중국시장에 진출하고자 한다. 귀하의 상사가 3C 분석 결과를 건네며, 사업계획에 반영하고 향후 해결해야 할 회사의 전략 과제가 무엇인지 정리하여 보고하라는 지시를 내렸다. 다음 중 회사에서 해결해야 할 전략 과제로 적절하지 않은 것은?

고객(Customer)	경쟁사(Competitor)	자사(Company)
• 중국시장은 매년 10% 성장 • 20~30대 젊은 층이 중심 • 온라인 구매가 약 80% 이상 • 인간공학 지향	• 중국기업들의 압도적인 시장점유 • 중국기업들 간의 치열한 가격경쟁 • A/S 및 사후관리 취약 • 생산 및 유통망 노하우 보유	• 국내시장 점유율 1위 • A/S 등 고객서비스 부문 우수 • 해외 판매망 취약 • 온라인 구매시스템 미흡(보안, 편의 등) • 높은 생산원가 구조 • 높은 기술개발력

① 중국시장의 판매유통망 구축
② 온라인 구매시스템 강화
③ 고객서비스 부문 강화
④ 원가 절감을 통한 가격경쟁력 강화

29 다음은 S은행에 대한 SWOT 분석 결과이다. ㉠ ~ ㉢에 들어갈 내용으로 적절하지 않은 것은?

〈S은행 SWOT 분석 결과〉

구분	분석 결과
강점(Strength)	• 안정적 경영상태 및 자금흐름 • 풍부한 오프라인 인프라
약점(Weakness)	• 담보 중심의 방어적 대출운영으로 인한 혁신기업 발굴 및 투자 가능성 저조 • 은행업계의 저조한 디지털 전환 적응력
기회(Opportunity)	테크핀 기업들의 성장으로 인해 협업 기회 풍부
위협(Threat)	핀테크 및 테크핀 기업들의 금융업 점유율 확대

구분	강점(S)	약점(W)
기회(O)	안정적 자금상태를 기반으로 혁신적 기술을 갖춘 테크핀과의 협업을 통해 실적 증대	• 테크핀 기업과의 협업을 통해 혁신적 문화를 학습하여 디지털 전환을 위한 문화적 개선 추진 • _____㉠_____
위협(T)	_____㉡_____	• 전당포식 대출운영 기조를 변경하여 혁신금융기업으로부터 점유율 방어 • _____㉢_____

① ㉠ : 테크핀 기업의 기업운영 방식을 벤치마킹 후 현재 운영방식에 융합하여 디지털 전환에 필요한 혁신동력 배양

② ㉠ : 금융혁신 기업과의 협업을 통해 혁신기업의 특성을 파악하고 이를 조기에 파악할 수 있는 안목을 키워 도전적 대출 운영에 반영

③ ㉡ : 신생 금융기업에 비해 풍부한 오프라인 인프라를 바탕으로, 아직 오프라인 채널을 주로 이용하는 고령층 고객에 대한 점유율 우위 선점

④ ㉢ : 풍부한 자본을 토대로 한 온라인 채널 투자를 통해 핀테크 및 테크핀 기업의 점유율 확보로부터 방어

30 〈조건〉을 모두 고려했을 때 옳지 않은 것은?

> **조건**
>
> 어떤 발전소에서는 1 ~ 30번의 발전기가 30개 있고 직원들은 이를 테스트하려 한다.
> • 첫 시행에서는 1번 발전기부터 시작해 30번 발전기까지 모든 발전기를 테스트한다.
> • 두 번째 시행에서는 2번 발전기부터 시작해 한 개씩 건너뛰어 테스트한다(2번, 4번, 6번, …, 30번).
> • 이후 같은 방식으로 테스트하다 30번째 시행에서 테스트를 마친다.

① 2회만 테스트한 발전기는 총 10대이다.

② 8번의 테스트를 거친 발전기는 총 2대이다.

③ 30번 발전기는 9번의 테스트를 거치게 된다.

④ 1번의 테스트를 거치는 것은 1번 발전기뿐이다.

31 다음 (A) ~ (D)의 사례에 대하여 효과적인 동기부여 방법을 제시한다고 할 때, 옳지 않은 방법은?

(A) K사원은 부서에서 최고의 성과를 올리는 영업사원으로 명성이 자자하지만, 서류 작업을 정시에 마친 적이 한 번도 없다. 그가 서류 작업을 지체하기 때문에 팀 전체의 생산성에 차질이 빚어지고 있다.

(B) 팀의 프로젝트 진행에 문제가 생겨서 일정이 지연되고 있다. S사원은 프로젝트를 일정 안에 끝내기 위해 밤늦게까지 일에 매진하고 있다. 그는 조금도 불평하지 않은 채, 최선을 다해 프로젝트를 수행하고 있다. 그의 노력에 힘입어 프로젝트는 예정된 일정대로 무사히 마무리되었고, 기대 이상의 좋은 결과도 얻었다.

(C) A사원의 업무 속도가 점점 나빠지고 있다. 그는 업무에 눈곱만큼도 관심이 없는 것 같고, 업무 자체를 지겨워하는 것처럼 보인다.

(D) B사원은 2년간 P부장의 부하직원으로 일했는데, 업무능력이 대단히 뛰어났다. 최근 P부장은 B사원에게 회사 뉴스레터를 새로 디자인하라고 지시했는데, 결과물은 의외로 좋지 않았다. B사원이 레이아웃 프로그램을 익숙하게 다루지 못해 뉴스레터에서 아마추어 분위기가 심하게 난 것이다.

① (A) : K사원에게 서류 작업을 지체함으로써 팀 전체의 생산성에 어떠한 차질을 빚고 있는지를 자세히 설명하고, 이 문제와 관련해 최소한 두 가지 정도의 해결책을 스스로 찾아내도록 격려한다.

② (B) : S사원에게 프로젝트를 뛰어나게 수행했다는 점과 그에 대해 높이 평가하고 있다는 점을 알려, 그의 태도를 훌륭한 본보기로 삼아 팀원들에게 동기부여를 하도록 한다.

③ (C) : A사원에게 현재의 행동이 징계의 원인이 될 수 있다는 점과 새로운 직원이 채용될 수 있다는 점을 알려, 업무 속도를 스스로 변화시킬 수 있도록 유도한다.

④ (D) : B사원이 레이아웃 프로그램을 익숙하게 다루지 못해 일어난 일이므로 프로그램을 능숙하게 다루는 직원을 B사원과 함께 일하게 하거나, B사원이 프로그램을 능숙하게 다룰 수 있도록 지원한다.

32 다음 중 코칭의 진행 과정에 대한 설명으로 옳은 것을 모두 고르면?

ㄱ. 코칭을 할 경우 시간과 목표를 명확히 알린다.
ㄴ. 문제점에 대한 해결책을 직접 제시한다.
ㄷ. 코칭 과정을 반복한다.
ㄹ. 질문과 피드백에 충분한 시간을 할애한다.
ㅁ. 경청보다는 핵심적인 질문 위주로 진행한다.

① ㄱ, ㄴ, ㅁ
③ ㄴ, ㄷ, ㄹ

② ㄱ, ㄷ, ㄹ
④ ㄴ, ㄹ, ㅁ

33 다음은 서비스에 불만족한 고객을 불만 표현 유형별로 구분한 것이다. 밑줄 친 (A) ~ (D)를 상대하는 데 있어 주의해야 할 사항으로 옳지 않은 것은?

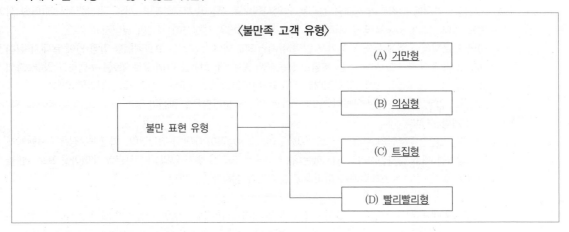

① (A)의 경우 상대방의 과시욕이 채워질 수 있도록 무조건 정중하게 대하는 것이 좋다.
② (B)의 경우 분명한 증거나 근거를 제시하여 스스로 확신을 갖도록 유도해야 한다.
③ (C)의 경우 이야기를 경청하고, 맞장구치고, 추켜세우고, 설득해 가는 방법이 효과적이다.
④ (D)의 경우 애매한 화법을 사용하여 최대한 시간을 끌어야 한다.

34 다음 중 팀워크를 촉진시키기 위한 행동으로 옳지 않은 것은?

〈팀워크를 촉진시키기 위한 행동〉

- 동료 피드백 장려하기
- 갈등을 해결하기
- 창의력 조성을 위해 협력하기
- 참여적으로 의사결정하기
- 양질의 결정 내리기
- 구성원들의 동참 구하기

① 아이디어에 대해 아무런 제약을 가하지 않는 환경을 조성할 때 성공적인 팀워크를 달성할 수 있다.
② 조직 현장에서 팀원들에게 업무 재량을 위임하고, 자주적이고 주체적인 결정을 내릴 수 있도록 권한을 부여해야 한다.
③ 모든 팀원들이 결정에 동의하였는지 확인하고, 결정을 실행함에 있어 각자의 역할을 이해하고 있는지 확인해야 한다.
④ 팀원 사이의 갈등을 발견할 경우 제3자로서 개입하기보다는 둘이 스스로 원만하게 풀기를 기다린다.

35 다음은 갈등을 최소화하기 위한 방안에 대한 팀원들 간의 대화 내용이다. 빈칸에 들어갈 내용으로 적절하지 않은 것은?

> A팀원 : 요즘 들어 팀 분위기가 심상치 않아. 어제 팀장님은 회의 중에 한숨까지 쉬시더라고.
> B팀원 : 그러게 말야. 요즘 들어 서로 간의 갈등이 너무 많은 것 같은데, 어떻게 해야할지 모르겠어.
> C팀원 : 갈등을 최소화하기 위해 지켜야할 기본 원칙들을 팀 게시판에 올려서 서로 간의 갈등 원인을 생각해 보게 하는 것은 어떨까?
> A팀원 : 좋은 생각이야. 기본 원칙으로는 '＿＿＿＿＿＿＿＿＿＿＿＿＿＿＿＿'는 내용이 들어가야 해.

① 여러분이 받기를 원치 않는 형태로 남에게 작업을 넘겨주지 말라.
② 자신의 책임이 어디서부터 어디까지인지를 명확히 하라.
③ 불일치하는 쟁점이나 사항이 있다면 다른 사람이 아닌 당사자에게 직접 말하라.
④ 의견의 차이를 인정하지 말고 하나의 의견으로 통일하라.

36 다음 프로시저를 이용하여 [D2:G5] 영역의 내용만 지우려고 한다. 다음 중 (A)에 들어갈 코드로 옳은 것은?

```
Sub Procedure()
    Pange( "D2:G5" )
    Select Selection.＿＿(A)＿＿
End Sub
```

① Clear
② Delete Contents
③ Free Contents
④ Clear Contents

37 다음은 정보분석 단계에 대한 자료이다. 다음 중 ㉠~㉢에 들어갈 단계를 올바르게 연결한 것은?

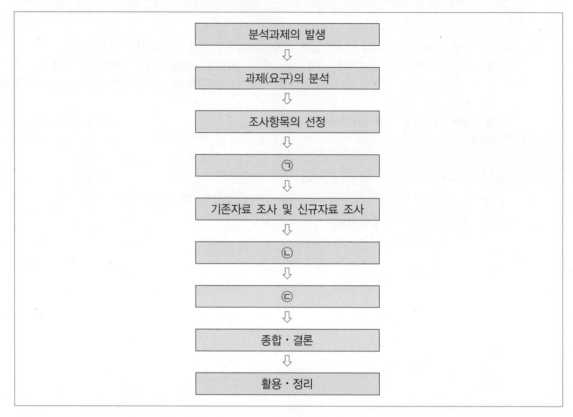

	㉠	㉡	㉢
①	관련정보의 수집	항목별 분석	수집 정보의 분류
②	관련정보의 수집	수집 정보의 분류	항목별 분석
③	수집 정보의 분류	관련정보의 수집	항목별 분석
④	수집 정보의 분류	항목별 분석	관련정보의 수집

38 다음 중 엑셀에서 한 셀에 데이터를 두 줄 이상 입력하기 위한 '줄 바꿈'의 키로 적절한 것은?

① [Alt]+[Enter] ② [Ctrl]+[N]
③ [Alt]+[F1] ④ [Enter]

39 다음 시트에서 [찾기 및 바꾸기] 기능을 통해 찾을 내용에 '가?'를, 바꿀 내용에 'A'를 입력한 후, 모두 바꾸기를 실행하였을 경우 나타나는 결괏값으로 옳은 것은?

▲	A
1	가수 레이디 가가
2	가정평화
3	가지꽃
4	가족가정

①

▲	A
1	A
2	A
3	A
4	A

②

▲	A
1	A 레이디 가가
2	A평화
3	A꽃
4	A

③

▲	A
1	A 레이디 A
2	A평화
3	A꽃
4	AA

④

▲	A
1	A 레이디 A
2	A
3	A
4	AA

40 K사에 근무하는 D사원은 다음 시트와 같이 [D2:D7] 영역에 사원들의 업무지역별 코드번호를 입력하였다. D사원이 [D2] 셀에 입력한 함수식으로 올바른 것은?

▲	A	B	C	D	E	F	G
1	성명	부서	업무지역	코드번호		업무지역별 코드번호	
2	김수로	총무부	서울	1		서울	1
3	이경제	인사부	부산	4		경기	2
4	박선하	영업부	대구	5		인천	3
5	이지현	인사부	광주	8		부산	4
6	김일수	총무부	울산	6		대구	5
7	서주완	기획부	인천	3		울산	6
8						대전	7
9						광주	8

① = VLOOKUP(C2, $F$2:$G$9, 1, 0)

② = VLOOKUP(C2, $F$2:$G$9, 2, 0)

③ = HLOOKUP(C2, $F$2:$G$9, 1, 0)

④ = HLOOKUP(C2, $F$2:$G$9, 2, 0)

제2회
시설직
실전모의고사

※ 인천메트로서비스 실전모의고사는 채용공고를 기준으로 구성한 것으로
   실제 시험과 다를 수 있습니다.

■ 취약영역 분석

번호	O/×	영역	번호	O/×	영역	번호	O/×	영역
1			16			31		
2			17			32		
3			18			33		수리능력
4			19			34		
5			20			35		
6			21			36		
7			22			37		
8		의사소통능력	23		문제해결능력	38		기술능력
9			24			39		
10			25			40		
11			26					
12			27					
13			28					
14			29					
15			30					

평가 문항	40문항	맞힌 개수	문항	시작시간	:
평가 시간	50분	취약 영역		종료시간	:

FINAL

제**2**회

시설직
실전모의고사

모바일
OMR
답안분석
서비스

⏱ 응시시간 : 50분　📋 문항 수 : 40문항　　　정답 및 해설 p.39

01　다음은 랜섬웨어에 관한 글이다. 다음 글의 주된 내용 전개 방식으로 적절한 것은?

> 생활 속 보안을 위해 우리들이 가장 먼저 생각해야 하는 것은 무엇일까? 그것은 우리가 무엇을 가지고 있으며, 그 가치가 얼마나 되는지 확인하는 것이다. 그 가치가 얼마인지 정확히 모르겠다면, 그것을 잃어버렸을 때 어떤 일이 벌어질지 생각해 보자.
>
> 만약 당신이 기업연구소에서 일하고 있고, 몇 년 동안 쌓인 연구 자료가 컴퓨터에 저장되어 있다고 가정할 때, 컴퓨터 속에는 구하기 힘든 각종 연구보고서, 논문, 발표자료, 회사의 기밀자료, 도면 등이 저장되어 있을 것이다. 열심히 연구하던 중에 잠깐 메일을 확인하다가 당신의 호기심을 자극하는 제목의 전자메일을 클릭한 뒤, 그 메일의 첨부파일을 열어보는 것만으로도 당신의 컴퓨터는 랜섬웨어에 감염될 수 있다. 몇 년 동안 쌓아두었던 연구자료가 모두 암호화되어서 열어 볼 수 없는 상황이 벌어질 수 있다는 것이다.
>
> 또 크리스마스 카드가 도착했다는 문자가 수신된 상황을 가정해 보자. 흥분되고 기대되는 마음에 문자 속 인터넷주소(URL)를 클릭했더니, 크리스마스 카드를 보려면 앱을 설치하라고 한다. '좀 번거롭기는 하지만, 뭐 어때?'라는 마음으로 그 앱을 설치하면 스마트폰에 있는 당신의 모든 정보는 해커들의 손에 들어갈 수 있다. 당신의 연락처, 동영상, 사진, 통화 내역, 문자 메시지, 인증서 등이 해커의 손에 들어가고, 그 내용 중 공개되어서는 안 될 정보를 가지고 협박한다면 어떻게 되겠는가?
>
> 그렇다면 랜섬웨어에 대한 대비책은 무엇일까? 첫째, 철저한 백업이다. 백업이야말로 여러 가지 재난적인 상황에 효과적인 대비책이다. 둘째, 잘 알고 있는 사람이 보낸 메일이 아니라면 첨부파일 다운로드나 실행에 주의한다. 셋째, 인터넷에서 받은 실행 파일은 위변조를 확인한 뒤 설치한다. 그리고 스미싱 문자에 대한 대비책은 문자로 전송된 경로를 클릭하거나 출처가 확인되지 않은 앱을 설치하지 않는 것이다. 문자로 전송된 경로를 클릭하는 것만으로도 악성코드가 스마트폰에 설치되어 해킹을 당할 수 있으므로 문자 속 URL을 클릭하지 말아야 한다.
>
> 현재 새로운 해킹 기술들이 계속 나오고 있지만, 간단한 원칙만 실천해도 해킹당할 가능성이 확 낮아진다. 컴퓨터는 정해진 일을 위해서만 쓰는 것, 스마트폰에 남들이 보면 안 되는 사항을 저장해 놓지 않는 것만으로도 우선은 안심이다. 내 것을 지키기 위해서는 내가 무엇을 가지고 있는지 그 가치를 제대로 알고 있어야 하며 하지 말라고 주의를 주는 행위를 할 때는 주의를 기울여야 한다.

① 대상에 대한 장점을 부각시켜 상대방을 설득하고 있다.

② 두 가지 상반되는 주장을 비교하여 제시하고 있다.

③ 문제 상황에 대해 사례를 들어 설명하고, 그에 대한 대책 방안을 제시하고 있다.

④ 대상에 대한 옳은 예와 옳지 않은 예를 제시하고 있다.

02 다음 중 (가) ~ (라) 문단의 주제로 적절하지 않은 것은?

> 한 아이가 길을 가다가 골목에서 갑자기 튀어나온 큰 개에게 발목을 물렸다. 아이는 이 일을 겪은 뒤 개에 대한 극심한 불안에 시달렸다. 멀리 있는 개만 봐도 몸이 경직되고 호흡 곤란을 느꼈으며 심할 경우 응급실을 찾기도 하였다. 이것은 한 번의 부정적인 경험이 공포증으로 이어진 경우라고 할 수 있다.
>
> (가) '공포증'이란, 위의 경우에서 보듯이 특정 대상에 대한 과도한 두려움으로 그 대상을 계속해서 피하게 되는 증세를 말한다. 특정한 동물, 높은 곳, 비행기나 엘리베이터 등이 공포증을 유발하는 대상이 될 수 있다. 물론 일반적인 사람들도 이런 대상을 접하여 부정적인 경험을 할 수 있지만 공포증으로까지 이어지는 경우는 드물다.
>
> (나) 심리학자 와이너는 부정적인 경험을 한 상황을 어떻게 해석하느냐에 따라 이러한 공포증이 생길 수도 있고 그렇지 않을 수도 있으며, 공포증을 지속할 수도 있고 극복할 수도 있다고 했다. 그는 상황을 해석하는 방식을 설명하기 위해 상황의 원인을 어디에서 찾느냐, 상황의 변화 가능성에 대해 어떻게 인식하느냐의 두 가지 기준을 제시했다. 상황의 원인을 자신에게서 찾으면 '내부적'으로 해석한 것이고, 자신이 아닌 다른 것에서 찾으면 '외부적'으로 해석한 것이다. 또 상황이 바뀔 가능성이 전혀 없다고 생각하면 '고정적'으로 인식한 것이고, 상황이 충분히 바뀔 수 있다고 생각하면 '가변적'으로 인식한 것이다.
>
> (다) 와이너에 의하면, 큰 개에게 물렸지만 공포증에 시달리지 않는 사람들은 개에게 물린 상황에 대해 '내 대처 방식이 잘못되었어.'라며 내부적이고 가변적으로 해석한다. 이것은 나의 대처 방식에 따라 상황이 충분히 바뀔 수 있다고 생각하는 것이므로 이들은 개와 마주치는 상황을 굳이 피하지 않는다. 그 후 개에게 물리지 않는 상황이 반복되면 '나는 어떤 경우라도 개를 감당할 수 있어.'라며 내부적이고 고정적으로 해석하는 단계로 나아가게 된다.
>
> (라) 반면에 공포증을 겪는 사람들은 개에 물린 상황에 대해 '나는 약해서 개를 감당하지 못해.'라며 내부적이고 고정적으로 해석하거나 '개는 위험한 동물이야.'라며 외부적이고 고정적으로 해석한다. 자신의 힘이 개보다 약하다고 생각하거나 개를 맹수로 여기는 것이므로 이들은 자신이 개에게 물린 것을 당연한 일로 받아들인다. 하지만 공포증에 시달리지 않는 사람들처럼 상황을 해석하고 개를 피하지 않는 노력을 기울이면 공포증에서 벗어날 수 있다.

① (가) : 공포증의 개념과 공포증을 유발하는 대상
② (나) : 와이너가 제시한 상황 해석의 기준
③ (다) : 공포증을 겪지 않는 사람들의 상황 해석 방식
④ (라) : 공포증을 겪는 사람들의 행동 유형

03 다음 중 ⊙ ~ ㉣에 대한 설명으로 옳지 않은 것은?

> 강사 : 오늘은 의사소통의 종류에 대해 설명하려 합니다. 의사소통은 크게 언어적 의사소통과 문서적 의사소통으로 구분할 수 있어요. 먼저 ⊙ 언어적 의사소통이란 대화·전화통화 등과 같이 상호적으로 의사를 표현하고 경청하는 것을 말하고, 문서적 의사소통이란 기획서·메모 등의 문서를 통해 의사를 작성하는 것을 말합니다. 따라서 ⓒ 언어적 의사소통에서는 상대방의 이야기를 듣고 의미를 제대로 파악할 수 있는 경청능력과 ㉢ 자신의 의사를 설득력 있게 표현할 수 있는 의사표현능력이 중요한 데 반해, 문서적 의사소통에서는 문서를 통해 필요한 정보를 수집하고 이를 종합적으로 이해하는 능력과 문서를 상황과 목적에 맞게 작성할 수 있는 능력이 중요합니다. 이러한 특징들로 인해 ㉣ 언어적 의사소통은 권위감과 정확성이 높은 반면, 문서적 의사소통은 전달성과 보존성이 높습니다.

① ⊙

② ⓒ

③ ㉢

④ ㉣

04 다음 글의 내용으로 올바른 것은?

> 대나무는 전 세계에 500여 종이 있으며 한국, 중국, 일본 등 아시아의 전 지역에 고루 분포하는 쉽게 볼 수 있는 대상이다. 우리나라에선 신라의 만파식적과 관련한 설화에서 알 수 있듯이, 예로부터 주변에서 쉽게 볼 수 있지만 영험함이 있는, 비범한 대상으로 여겨졌다. 이러한 전통은 계속 이어져서 붓, 책, 부채, 죽부인, 악기, 약용, 식용, 죽공예품 등 생활용품으로 사용됨과 동시에 세한삼우, 사군자에 동시에 꼽히며 여러 문학작품과 미술작품에서 문인들에게 찬미의 대상이 되기도 한다. 나아가 냉전시대에 서방에서는 중국을 '죽의 장막(Bamboo Curtain)'이라고 불렀을 만큼, 동아시아권 문화에 빼놓을 수 없는 존재이며 상징하는 바가 크다. 예로부터 문인들에게 사랑받던 대나무는 유교를 정치철학으로 하는 조선에 들어오면서 그 위상이 더욱 높아진다. "대쪽 같은 기상"이란 표현에서도 알 수 있듯이, 대나무는 의연한 선비의 기상을 나타낸다. 늙어도 시들지 않고, 차가운 서리가 내려도, 폭설이 와도 대나무는 의젓이 홀로 일어난 모습을 유지한다. 눈서리를 이겨내고 사계절을 통해 올곧게 서서 굽히지 않는 모습은 선비가 지향하는 모습과 매우 닮았기에, 문학작품과 미술작품에서 대나무는 쉽게 찾아 볼 수 있다.

① 조선은 대나무의 위상을 높게 여겨 '죽의 장막'이라는 별명을 얻었다.

② 대나무는 약재로 쓰이기도 한다.

③ 우리나라는 대나무의 원산지이다.

④ 우리 조상들은 대나무의 청초한 자태와 은은한 향기를 사랑했다.

05 다음 글에서 〈보기〉가 들어갈 위치로 가장 적절한 곳은?

> ⊙ 우리는 보통 공간을 배경으로 사물을 본다. 그리고 시간이나 사유를 비롯한 여러 개념을 공간적 용어로 표현한다. 이처럼 공간에 대한 용어가 중의적으로 쓰이는 과정에서, 일상적으로 쓰는 용법과 달라 혼란을 겪기도 한다. ⓛ 공간에 대한 용어인 '차원' 역시 다양하게 쓰인다. 차원의 수는 공간 내에 정확하게 점을 찍기 위해 알아야 하는 수의 개수이다. ⓒ 특정 차원의 공간은 한 점을 표시하기 위해 특정한 수가 필요한 공간을 의미한다. 따라서 다차원 공간은 집을 살 때 고려해야 하는 사항들의 공간처럼 추상적일 수도 있고, 실제의 물리 공간처럼 구체적일 수도 있다. 이러한 맥락에서 어떤 사람을 1차원적 인간이라고 표현했다면 그것은 그 사람의 관심사가 하나밖에 없다는 것을 의미한다. ⓔ

보기

> 집에 틀어박혀 스포츠만 관람하는 인간은 오로지 스포츠라는 하나의 정보로 기술될 수 있고, 그 정보를 직선 위에 점을 찍은 1차원 그래프로 표시할 수 있는 것이다.

① ⊙

② ⓛ

③ ⓒ

④ ⓔ

06 다음 글에 대한 설명으로 옳지 않은 것은?

> 모든 수를 두 정수의 조화로운 비로 표현할 수 있다고 믿었던 피타고라스는 음악에도 이런 사고를 반영하여 '순정률(Pure Temperament)'이라는 음계를 만들어냈다. 진동수는 현의 길이에 반비례하므로 현의 길이가 짧아지면 진동수가 커지고 높은 음을 얻게 된다. 피타고라스는 주어진 현의 길이를 1/2로 하면 8도 음정을 얻을 수 있고 현의 길이를 2/3와 3/4로 할 때는 각각 5도 음정과 4도 음정을 얻을 수 있음을 알아냈다.
>
> 현악기에서 광범위하게 쓰이는 순정률에서는 2도 음정 사이에서 진동수의 비가 일정하지 않은 단점이 있다. 예를 들어 똑같은 2도 음정이라도 진동수의 비가 9 : 8, 10 : 9, 16 : 15 등으로 달라진다. 이때 9 : 8이나 10 : 9를 온음이라 하고, 16 : 15를 반음이라 하는데, 두 개의 반음을 합친다고 온음이 되는 것이 아니다. 이 점은 보통 때는 별 상관이 없지만 조바꿈을 할 때는 큰 문제가 된다. 이를 보완하여 진동수의 비가 일정하도록 정한 것이 건반악기에서 이용되는 '평균율(Equal Temperament)'이다. 평균율도 순정률과 마찬가지로 진동수가 2배 커지면 한 옥타브의 높은 음이 된다. 기준이 되는 '도'에서부터 한 옥타브 위의 '도'까지는 12단계의 음이 있으므로 인접한 두 음 사이의 진동수의 비를 12번 곱하면 한 옥타브 높은 음의 진동수의 비인 2가 되어야 한다. 즉, 두 음 사이의 진동수의 비는 약 1.0595가 된다. 순정률과 평균율은 결과적으로는 비슷한 진동수들을 갖게 되며, 악기의 특성에 따라 다양하게 사용된다.

① 조바꿈을 할 때, 일정한 진동수의 비를 갖도록 정한 것은 평균율이다.

② 순정률이 평균율보다 오래되었다.

③ 현악기에서는 순정률이, 건반악기에서는 평균율이 주로 사용된다.

④ 조바꿈을 여러 번 하는 음악을 연주할 때는 순정률을 사용하는 것이 좋다.

07 다음 글에서 '혜자'가 '장자'를 비판할 수 있는 말로 가장 적절한 것은?

우리의 일상사에 '대기만성(大器晚成)'이라는 말도 있지만 '될성부른 나무는 떡잎부터 알아본다.'는 말도 있고 '돌다리도 두드려 보고 건너라.'는 말과 함께 '쇠뿔도 단김에 빼라.'는 말도 있다. 또한, '신은 우주를 가지고 주사위 놀이를 하지 않는다.'는 아인슈타인의 결정론적 입장과 함께 '신은 우주를 가지고 주사위 놀이를 할 뿐이다.'는 우연을 강조하는 양자 역학자들의 비결정론적 입장도 있다. 이처럼 인간사 자체가 양면적 요소를 갖고 있으므로 사물이나 대상을 판단하면서 우리는 신중한 자세를 가질 필요가 있다.

인간이 삶을 영위하는 가운데 갖게 되는 가치관의 형태는 무수히 많다. 이러한 가치관은 인간의 삶을 인간답게 함에 있어서 미적 판단, 지적 판단, 기능적 판단 등의 기능을 하게 된다. 우리는 판단을 할 때 하나의 시점에서 판단을 고정하는 속성이 있다. 그런데 바로 이런 속성으로 인하여 우리가 우(愚)를 범하는 것은 아닐까?

장자가 명가(名家, 논리학의 발달에 많은 영향을 끼친 제자백가의 하나)로 분류되는 친구 혜자와 한참 이야기를 하고 있는데, 혜자가 장자에게 "자네의 말은 다 쓸데없는 말이야."라면서 반박하였다. 이에 장자는 그에게 "자네가 쓸데없음을 알기에 내 얘기는 '쓸데 있는' 것이네. 예를 들어, 이 큰 대지 위에 자네가 서 있는 자리, 즉 설 수 있는 것은 겨우 발바닥 밑 부분뿐이지. 그렇다고 나머지는 필요 없는 것이라 하여 발바닥 이외의 땅을 다 파 버리면 자네가 선 땅덩어리는 존재 가치가 있다고 여기는가?"라고 말하였다. 자신이 서 있는 자리의 땅을 제외하고 모두 파내면, 자신은 오도 가도 못함은 물론이려니와 땅이 밑으로 무너지는 것은 당연한 일이다. 결국, 쓸모 있음(有用)은 쓸모 없음(無用)의 기초 위에 세워지는 것이다.

무용과 유용, 유용과 무용은 인간관계에도 적용할 수 있다. 자신과의 관계에서 무용이라고 생각되었던 사람이 어느 시점에서는 유용의 관점에 있는 경우를 경험해 보았을 것이다. 하나의 예로 우리가 만남이란 관계를 유지하고 있을 때는 서로 상대에 대한 필요성이나 절대성을 인식하지 못하다가도 만남의 관계가 단절된 시점에서부터 상대의 필요성과 절대적 가치에 대한 인식이 달라지는 것은 아닐까? 가까이 있던 사람의 부재(不在), 그것은 우리에게 유용의 가치에 대해 새로운 자각을 하게 하기도 한다. 우리는 장자의 예화에서 세속의 가치관을 초월하여 한 차원 높은 가치관에 대해 인식을 할 수 있다. 즉, 타인의 존재 가치를 한 방향의 관점에서만 바라보고 있는 것은 아닌지, 또한 자기중심적 사고 방식만을 고집하여 아집에 빠져들고 있는 것은 아닌지를 우리는 늘 자문해 보아야 할 것이다.

① 사물의 본질을 상대적으로 바라보는 태도가 필요하겠네.
② 사물의 핵심을 이해하기 위해서는 다양한 관점이 필요하겠네.
③ 인위적인 요소를 배제하고 자연의 법칙에서 진리를 찾아야 하네.
④ 불필요한 영역까지 진리의 밑바탕이 될 수 있다는 생각은 잘못이네.

08 다음 상황의 A씨는 문서이해의 절차 중 어느 단계를 수행하고 있는가?

영업 지원팀의 A씨는 매일 협력업체들이 보내는 수십 건의 주문서를 처리하고, 상사의 지시에 따라 보고서나 기획서 등을 작성한다. 얼마 전 A씨는 급하게 처리해야 할 주문서를 찾아야 했는데, 책상에 가득 쌓인 주문서와 상사의 요청서, 보고서 등으로 곤욕을 치러야 했다. A씨는 문서를 종류별로 체계적으로 정리하기로 결심하였고, 고객의 주문서 중 핵심내용만 정리하여 요구사항별로 그룹화한 후, 상사의 요청서에서 중요한 내용만 간추려 메모하기 시작하였다.

① 문서의 목적 이해하기
② 문서 작성의 배경과 주제 파악하기
③ 상대방의 의도를 메모하여 요약·정리하기
④ 문서가 제시하는 현안문제 파악하기

09 다음은 공공기관의 갑질 근절 가이드라인 자료이다. 자료를 참고할 때, 갑질에 해당하는 사례는 무엇인가?

〈공공기관 갑질 근절 가이드라인〉

• 갑질이란?
  사회 경제적 관계에서 우월적 지위에 있는 사람이 권한을 남용하거나, 우월적 지위에서 비롯되는 사실상의 영향력을 행사하여 상대방에게 행하는 부당한 요구나 처우를 의미한다.
• 목적 : 공공분야에서 발생하는 갑질에 대한 최소한의 판단 기준, 갑질 행위에 대한 처리 절차, 갑질 예방대책 추진에 관한 사항 등을 제시하여 갑질을 근절하고, 상호 존중하는 사회적 풍토 조성을 목적으로 한다.
• 적용 범위 : 중앙행정기관, 지방자치단체, 공공기관의 운영에 대한 법률에 따른 공공기관, 지방공기업법에 따른 지방공기업, 지방자치단체 출자·출연기관의 운영에 관한 법률에 따른 지방자치단체 출자·출연기관과 중앙행정기관, 지방자치단체, 공공기관 등으로부터 공무를 위탁받아 행하는 기관·개인 또는 법인과 공무원으로 의제 적용되는 사람
• 주요 유형별 갑질 판단 기준
  – 법령 등 위반 : 법령, 규칙, 조례 등을 위반하여 자기 또는 타인의 부당한 이익을 추구하거나 불이익을 주었는지 여부
  – 사적 이익 요구 : 우월적 지위를 이용하여 금품 또는 향응 제공 등을 강요·유도하는지, 사적으로 이익을 추구하였는지 여부
  – 부당한 인사 : 특정인의 채용·승진·인사 등을 배려하기 위해 유·불리한 업무를 지시하였는지 여부
  – 비인격적 대우 : 외모와 신체를 비하하는 발언, 욕설·폭언·폭행 등 비인격적인 언행을 하였는지 여부
  – 업무 불이익 : 정당한 사유 없이 불필요한 휴일근무·근무시간 외 업무지시, 부당한 업무 배제 등을 하였는지 여부
  – 기타 : 의사에 반한 모임 참여를 강요하였는지, 부당한 차별행위를 하였는지 여부 등

---

① 법령 등 위반 : 공단에 막대한 손실을 입히고, 반성하는 태도조차 보이지 않는 김 대리에게 A부장은 절차에 따라 해고를 통보하였다.

② 사적 이익 요구 : 공단에서 하청업체와의 계약을 담당하는 B대리는 하청업체 직원에게 계약을 하기 위한 조건으로 본인이 사용할 목적의 50만 원 상당의 금품을 요구하였다.

③ 부당한 인사 : 11월에는 업무량이 많아 휴가 통제 권고가 있었지만, C부장은 어머니의 병세가 악화된 이 사원의 휴가를 승인해 주었고, 해외여행을 계획하고 있던 한 사원의 휴가는 승인해 주지 않았다.

④ 비인격적 대우 : 새로 구입한 정장을 입고 온 유 사원에게 D과장은 "자네에게 참 잘 어울리는 정장이네. 새로 산 정장이야?"라고 하였다.

10 다음 중 글의 내용과 일치하지 않는 것은?

> 우울증은 의욕 저하와 우울감을 나타내며 불면증, 식욕 저하, 집중력 저하 등 전반적인 기능 저하를 보이는 질환을 의미한다. 큰 스트레스나 사고 후에 발생하는 경우도 있으나 아무런 이유 없이 주기적으로 발생할 때도 많다. 우울증은 우울한 기분과는 차이가 있는데, 우울한 기분은 누구나 느낄 수 있는 정상적인 반응으로 시간이 지나면 자연적으로 회복되는 경우가 많다.
>
> 우울증을 가장 쉽게 구분하는 방법은 지속적인 의욕 저하와 불면증이다. 의욕 저하로 인해서 학업, 직업, 가족생활에 심각한 적응 문제를 일으킨다. 가족들이 보기에는 무척 게을러 보이기 때문에 야단을 치거나 자주 화를 내게 되는데, 자세히 살펴보면 환자 자신도 에너지 저하로 무척 힘들어한다는 것을 알 수 있다.
>
> 특히, 불면증은 우울증에서 가장 흔한 증상 중 하나이다. 잠들지 못하거나 자주 깨는 경우도 흔하고 특징적으로 꿈을 아주 많이 꾸게 된다. 이것은 REM 수면이라고 해서 꿈꾸는 수면이 증가하는 것과 관련이 있다. 깊은 잠을 이루지 못해서 자도 피로가 풀리지 않고 수면제를 장기복용하는 경우가 많다. 의욕 저하와 불면증이 지속되면 먼저 우울증이 아닌지 확인할 필요가 있다.
>
> 우울증의 원인은 다양하다. 그중 가장 중요한 원인은 뇌 안의 신경전달물질 체계의 이상으로 알려져 있다. 뇌 안에는 우리의 기분에 영향을 주는 신경이 다양하게 연결되어 있다. 연결을 통해 정보를 전달하고 기분을 조절하는 역할을 하게 된다. 이때 세로토닌, 도파민 등의 신경전달물질은 신경과 신경 사이에서 전달 메신저의 역할을 하는데, 우울증이 오면 신경전달물질의 분비에 이상이 생겨 뇌 내에 부족해지게 된다. 실제 세로토닌이 저하되면 우울증이 오기 쉽다. 그 외에도 당뇨, 갑상선 등 내분비 질환이나 치매, 파킨슨병 등 노인 질환, 스트레스, 회피성 성격 등도 우울증의 원인이 될 수 있다. 우울증은 유전되는 질환은 아니지만 우울증이 있는 가족이 있으면 3배 정도 더 잘 생긴다.

① 우울증에 걸리면 불면증, 식욕 저하와 함께 자주 화를 낸다.
② 우울한 기분은 자연적으로 회복된다는 점에서 우울증과 차이가 있다.
③ REM 수면 상태가 길어지면 잠을 자도 피로가 풀리지 않는다.
④ 세로토닌 수치가 낮아지면 기분을 조절하는 능력이 떨어진다.

11 다음 중 효과적인 경청 방법에 대한 설명으로 적절하지 않은 것은?

① 말하는 사람의 모든 것에 집중해서 적극적으로 들어야 하며, 말하는 사람의 속도와 말을 이해하는 속도 사이에 발생하는 간격을 메우는 방법을 학습해야 한다.
② 상대방이 말하는 사이에 질문을 하면 질문에 대한 답이 즉각적으로 이루어질 수 없으므로 되도록 질문하지 않고 상대방의 이야기에 집중한다.
③ 상대방이 전달하려는 메시지가 무엇인가를 생각해 보고 자신의 삶, 목적, 경험과 관련지어 본다.
④ 대화 도중에 주기적으로 대화의 내용을 요약하면 상대방이 전달하려는 메시지를 이해하고, 사상과 정보를 예측하는 데 도움이 된다.

12 다음 중 ⊙의 사례로 적절하지 않은 것은?

현대인은 대인관계에 있어서 가면을 쓰고 살아간다. 물론 그것이 현대 사회를 살아가기 위한 인간의 기본적인 조건인지도 모른다. 사회학자들은 사람이 다른 사람과 교제를 할 때, 상대방에 대한 자신의 인상을 관리하려는 속성이 있다는 점에 동의한다. 즉, 사람들은 대체로 남 앞에 나설 때는 가면을 쓰고 연기를 하는 배우와 같이 행동한다는 것이다.

왜 그런 상황이 발생하는 것일까? 그것은 주로 대중문화의 속성에 기인한다. 사실 20세기의 대중문화는 과거와는 다른 새로운 인간형을 탄생시키는 배경이 되었다고 말할 수 있다. 특히, 광고는 내가 다른 사람의 눈에 어떻게 보일 것인가 하는 점을 끊임없이 반복하고 강조함으로써 ⊙ 그 광고를 보는 사람들에게 조바심이나 공포감을 불러일으키기까지 한다.

그중에서도 외모와 관련된 제품의 광고는 개인의 삶의 의미가 '자신이 남에게 어떤 존재로 보이느냐?'라는 것을 무수히 주입시킨다. 역사학자들도 '연기하는 자아'의 개념이 대중문화의 부상과 함께 더욱 의미 있는 것이 되었다고 말한다. 그들은 적어도 20세기 초부터 '성공'은 무엇을 잘하고 열심히 하는 것이 아니라 '인상 관리'를 어떻게 하느냐에 달려 있다고 한다. 이렇게 자신의 일관성을 잃고 상황에 따라 적응하게 되는 현대인들은 대중매체가 퍼뜨리는 유행에 민감하게 반응하는 과정에서 자신의 취향을 형성해 가고 있다.

① 이제 막 첫돌이 지난 아들을 둔 박대한 씨는 신문에서 아토피 피부의 원인에 관한 기사를 읽고 불안한 마음에 황토로 지은 집으로 이사 갈 것을 고려하고 있다.

② 잡지에서 '올여름 멋쟁이 여성들의 트렌드 따라잡기'라는 기획기사를 읽은 박겨레 씨는 유행에 뒤처지지 않기 위해 잡지에 나온 것과 비슷한 옷을 여러 벌 구매했다.

③ 카레이서 이한국 씨는 어렸을 때 〈전설의 고향〉이라는 납량 드라마를 보고 난 후 밤에 화장실 가기가 무서워 아침까지 꾹 참았던 적이 많았다고 한다.

④ 여고생 김영희 양은 저칼로리 다이어트 식품 광고에 나오는 같은 또래 모델의 늘씬한 몸매를 본 후, 자신의 통통한 몸매를 바꾸기 위해 동네 수영장에 다니기 시작했다.

13 다음 기사를 읽고 나눈 사원들의 대화를 보고 올바르지 않은 내용을 말하는 사람을 고르면?

'혁신'이라는 용어는 이미 경영·기술 분야에서 널리 사용되고 있다. 미국의 경제학자 슘페터는 혁신을 새로운 제품 소개, 생산방법의 도입, 시장개척, 조직방식 등의 새로운 결합으로 발생하는 창조적 파괴라고 정의한 바 있다. 이를 '열린 혁신'의 개념으로 확장해 보면 기관 자체 역량뿐 아니라 외부의 아이디어를 받아들이고 결합함으로써 당면한 문제를 해결하고 사회적 가치를 창출하는 일련의 활동이라 말할 수 있을 것이다.

위에서 언급한 정의의 측면에서 볼 때 열린 혁신의 성공을 위한 초석은 시민사회(혹은 고객)를 포함한 다양한 이해 관계자의 적극적인 참여와 협업이다. 어린이 – 시민 – 전문가 – 공무원이 모여 자연을 이용해 기획하고 디자인한 순 천시의 '기적의 놀이터', 청년들이 직접 제안한 아이디어를 정부가 정식 사업으로 채택하여 발전시킨 '공유기숙사' 등은 열린 혁신의 추진방향을 보여주는 대표적인 사례이다. 특히 시민을 공공서비스의 수혜 대상에서 함께 사업을 만들어가는 파트너로 격상시킨 것이 큰 변화이며, 바로 이 지점이 열린 혁신의 출발점이라 할 수 있다.

그렇다면 '열린 혁신'을 보다 체계적·성공적으로 추진하기 위한 선행조건은 무엇일까?

첫째, 구성원들이 열린 혁신을 명확히 이해하고 수요자의 입장에서 사업을 바라보는 마인드가 필요하다. 공공기관 이 혁신을 추진하는 목적은 결국 본연의 사업을 잘 수행하기 위함이다. 이를 위해서는 수요자인 고객을 먼저 생각해 야 한다. 제공받는 서비스에 만족하지 못하는 고객을 생각한다면 사업에 대한 변화와 혁신은 자연스럽게 따라올 수밖에 없다.

둘째, 다양한 아이디어가 존중받고 추진될 수 있는 조직문화를 만들어야 한다. 나이·직급과 관계없이 새로운 아이 디어를 마음껏 표현할 수 있는 환경을 조성하는 한편, 참신하고 완성도 높은 아이디어에 대해 인센티브를 제공하는 등 조직 차원의 동기부여가 필요하다. 행정안전부에서 주관하는 정부 열린 혁신 평가에서 기관장의 의지와 함께 전사 차원의 지원체계 마련을 주문하는 것도 이러한 연유에서다.

마지막으로 지속할 수 있는 혁신을 위해 이를 뒷받침할 수 있는 열정적인 혁신 퍼실리테이터가 필요하다. 수요자의 니즈를 발굴하여 사업에 반영하는 제안 – 설계 – 집행 – 평가 전 과정을 살피고 지원할 수 있는 조력자의 역할은 필 수적이다. 따라서 역량 있는 혁신 조력자를 육성하기 위한 체계적인 교육이 수반되어야 할 것이다. 덧붙여 전 과정 에 다양한 이해관계자의 참여가 필요한 만큼 담당부서와 사업부서 간의 긴밀한 협조가 이루어진다면 혁신의 성과는 더욱 커질 것이다.

최근 우리 공단은 청년 실업률 증가, 4차 산업혁명 발 일자리의 구조적 변화 등 주요 사업과 관련한 큰 환경 변화에 직면해 있다. 특히 일자리 창출 지원, 인적자원개발 패러다임 변화를 반영한 인력 양성 등 공단에 대한 정부와 국민 의 기대감은 날로 커질 전망이다. '열린 혁신'은 공단의 지속할 수 있는 발전을 위해 꼭 추진되어야 할 과제이다. 공단 전 직원의 관심과 적극적인 참여가 필요한 시점이다.

보기

A사원 : 혁신은 혼자서 하는 게 아니야. 혁신을 위해서는 부서 간의 긴밀한 협조가 꼭 필요해.
B사원 : 설문조사를 통해 고객의 의견을 듣고 고객의 입장에서 생각해 보는 자세를 가져야겠어.
C사원 : 열린 혁신을 위해서는 외부의 도움 없이 스스로 문제를 해결할 수 있는 역량이 중요해.
D사원 : 기존의 수직적인 조직문화를 수평적인 문화로 개선해 보는 것은 어떨까?

① A사원　　　　　　　　　　　　　② B사원
③ C사원　　　　　　　　　　　　　④ D사원

14 다음 중 A씨가 글을 읽고 할 행동으로 적절한 것은?

더위에 지치고 자외선에 지치고 땀에 지치고 피지에 지치는 여름철, 피부는 한마디로 총체적 난국이다. 번들거리고 끈적이고 더워서 관리 자체가 어렵다. 더 괴로운 것은 기온이 오를수록 늘어나는 피지와 트러블. 참고로 피지는 기온이 1℃ 오를 때마다 10% 더 분비된다. 여름철 피부 관리는 어떻게 해야 하는지 알아보자.

끈적이는 여름, 피부에 무언가를 덧바르기 싫다면서 기초케어조차 하지 않는다면 계절이 끝날 즈음에는 상상 이상의 피부 트러블을 각오해야 할 것이다. 스킨케어 단계를 줄이면 이를 극복하기 위해 피부는 더 많은 피지를 생성하게 되고 이로 인해 피부 트러블도 더 많이 발생할 수밖에 없기 때문이다. 한번 유·수분 밸런스가 깨진 피부는 회복하는 데 상당한 노력과 시간을 요구한다. 촉촉하고 탄력 있는 피부를 원한다면 여름철 기초케어는 선택이 아니라 필수이다.

자외선 차단제는 숫자가 중요한 것이 아니라 자주 덧발라주는 것이 중요하다. 자외선 차단 지수는 SPF 15부터 75까지 그 종류가 다양한데, 숫자는 자외선 차단 정도를 뜻하며 SPF 30 ~ 50 이상이 야외활동용으로 알려져 있다. 그러나 아무리 높은 수치의 자외선 차단제라고 해도 지속력은 2시간 정도 밖에 되지 않는다. 즉 차단제를 발랐다고 해서 무조건 자외선을 막을 수 있는 것은 아니므로 여름철 피부 손상을 막기 위해선 자외선 차단제를 2시간에 한 번씩 덧발라주는 것을 잊지 않아야 한다.

미스트를 뿌리면 피부에 수분이 닿으니 촉촉해진 것처럼 느껴진다. 그러나 이것은 촉감의 착각일 뿐, 미스트를 뿌린 후에는 피부 내 수분의 삼투압 차이로 오히려 수분을 빼앗기는 현상이 일어난다. 미스트가 증발하면서 피부의 수분까지 빼앗아 가기 때문이다. 물론 미스트의 성분에 따라 차이는 있겠지만 일반적으로 탈수가 일어나기 쉬우니 주의해서 사용하는 것이 좋다.

피지 분비가 많은 지성피부는 여름철에 과도한 피지분비로 트러블이 생기기 쉽다. 더 자주, 더 깨끗하게 세안하면 좋아지지 않을까하고 생각하지만 실상은 그렇지 않다. 과도한 세안은 오히려 피지선을 자극하거나 피부 건조증을 일으킬 수 있다. 너무 번들거리고 트러블이 심하다면 모공을 열어주는 따뜻한 물로 먼저 깨끗하게 세안한 다음 차가운 물로 마무리하여 모공을 수축해야 한다. 여름철이라도 세안은 하루 2 ~ 3회면 적당하다.

① 여름철은 수분 부족으로 피지분비가 이루어지지 않으므로 피지관리에 신경을 쓴다.
② 여름철엔 기초케어가 오히려 모공을 막을 수 있으므로 이틀에 한 번만 한다.
③ 외출하기 전 자외선 차단제를 여러 번 꼼꼼하게 바르면 나중에 덧바르지 않아도 된다.
④ 과도한 세안은 피부를 자극할 수 있으므로 하루에 2 ~ 3번 깨끗하게 세안한다.

15 다음 글을 바탕으로 할 때, 〈보기〉의 밑줄 친 정책의 방향에 대한 추측으로 가장 적절한 것은?

동일한 환경에서 야구공과 고무공을 튕겨 보면, 고무공이 훨씬 민감하게 튀어 오르는 것을 볼 수 있다. 즉, 고무공은 야구공보다 탄력이 좋다. 일정한 가격에서 사람들이 사고자 하는 물건의 양인 수요량에도 탄력성의 개념이 적용될 수 있다. 재화의 가격이 변화할 때 수요량도 변화하게 되는 것이다. 이때 경제학에서는 가격 변화에 대한 수요량 변화의 민감도를 측정하는 표준화된 방법을 수요 탄력성이라고 한다.

수요 탄력성은 수요량의 변화 비율을 가격의 변화 비율로 나눈 값이다. 일반적으로 가격과 수요량은 반비례하므로 수요 탄력성은 음(−)의 값을 가진다. 그러나 통상적으로 음의 부호를 생략하고 절댓값만 표시한다.

가격에 따른 수요량 변화율에 따라 상품의 수요는 '단위 탄력적', '탄력적', '완전 탄력적', '비탄력적', '완전 비탄력적'으로 나눌 수 있다. 수요 탄력성이 1인 경우 수요는 '단위 탄력적'이라고 불린다. 또한, 수요 탄력성이 1보다 큰 경우 수요는 '탄력적'이라고 불린다. 한편 영(0)에 가까운 아주 작은 가격 변화에도 수요량이 매우 크게 변화하면 수요 탄력성은 무한대가 된다. 이 경우의 수요는 '완전 탄력적'이라고 불린다. 소비하지 않아도 생활에 지장이 없는 사치품이 이에 해당한다. 반면, 수요 탄력성이 1보다 작다면 수요는 '비탄력적'이라고 불린다. 만일 가격이 아무리 변해도 수요량에 어떠한 변화도 나타나지 않는다면 수요 탄력성은 영(0)이 된다. 이 경우 수요는 '완전 비탄력적'이라고 불린다. 생필품이 이에 해당한다.

수요 탄력성의 크기는 상품의 가격이 변할 때 이 상품에 대한 소비자의 지출이 어떻게 변하는지를 알려 준다. 상품에 대한 소비자의 지출액은 가격에 수요량을 곱한 것이다. 먼저 상품의 수요가 탄력적인 경우를 따져 보자. 이 경우에는 수요 탄력성이 1보다 크기 때문에, 가격이 오른 정도에 비해 수요량이 많이 감소한다. 이에 따라, 가격이 상승하면 소비자의 지출액은 가격이 오르기 전보다 감소한다. 반면에 가격이 내릴 때는 가격이 내린 정도에 비해 수요량이 많아지므로 소비자의 지출액은 증가한다. 물론 수요가 비탄력적이면 위와 반대되는 현상이 일어난다. 즉, 가격이 상승하면 소비자의 지출액은 증가하며, 가격이 하락하면 소비자의 지출액은 감소하게 된다.

보기

A국가의 정부는 경제 안정화를 위해 개별 소비자들이 지출액을 줄이도록 유도하는 정책을 시행하기로 하였다.

① 생필품의 가격은 높이고, 사치품의 가격은 유지하려 하겠군.
② 생필품의 가격은 낮추고, 사치품의 가격은 높이려 하겠군.
③ 생필품의 가격은 유지하고, 사치품의 가격은 낮추려 하겠군.
④ 생필품과 사치품의 가격을 모두 유지하려 하겠군.

16 발산적 사고를 개발하기 위한 방법으로는 자유연상법, 강제연상법, 비교발상법이 있다. 다음 글에서 사용된 사고 개발 방법으로 가장 적절한 것은?

충남 보령시는 2022년에 열리는 보령해양머드박람회와 연계할 사업을 발굴하기 위한 보고회를 개최하였다. 경제적·사회적 파급 효과의 극대화를 통한 성공적인 박람회 개최를 도모하기 위해 마련된 보고회는 각 부서의 업무에 국한하지 않은 채 가능한 많은 양의 아이디어를 자유롭게 제출하는 방식으로 진행됐다.

홍보미디어실에서는 박람회 기간 가상현실(VR)·증강현실(AR) 체험을 통해 사계절 머드 체험을 할 수 있도록 사계절 머드체험센터 조성을, 자치행정과에서는 박람회 임시주차장 조성 및 박람회장 전선 지중화 사업을, 교육체육과에서는 세계 태권도 대회 유치를 제안했다. 또 문화새마을과에서는 KBS 열린음악회 및 전국노래자랑 유치를, 세무과에서는 E-스포츠 전용경기장 조성을, 회계과에서는 해상케이블카 조성 및 폐광지구 자립형 농어촌 숙박단지 조성 등을 제안했다. 사회복지과에서는 여성 친화 플리마켓을, 교통과에서는 장항선 복선전철 조기 준공 및 열차 증편을, 관광과는 체험·놀이·전시 등 보령머드 테마파크 조성 등의 다양한 아이디어를 내놓았다.

보령시는 이번에 제안된 아이디어를 토대로 실현 가능성 등을 검토하고, 박람회 추진에 참고자료로 적극 활용할 계획이다.

① 브레인스토밍
② SCAMPER 기법
③ NM법
④ Synectics법

17 다음과 같이 두 개의 안내문이 적힌 네 개의 상자 A ~ D 중 어느 하나에 두 개의 진짜 열쇠가 들어 있고, 다른 하나에 두 개의 가짜 열쇠가 들어 있다. 각 상자의 안내문 중 하나는 참이고 다른 하나는 거짓이라고 할 때, 항상 옳은 것은?

- A상자
 − 어떤 진짜 열쇠도 순금으로 되어 있지 않다.
 − C상자에 진짜 열쇠가 들어 있다.
- B상자
 − 가짜 열쇠는 이 상자에 들어 있지 않다.
 − A상자에는 진짜 열쇠가 들어 있다.
- C상자
 − 이 상자에 진짜 열쇠가 들어 있다.
 − 어떤 가짜 열쇠도 구리로 되어 있지 않다.
- D상자
 − 이 상자에 진짜 열쇠가 들어 있다.
 − 가짜 열쇠 중 어떤 것은 구리로 되어 있다.

① B상자에 가짜 열쇠가 들어 있지 않다.
② C상자에 진짜 열쇠가 들어 있지 않다.
③ D상자의 첫 번째 안내문은 거짓이다.
④ 모든 가짜 열쇠는 구리로 되어 있다.

18 어떤 고고학 탐사대가 발굴한 네 개의 유물 A ~ D에 대하여 다음과 같은 사실을 알게 되었다. 발굴된 유물을 오래된 순서로 나열한 것은?

> • B보다 시대가 앞선 유물은 두 개이다.
> • C는 D보다 시대가 앞선 유물이다.
> • A는 C에 비해 최근의 유물이다.
> • D는 B가 만들어진 시대 이후에 제작된 유물이다.

① C – D – B – A   ② C – B – D – A
③ C – D – A – B   ④ C – A – B – D

19 〈조건〉을 모두 만족할 때, 회의를 반드시 개최해야 하는 날은 총 며칠인가?

> **조건**
> • 회의는 다음 주에 개최한다.
> • 월요일에는 회의를 개최하지 않는다.
> • 화요일과 목요일에 회의를 개최하거나 월요일에 회의를 개최한다.
> • 금요일에 회의를 개최하지 않으면, 화요일에도 회의를 개최하지 않고 수요일에도 개최하지 않는다.

① 없음   ② 1일
③ 2일   ④ 3일

20 초등학교 담장에 벽화를 그리기 위해 바탕색을 칠하려고 한다. 5개의 벽에 바탕색을 칠해야 하고, 벽은 일자로 나란히 배열되어 있다고 한다. 〈조건〉에 따라 벽화를 칠한다고 할 때, 항상 옳은 것은?(단, 칠하는 색은 빨간색, 주황색, 노란색, 초록색, 파란색이다)

> **조건**
> • 주황색과 초록색은 이웃해서 칠한다.
> • 빨간색과 초록색은 이웃해서 칠할 수 없다.
> • 파란색은 양 끝에 칠할 수 없으며, 빨간색과 이웃해서 칠할 수 없다.
> • 노란색은 왼쪽에서 두 번째에 칠할 수 없다.

① 노란색을 왼쪽에서 첫 번째에 칠할 때, 주황색은 오른쪽에서 세 번째에 칠하게 된다.
② 칠할 수 있는 경우 중 한 가지는 주황색 – 초록색 – 파란색 – 노란색 – 빨간색이다.
③ 파란색을 오른쪽에서 두 번째에 칠할 때, 주황색은 왼쪽에서 첫 번째에 칠할 수도 있다.
④ 주황색은 왼쪽에서 첫 번째에 칠할 수 없다.

21 A ~ E는 직장에서 상여금을 받는다. 상여금은 A ~ E의 순서와 관계없이 각각 25만 원, 50만 원, 75만 원, 100만 원, 125만 원이라고 할 때, 옳지 않은 것은?

> • A의 상여금은 다섯 사람 상여금의 평균이다.
> • B의 상여금은 C, D보다 적다.
> • C의 상여금은 어떤 이의 상여금의 두 배이다.
> • D의 상여금은 E보다 적다.

① A의 상여금은 A를 제외한 나머지 네 명의 평균과 같다.
② A의 상여금은 반드시 B보다 많다.
③ C의 상여금은 두 번째로 많거나 두 번째로 적다.
④ C의 상여금이 A보다 많다면, B의 상여금은 C의 50%일 것이다.

22 A ~ E가 5층 건물에 층별로 한 명씩 살고 있다. 〈조건〉이 다음과 같을 때, 항상 옳은 것은?

> **조건**
> • C와 D는 서로 인접한 층에 산다.
> • A는 2층에 산다.
> • B는 A보다 높은 층에 산다.

① D는 가장 높은 층에 산다.
② A는 E보다 높은 층에 산다.
③ C는 3층에 산다.
④ E는 D보다 높은 층에 산다.

23 8명이 앉을 수 있는 원탁에 각 지역대표가 참여하여 회의하고 있다. 〈조건〉을 만족할 때, 경인 지역대표의 맞은편에 앉은 사람은?

> **조건**
> • 서울, 부산, 대구, 광주, 대전, 경인, 춘천, 속초 대표가 참여하였다.
> • 서울 대표는 12시 방향에 앉아 있다.
> • 서울 대표의 오른쪽 두 번째는 대전 대표이다.
> • 부산 대표는 경인 대표의 왼쪽에 앉는다.
> • 대전 대표와 부산 대표 사이에는 광주 대표가 있다.
> • 광주 대표와 대구 대표는 마주 보고 있다.
> • 서울 대표와 대전 대표 사이에는 속초 대표가 있다.

① 대전 대표   ② 부산 대표
③ 대구 대표   ④ 속초 대표

24 갑, 을, 병, 정, 무를 포함하여 8명이 면접실 의자에 앉아 있다. 병이 2번 의자에 앉을 때, 항상 옳은 것은?(단, 의자에는 8번까지의 번호가 있다)

- 갑과 병은 이웃해 앉지 않고, 병과 무는 이웃해 앉는다.
- 갑과 을 사이에는 2명이 앉는다.
- 을은 양 끝(1번, 8번)에 앉지 않는다.
- 정은 6번 또는 7번에 앉고, 무는 3번에 앉는다.

① 을은 4번에 앉는다.
② 갑은 1번에 앉는다.
③ 을과 정은 이웃해 앉는다.
④ 갑이 4번에 앉으면, 정은 6번에 앉는다.

25 다음은 맥킨지가 개발한 조직진단 도구 7S 모델이다. 빈칸에 들어갈 내용으로 옳지 않은 것은?

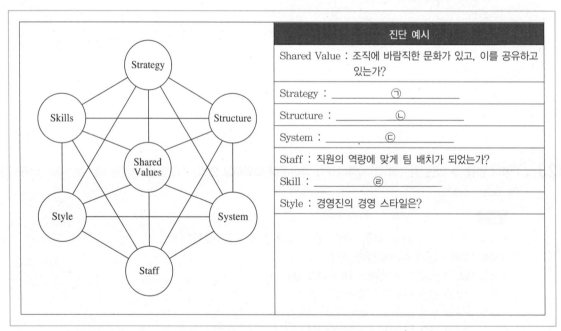

① ㉠ : 현재 전략은 무엇이며, 이 전략은 조직원들이 회의를 거친 것인가?
② ㉡ : 조직구조가 환경 변화에 적절하게 대처할 수 있는가?
③ ㉢ : 운영 시스템이 효율적으로 진행되고 있는가?
④ ㉣ : 보고 체계, 조직 내 대화 수준은 준수한가?

26 W연구원은 같은 온실에서 A ~ E식물을 하나씩 동시에 재배하는 실험을 시행한 후 식물재배온도를 결정하려고 한다. 다섯 가지 식물의 재배가능 온도와 상품가치가 다음과 같을 때, 가장 많은 식물을 재배할 수 있는 온도와 상품가치의 총합이 가장 큰 온도를 올바르게 나열한 것은?(단, W연구원은 온도만 조절할 수 있으며, 주어진 조건 외에 다른 조건은 고려하지 않는다)

〈A ~ E의 재배가능 온도와 상품가치〉

식물종류	재배가능 온도(℃)	상품가치(원)
A	0 이상 20 이하	10,000
B	5 이상 15 이하	25,000
C	25 이상 55 이하	50,000
D	15 이상 30 이하	15,000
E	15 이상 25 이하	35,000

※ 식물의 상품가치를 결정하는 유일한 것은 온도이다.
※ 온실의 온도는 0℃를 기준으로 5℃ 간격으로 조절할 수 있고, 한 번 설정하면 변경할 수 없다.

	가장 많은 식물을 재배할 수 있는 온도	상품가치의 총합이 가장 큰 온도
①	15℃	20℃
②	15℃	25℃
③	20℃	20℃
④	20℃	25℃

27 다음은 우체국 택배에 관한 SWOT 분석 결과일 때, 분석 결과를 바탕으로 세운 전략으로 적절하지 않은 것은?

강점(Strength)	약점(Weakness)
• 공공기관으로서의 신뢰성 • 우편 서비스에 대한 높은 접근성 • 전국적인 물류망 확보	• 인력 및 차량의 부족 • 공공기관으로서의 보수적 조직문화 • 부족한 마케팅 자원
기회(Opportunity)	위협(Threat)
• 전자상거래 활성화로 인한 택배 수요 증가 • 경쟁력 확보를 위한 기관의 노력	• 민간 업체들과의 경쟁 심화 • 기존 업체들의 설비 및 투자 확대 • 대기업 중심의 업체 진출 증가

① SO전략 : 전국적 물류망을 기반으로 택배 배송 지역을 확장한다.
② WO전략 : 보수적 조직문화의 개방적 쇄신을 통해 공공기관으로서의 경쟁력을 확보한다.
③ ST전략 : 민간 업체와의 경쟁에서 공공기관으로서의 높은 신뢰도를 차별화 전략으로 활용한다.
④ WT전략 : 지역별로 분포된 우체국 지점의 접근성을 강조한 마케팅으로 대기업의 공격적 마케팅에 대응한다.

28 환경부의 인사실무 담당자는 환경정책과 관련된 특별위원회를 구성하면서 외부 환경 전문가를 위촉하려 한다. 현재 거론되고 있는 외부 전문가는 A~F이다. 이 여섯 명의 외부 인사에 대해서 담당자는 다음의 〈조건〉을 충족하는 선택을 해야 한다. 만약 B가 위촉되지 않는다면, 총 몇 명이 위촉되는가?

> **조건**
> • 만약 A가 위촉되면, B와 C도 위촉되어야 한다.
> • 만약 A가 위촉되지 않는다면, D가 위촉되어야 한다.
> • 만약 B가 위촉되지 않는다면, C나 E가 위촉되어야 한다.
> • 만약 C와 E가 위촉되면, D는 위촉되어서는 안 된다.
> • 만약 D나 E가 위촉되면, F도 위촉되어야 한다.

① 1명   ② 2명
③ 3명   ④ 4명

29 다음은 반두라(Bandura)의 사회인지 이론에 대한 내용이다. 밑줄 친 ㉠~㉣에 해당하는 사례로 옳지 않은 것은?

> 인간의 지식 습득에 개인의 인지, 행동, 경험 그리고 주위 환경이 상호작용하면서 영향을 미친다는 반두라의 사회인지 이론은 행동주의 이론이 인간을 기계론적으로 보고 있다고 비판하면서 환경적 사건과 사고, 동기와 같은 개인적 요인들이 상호작용한다는 '상호결정론'을 제시하였다. 그중 인간은 어떤 모델의 행동을 관찰하고 모방함으로써 학습한다는 관찰학습은 ㉠ 주의집중 단계, ㉡ 보존(파지) 단계, ㉢ 운동재생 단계, ㉣ 동기화 단계의 4단계로 이루어진다.

① ㉠ : 후보 선수 B씨는 주전 선수 A씨가 달리는 모습을 유심히 관찰하였다.
② ㉡ : 후보 선수 B씨는 주전 선수 A씨가 숨을 한 번 쉴 때마다 다리를 다섯 번 움직인다는 것을 자신의 발가락 다섯 개로 기억하였다.
③ ㉢ : 후보 선수 B씨는 주전 선수 A씨와 같은 방법으로 달리기를 해 보았다.
④ ㉣ : 후보 선수 B씨는 주전 선수 A씨가 달리는 모습을 카메라로 촬영하였다.

30 다음은 문제의 유형에 대한 설명이다. 사례를 참고할 때, ㉠~㉢을 바르게 분류한 것은?

업무수행 과정 중 발생한 문제를 효과적으로 해결하기 위해서는 문제의 유형을 파악하는 것이 우선시 되어야 하며, 이러한 문제의 유형은 발생형 문제, 탐색형 문제, 설정형 문제의 세 가지로 분류할 수 있다.

〈사례〉

㉠ 지속되는 경기 악화에 따라 새로운 신약 개발에 사용되는 원료 중 일부의 단가가 상승할 것으로 예상되어 다른 공급처를 물색할 필요성이 대두되고 있다.

㉡ 새로운 신약 개발과정 중에서의 임상시험 중 임상시험자의 다수가 부작용을 보이고 있어 신약 개발이 전면 중단되었다.

㉢ 현재는 신약개발이 주 업무인 제약회사이지만, 매년 새로운 감염병이 발생하고 있는 현 실정에 진단키트 개발도 추진한다면, 회사의 성장가능성은 더 커질 것으로 보고 있다.

	발생형 문제	탐색형 문제	설정형 문제
①	㉠	㉡	㉢
②	㉠	㉢	㉡
③	㉡	㉠	㉢
④	㉡	㉢	㉠

31 수현이는 노트 필기를 할 때 검은 펜, 파란 펜, 빨간 펜 중 한 가지를 사용하는데 검은 펜을 쓴 다음날은 반드시 빨간 펜을 사용하고, 파란 펜을 쓴 다음날에는 검은 펜이나 빨간 펜을 같은 확률로 사용한다. 또 빨간 펜을 쓴 다음날은 검은 펜과 파란 펜을 2 : 1의 비율로 사용한다. 만약 수현이가 오늘 아침에 주사위를 던져서 눈의 수가 1이 나오면 검은 펜을, 3이나 5가 나오면 빨간 펜을, 그리고 짝수가 나오면 파란 펜을 사용하기로 했다면, 내일 수현이가 검은 펜을 사용할 확률은?

① $\dfrac{5}{12}$

② $\dfrac{4}{9}$

③ $\dfrac{17}{36}$

④ $\dfrac{1}{2}$

32 K씨는 생일을 맞아 주말에 가족과 외식을 하려고 한다. 레스토랑별 통신사 할인 혜택과 예상금액이 다음과 같을 때, K씨의 가족이 가장 저렴하게 먹을 수 있는 방법으로 올바르게 짝지어진 것은?(단, 원 단위 이하는 절사한다)

〈통신사별 멤버십 혜택〉

구분	A통신사	B통신사	C통신사
A레스토랑	10만 원 이상 결제 시 5,000원 할인	15% 할인	1,000원당 100원 할인
B레스토랑	재방문 시 8,000원 상당의 음료쿠폰 제공(당일 사용 불가)	20% 할인	10만 원 이상 결제 시 10만 원 초과금의 30% 할인
C레스토랑	1,000원당 150원 할인	5만 원 이상 결제 시 5만 원 초과금의 10% 할인	30% 할인

〈레스토랑별 예상금액〉

구분	A레스토랑	B레스토랑	C레스토랑
예상금액(원)	143,300	165,000	174,500

	레스토랑	통신사	가격
①	A레스토랑	A통신사	120,380원
②	A레스토랑	B통신사	121,800원
③	B레스토랑	C통신사	132,000원
④	C레스토랑	C통신사	122,150원

33 다음은 탄소포인트제 가입자 A ~ D의 에너지 사용량 감축률 현황을 나타낸 자료이다. 다음의 지급 방식에 따라 가입자 A ~ D가 탄소포인트를 지급받을 때, 탄소포인트를 가장 많이 지급받는 가입자와 가장 적게 지급받는 가입자를 올바르게 나열한 것은?

〈가입자 A ~ D의 에너지 사용량 감축률 현황〉

(단위 : %)

에너지 사용유형 \ 가입자	A	B	C	D
전기	2.9	15.0	14.3	6.3
수도	16.0	15.0	5.7	21.1
가스	28.6	26.1	11.1	5.9

〈지급 방식〉

• 탄소포인트 지급 기준

(단위 : 포인트)

에너지 사용유형 \ 에너지 사용량 감축률	5% 미만	5% 이상 10% 미만	10% 이상
전기	0	5,000	10,000
수도	0	1,250	2,500
가스	0	2,500	5,000

• (가입자가 지급받는 탄소포인트)
 =(전기 탄소포인트)+(수도 탄소포인트)+(가스 탄소포인트) 예 가입자 D가 지급받는 탄소포인트
 =5,000+2,500+2,500=10,000

	가장 많이 지급받는 가입자	가장 적게 지급받는 가입자
①	B	A
②	B	C
③	B	D
④	C	A

34 다음은 와이파이 공유기 전체 판매량과 수출량의 변화 추이를 나타낸 자료이다. 자료에 대한 설명으로 옳은 것은?

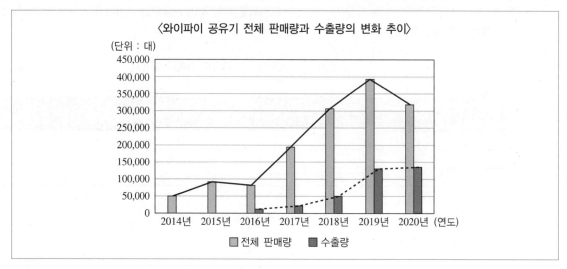

① 전체 판매량은 2016년에서 2020년까지 매년 증가하였다.
② 전체 판매량 중 수출량은 2016년에서 2019년까지 매년 증가하였다.
③ 2017년에서 2018년 사이 수출량의 증가폭이 가장 컸다.
④ 전체 판매량이 가장 많은 해는 2020년이다.

35 다음은 1년 동안 Z병원을 찾은 당뇨병 환자에 대한 자료이다. 자료에 대한 해석으로 옳지 않은 것은?

〈당뇨병 환자 수〉

(단위 : 명)

나이 당뇨병	경증		중증	
	여성	남성	여성	남성
50세 미만	9	13	8	10
50세 이상	10	18	8	24

① 여성 환자 중 중증 환자의 비율은 45% 이상이다.
② 경증 환자 중 남성 환자의 비율은 중증 환자 중 남자 환자의 비율보다 높다.
③ 50세 이상 환자 수는 50세 미만 환자 수의 1.5배이다.
④ 중증 여성 환자의 비율은 전체 당뇨병 환자의 16%이다.

36 다음은 산업 재해의 예방 대책을 나타낸 글이다. 다음 중 빈칸에 들어갈 용어를 순서대로 나열한 것은?

산업 재해의 예방 대책은 다음의 5단계로 이루어진다.
① _____ : 경영자는 사업장의 안전 목표를 설정하고, 안전 관리 책임자를 선정해야 하며, 안전 관리 책임자는 안전 계획을 수립하고, 이를 시행·후원·감독해야 한다.
② _____ : 사고 조사, 안전 점검, 현장 분석, 작업자의 제안 및 여론 조사, 관찰 및 보고서 연구, 면담 등을 시행한다.
③ _____ : 재해의 발생 장소, 재해 형태, 재해 정도, 관련 인원, 직원 감독의 적절성, 공구 및 장비의 상태 등을 정확히 분석한다.
④ _____ : 원인 분석을 토대로 적절한 방안, 즉 기술적 개선, 인사 조정 및 교체, 교육, 설득, 호소, 공학적 조치 등을 선정한다.
⑤ _____ : 안전에 대한 교육 및 훈련 실시, 안전 시설과 장비의 결함 개선, 안전 감독 실시 등의 선정된 방안을 적용한다.

① 안전 관리 조직 – 사실의 발견 – 원인 분석 – 시정책의 선정 – 시정책 적용 및 뒤처리
② 안전 관리 조직 – 원인 분석 – 사실의 발견 – 시정책의 선정 – 시정책 적용 및 뒤처리
③ 사실의 발견 – 원인 분석 – 안전 관리 조직 – 시정책의 선정 – 시정책 적용 및 뒤처리
④ 사실의 발견 – 시정책의 선정 – 안전 관리 조직 – 원인 분석 – 시정책 적용 및 뒤처리

37 다음은 기술선택을 위한 절차를 나타내는 도표이다. 밑줄 친 (A) ~ (D)에 대한 행동으로 옳은 것은?

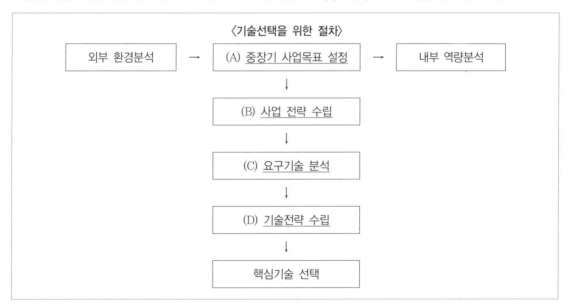

① (A) : 기술획득 방법 결정
② (B) : 사업 영역 결정, 경쟁 우위 확보 방안 수립
③ (C) : 기업의 장기비전, 매출목표 및 이익목표 설정
④ (D) : 기술능력, 생산능력, 마케팅 / 영업능력, 재무능력 등 분석

※ 논리연산자를 다음과 같이 정의할 때, 이어지는 질문에 답하시오. [38~39]

- AND(논리곱) : 둘 다 참일 때만 참, 나머지는 모두 거짓
- OR(논리합) : 둘 다 거짓일 때만 거짓, 나머지는 모두 참
- NAND(부정논리곱) : 둘 다 참일 때만 거짓, 나머지는 모두 참
- NOR(부정논리합) : 둘 다 거짓일 때만 참, 나머지는 모두 거짓
- XOR(배타적 논리합) : 둘의 참/거짓이 다르면 참, 같으면 거짓

38 다음과 같은 입력 패턴 A, B를 〈조건〉에 따라 원하는 출력 패턴으로 합성하고자 한다. (가)에 들어갈 논리 연산자로 옳은 것은?

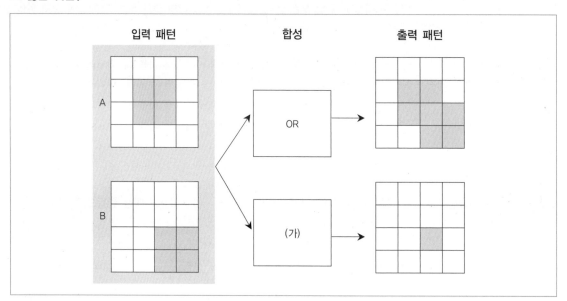

조건

- ▨은 패턴값 '1'로, ☐은 패턴값 '0'으로 변환하여 합성에 필요한 논리 연산을 한 후, '1'은 ▨으로 '0'은 ☐으로 표시한다.
- 합성은 두 개의 입력 패턴 A, B를 겹쳐서 1 : 1로 대응되는 위치의 패턴값끼리 논리 연산을 수행하여 이루어진다.
- 입력 패턴 A, B와 출력 패턴의 회전은 없다.

① AND
② NOR
③ XOR
④ NAND

39 다음과 같은 패턴 A, B를 〈조건〉에 따라 합성하였을 때, 결과로 옳은 것은?

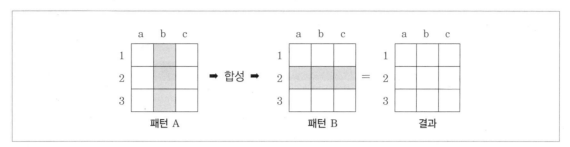

조건

- ▨는 1, □는 0이다.
- 패턴 A, B의 회전은 없다.
- 패턴 A, B에서 대응되는 행과 열은 1 : 1로 각각 겹쳐 합성한다.
  예 패턴 A(1, b)의 ▨는 패턴 B(1, b)의 □에 대응된다.
- 패턴 A와 B의 합성은 NOR 연산으로 처리한다.

①

②

③

④

40 D기획에는 직원들의 편의를 위해 휴게실에 전자레인지가 구비되어 있다. 회사의 기기관리 업무를 맡고 있는 E사원은 동료 사원들로부터 전자레인지를 사용할 때 가끔씩 불꽃이 튀고 음식이 잘 데워지지 않는다는 이야기를 들었다. 제품설명서를 토대로 서비스를 접수하기 전에 점검할 사항이 아닌 것은?

증상	원인	조치 방법
전자레인지가 작동하지 않음	• 전원 플러그가 콘센트에 바르게 꽂혀 있습니까? • 문이 확실히 닫혀 있습니까? • 배전판 퓨즈나 차단기가 끊어지지 않았습니까? • 조리방법을 제대로 선택하셨습니까? • 혹시 정전은 아닙니까?	• 전원 플러그를 바로 꽂아주십시오. • 문을 다시 닫아 주십시오. • 끊어졌으면 교체하고 연결시켜 주십시오. • 취소를 누르고 다시 시작하십시오.
동작 시 불꽃이 튐	• 조리실 내벽에 금속 제품 등이 닿지 않았습니까? • 금선이나 은선으로 장식된 그릇을 사용하고 계십니까? • 조리실 내에 찌꺼기가 있습니까?	• 벽에 닿지 않도록 하십시오. • 금선이나 은선으로 장식된 그릇은 사용하지 마십시오. • 깨끗이 청소해 주십시오.
조리 상태가 나쁨	조리 순서, 시간 등 사용 방법을 잘 선택하셨습니까?	요리책을 다시 확인하고 사용해 주십시오.
회전 접시가 불균일하게 돌거나 돌지 않음	회전 접시와 회전 링이 바르게 놓여 있습니까?	각각을 정확한 위치에 놓아 주십시오.
불의 밝기나 동작 소리가 불균일함	출력의 변화에 따라 일어난 현상이니 안심하고 사용하셔도 됩니다.	

① 조리실 내 위생 상태 점검
② 사용 가능 용기 확인
③ 전자레인지의 정격 전압 확인
④ 조리실 내벽 확인

PART 3

채용 가이드

블라인드 채용 소개

| 01 | 블라인드 채용

1. 블라인드 채용이란?

채용 과정에서 편견이 개입되어 불합리한 차별을 야기할 수 있는 출신지, 가족관계, 학력, 외모 등의 편견요인은 제외하고, 직무능력만을 평가하여 인재를 채용하는 방식입니다.

2. 블라인드 채용의 필요성

- 채용의 공정성에 대한 사회적 요구
  - 누구에게나 직무능력만으로 경쟁할 수 있는 균등한 고용기회를 제공해야 하나 아직도 채용의 공정성에 대한 불신이 존재
  - 채용상 차별금지에 대한 법적 요건이 권고적 성격에서 처벌을 동반한 의무적 성격으로 강화되는 추세
  - 시민의식과 지원자의 권리의식 성숙으로 차별에 대한 법적 대응 가능성 증가
- 우수 인재 채용을 통한 기업의 경쟁력 강화 필요
  - 직무능력과 무관한 학벌, 외모 위주의 선발로 우수인재 선발기회 상실 및 기업경쟁력 약화
  - 채용 과정에서 차별 없이 직무능력중심으로 선발한 우수인재 확보 필요
- 공정한 채용을 통한 사회적 비용 감소 필요
  - 편견에 의한 차별적 채용은 우수인재 선발을 저해하고 외모·학벌 지상주의 등의 심화로 불필요한 사회적 비용 증가
  - 채용에서의 공정성을 높여 사회의 신뢰수준 제고

3. 블라인드 채용의 특징

편견 요인을 요구하지 않는 대신 직무능력을 평가합니다.

※ 직무능력중심 채용이란?
기업의 역량 기반 채용, NCS 기반 능력중심 채용과 같이 직무수행에 필요한 능력과 역량을 평가하여 선발하는 채용방식을 통칭합니다.

4. 블라인드 채용의 평가요소

직무수행에 필요한 지식, 기술, 태도 등을 과학적인 선발기법을 통해 평가합니다.

평가기준 = 직무수행에 필요한 직무능력

※ 과학적 선발기법이란?

직무분석을 통해 도출된 평가요소를 서류, 필기, 면접 등을 통해 체계적으로 평가하는 방법으로 입사지원서, 자기소개서, 직무수행능력 평가, 구조화 면접 등이 해당됩니다.

5. 블라인드 채용 주요 도입 내용

- 입사지원서에 인적사항 요구 금지
  - 인적사항에는 출신지역, 가족관계, 결혼여부, 재산, 취미 및 특기, 종교, 생년월일(연령), 성별, 신장 및 체중, 사진, 전공, 학교명, 학점, 외국어 점수, 추천인 등이 해당
  - 채용 직무를 수행하는 데 있어 반드시 필요하다고 인정될 경우는 제외

    예 특수경비직 채용 시 : 시력, 건강한 신체 요구

      연구직 채용 시 : 논문, 학위 요구 등

- 블라인드 면접 실시
  - 면접관에게 응시자의 출신지역, 가족관계, 학교명 등 인적사항 정보 제공 금지
  - 면접관은 응시자의 인적사항에 대한 질문 금지

6. 블라인드 채용 도입의 효과성

- 구성원의 다양성과 창의성이 높아져 기업 경쟁력 강화
  - 편견을 없애고 직무능력 중심으로 선발하므로 다양한 직원 구성 가능
  - 다양한 생각과 의견을 통하여 기업의 창의성이 높아져 기업경쟁력 강화
- 직무에 적합한 인재선발을 통한 이직률 감소 및 만족도 제고
  - 사전에 지원자들에게 구체적이고 상세한 직무요건을 제시함으로써 허수 지원이 낮아지고, 직무에 적합한 지원자 모집 가능
  - 직무에 적합한 인재가 선발되어 직무이해도가 높아져 업무효율 증대 및 만족도 제고
- 채용의 공정성과 기업이미지 제고
  - 블라인드 채용은 사회적 편견을 줄인 선발 방법으로 기업에 대한 사회적 인식 제고
  - 채용과정에서 불합리한 차별을 받지 않고 실력에 의해 공정하게 평가를 받을 것이라는 믿음을 제공하고, 지원자들은 평등한 기회와 공정한 선발과정 경험

서류전형 가이드

| 01 | 채용공고문

1. 채용공고문의 변화

기존 채용공고문	변화된 채용공고문
• 취업준비생에게 불충분하고 불친절한 측면 존재 • 모집분야에 대한 명확한 직무관련 정보 및 평가기준 부재 • 해당분야에 지원하기 위한 취업준비생의 무분별한 스펙 쌓기 현상 발생	• NCS 직무분석에 기반한 채용공고를 토대로 채용전형 진행 • 지원자가 입사 후 수행하게 될 업무에 대한 자세한 정보 공지 • 직무수행내용, 직무수행 시 필요한 능력, 관련된 자격, 직업기초능력 제시 • 지원자가 해당 직무에 필요한 스펙만을 준비할 수 있도록 안내
• 모집 부문 및 응시자격 • 지원서 접수 • 전형절차 • 채용조건 및 처우 • 기타사항	• 채용절차 • 채용유형별 선발분야 및 예정인원 • 전형방법 • 선발분야별 직무기술서 • 우대사항

2. 지원 유의사항 및 지원요건 확인

채용 직무에 따른 세부사항을 공고문에 명시하여 지원자에게 적격한 지원 기회를 부여함과 동시에 채용과정에서의 공정성과 신뢰성을 확보합니다.

구성	내용	확인사항
모집분야 및 규모	고용형태(인턴 계약직 등), 모집분야, 인원, 근무지역 등	채용직무가 여러 개일 경우 본인이 해당되는 직무의 채용규모 확인
응시자격	기본 자격사항, 지원조건	지원을 위한 최소자격요건을 확인하여 불필요한 지원을 예방
우대조건	법정·특별·자격증 가점	본인의 가점 여부를 검토하여 가점 획득을 위한 사항을 사실대로 기재
근무조건 및 보수	고용형태 및 고용기간, 보수, 근무지	본인이 생각하는 기대수준에 부합하는지 확인하여 불필요한 지원을 예방
시험방법	서류·필기·면접전형 등의 활용방안	전형방법 및 세부 평가기법 등을 확인하여 지원전략 준비
전형일정	접수기간, 각 전형 단계별 심사 및 합격자 발표일 등	본인의 지원 스케줄을 검토하여 차질이 없도록 준비
제출서류	입사지원서(경력·경험기술서 등), 각종 증명서 및 자격증 사본 등	지원요건 부합 여부 및 자격 증빙서류 사전에 준비
유의사항	임용취소 등의 규정	임용취소 관련 법적 또는 기관 내부 규정을 검토하여 해당여부 확인

| 02 | 직무기술서

직무기술서란 직무수행의 내용과 필요한 능력, 관련 자격, 직업기초능력 등을 상세히 기재한 것으로 입사 후 수행하게 될 업무에 대한 정보가 수록되어 있는 자료입니다.

1. 채용분야

[설명]

NCS 직무분류 체계에 따라 직무에 대한 「대분류 – 중분류 – 소분류 – 세분류」 체계를 확인할 수 있습니다.
채용직무에 대한 모든 직무기술서를 첨부하게 되며 실제 수행 업무를 기준으로 세부적인 분류정보를 제공합니다.

채용분야	분류체계			
사무행정	대분류	중분류	소분류	세분류
분류코드	02. 경영·회계·사무	03. 재무·회계	01. 재무	01. 예산
				02. 자금
			02. 회계	01. 회계감사
				02. 세무

2. 능력단위

[설명]

직무분류 체계의 세분류 하위능력단위 중 실질적으로 수행할 업무의 능력만 구체적으로 파악할 수 있습니다.

능력단위	(예산)	03. 연간종합예산수립 05. 확정예산 운영	04. 추정재무제표 작성 06. 예산실적 관리	
	(자금)	04. 자금운용		
	(회계감사)	02. 자금관리 06. 재무분석	04. 결산관리 07. 회계감사	05. 회계정보시스템 운용
	(세무)	02. 결산관리	05. 부가가치세 신고	07. 법인세 신고

3. 직무수행내용

[설명]

세분류 영역의 기본정의를 통해 직무수행내용을 확인할 수 있습니다. 입사 후 수행할 직무내용을 구체적으로 확인할 수 있으며, 이를 통해 입사서류 작성부터 면접까지 직무에 대한 명확한 이해를 바탕으로 자신의 희망직무인지 아닌지, 해당 직무가 자신이 알고 있던 직무가 맞는지 확인할 수 있습니다.

직무수행내용	(예산) 일정기간 예상되는 수익과 비용을 편성, 집행하며 통제하는 일
	(자금) 자금의 계획 수립, 조달, 운용을 하고 발생 가능한 위험 관리 및 성과평가
	(회계감사) 기업 및 조직 내·외부에 있는 의사결정자들이 효율적인 의사결정을 할 수 있도록 유용한 정보를 제공, 제공된 회계정보의 적정성을 파악하는 일
	(세무) 세무는 기업의 활동을 위하여 주어진 세법범위 내에서 조세부담을 최소화시키는 조세전략을 포함하고 정확한 과세소득과 과세표준 및 세액을 산출하여 과세당국에 신고·납부하는 일

4. 직무기술서 예시

태도	(예산) 정확성, 분석적 태도, 논리적 태도, 타 부서와의 협조적 태도, 설득력
	(자금) 분석적 사고력
	(회계 감사) 합리적 태도, 전략적 사고, 정확성, 적극적 협업 태도, 법률준수 태도, 분석적 태도, 신속성, 책임감, 정확한 판단력
	(세무) 규정 준수 의지, 수리적 정확성, 주의 깊은 태도
우대 자격증	공인회계사, 세무사, 컴퓨터활용능력, 변호사, 워드프로세서, 전산회계운용사, 사회조사분석사, 재경관리사, 회계관리 등
직업기초능력	의사소통능력, 문제해결능력, 자원관리능력, 대인관계능력, 정보능력, 조직이해능력

5. 직무기술서 내용별 확인사항

항목	확인사항
모집부문	해당 채용에서 선발하는 부문(분야)명 확인 예 사무행정, 전산, 전기
분류체계	지원하려는 분야의 세부직무군 확인
주요기능 및 역할	지원하려는 기업의 전사적인 기능과 역할, 산업군 확인
능력단위	지원분야의 직무수행에 관련되는 세부업무사항 확인
직무수행내용	지원분야의 직무군에 대한 상세사항 확인
전형방법	지원하려는 기업의 신입사원 선발전형 절차 확인
일반요건	교육사항을 제외한 지원 요건 확인(자격요건, 특수한 경우 연령)
교육요건	교육사항에 대한 지원요건 확인(대졸 / 초대졸 / 고졸 / 전공 요건)
필요지식	지원분야의 업무수행을 위해 요구되는 지식 관련 세부항목 확인
필요기술	지원분야의 업무수행을 위해 요구되는 기술 관련 세부항목 확인
직무수행태도	지원분야의 업무수행을 위해 요구되는 태도 관련 세부항목 확인
직업기초능력	지원분야 또는 지원기업의 조직원으로서 근무하기 위해 필요한 일반적인 능력사항 확인

| 03 | 입사지원서

1. 입사지원서의 변화

기존지원서		능력중심 채용 입사지원서
직무와 관련 없는 학점, 개인신상, 어학점수, 자격, 수상경력 등을 나열하도록 구성	VS	해당 직무수행에 꼭 필요한 정보들을 제시할 수 있도록 구성

직무기술서

직무수행내용

요구지식 / 기술

관련 자격증

사전직무경험

인적사항	성명, 연락처, 지원분야 등 작성(평가 미반영)
교육사항	직무지식과 관련된 학교교육 및 직업교육 작성
자격사항	직무관련 국가공인 또는 민간자격 작성
경력 및 경험사항	조직에 소속되어 일정한 임금을 받거나(경력) 임금 없이(경험) 직무와 관련된 활동 내용 작성

2. 교육사항

- 지원분야 직무와 관련된 학교 교육이나 직업교육 혹은 기타교육 등 직무에 대한 지원자의 학습 여부를 평가하기 위한 항목입니다.
- 지원하고자 하는 직무의 학교 전공교육 이외에 직업교육, 기타교육 등을 기입할 수 있기 때문에 전공 제한 없이 직업교육과 기타교육을 이수하여 지원이 가능하도록 기회를 제공합니다.

  (기타교육 : 학교 이외의 기관에서 개인이 이수한 교육과정 중 지원직무와 관련이 있다고 생각되는 교육내용)

구분	교육과정(과목)명	교육내용	과업(능력단위)

3. 자격사항

- 채용공고 및 직무기술서에 제시되어 있는 자격 현황을 토대로 지원자가 해당 직무를 수행하는 데 필요한 능력을 가지고 있는지를 평가하기 위한 항목입니다.
- 채용공고 및 직무기술서에 기재된 직무관련 필수 또는 우대자격 항목을 확인하여 본인이 보유하고 있는 자격사항을 기재합니다.

자격유형	자격증명	발급기관	취득일자	자격증번호

4. 경력 및 경험사항

- 직무와 관련된 경력이나 경험 여부를 표현하도록 하여 직무와 관련한 능력을 갖추었는지를 평가하기 위한 항목입니다.
- 해당 기업에서 직무를 수행함에 있어 필요한 사항만을 기록하게 되어 있기 때문에 직무와 무관한 스펙을 갖추지 않아도 됩니다.
- 경력 : 금전적 보수를 받고 일정기간 동안 일했던 경우
- 경험 : 금전적 보수를 받지 않고 수행한 활동

※ 기업에 따라 경력 / 경험 관련 증빙자료 요구 가능

구분	조직명	직위 / 역할	활동기간(년 / 월)	주요과업 / 활동내용

Tip

입사지원서 작성 방법

○ 경력 및 경험사항 작성
  - 직무기술서에 제시된 지식, 기술, 태도와 지원자의 교육사항, 경력(경험)사항, 자격사항과 연계하여 개인의 직무역량에 대해 스스로 판단 가능

○ 인적사항 최소화
  - 개인의 인적사항, 학교명, 가족관계 등을 노출하지 않도록 유의

부적절한 입사지원서 작성 사례
- 학교 이메일을 기입하여 학교명 노출
- 거주지 주소에 학교 기숙사 주소를 기입하여 학교명 노출
- 자기소개서에 부모님이 재직 중인 기업명, 직위, 직업을 기입하여 가족관계 노출
- 자기소개서에 석·박사 과정에 대한 이야기를 언급하여 학력 노출
- 동아리 활동에 대한 내용을 학교명과 더불어 언급하여 학교명 노출

| 04 | 자기소개서

1. 자기소개서의 변화

- 기존의 자기소개서는 지원자의 일대기나 관심 분야, 성격의 장·단점 등 개괄적인 사항을 묻는 질문으로 구성되어 지원자가 자신의 직무능력을 제대로 표출하지 못합니다.
- 능력중심 채용의 자기소개서는 직무기술서에 제시된 직업기초능력(또는 직무수행능력)에 대한 지원자의 과거 경험을 기술하게 함으로써 평가 타당도의 확보가 가능합니다.

1. 우리 회사와 해당 지원 직무분야에 지원한 동기에 대해 기술해 주세요.

2. 자신이 경험한 다양한 사회활동에 관해 기술해 주세요.

3. 지원 직무에 대한 전문성을 키우기 위해 받은 교육과 경험 및 경력사항에 대해 기술해 주세요.

4. 인사업무 또는 팀 과제 수행 중 발생한 갈등을 원만하게 해결해 본 경험이 있습니까? 당시 상황에 대한 설명과 갈등의 대상이 되었던 상대방을 설득한 과정 및 방법을 하단에 기술해 주세요.

5. 과거에 있었던 일 중 가장 어려웠던(힘들었었던) 상황을 고르고, 어떤 방법으로 그 상황을 해결했는지를 하단에 기술해 주세요.

자기소개서 작성 방법

① 자기소개서 문항이 묻고 있는 평가 역량 추측하기

예시

- 팀 활동을 하면서 갈등 상황 시 상대방의 니즈나 의도를 명확히 파악하고 해결하여 목표 달성에 기여했던 경험에 대해서 작성해 주시기 바랍니다.
- 다른 사람이 생각해내지 못했던 문제점을 찾고 이를 해결한 경험에 대해 작성해 주시기 바랍니다.

② 해당 역량을 보여줄 수 있는 소재 찾기(시간×역량 매트릭스)

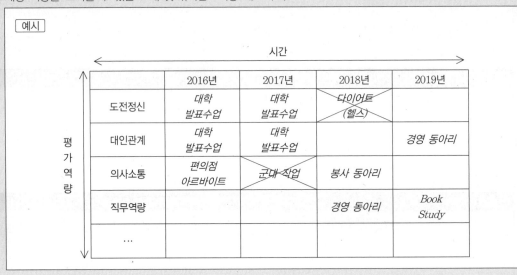

예시

평가 역량 \ 시간	2016년	2017년	2018년	2019년
도전정신	대학 발표수업	대학 발표수업	~~다이어트 (헬스)~~	
대인관계	대학 발표수업	대학 발표수업		경영 동아리
의사소통	편의점 아르바이트	~~군대 작업~~	봉사 동아리	
직무역량			경영 동아리	Book Study
…				

③ 자기소개서 작성 Skill 익히기
- 두괄식으로 작성하기
- 구체적 사례를 사용하기
- '나'를 중심으로 작성하기
- 직무역량 강조하기
- 경험 사례의 차별성 강조하기

CHAPTER 03

인성검사 소개 및 모의테스트

| 01 | 인성검사 유형

인성검사는 지원자의 성격특성을 객관적으로 파악하고 그것이 각 기업에서 필요로 하는 인재상과 가치에 부합하는가를 평가하기 위한 검사입니다. 인성검사는 KPDI(한국인재개발진흥원), K-SAD(한국사회적성개발원), KIRBS(한국행동과학연구소), SHR(에스에이치알) 등의 전문기관을 통해 각 기업의 특성에 맞는 검사를 선택하여 실시합니다. 대표적인 인성검사의 유형에는 크게 다음과 같은 세 가지가 있으며, 채용 대행업체에 따라 달라집니다.

1. KPDI 검사

조직적응성과 직무적합성을 알아보기 위한 검사로, 인성검사, 인성역량검사, 인적성검사, 직종별 인적성검사 등의 다양한 검사 도구를 구현합니다. KPDI는 성격을 파악하고 정신건강 상태 등을 측정하고, 직무검사는 해당 직무를 수행하기 위해 기본적으로 갖추어야 할 인지적 능력을 측정합니다. 역량검사는 특정 직무 역할을 효과적으로 수행하는 데 직접적으로 관련 있는 개인의 행동, 지식, 스킬, 가치관 등을 측정합니다.

2. KAD(Korea Aptitude Development) 검사

K-SAD(한국사회적성개발원)에서 실시하는 적성검사 프로그램입니다. 개인의 성향, 지적 능력, 기호, 관심, 흥미도를 종합적으로 분석하여 적성에 맞는 업무가 무엇인가 파악하고, 직무수행에 있어서 요구되는 기초능력과 실무능력을 분석합니다.

3. SHR 직무적성검사

직무수행에 필요한 종합적인 사고 능력을 다양한 적성검사(Paper and Pencil Test)로 평가합니다. SHR의 모든 직무능력검사는 표준화 검사입니다. 표준화 검사는 표본집단의 점수를 기초로 규준이 만들어진 검사이므로 개인의 점수를 규준에 맞추어 해석·비교하는 것이 가능합니다. S(Standardized Tests), H(Hundreds of Version), R(Reliable Norm Data)을 특징으로 하며, 직군·직급별 특성과 선발 수준에 맞추어 검사를 적용할 수 있습니다.

| 02 | 인성검사와 면접

인성검사는 특히 면접질문과 관련성이 높습니다. 면접관은 지원자의 인성검사 결과를 토대로 질문을 하기 때문입니다. 일관적이고 이상적인 답변을 하는 것이 가장 좋지만, 실제 시험은 매우 복잡하여 전문가라 해도 일정 성격을 유지하면서 답변을 하는 것이 힘듭니다. 또한, 인성검사에는 라이 스케일(Lie Scale) 설문이 전체 설문 속에 교묘하게 섞여 들어가 있으므로 겉치레적인 답을 하게 되면 회답태도의 허위성이 그대로 드러나게 됩니다. 예를 들어 '거짓말을 한 적이 한 번도 없다.'에 '예'로 답하고, '때로는 거짓말을 하기도 한다.'에 '예'라고 답하여 라이 스케일의 득점이 올라가게 되면 모든 회답의 신빙성이 사라지고 '자신을 돋보이게 하려는 사람'이라는 평가를 받을 수 있으므로 주의해야 합니다. 따라서 모의테스트를 통해 인성검사의 유형과 실제 시험 시 어떻게 문제를 풀어야 하는지 연습해 보고 체크한 부분 중 자신의 단점과 연결되는 부분은 면접에서 질문이 들어왔을 때 어떻게 대처해야 하는지 생각해 보는 것이 좋습니다.

| 03 | 유의사항

1. 기업의 인재상을 파악하라!

인성검사를 통해 개인의 성격 특성을 파악하고 그것이 기업의 인재상과 가치에 부합하는지를 평가하는 시험이기 때문에 해당 기업의 인재상을 먼저 파악하고 시험에 임하는 것이 좋습니다. 모의테스트에서 인재상에 맞는 가상의 인물을 설정하고 문제에 답해 보는 것도 많은 도움이 됩니다.

2. 일관성 있는 대답을 하라!

짧은 시간 안에 다양한 질문에 답을 해야 하는데, 그 안에는 중복되는 질문이 여러 번 나옵니다. 이때 앞서 자신이 체크했던 대답을 잘 기억해뒀다가 일관성 있는 답을 하는 것이 중요합니다.

3. 모든 문항에 대답하라!

많은 문제를 짧은 시간 안에 풀려다 보니 다 못 푸는 경우도 종종 생깁니다. 하지만 대답을 누락하거나 끝까지 다 못했을 경우 좋지 않은 결과를 가져올 수도 있으니 최대한 주어진 시간 안에 모든 문항에 답할 수 있도록 해야 합니다.

※ 모의테스트는 질문 및 답변 유형 연습을 위한 것으로 실제 시험과 다를 수 있습니다.

번호	내용	예	아니오
001	나는 솔직한 편이다.	☐	☐
002	나는 리드하는 것을 좋아한다.	☐	☐
003	법을 어겨서 말썽이 된 적이 한 번도 없다.	☐	☐
004	거짓말을 한 번도 한 적이 없다.	☐	☐
005	나는 눈치가 빠르다.	☐	☐
006	나는 일을 주도하기보다는 뒤에서 지원하는 것을 선호한다.	☐	☐
007	앞일은 알 수 없기 때문에 계획은 필요하지 않다.	☐	☐
008	거짓말도 때로는 방편이라고 생각한다.	☐	☐
009	사람이 많은 술자리를 좋아한다.	☐	☐
010	걱정이 지나치게 많다.	☐	☐
011	일을 시작하기 전 재고하는 경향이 있다.	☐	☐
012	불의를 참지 못한다.	☐	☐
013	처음 만나는 사람과도 이야기를 잘 한다.	☐	☐
014	때로는 변화가 두렵다.	☐	☐
015	나는 모든 사람에게 친절하다.	☐	☐
016	힘든 일이 있을 때 술은 위로가 되지 않는다.	☐	☐
017	결정을 빨리 내리지 못해 손해를 본 경험이 있다.	☐	☐
018	기회를 잡을 준비가 되어 있다.	☐	☐
019	때로는 내가 정말 쓸모없는 사람이라고 느낀다.	☐	☐
020	누군가 나를 챙겨주는 것이 좋다.	☐	☐
021	자주 가슴이 답답하다.	☐	☐
022	나는 내가 자랑스럽다.	☐	☐
023	경험이 중요하다고 생각한다.	☐	☐
024	전자기기를 분해하고 다시 조립하는 것을 좋아한다.	☐	☐
025	감시받고 있다는 느낌이 든다.	☐	☐

026	난처한 상황에 놓이면 그 순간을 피하고 싶다.	☐	☐
027	세상엔 믿을 사람이 없다.	☐	☐
028	잘못을 빨리 인정하는 편이다.	☐	☐
029	지도를 보고 길을 잘 찾아간다.	☐	☐
030	귓속말을 하는 사람을 보면 날 비난하고 있는 것 같다.	☐	☐
031	막무가내라는 말을 들을 때가 있다.	☐	☐
032	장래의 일을 생각하면 불안하다.	☐	☐
033	결과보다 과정이 중요하다고 생각한다.	☐	☐
034	운동은 그다지 할 필요가 없다고 생각한다.	☐	☐
035	새로운 일을 시작할 때 좀처럼 한 발을 떼지 못한다.	☐	☐
036	기분 상하는 일이 있더라도 참는 편이다.	☐	☐
037	업무능력은 성과로 평가받아야 한다고 생각한다.	☐	☐
038	머리가 맑지 못하고 무거운 느낌이 든다.	☐	☐
039	가끔 이상한 소리가 들린다.	☐	☐
040	타인이 내게 자주 고민상담을 하는 편이다.	☐	☐

| 05 | SHR 모의테스트

※ 모의테스트는 질문 및 답변 유형 연습을 위한 것으로 실제 시험과 다를 수 있습니다.

※ 이 성격검사의 각 문항에는 서로 다른 행동을 나타내는 네 개의 문장이 제시되어 있습니다. 이 문장들을 비교하여,
   자신의 평소 행동과 가장 가까운 문장을 'ㄱ'열에 표기하고, 가장 먼 문장을 'ㅁ'열에 표기하십시오.

01   나는 _____

	ㄱ	ㅁ
A. 실용적인 해결책을 찾는다.	☐	☐
B. 다른 사람을 돕는 것을 좋아한다.	☐	☐
C. 세부 사항을 잘 챙긴다.	☐	☐
D. 상대의 주장에서 허점을 잘 찾는다.	☐	☐

02   나는 _____

	ㄱ	ㅁ
A. 매사에 적극적으로 임한다.	☐	☐
B. 즉흥적인 편이다.	☐	☐
C. 관찰력이 있다.	☐	☐
D. 임기응변에 강하다.	☐	☐

03   나는 _____

	ㄱ	ㅁ
A. 무서운 영화를 잘 본다.	☐	☐
B. 조용한 곳이 좋다.	☐	☐
C. 가끔 울고 싶다.	☐	☐
D. 집중력이 좋다.	☐	☐

04 나는 _____

	ㄱ	ㅁ
A. 기계를 조립하는 것을 좋아한다.	☐	☐
B. 집단에서 리드하는 역할을 맡는다.	☐	☐
C. 호기심이 많다.	☐	☐
D. 음악을 듣는 것을 좋아한다.	☐	☐

05 나는 _____

	ㄱ	ㅁ
A. 타인을 늘 배려한다.	☐	☐
B. 감수성이 예민하다.	☐	☐
C. 즐겨하는 운동이 있다.	☐	☐
D. 일을 시작하기 전에 계획을 세운다.	☐	☐

06 나는 _____

	ㄱ	ㅁ
A. 타인에게 설명하는 것을 좋아한다.	☐	☐
B. 여행을 좋아한다.	☐	☐
C. 정적인 것이 좋다.	☐	☐
D. 남을 돕는 것에 보람을 느낀다.	☐	☐

07 나는 _____

	ㄱ	ㅁ
A. 기계를 능숙하게 다룬다.	☐	☐
B. 밤에 잠이 잘 오지 않는다.	☐	☐
C. 한 번 간 길을 잘 기억한다.	☐	☐
D. 불의를 보면 참을 수 없다.	☐	☐

08 나는 _____

	ㄱ	ㅁ
A. 종일 말을 하지 않을 때가 있다.	☐	☐
B. 사람이 많은 곳을 좋아한다.	☐	☐
C. 술을 좋아한다.	☐	☐
D. 휴양지에서 편하게 쉬고 싶다.	☐	☐

09 나는 _____

	ㄱ	ㅁ
A. 뉴스보다는 드라마를 좋아한다.	☐	☐
B. 길을 잘 찾는다.	☐	☐
C. 주말엔 집에서 쉬는 것이 좋다.	☐	☐
D. 아침에 일어나는 것이 힘들다.	☐	☐

10 나는 _____

	ㄱ	ㅁ
A. 이성적이다.	☐	☐
B. 할 일을 종종 미룬다.	☐	☐
C. 어른을 대하는 게 힘들다.	☐	☐
D. 불을 보면 매혹을 느낀다.	☐	☐

11 나는 _____

	ㄱ	ㅁ
A. 상상력이 풍부하다.	☐	☐
B. 예의 바르다는 소리를 자주 듣는다.	☐	☐
C. 사람들 앞에 서면 긴장한다.	☐	☐
D. 친구를 자주 만난다.	☐	☐

12 나는 _____

	ㄱ	ㅁ
A. 나만의 스트레스 해소 방법이 있다.	☐	☐
B. 친구가 많다.	☐	☐
C. 책을 자주 읽는다.	☐	☐
D. 활동적이다.	☐	☐

CHAPTER 04 면접전형 가이드

| 01 | 면접유형 파악

1. 면접전형의 변화

기존 면접전형에서는 일상적이고 단편적인 대화나 지원자의 첫인상 및 면접관의 주관적인 판단 등에 의해서 입사결정 여부를 판단하는 경우가 많았습니다. 이러한 면접전형은 면접 내용의 일관성이 결여되거나 직무 관련 타당성이 부족하였고, 면접에 대한 신뢰도에 영향을 주었습니다.

기존 면접(전통적 면접)		능력중심 채용 면접(구조화 면접)
• 일상적이고 단편적인 대화 • 인상, 외모 등 외부 요소의 영향 • 주관적인 판단에 의존한 총점 부여 ⇩ • 면접 내용의 일관성 결여 • 직무관련 타당성 부족 • 주관적인 채점으로 신뢰도 저하	VS	• 일관성 　– 직무관련 역량에 초점을 둔 구체적 질문 목록 　– 지원자별 동일 질문 적용 • 구조화 　– 면접 진행 및 평가 절차를 일정한 체계에 의해 구성 • 표준화 　– 평가 타당도 제고를 위한 평가 Matrix 구성 　– 척도에 따라 항목별 채점, 개인 간 비교 • 신뢰성 　– 면접진행 매뉴얼에 따라 면접위원 교육 및 실습

2. 능력중심 채용의 면접 유형

① 경험 면접
- 목적 : 선발하고자 하는 직무 능력이 필요한 과거 경험을 질문합니다.
- 평가요소 : 직업기초능력과 인성 및 태도적 요소를 평가합니다.

② 상황 면접
- 목적 : 특정 상황을 제시하고 지원자의 행동을 관찰함으로써 실제 상황의 행동을 예상합니다.
- 평가요소 : 직업기초능력과 인성 및 태도적 요소를 평가합니다.

③ 발표 면접
- 목적 : 특정 주제와 관련된 지원자의 발표와 질의응답을 통해 지원자 역량을 평가합니다.
- 평가요소 : 직무수행능력과 인지적 역량(문제해결능력)을 평가합니다.

④ 토론 면접
- 목적 : 토의과제에 대한 의견수렴 과정에서 지원자의 역량과 상호작용능력을 평가합니다.
- 평가요소 : 직무수행능력과 팀워크를 평가합니다.

| 02 | 면접유형별 준비 방법

1. 경험 면접

① 경험 면접의 특징

- 주로 직업기초능력에 관련된 지원자의 과거 경험을 심층 질문하여 검증하는 면접입니다.

> - 능력요소, 정의, 심사 기준
>   - 평가하고자 하는 능력요소, 정의, 심사기준을 확인하여 면접위원이 해당 능력요소 관련 질문을 제시합니다.
> - Opening Question
>   - 능력요소에 관련된 과거 경험을 유도하기 위한 시작 질문을 합니다.
> - Follow-up Question
>   - 지원자의 경험 수준을 구체적으로 검증하기 위한 질문입니다.
>   - 경험 수준 검증을 위한 상황(Situation), 임무(Task), 역할 및 노력(Action), 결과(Result) 등으로 질문을 구분합니다.

경험 면접의 형태

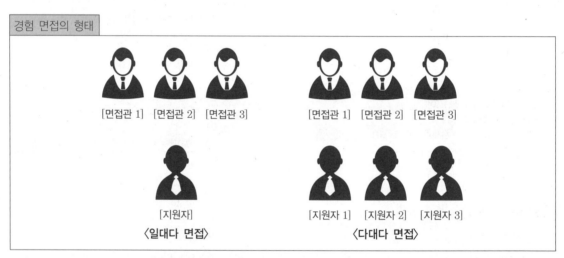

[면접관 1] [면접관 2] [면접관 3]   [면접관 1] [면접관 2] [면접관 3]

[지원자]   [지원자 1] [지원자 2] [지원자 3]
〈일대다 면접〉   〈다대다 면접〉

- 직무능력과 관련된 과거 경험을 평가하기 위해 심층 질문을 하며, 이 질문은 지원자의 답변에 대하여 '꼬리에 꼬리를 무는 형식'으로 진행됩니다.

② 경험 면접의 구조

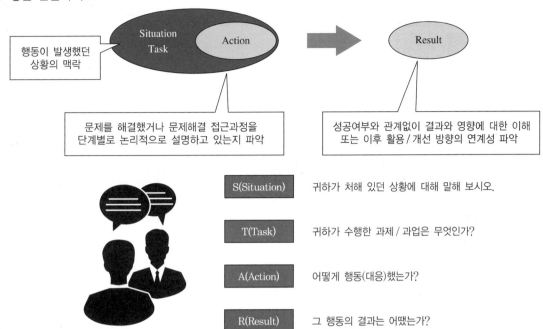

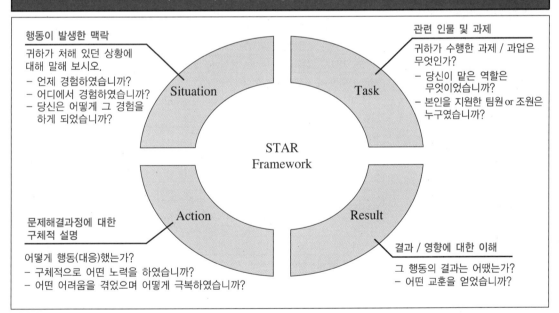

③ 경험 면접 질문 예시(직업윤리)

시작 질문	
1	남들이 신경 쓰지 않는 부분까지 고려하여 절차대로 업무(연구)를 수행하여 성과를 낸 경험을 구체적으로 말해 보시오.
2	조직의 원칙과 절차를 철저히 준수하며 업무(연구)를 수행한 것 중 성과를 향상시킨 경험에 대해 구체적으로 말해 보시오.
3	세부적인 절차와 규칙에 주의를 기울여 실수 없이 업무(연구)를 마무리한 경험을 구체적으로 말해 보시오.
4	조직의 규칙이나 원칙을 고려하여 성실하게 일했던 경험을 구체적으로 말해 보시오.
5	타인의 실수를 바로잡고 원칙과 절차대로 수행하여 성공적으로 업무를 마무리하였던 경험에 대해 말해 보시오.

후속 질문		
상황 (Situation)	상황	구체적으로 언제, 어디에서 경험한 일인가?
		어떤 상황이었는가?
	조직	어떤 조직에 속해 있었는가?
		그 조직의 특성은 무엇이었는가?
		몇 명으로 구성된 조직이었는가?
	기간	해당 조직에서 얼마나 일했는가?
		해당 업무는 몇 개월 동안 지속되었는가?
	조직규칙	조직의 원칙이나 규칙은 무엇이었는가?
임무 (Task)	과제	과제의 목표는 무엇이었는가?
		과제에 적용되는 조직의 원칙은 무엇이었는가?
		그 규칙을 지켜야 하는 이유는 무엇이었는가?
	역할	당신이 조직에서 맡은 역할은 무엇이었는가?
		과제에서 맡은 역할은 무엇이었는가?
	문제의식	규칙을 지키지 않을 경우 생기는 문제점 / 불편함은 무엇인가?
		해당 규칙이 왜 중요하다고 생각하였는가?
역할 및 노력 (Action)	행동	업무 과정의 어떤 장면에서 규칙을 철저히 준수하였는가?
		어떻게 규정을 적용시켜 업무를 수행하였는가?
		규정은 준수하는 데 어려움은 없었는가?
	노력	그 규칙을 지키기 위해 스스로 어떤 노력을 기울였는가?
		본인의 생각이나 태도에 어떤 변화가 있었는가?
		다른 사람들은 어떤 노력을 기울였는가?
	동료관계	동료들은 규칙을 철저히 준수하고 있었는가?
		팀원들은 해당 규칙에 대해 어떻게 반응하였는가?
		규칙에 대한 태도를 개선하기 위해 어떤 노력을 하였는가?
		팀원들의 태도는 당신에게 어떤 자극을 주었는가?
	업무추진	주어진 업무를 추진하는 데 규칙이 방해되진 않았는가?
		업무수행 과정에서 규정을 어떻게 적용하였는가?
		업무 시 규정을 준수해야 한다고 생각한 이유는 무엇인가?

		규칙을 어느 정도나 준수하였는가?
결과 (Result)	평가	그렇게 준수할 수 있었던 이유는 무엇이었는가?
		업무의 성과는 어느 정도였는가?
		성과에 만족하였는가?
		비슷한 상황이 온다면 어떻게 할 것인가?
	피드백	주변 사람들로부터 어떤 평가를 받았는가?
		그러한 평가에 만족하는가?
		다른 사람에게 본인의 행동이 영향을 주었다고 생각하는가?
	교훈	업무수행 과정에서 중요한 점은 무엇이라고 생각하는가?
		이 경험을 통해 느낀 바는 무엇인가?

2. 상황 면접

① 상황 면접의 특징

직무 관련 상황을 가정하여 제시하고 이에 대한 대응능력을 직무관련성 측면에서 평가하는 면접입니다.

- 상황 면접 과제의 구성은 크게 2가지로 구분
  - 상황 제시(Description) / 문제 제시(Question or Problem)
- 현장의 실제 업무 상황을 반영하여 과제를 제시하므로 직무분석이나 직무전문가 워크숍 등을 거쳐 현장성을 높임
- 문제는 상황에 대한 기본적인 이해능력(이론적 지식)과 함께 실질적 대응이나 변수 고려능력(실천적 능력) 등을 고르게 질문해야 함

상황 면접의 형태

[면접관 1]　[면접관 2]

[연기자 1]　[연기자 2]　　　　　　　　[면접관 1]　[면접관 2]

[지원자]　　　　　　　　[지원자 1]　[지원자 2]　[지원자 3]

〈시뮬레이션〉　　　　　　　　　　〈문답형〉

② 상황 면접 예시

상황 제시	인천공항 여객터미널 내에는 다양한 용도의 시설(사무실, 통신실, 식당, 전산실, 창고 면세점 등)이 설치되어 있습니다.	실제 업무 상황에 기반함
	금년에 소방배관의 누수가 잦아 메인 배관을 교체하는 공사를 추진하고 있으며, 당신은 이번 공사의 담당자입니다.	배경 정보
	주간에는 공항 운영이 이루어져 주로 야간에만 배관 교체 공사를 수행하던 중, 시공하는 기능공의 실수로 배관 연결 부위를 잘못 건드려 고압배관의 소화수가 누출되는 사고가 발생하였으며, 이로 인해 인근 시설물에 누수에 의한 피해가 발생하였습니다.	구체적인 문제 상황
문제 제시	일반적인 소방배관의 배관연결(이음)방식과 배관의 이탈(누수)이 발생하는 원인에 대해 설명해 보시오.	문제 상황 해결을 위한 기본 지식 문항
	담당자로서 본 사고를 현장에서 긴급히 처리하는 프로세스를 제시하고, 보수완료 후 사후적 조치가 필요한 부분 및 재발방지 방안에 대해 설명해 보시오.	문제 상황 해결을 위한 추가 대응 문항

3. 발표 면접

① 발표 면접의 특징
- 직무관련 주제에 대한 지원자의 생각을 정리하여 의견을 제시하고, 발표 및 질의응답을 통해 지원자의 직무능력을 평가하는 면접입니다.
- 발표 주제는 직무와 관련된 자료로 제공되며, 일정 시간 후 지원자가 보유한 지식 및 방안에 대한 발표 및 후속 질문을 통해 직무적합성을 평가합니다.

> - 주요 평가요소
>   - 설득적 말하기 / 발표능력 / 문제해결능력 / 직무관련 전문성
> - 이미 언론을 통해 공론화된 시사 이슈보다는 해당 직무분야에 관련된 주제가 발표면접의 과제로 선정되는 경우가 최근 들어 늘어나고 있음
> - 짧은 시간 동안 주어진 과제를 빠른 속도로 분석하여 발표문을 작성하고 제한된 시간 안에 면접관에게 효과적인 발표를 진행하는 것이 핵심

발표 면접의 형태

[면접관 1] [면접관 2]

[면접관 1] [면접관 2]

[지원자]

〈개별과제 발표〉

[지원자 1] [지원자 2] [지원자 3]

〈팀 과제 발표〉

※ 면접관에게 시각적 효과를 사용하여 메시지를 전달하는 쌍방향 커뮤니케이션 방식
※ 심층면접을 보완하기 위한 방안으로 최근 많은 기업에서 적극 도입하는 추세

② 발표 면접 예시

---

1. 지시문

당신은 현재 A사에서 직원들의 성과평가를 담당하고 있는 팀원이다. 인사팀은 지난주부터 사내 조직문화관련 인터뷰를 하던 도중 성과평가제도에 관련된 개선 니즈가 제일 많다는 것을 알게 되었다. 이에 팀장님은 인터뷰 결과를 종합하려 성과평가제도 개선 아이디어를 A4용지에 정리하여 신속 보고할 것을 지시하셨다. 당신에게 남은 시간은 1시간이다. 자료를 준비하는 대로 당신은 팀원들이 모인 회의실에서 5분 간 발표할 것이며, 이후 질의응답을 진행할 것이다.

2. 배경자료

〈성과평가제도 개선에 대한 인터뷰〉

최근 A사는 회사 사세의 급성장으로 인해 작년보다 매출이 두 배 성장하였고, 직원 수 또한 두 배로 증가하였다. 회사의 성장은 임금, 복지에 대한 상승 등 긍정적인 영향을 주었으나 업무의 불균형 및 성과보상의 불평등 문제가 발생하였다. 또한 수시로 입사하는 신입직원과 경력직원, 퇴사하는 직원들까지 인원들의 잦은 변동으로 인해 평가해야 할 대상이 변경되어 현재의 성과평가제도로는 공정한 평가가 어려운 상황이다.

[생산부서 김상호]
우리 팀은 지난 1년 동안 생산량이 급증했기 때문에 수십 명의 신규인력이 급하게 채용되었습니다. 이 때문에 저희 팀장님은 신규 입사자들의 이름조차 기억 못할 때가 많이 있습니다. 성과평가를 제대로 하고 있는지 의문이 듭니다.

[마케팅 부서 김흥민]
개인의 성과평가의 취지는 충분히 이해합니다. 그러나 현재 평가는 실적기반이나 정성적인 평가가 많이 포함되어 있어 객관성과 공정성에는 의문이 드는 것이 사실입니다. 이러한 상황에서 평가제도를 재수립하지 않고, 인센티브에 계속 반영한다면, 평가제도에 대한 반감이 커질 것이 분명합니다.

[교육부서 홍경민]
현재 교육부서는 인사팀과 밀접하게 일하고 있습니다. 그럼에도 인사팀에서 실시하는 성과평가제도에 대한 이해가 부족한 것 같습니다.

[기획부서 김경호 차장]
저는 저의 평가자 중 하나가 연구부서의 팀장님인데, 일 년에 몇 번 같이 일하지 않는데 어떻게 저를 평가할 수 있을까요? 특히 연구팀은 저희가 예산을 배정하는데, 저에게는 좋지만….

4. 토론 면접

① 토론 면접의 특징

- 다수의 지원자가 조를 편성해 과제에 대한 토론(토의)을 통해 결론을 도출해가는 면접입니다.
- 의사소통능력, 팀워크, 종합인성 등의 평가에 용이합니다.

---

1. 주요 평가요소
   - 설득적 말하기, 경청능력, 팀워크, 종합인성
2. 의견 대립이 명확한 주제 또는 채용분야의 직무 관련 주요 현안을 주제로 과제 구성
3. 제한된 시간 내 토론을 진행해야 하므로 적극적으로 자신 있게 토론에 임하고 본인의 의견을 개진할 수 있어야 함

토론 면접의 형태

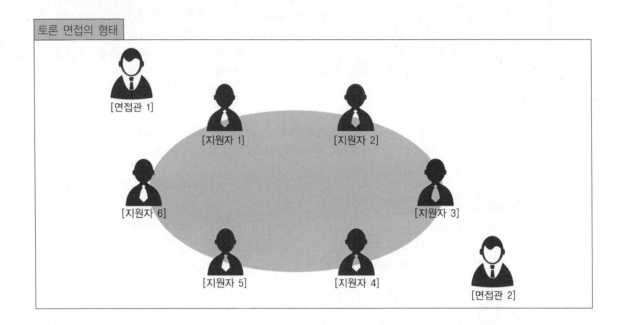

② 토론 면접 예시

고객 불만 고충처리

1. 들어가며

최근 우리 상품에 대한 고객 불만의 증가로 고객고충처리 TF가 만들어졌고 당신은 여기에 지원해 배치받았다. 당신의 업무는 불만을 가진 고객을 만나서 애로사항을 듣고 처리해 주는 일이다. 주된 업무로는 고객의 니즈를 파악해 방향성을 제시해 주고 그 해결책을 마련하는 일이다. 하지만 경우에 따라서 고객의 주관적인 의견으로 인해 제대로 된 방향으로 의사결정을 하지 못할 때가 있다. 이럴 경우 설득이나 논쟁을 해서라도 의견을 관철시키는 것이 좋을지 아니면 고객의 의견대로 진행하는 것이 좋을지 결정해야 할 때가 있다. 만약 당신이라면 이러한 상황에서 어떤 결정을 내릴 것인지 여부를 자유롭게 토론해 보시오.

2. 1분 자유 발언 시 준비사항

• 당신은 의견을 자유롭게 개진할 수 있으며 이에 따른 불이익은 없습니다.

• 토론의 방향성을 이해하고, 내용의 장점과 단점이 무엇인지 문제를 명확히 말해야 합니다.

• 합리적인 근거에 기초하여 개선방안을 명확히 제시해야 합니다.

• 제시한 방안을 실행 시 예상되는 긍정적·부정적 영향요인도 동시에 고려할 필요가 있습니다.

3. 토론 시 유의사항

• 토론 주제문과 제공해드린 메모지, 볼펜만 가지고 토론장에 입장할 수 있습니다.

• 사회자의 지정 또는 발표자가 손을 들어 발언권을 획득할 수 있으며, 사회자의 통제에 따릅니다.

• 토론회가 시작되면, 팀의 의견과 논거를 정리하여 1분간의 자유발언을 할 수 있습니다. 순서는 사회자가 지정합니다. 이후에는 자유롭게 상대방에게 질문하거나 답변을 하실 수 있습니다.

• 핸드폰, 서적 등 외부 매체는 사용하실 수 없습니다.

• 논제에 벗어나는 발언이나 지나치게 공격적인 발언을 할 경우, 위에서 제시한 유의사항을 지키지 않을 경우 불이익을 받을 수 있습니다.

| 03 | 면접 Role Play

1. 면접 Role Play 편성

- 교육생끼리 조를 편성하여 면접관과 지원자 역할을 교대로 진행합니다.
- 지원자 입장과 면접관 입장을 모두 경험해 보면서 면접에 대한 적응력을 높일 수 있습니다.

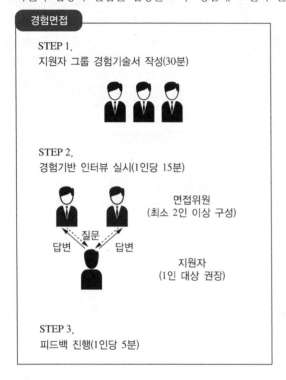

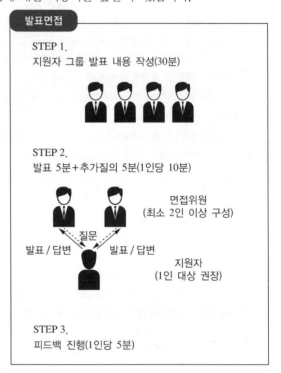

Tip

면접 준비하기
1. 면접 유형 확인 필수
   - 기업마다 면접 유형이 상이하기 때문에 해당 기업의 면접 유형을 확인하는 것이 좋음
   - 일반적으로 실무진 면접, 임원면접 2차례를 거쳐 면접을 실시하는 기업이 많고 실무진 면접과 임원 면접에서 평가 요소가 다르기 때문에 유형에 맞는 준비방법이 필요
2. 후속 질문에 대한 사전 점검
   - 블라인드 채용 면접에서는 주요 질문과 함께 후속 질문을 통해 지원자의 직무능력을 판단
   → STAR 기법을 통한 후속 질문을 미리 대비하는 것이 필요

I wish you the best of luck!

현재 나의 실력을 객관적으로 파악해 보자!

모바일 OMR
답안채점 / 성적분석 서비스

도서에 수록된 모의고사에 대한 객관적인 결과(정답률, 순위)를 종합적으로 분석하여 제공합니다.

OMR 입력

성적분석

채점결과

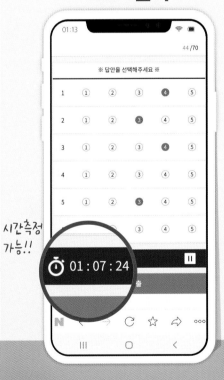

시간측정 가능!!

01 : 07 : 24

※OMR 답안채점 / 성적분석 서비스는 등록 후 30일간 사용 가능합니다.

참여 방법

도서 내 모의고사 우측 상단에 위치한 QR코드 찍기
→
LOG IN
로그인 하기
→
'시작하기' 클릭
→
'응시하기' 클릭
→

나의 답안을 모바일 OMR 카드에 입력
→

'성적분석 & 채점결과' 클릭
→

현재 내 실력 확인하기

2022 채용 대비

합격공략

판매량
1위
인천메트로서비스
YES24
2021 ~ 2022년 기준

모바일 OMR
답안채점 / 성적분석
서비스

NCS 대표유형
분석자료
PDF

[합격시대]
온라인 모의고사
무료쿠폰

[WiN시대로]
AI면접
무료쿠폰

➕ 본 도서는 항균잉크로
인쇄하였습니다.

▲합격의 모든 것!

NCS 기출예상문제 + 실전모의고사 5회   **+ 무료NCS특강**

인천메트로서비스
정답 및 해설

SD에듀
(주)시대고시기획

Add+
2022년 상반기
주요 공기업 NCS
기출복원문제
정답 및 해설

도서 관련 최신 정보 및 정오사항이 있는지
우측 QR을 통해 확인해 보세요!

01	02	03	04	05	06	07	08	09	10
③	③	③	②	④	④	③	④	③	⑤
11	12	13	14	15	16	17	18	19	20
④	③	③	⑤	⑤	④	④	②	①	①
21	22	23	24	25	26	27	28	29	30
①	④	④	③	②	②	①	③	③	②
31	32	33	34	35	36	37	38	39	40
③	③	④	②	③	④	③	②	⑤	③
41	42	43	44	45	46	47	48	49	50
②	②	④	②	③	②	④	④	④	④

01
정답 ③

문장의 형태소 중에서 조사나 선어말어미, 어말어미 등으로 쓰인 문법적 형태소의 개수를 파악해야 한다.
이, 니, 과, 에, 이, 었, 다 → 총 7개

오답분석

① 이, 을, 었, 다 → 총 4개
② 는, 가, 았, 다 → 총 4개
④ 는, 에서, 과, 를, 았, 다 → 총 6개
⑤ 에, 이, 었, 다 → 총 4개

02
정답 ③

'피상적(皮相的)'은 '사물의 판단이나 파악 등이 본질에 이르지 못하고 겉으로 나타나 보이는 현상에만 관계하는 것'을 의미한다. 제시된 문장에서는 '표면적(表面的)'과 반대되는 뜻의 단어를 써야 하므로 '본질적(本質的)'이 적절하다.

오답분석

① 정례화(定例化) : 어떤 일이 일정하게 정하여진 규칙이나 관례에 따르도록 하게 하는 것
② 중장기적(中長期的) : 길지도 짧지도 않은 중간쯤 되는 기간에 걸치거나 오랜 기간에 걸치는 긴 것
④ 친환경(親環境) : 자연환경을 오염하지 않고 자연 그대로의 환경과 잘 어울리는 일. 또는 그런 행위나 철학
⑤ 숙려(熟慮) : 곰곰이 잘 생각하는 것

03
정답 ③

'서슴다'는 '행동이 선뜻 결정되지 않고 머뭇대며 망설이다. 또는 선뜻 결정하지 못하고 머뭇대다'는 뜻으로, '서슴치 않다'가 아닌 '서슴지 않다'가 어법상 옳다.

오답분석

① '잠거라'가 아닌 '잠가라'가 되어야 어법상 옳은 문장이다.
② '담궈'가 아니라 '담가'가 되어야 어법상 옳은 문장이다.
④ '염치 불구하고'가 아니라 '염치 불고하고'가 되어야 어법상 옳은 문장이다.
⑤ '뒷뜰'이 아니라 '뒤뜰'이 되어야 어법상 옳은 문장이다.

04
정답 ②

제시문의 시작은 '2022 K – 농산어촌 한마당'에 대해 처음 언급하며 화두를 던지는 (가)가 적절하다. 이후 K – 농산어촌 한마당 행사에 대해 자세히 설명하는 (다)가 오고, 행사에서 소개된 천일염과 관련 있는 음식인 김치에 대해 언급하는 (나)가 오는 것이 자연스럽다.

05
정답 ④

실험실의 수를 x개라 하면, 학생의 수는 $20x+30$명이다. 실험실 한 곳에 25명씩 입실시킬 경우 $x-3$개의 실험실은 모두 채워지고 2개의 실험실에는 아무도 들어가지 않는다. 그리고 나머지 실험실 한 곳에는 최소 1명에서 최대 25명이 들어간다. 이를 표현하면 다음과 같다.
$25(x-3)+1 \le 20x+30 \le 25(x-2) \rightarrow 16 \le x \le 20.8$
위의 식을 만족하는 범위 내에서 가장 작은 홀수는 17이므로 최소한의 실험실은 17개이다.

06
정답 ④

기존 사원증은 가로와 세로의 길이 비율이 1 : 2이므로 가로 길이를 x cm, 세로 길이를 $2x$cm라 하자. 기존 사원증 대비 새 사원증의 가로 길이 증가폭은 $(6-x)$cm, 세로 길이 증가폭은 $(9-2x)$cm이다. 문제에 주어진 디자인 변경 비용을 적용하여 식으로 정리하면 다음과 같다.
$2,800+(6-x)\times12\div0.1cm+(9-2x)\times22\div0.1cm=2,420$원
$2,800+720-120x+1,980-440x=2,420$원
$560x$원$=3,080$원 $\rightarrow x=5.5$
따라서 기존 사원증의 가로 길이는 5.5cm, 세로 길이는 11cm이며, 둘레는 $(5.5\times2)+(11\times2)=33$cm이다.

07
정답 ③

A공장에서 45시간 동안 생산된 제품은 총 45,000개이고, B공장에서 20시간 동안 생산된 제품은 총 30,000개로 두 공장에서 생산된 제품은 총 75,000개이다. 또한, 두 공장에서 생산된 불량품은 총 $(45+20)\times45=2,925$개이다. 따라서 생산된 제품 중 불량품의 비율은 $2,925\div75,000\times100=3.9\%$이다.

08
정답 ④

연속교육은 하루 안에 진행되어야 하므로 4시간 연속교육으로 진행되어야 하는 문제해결능력 수업은 하루 전체를 사용해야 한다. 따라서 5일 중 1일은 문제해결능력 수업만 진행되며, 나머지 4일에 걸쳐 나머지 3과목의 수업을 진행한다. 수리능력 수업은 3시간 연속교육, 자원관리능력 수업은 2시간 연속교육이며, 하루 수업은 총 4교시로 구성되므로 수리능력 수업과 자원관리능력 수업은 같은 날 진행되지 않는다. 수리능력 수업의 총 교육시간은 9시간으로, 최소 3일이 필요하므로 자원관리능력 수업은 하루에 몰아서 진행해야 한다. 그러므로 문제해결능력 수업과 수리능력 수업을 배정하는 경우의 수는 $5\times4=20$가지이다. 문제해결능력 수업과 자원관리능력 수업이 진행되는 이틀을 제외한 나머지 3일간은 매일 수리능력 수업 3시간과 의사소통능력 수업 1시간이 진행되며, 수리능력 수업 후에 의사소통능력 수업을 진행하는 경우와 의사소통능력 수업을 먼저 진행하고 수리능력 수업을 진행하는 경우로 나뉜다. 따라서 이에 대한 경우의 수는 $2^3=8$가지이다. 그러므로 주어진 규칙을 만족하는 경우의 수는 모두 $5\times4\times2^3=160$가지이다.

09
정답 ③

보기의 정부 관계자들은 향후 청년의 공급이 줄어들게 되는 인구구조의 변화가 문제해결에 유리한 조건을 형성한다고 말하였다. 그러나 기사에 따르면 이러한 인구구조의 변화가 곧 문제해결이나 완화로 이어지지 않는다고 설명하고 있으므로, 정부 관계자의 태도로 ③이 가장 적절하다.

오답분석
①·② 올해부터 3∼4년간 인구 문제가 부정적으로 작용할 것이라고 말하였으나, 올해가 가장 좋지 않다거나 현재 문제가 해결 중에 있다는 언급은 없다.
④ 에코세대의 노동시장 진입으로 인한 청년 공급 증가에 대응해야 함을 인식하고 있다.
⑤ 일본의 상황을 참고하여 한국도 점차 좋아질 것이라고 예측하고 있을 뿐, 한국의 상황이 일본보다 낫다고 평가하는지는 알 수 없다.

10
정답 ⑤

제시문에서 지하철역 주변, 대학교, 공원 등을 이용한 현장 홍보와 방송, SNS 등을 이용한 온라인 홍보를 진행한다고 하였으며, 이러한 홍보 방식은 특정한 계층군이 아닌 일반인들을 대상으로 하는 홍보 방식이다.

오답분석
① 제시문에 등장하는 협의체에는 산업부가 포함되어 있지 않다. 포함된 기관은 국무조정실, 국토부, 행안부, 교육부, 경찰청이다.
② 전동킥보드인지 여부에 관계없이 안전기준을 충족한 개인형 이동장치여야 자전거도로 운행이 허용된다.
③ 개인형 이동장치로 인한 사망사고는 최근 3년간 지속적으로 증가하였다.
④ 13세 이상인 사람 중 원동기 면허 이상의 운전면허를 소지한 사람에 한해 개인형 이동장치 운전이 허가된다.

11
정답 ④

'에너지효율화, 특화사업, 지능형 전력그리드 등 3개 분과로 운영된다. 또한 ㈜한국항공조명, ㈜유진테크노, ㈜미래이앤아이가 분과 리더 기업으로 각각 지정돼 커뮤니티 활성화를 이끌 예정이다.'라고 하였으므로 2개의 리더 그룹이라는 내용은 적절하지 않다.

오답분석
① '나주시와 한국전력공사는 협약을 통해 기업 판로 확보와 에너지산업 수요·공급·연계 지원 등 특구기업과의 동반성장 플랫폼 구축에 힘쓸 계획이다.'라고 하였으므로 옳은 내용이다.
② '나주시는 혁신산업단지에 소재한 에너지신기술연구원에서'라고 하였으므로 옳은 내용이다.
③ '한국전력공사, 강소특구 44개 기업과 전남 나주 강소연구개발특구 기업 커뮤니티 협약을 체결했다.'라고 하였으므로 옳은 내용이다.
⑤ '협약 주체들은 강소특구 중장기 성장모델과 전략수립 시 공동으로 노력을 기울이고, 적극적인 연구개발(R&D) 참여를 통해'라고 하였으므로 옳은 내용이다.

12
정답 ③

섭씨 510도라는 환경에서 zT가 3.1이라고 하였으므로 '어떤 환경에서든'이라는 조건은 옳지 않다.

오답분석
① 화성 탐사 로버 '퍼시비어런스'는 '열을 전기로 바꾸는 변환 효율은 4∼5%에 머물고 있다.'라고 하였으므로 옳은 내용이다.
② '국내 연구팀이 오랫동안 한계로 지적된 열전 발전의 효율을 20% 이상으로 끌어올린 소재를 개발했다. 지금까지 개발된 열전 소재 가운데 세계에서 가장 효율이 높다는 평가다.'라고 하였으므로 옳은 내용이다.
④ 열이 '전도성 물질인 산화물을 따라 흐르면서 열전효율이 떨어진 것이다.'라는 언급이 있으므로 옳은 내용이다.
⑤ 발전의 효율을 20% 이상으로 끌어올려 기존의 4∼5%보다 4배 이상 높다.

13

정답 ③

넛지효과란 직접적인 규제, 처벌 등을 제외하고 부드러운 개입으로 사람들의 변화를 유도하는 것을 말한다. 그렇기 때문에 ③과 같이 직접적인 문구를 통해 사람들의 행동을 바꾸려는 것은 넛지효과의 예시로 적절하지 않다.

14

정답 ③

220V 이용 시 가정에서 전기에 노출될 경우 위험성은 더 높을 수 있다고 언급하였다.

오답분석

① '한국도 처음 전기가 보급될 때는 11자 모양 콘센트의 110V를 표준 전압으로 사용했다.'라고 하였으므로 옳은 내용이다.
② 일본과 미국이 220V로 전환하지 못하는 이유 중 하나가 다수의 민영 전력회사로 운영되기 때문이라고 하였기 때문에 옳은 내용이다.
④ '전압이 높을수록 저항으로 인한 손실도 줄어들고 발전소에서 가정으로 보급하는 데까지의 전기 전달 효율이 높아진다.'라고 하였으므로 옳은 내용이다.
⑤ 전압이 다른 콘센트와 제품을 연결해 사용하면 제품이 망가지고 화재나 폭발이 일어나거나, 정상적으로 작동하지 않는 문제가 있을 수 있다고 언급하였다.

15

정답 ⑤

(다)에서 '부산 국제원자력산업전'에 대한 전반적인 설명과 함께 처음 언급한 후, (나)에서 한전이 국제원자력산업전에 무엇을 출품했는지를 서술하고, (가)에서 플랫폼과 구체적인 내용에 대해 상세히 서술하는 것으로 마무리하는 것이 적절하다.

16

정답 ④

각 직원의 항목별 평가점수의 합과 그에 따른 급여대비 성과급 비율은 다음과 같다.

직원	평가점수	비율	성과급
A	82	200%	320만 원×200%=640만 원
B	74	100%	330만 원×100%=330만 원
C	67	100%	340만 원×100%=340만 원
D	66	100%	360만 원×100%=360만 원
E	79	150%	380만 원×150%=570만 원
F	84	200%	370만 원×200%=740만 원

따라서 수령하는 성과급의 차이가 A와 가장 적은 직원은 E이다.

17

정답 ④

평가기준에 따라 각 사람이 받는 점수는 다음과 같다.
• A : 20(석사)+5(스페인어 구사 가능)+20(변호사 자격 보유) +10(장애인)=55점
• B : 10(대졸)+20(일본어 구사 가능)=30점
• C : 10(대졸)+20(경력 3년)+10(국가유공자)=40점
• D : 60(경력 7년)+5(아랍어 구사 가능)=65점
• E : 30(박사)+10(이학 석사 이상)+20(독일어 구사 가능)=60점
따라서 서류전형 점수가 가장 높은 사람은 D지원자이다.

18

정답 ②

연보라색을 만들기 위해서는 흰색과 보라색이 필요하다. 흰색은 주어진 5가지 물감 중 하나이며, 보라색은 빨강색과 파랑색 물감의 혼합으로 만들 수 있는데, 빨강색은 주어지는 물감이지만 파랑색은 주어지지 않았으며, 다른 물감의 조합으로도 만들어 낼 수 없는 색상이다. 따라서 연보라색은 만들 수 없다.

오답분석

① 고동색은 주어진 5가지 물감 중 빨강색, 검정색의 두 가지 물감을 섞어서 만들 수 있다.
③ 살구색은 흰색과 주황색을 섞어서 만들 수 있는데 흰색은 주어진 5가지 물감 중 하나이며, 주황색은 빨강색과 노랑색을 섞어서 만들 수 있다.
④ 카키색은 주어진 물감 중 초록색과 검정색을 섞어서 만들 수 있다.
⑤ 옥색은 주어진 물감 중 초록색과 흰색을 섞어서 만들 수 있다.

19

정답 ①

모든 직원들이 각기 다른 부서를 희망하였으므로 희망부서가 밝혀지지 않은 직원들의 희망부서는 다음과 같다.

구분	기존부서	희망부서	배치부서
A	회계팀	인사팀	?
B	국내영업팀	해외영업팀	?
C	해외영업팀	국내영업팀, 회계팀, 홍보팀 중 1	?
D	홍보팀	국내영업팀, 회계팀 중 1	홍보팀
E	인사팀	국내영업팀, 회계팀, 홍보팀 중 1	해외영업팀

인사이동 후 각 부서에 1명의 직원이 근무하게 되었으므로, A, B, C는 각각 인사팀, 국내영업팀, 회계팀에 1명씩 배치되었다. B는 다른 1명과 근무부서를 맞바꾸었는데, E가 인사팀에서 해외영업팀으로 이동하였고, D는 홍보팀에 그대로 근무하기 때문에 C, D, E는 그 상대가 될 수 없다. 따라서 B는 A가 근무하던 회계팀으로 이동하였고, A는 B가 근무하던 국내영업팀으로 이동하였음을 알 수 있다. C는 남은 인사팀에 배치된다. 이를 정리하면 다음의 표와 같다.

구분	기존부서	희망부서	배치부서
A	회계팀	인사팀	국내영업팀
B	국내영업팀	해외영업팀	회계팀
C	해외영업팀	국내영업팀, 회계팀, 홍보팀 중 1	인사팀
D	홍보팀	국내영업팀, 회계팀 중 1	홍보팀
E	인사팀	국내영업팀, 회계팀, 홍보팀 중 1	해외영업팀

따라서 본인이 희망한 부서에 배치된 사람은 없다.

20 　　　정답 ①

차장 직급에 지급되는 기본 교통비는 26,000원이며, 출장지까지의 거리가 204km이므로 추가 여비 20,000원이 책정된다. 출장지인 세종특별자치시는 구체적인 기준이 명시되지 않은 지역으로 기본 교통비와 추가여비의 합산 금액에 5%를 가산한 금액이 국내출장여비 기준금액이므로 다음과 같은 식이 성립한다.

$(26{,}000 + 20{,}000) \times 1.05 = 48{,}300$원

지급액을 백 원 단위에서 올림하면 김차장이 받을 수 있는 여비는 49,000원이다.

21 　　　정답 ①

토론이란 어떤 주제에 대하여 찬성하는 측과 반대하는 측이 서로 맞서, 각자 해당 주제에 대한 논리적인 의견을 제시함으로써, 상대방의 근거가 이치에 맞지 않다는 것을 증명하는 논의이다.

오답분석

② 토론은 상호 간의 주장에 대한 타협점을 찾아가는 것이 아닌, 반대 측의 논리에 대한 오류를 증명해내면서 자신의 의견이 논리적으로 타당함을 밝히는 말하기 방식이다.
③ 주어진 주제에 대한 자신의 의견을 밝히면서 상대방 또는 청중을 설득하는 것은 맞으나, 자신의 의견을 뒷받침할 추론적인 근거가 아닌 논리적인 근거를 제시하여야 한다.
④ 주어진 주제에 대하여 제시된 의견을 분석하면서 해결방안을 모색하는 말하기 방식은 토론이 아닌 토의에 해당하며, 승패가 없이 협의를 통해 결론을 내리는 토의와 달리 토론은 승패가 있으며 이때 패한 측은 상대방의 의견에 설득당한 측을 의미한다.
⑤ 토론에서는 반대 측의 의견을 인정하고 존중하기보다는, 반대 측 의견이 논리적으로 타당하지 않음을 증명해내는 말하기이다.

22 　　　정답 ④

개인의 인맥은 핵심 인맥, 또 핵심 인맥으로부터 연결되거나 우연한 사건으로 연결되어진 파생 인맥, 또 그러한 파생 인맥을 통하여 계속하여 연결되어지는 인맥 등 끝없이 확장할 수 있는 영역이다.

오답분석

① 개인 차원에서의 인적자원관리란 정치적, 경제적 또는 학문적으로 유대관계가 형성된 사람들과의 관계뿐만 아니라 더 나아가 자신이 알고 있는 모든 사람들과의 관계를 관리하는 것을 의미한다.
② 자신과 직접적으로 관계가 형성된 사람들을 핵심 인맥, 이러한 핵심 인맥을 통해 관계가 형성되거나 우연한 계기로 관계가 형성된 사람들을 파생 인맥이라 지칭한다.
③ 개인은 핵심 인맥뿐만 아니라 파생 인맥을 통해서도 다양한 정보를 획득할 수 있으며, 정보를 전파하는 것은 개인 차원에서의 인적자원관리 외의 것에 해당한다.
⑤ 인적자원관리를 위해 능동성, 개발가능성, 전략적 자원을 고려하는 것은 개인 차원에서의 인적자원관리가 아닌 조직 차원에서 조직의 실적을 높이기 위해 고려해야 하는 사항에 해당한다.

23 　　　정답 ④

ㄴ. 능동적이고 반응적인 성격의 인적자원은 기업의 관리 여하에 따라 기업 성과에 기여하는 정도도 확연히 달라진다.
ㄹ. 기업의 성과는 자원을 얼마나 효율적으로 잘 활용하였는지에 따라 달려있다. 따라서 기업의 성과를 높이기 위해 전략적으로 인적자원을 활용하여야 한다.

오답분석

ㄱ. 자원 자체의 양과 질에 의해 기업 성과 기여도가 달라지는 수동적 성격의 물적자원과 달리, 인적자원은 개인의 욕구와 동기, 태도와 행동 및 만족감에 따라 그 기여도가 달라지는 능동적 성격의 자원에 해당한다.
ㄷ. 인적자원은 자연적인 성장뿐만 아니라 장기간에 걸쳐 개발될 수 있는 잠재력과 자질을 지니고 있다.

24 　　　정답 ③

기술경영자는 기술개발 과제의 세부적인 내용까지 파악해 전 과정에 대해 조망할 수 있는 능력을 갖춤은 물론, 사람을 중심으로 하여 기술개발이 결과 지향적으로 진행될 수 있도록 이끌 수 있는 지휘력을 갖춘 인재를 말한다. 반면, 중간급 매니저인 기술관리자는 기술경영자와는 달리 다음과 같은 능력이 필요하다.

기술관리자에게 요구되는 능력

- 기술을 사용하거나 문제를 해결하는 것
- 기술직과 소통하고, 기술팀을 하나로 합치는 것
- 기술이나 추세를 파악하고 새로운 환경을 만들어내는 것
- 기술적·사업적·인간적인 능력을 통합하고 시스템적인 관점에서 판단하는 것
- 공학적 도구나 지원방식을 이해하는 것

따라서 기술 전문 인력을 운용하는 능력은, 기술을 중심으로 하는 기술관리자보다는 사람을 중심으로 기술개발을 이끄는 기술경영자에게 필요한 능력에 해당한다.

25

정답 ②

지식재산권은 재산적 가치가 구현될 수 있는 지식·정보·기술이나 표현·표시 등의 무형적인 것만을 말하며, 이에 대해 주어지는 권리를 말한다.

오답분석

① 지식재산권은 최초로 만들거나 발견한 것 중 재산상 가치가 있는 것에 부여되는 권리를 말한다.
③ 형체가 있는 상품과 달리, 지식재산권은 형체가 없는 무형의 권리를 말한다.
④ 기술개발의 성과인 독점적인 권리를 부여받음으로써, 더 나은 기술개발이 이루어질 수 있도록 장려한다.
⑤ 국가 간의 기술 제휴와 같은 기술의 협력이 이루어지면서 세계화가 이루어지고 있다.

26

정답 ②

사구체의 혈압은 동맥의 혈압에 따라 변화가 있을 수 있지만, 생명 유지를 위해서 일정하게 유지된다고 하였으므로 혈액 속 성분에 따라 유동적으로 변화한다는 내용은 옳지 않다.

오답분석

① 내피세포에 있는 구멍보다 작은 단백질은 단백질과 같이 음전하를 띠는 당단백질에 의해 여과된다.
③ 사구체의 모세 혈관에는 다른 신체 기관의 모세 혈관보다 높은 혈압이 발생한다고 하였으므로 옳은 내용이다.
④ 혈액을 통해 운반된 노폐물이나 독소는 주로 콩팥의 사구체를 통해 일차적으로 여과된다고 하였으므로 사구체가 우리 몸의 여과를 전적으로 담당하는 것은 아니다.

27

정답 ④

종이 접는 횟수는 산술적으로 늘어나는 데 비해 이로 인해 생기는 반원의 호 길이의 합은 기하급수적으로 커지기 때문에 종이의 길이가 한정되어 있다면, 종이를 무한하게 접는 것은 불가능하다.

28

정답 ①

강제 부동산 경매는 채무자의 동의 과정 없이 채권자의 신청으로 시작된다. 다만 채무자에게 경매가 개시되었다는 사실을 알려야 한다는 내용만 언급되어 있다.

오답분석

② 강제 부동산 경매 절차에 경매개시결정 정본을 채무자에게 보내야 하는 과정이 있으므로 이 과정이 없다면, 제대로 진행되고 있다고 보기 어렵다.
③ 기일입찰방법은 매각 기일과 매각 장소가 모두 정해져있기 때문에 옳은 내용이다.

④ 매각 기일에 매수 신청인이 정해진 장소로 가야 하는 것은 기일입찰 방법에 대한 설명이며, 기간입찰방식에서는 정해진 장소에 가 있지 않아도 된다고 하였으므로 옳은 내용이다.

29

정답 ③

(나)에서 물벗 나눔 장터 행사에 대한 소개와 취지를 언급한 뒤, (다)에서 행사의 구체적인 내용을 설명하고, 마지막으로 (가)에서 지난 물벗 나눔 장터 행사에 대해 설명하며 글을 마무리하는 순서가 가장 적절하다.

30

정답 ②

참석자 수를 x개, 테이블의 수를 y개라 하면 x와 y의 관계는 다음과 같다.
$x = 3y + 15 \cdots \bigcirc$
5명씩 앉게 할 경우 테이블이 2개가 남으므로 다음과 같은 부등식 역시 성립한다.
$5(y-3) + 1 \leq x \leq 5(y-2) \cdots \bigcirc$
$\bigcirc$과 $\bigcirc$을 연립하면 $5(y-3) + 1 \leq 3y + 15 \leq 5(y-2)$이며, 모든 변에서 $5y$를 빼면 $-14 \leq -2y + 15 \leq -10$이므로 $12.5 \leq y \leq 14.5$이다. 해당 범위 내 짝수는 14가 유일하므로 테이블은 14개이며, 참석자 수는 $(3 \times 14) + 15 = 57$명이다.

31

정답 ③

오답분석

① 마가 1등 혹은 6등이 아니기 때문에 옳지 않다.
② 가가 나의 바로 다음에 결승선을 통과하지 않았기 때문에 옳지 않다.
④ 다와 바의 등수가 2 이상 차이 나지 않고, 가가 나보다 먼저 결승선을 통과하였기 때문에 옳지 않다.

32

정답 ③

오답분석

①·② 나와 라가 다른 섹션에 앉았기 때문에 옳지 않다.
④ 바와 마가 다른 섹션에 앉았고, 다가 2명 있는 섹션에 배정받았기 때문에 옳지 않다.

33

정답 ④

각 부서에서 회신한 내용에 따르면 각 부서별 교육 가능 일자는 다음과 같다.
• 기획부문 : 5/31, 6/2, 6/3 중 1일. 6/8, 6/9 중 1일
• 경영부문 : 5/30, 6/3, 6/7, 6/8, 6/9
• 수자원환경부문 : 6/8
• 수도부문 : 6/7, 6/8, 6/9
• 그린인프라부문 : 6/2, 6/3, 6/7, 6/8, 6/9

수자원환경부문은 가능한 날이 6/8 하루뿐이므로 기획부문의 교육 2주 차 일정이 6/9, 수도부문의 교육일정이 6/7로 정해진다.

일	월	화	수	목	금	토
5/29 휴일	5/30	5/31	6/1 지방선거일	6/2	6/3	6/4 휴일
6/5 휴일	6/6 현충일	6/7 수도	6/8 수자원환경	6/9 기획	6/10 걷기행사	6/11 휴일

교육 2주 차 일정이 모두 확정된 가운데 아직 배정되어야 하는 일정은 경영부문 교육 2회와 기획부문, 그린인프라부문 교육 각 1회이다. 이 부서들의 1주 차 가능일정은 다음과 같다.

- 기획부문 : 5/31, 6/2, 6/3
- 경영부문 : 5/30, 6/3
- 그린인프라부문 : 6/2, 6/3

경영부문은 이틀의 일정이 필요하므로 5/30, 6/3에는 경영부문이 배정된다. 이에 따라 그린인프라부문의 일정이 6/2, 기획부문의 일정이 5/31이 된다.

일	월	화	수	목	금	토
5/29 휴일	5/30 경영	5/31 기획	6/1 지방선거일	6/2 그린인프라	6/3 경영	6/4 휴일
6/5 휴일	6/6 현충일	6/7 수도	6/8 수자원환경	6/9 기획	6/10 걷기행사	6/11 휴일

34 정답 ②

K공사의 2021년 인건비는 매월 42,300,000원이다. 이 중 대표이사의 급여 6,000,000원을 제외한 36,300,000원에 대해 물가상승률의 60%인 3%를 인상하기로 합의하였으므로 총 인상액은 1,089,000원이고, 2022년에는 매월 43,389,000원을 인건비로 지출하게 된다. K공사의 임직원 총원은 12명이므로 임직원 1인당 평균 인건비는 3,615,750원이다.

35 정답 ③

- 신입직원이 7명인데, 20대가 30대보다 많으므로 최소 4명 이상이 20대이다. 7명 중 30대 3명의 나이가 알려져 있으므로 나이를 알 수 없는 B, D는 모두 20대이다. 영업팀으로 배속될 두 직원의 전공이 같으므로 가능한 조합은 (A, B), (A, F), (B, F), (C, D), (E, G)의 다섯 가지이다.
- 7명의 신입직원 중 G는 영업팀이 아닌 인사팀에 배속될 예정이므로 (E, G)는 제외된다. (C, D)는 두 사람 모두 20대로만, (B, F)는 두 사람 모두 남성으로만 구성되므로 제외된다.

- 조건 3에 따라 A의 성별이 여성임을 알 수 있다. (A, B) 조합의 경우 A가 30대 여성이며, B는 20대 남성이므로 이 조합은 조건 5를 만족하지 않는데, (A, F) 조합의 경우는 A가 30대 여성, F가 30대 남성이므로 조건 5를 만족한다.

따라서 영업팀에 배속될 직원은 A, F이다.

36 정답 ④

기업이 고객을 상대로 몇 가지의 대안을 미리 만들어 제시하는 것은 2급 가격차별의 방식에 해당한다.

오답분석

① '완전경쟁시장은 다수의 수요자와 공급자가 존재하고 상품의 동질성을 전제'한다고 하였으므로 옳은 설명이다.
② 1급 가격차별은 '개별 소비자들이 지불할 수 있는 금액인 지불용의 금액을 알고 있어 소비자 각각에게 최대 가격을 받고 판매를 하는 것'이라고 하였으므로 옳은 설명이다.
③ '소비자가 상품을 소량 구매할 때보다 대량 구매할 때 단위당 가격을 깎아주는 방식이 2급 가격차별에 해당한다.'라고 하였으므로 옳은 설명이다.
⑤ '독점기업은 시장 전체에서 유일한 공급자'라고 하였으므로 옳은 설명이다.

37 정답 ③

국토교통부 소속 공무원 본인뿐만 아니라 배우자, 직계존비속 등 이해관계에 얽힌 사람들도 일부 예외를 제외하고는 제재의 대상이라고 하였으므로 지문의 내용으로 적절하지 않다.

오답분석

① 각 부서별로 제한받는 부동산은 다르다고 하였으므로 옳은 내용이다.
② 근무 또는 결혼 등 일상생활에 필요한 부동산의 취득은 허용하고 있다고 하였으므로 결혼으로 인한 부동산 취득은 일상생활에 필요한 취득으로 보고 있으므로 옳은 내용이다.
④ '국토부 소속 공무원은 직무상 알게 된 부동산에 대한 정보를 이용해 재물이나 재산상 이익을 취득하거나 그 이해관계자에게 재물이나 재산상 이익을 취득하게 해서는 안 된다.'고 지침에 명시되어 있으므로 옳은 내용이다.
⑤ 감사담당관은 부당한 부동산 취득을 적발했을 경우 6개월 이내 자진 매각 권고, 직위변경 및 전보 등 조치 요구 등 적절한 조치를 취할 수 있다고 하였으므로 옳은 내용이다.

38

2021년과 2020년 휴직자 수를 구하면 다음과 같다.

• 2021년 : 550,000×0.2=110,000명
• 2020년 : 480,000×0.23=110,400명

따라서 2021년 휴직자 수는 2020년 휴직자 수보다 적다.

오답분석

① 2017년부터 2021년까지 연도별 전업자의 비율은 68%, 62%, 58%, 52%, 46%로 감소하는 반면에, 겸직자의 비율은 8%, 11%, 15%, 21%, 32%로 증가하고 있다.

③ 연도별 전업자 수를 구하면 다음과 같다.

   • 2017년 : 300,000×0.68=204,000명
   • 2018년 : 350,000×0.62=217,000명
   • 2019년 : 420,000×0.58=243,600명
   • 2020년 : 480,000×0.52=249,600명
   • 2021년 : 550,000×0.46=253,000명

   따라서 전업자 수가 가장 적은 연도는 2017년이다.

④ 2020년과 2017년의 겸직자 수를 구하면 다음과 같다.

   • 2020년 : 480,000×0.21=100,800명
   • 2017년 : 300,000×0.08=24,000명

   따라서 2020년 겸직자 수는 2017년의 $\frac{100,800}{24,000}=4.2$배이다.

⑤ 2017년과 2021년의 휴직자 수를 구하면 다음과 같다.

   • 2017년 : 300,000×0.06=18,000명
   • 2021년 : 550,000×0.2=110,000명

   따라서 2017년 휴직자 수는 2021년 휴직자 수의 $\frac{18,000}{110,000}×100$ ≒16%이다.

39

전체 입사자 중 고등학교 졸업자 수와 대학원 졸업자 수를 정리하면 다음과 같다.

• 2017년 : 고등학교 10+28=38명, 대학원 36+2=38명
• 2018년 : 고등학교 2+32=34명, 대학원 55+8=63명
• 2019년 : 고등학교 35+10=45명, 대학원 14+2=16명
• 2020년 : 고등학교 45+5=50명, 대학원 5+4=9명
• 2021년 : 고등학교 60+2=62명, 대학원 4+1=5명

전체 입사자 중 고등학교 졸업자 수는 2018년까지 감소하다가 그 이후 증가하였고, 대학원 졸업자 수는 2018년까지 증가하다가 그 이후 감소하였음을 알 수 있다. 따라서 두 수치는 서로 반비례하고 있다.

오답분석

① 2017년부터 2021년까지 연도별 여성 입사자 수는 각각 50명, 80명, 90명, 100명, 110명으로 매년 증가하고 있는 반면에, 남성 입사자 수는 150명, 140명, 160명, 160명, 170명으로 2018년(140명)에는 전년(150명) 대비 감소하였고, 2020년(160명)에는 전년(160명)과 동일하였다.

40

② 연도별 전체 입사자 수를 정리하면 다음과 같다.

   • 2017년 : 150+50=200명
   • 2018년 : 140+80=220명(전년 대비 20명 증가)
   • 2019년 : 160+90=250명(전년 대비 30명 증가)
   • 2020년 : 160+100=260명(전년 대비 10명 증가)
   • 2021년 : 170+110=280명(전년 대비 20명 증가)

   따라서 전년 대비 전체 입사자 수가 가장 많이 증가한 연도는 2019년이다.

③ 전체 입사자 중 여성이 차지하는 비율을 구하면 다음과 같다.

   • 2017년 : $\frac{50}{150+50}×100=25\%$
   • 2018년 : $\frac{80}{140+80}×100≒36\%$
   • 2019년 : $\frac{90}{160+90}×100=36\%$
   • 2020년 : $\frac{100}{160+100}×100≒38\%$
   • 2021년 : $\frac{110}{170+110}×100≒39\%$

   따라서 전체 입사자 중 여성이 차지하는 비율이 가장 높은 연도는 2021년이다.

④ 연도별 남성 입사자 수와 여성 입사자 수의 대학교 졸업자 수를 정리하면 다음과 같다.

   • 2017년 : 남성 80명, 여성 5명
   • 2018년 : 남성 75명, 여성 12명
   • 2019년 : 남성 96명, 여성 64명
   • 2020년 : 남성 100명, 여성 82명
   • 2021년 : 남성 102명, 여성 100명

   따라서 여성 입사자 중 대학교 졸업자 수는 매년 증가하고 있는 반면에, 남성 입사자 중 대학교 졸업자 수는 2018년까지는 전년 대비 감소하다가 이후 다시 증가하고 있음을 알 수 있다.

40

2020년과 2018년의 20·30대의 자차 보유자 수는 다음과 같다.

• 2020년 : 550+300+420+330=1,600천 명
• 2018년 : 320+180+300+200=1,000천 명

따라서 2020년 20·30대의 자차 보유자 수는 2018년의 $\frac{1,600}{1,000}=1.6$배이다.

오답분석

① 연도별 20대 남성과 여성의 자차 보유자 수의 차이를 구하면 다음과 같다.

   • 2017년 : 200-120=80천 명
   • 2018년 : 320-180=140천 명
   • 2019년 : 450-220=230천 명
   • 2020년 : 550-300=250천 명
   • 2021년 : 680-380=300천 명

   따라서 20대 남성과 여성의 자차 보유자 수의 차이는 매년 증가하고 있음을 알 수 있다.

② 2017년과 2021년의 연령대별 남성의 자차 보유자 수를 표로 정리하면 다음과 같다.

구분	2017년	2021년
20세 이상 30세 미만	200	680
30세 이상 40세 미만	280	640
40세 이상 50세 미만	320	580
50세 이상 60세 미만	350	550
60세 이상	420	520

따라서 2017년에는 연령대가 증가할수록 자차 보유자 수가 높은 반면, 2021년에는 그 반대임을 알 수 있다.

④ 2018년 여성의 자차 보유자 수는 $180+200+320+330+170=1,200$천 명이다. 따라서 2018년 전체 자차 보유자 중 여성의 비율은 $\frac{1,200}{3,600}\times100 ≒ 33.3\%$이다.

⑤ 연도별 전체 자차 보유자 중 40대 여성이 차지하는 비율을 구하면 다음과 같다.

- 2017년 : $\frac{300}{3,000}\times100=10\%$
- 2018년 : $\frac{320}{3,600}\times100≒8.9\%$
- 2019년 : $\frac{450}{4,050}\times100≒11.1\%$
- 2020년 : $\frac{300}{4,000}\times100=7.5\%$
- 2021년 : $\frac{400}{4,500}\times100≒8.9\%$

따라서 그 비율이 가장 높은 연도와 가장 낮은 연도의 차이는 $11.1-7.5=3.6\%$p이다.

41　정답　②

분산자원 통합 관리 시스템과 분산자원 관리 센터는 지난해에 마련했다고 하였으므로 올해 신설한다는 것은 옳지 않다.

오답분석
① 올해 1월부터 전력중개 예측제도에 참여한 발전사업자들은 수익을 받을 수 있다고 하였으므로 옳은 내용이다.
③ '특히 날씨 변동이 심해 발전량 예측이 어려운 제주지역'이라고 하였으므로 옳은 내용이다.
④ '전력중개사업은 ~ 발전량 예측제도에 참여로 수익을 창출하는 에너지플랫폼 사업이다.'라고 하였으므로 옳은 내용이다.

42　정답　②

직접비용이란 제품의 생산이나 서비스 창출에 직접적으로 소요된 비용을 말하는 것으로 재료비, 원료와 장비, 시설비, 인건비 등이 여기에 포함된다. 이와 달리 직접비용의 반대 개념인 간접비용은 제품의 생산이나 서비스 창출에 직접적으로 관여하진 않지만 간접적으로 사용되는 지출인 보험료, 건물관리비, 광고비, 통신비, 사무비품비, 각종 공과금 등이 이에 해당한다. 제시된 자료에서 직접비용 항목만 구분하여 정리하면 다음과 같다.

4월			5월		
번호	항목	금액(원)	번호	항목	금액(원)
1	원료비	680,000	1	원료비	720,000
2	재료비	2,550,000	2	재료비	2,120,000
4	장비 대여비	11,800,000	4	장비 구매비	21,500,000
8	사내 인건비	75,000,000	8	사내 인건비	55,000,000
–	–	–	9	외부 용역비	28,000,000
–	합계	90,030,000	–	합계	107,340,000

따라서 J사의 4월 대비 5월의 직접비용은 17,310,000원 증액되었다.

43　정답　④

~연산자는 피연산자가 −1일 때, 0을 반환한다. −1은 피연산자의 모든 비트가 1이므로 비트 반전으로 0이 반환된다.

44　정답　②

시트에서 평균값 중 가장 큰 값을 구하려면 「=MAX(범위에 있는 값 중 가장 큰 값을 찾아서 반환함)」 함수를 사용해야 한다.

45　정답　③

ㄴ. 날짜 작성 시에는 연도와 월일을 함께 기입하고, 날짜 다음에 마침표를 찍되, 만일 날짜 다음에 괄호가 사용되는 경우 마침표는 찍지 않는다.
ㄹ. 공문서 작성 시에는 한 장에 담아내는 것을 원칙으로 한다.
ㅁ. 공문서 작성을 마친 후에는 '내용 없음'이 아닌 '끝'이라는 문구로 마무리하여야 한다.

오답분석
ㄱ. 회사 외부 기관에 송달되는 공문서는 누가, 언제, 어디서, 무엇을, 어떻게, 왜가 명확히 드러나도록 작성하여야 한다.
ㄷ. 복잡한 내용을 보다 정확히 전달하기 위해, 항목별로 구분하여 작성하여야 하며, 이때에는 '-다음-' 또는 '-아래-'와 같은 표기를 사용할 수 있다.

46

정답 ②

공정 보상의 원칙은 모든 근로자에게 평등한 근로의 대가를 지급하는 것이 아닌, 공헌도에 따라 노동의 대가를 달리 지급함으로써 공정성을 갖도록 하는 것이다.

오답분석

① 알맞은 인재를 알맞은 자리에 배치하여 해당 업무에 가장 적합한 인재를 배치하는 것이 적재적소 배치의 원리이다.
③ 종업원의 직장 내에서의 직위와 근로환경을 보장함으로써 근로자에게 신뢰를 주어 업무에 안정적으로 임할 수 있게 하는 것이 종업원 안정의 원칙이다.
④ 근로자가 창의성 향상을 통해 새로운 것을 생각해낼 수 있도록 이에 필요한 다양한 기회의 장을 마련하여, 그 결과에 따라 적절한 보상을 제공하는 것이 창의력 계발의 원칙이다.

47

정답 ④

외적 시간낭비 요인이란 외부에서 일어나는 영향으로 시간이 낭비되는 것으로 본인이 조절할 수 없는 영역이다. 반면, 내적 시간낭비 요인이란 내부적 이유로 인해 시간이 낭비되는 것으로 이는 자신과 관련이 있다. ① · ② · ③은 자신과 관련된 요인으로 내적 시간낭비 요인에 해당하나, ④는 동료 직원 즉, 외적 요인에 의한 것으로 외적 시간낭비 요인에 해당한다.

48

정답 ④

• 각 국가에는 최소 1명의 직원이 꼭 방문해야 하며, 그중 1개의 국가에는 2명의 직원이 방문해야 한다. 2명이 방문하는 국가는 조건 ㄴ에 따라 미국이며, 방문자 중 1명은 B이다. 각 직원은 1개의 국가만 방문하므로 B는 일본, 중국, 독일을 방문하지 않는다.
• 조건 ㄱ에 따라 A는 중국을 방문하지 않고, 조건 ㄷ에 따라 C는 일본과 중국 중 한 국가를 방문하므로 미국과 독일에는 방문하지 않는다. 또한 조건 ㄹ에 따라 D는 일본과 독일에는 방문하지 않으며, 마지막으로 조건 ㅁ에 따라 E는 미국과 독일에는 방문하지 않는다. 이를 정리하면 다음 표와 같다.

구분	A	B	C	D	E
미국		○	×		×
일본		×		×	
중국	×	×			
독일		×	×	×	×

• 모든 국가에는 1명 이상의 직원이 방문해야 하는데, 독일의 경우 B, C, D, E 모두 방문할 수 없다. 따라서 A가 독일로 출장을 가게 된다.

• A의 출장지가 독일로 정해짐에 따라 B와 함께 미국으로 출장을 가는 직원은 D로 정해진다. 그리고 C와 E는 각각 일본과 중국으로 1명씩 출장을 가게 된다.

구분	A	B	C	D	E
미국	×	○	×	○	×
일본	×	×		×	
중국	×	×		×	
독일	○	×	×	×	×

오답분석

① · ② A는 독일을 방문한다.
③ · ⑤ D는 B와 함께 미국을 방문한다.

49

정답 ③

H씨가 납입한 전세보증금은 5억 원이며, 이 상품의 대출한도는 두 가지 기준에 따라 정해진다. 금액 기준으로는 최대 5억 원이지만 임차보증금의 80% 이내이므로 H씨가 최종적으로 받은 대출금은 4억 원이다. 따라서 H씨의 월납 이자는 $400,000,000원 \times 0.036 \div 12 = 1,200,000$ 원이므로 6개월간 지불한 이자는 $7,200,000$원이다.

50

정답 ④

돈을 모으는 생활 습관을 만들기 위해서는 '이번 주에 4번 배달음식을 먹었다면, 3번으로 줄이는 등 실천할 수 있도록 조정해가는 것이 필요합니다.'라고 하였으므로 행동을 완전히 바꾸는 것보다는 실천할 수 있는 방법으로 점진적인 개선이 도움이 된다.

오답분석

① 습관을 만들기 위해서는 잘 하는 것보다 매일 하는 것이 중요하다고 하였으므로 지문의 내용과 일치한다.
② 충동구매를 줄이기 위해 사려고 하는 물품을 장바구니에 담아두고 다음날 아침에 다시 생각해 보는 것도 좋은 방법이라고 하였으므로 지문의 내용과 일치한다.
③ 소액 적금으로 적은 돈이라도 저축하는 습관을 들이고 규모를 점차 늘리라고 하였으므로 지문의 내용과 일치한다.
⑤ 보상심리로 스스로에게 상을 주거나 스트레스 해소를 위해 사용하는 금액의 한도를 정해 줄여나가라고 하였으므로 지문의 내용과 일치한다.

01	02	03	04	05	06	07	08	09	10
④	②	②	③	②	③	②	②	②	③
11	12	13	14	15	16	17	18	19	20
②	③	①	④	①	④	③	②	③	④

01 　　　정답 ④

㉠ 한 개의 사안은 한 장의 용지에 작성하는 것이 원칙이다.
㉡ 첨부자료는 반드시 필요한 내용만 첨부하여 산만하지 않게 하여야 한다.
㉢ 금액, 수량, 일자의 경우 정확하게 기재하여야 한다.

02 　　　정답 ②

일방적으로 듣기만 하고 의사표현을 잘 안 하는 것도 의사소통상의 문제에 해당한다.

오답분석

• 최 대리 : 표현능력 혹은 이해능력이 부족하거나, 무책임한 경우에 일방적으로 듣기만 하거나 말하기만 한다.
• 임 주임 : 상대가 특정 내용을 알고 있을 것이라 착각하는 것은 평가적이고 판단적 태도에서 야기되는 경우가 많다.
• 양 대리 : 전달하지 않아도 알고 있을 것이라는 생각은 과거의 경험에 기반한 선입견, 고정관념에 해당한다.

03 　　　정답 ②

㉠ 작성 주체에 의한 구분 : 문서는 작성 주체에 따라 공문서와 사문서로 구분한다.
　– 공문서 : 행정기관에서 공무상 작성하거나 시행하는 문서와 행정기관이 접수한 모든 문서
　– 사문서 : 개인이 사적인 목적을 위하여 작성한 문서
㉡ 유통 대상에 의한 구분 : 외부로 유통되지 않는 내부결재문서와 외부로 유통되는 문서인 대내문서, 대외문서 등으로 구분한다.
　– 외부로 유통되지 않는 문서 : 행정기관이 내부적으로 계획 수립, 결정, 보고 등을 하기 위하여 결재를 받는 내부결재문서
　– 외부 유통 문서 : 기관 내부에서 보조기관 상호 간 협조를 위하여 수신・발신하는 대내문서, 다른 행정기관에 수신・발신하는 대외문서, 발신자와 수신자 명의가 다른 문서

㉢ 문서의 성질에 의한 분류 : 성질에 따라 법규문서, 지시문서, 공고문서, 비치문서, 민원문서, 일반문서로 구분한다.
　– 법규문서 : 법규사항을 규정하는 문서
　– 지시문서 : 행정기관이 하급기관이나 소속 공무원에 대하여 일정한 사항을 지시하는 문서
　– 공고문서 : 고시・공고 등 행정기관이 일정한 사항을 일반에게 알리기 위한 문서
　– 비치문서 : 행정기관 내부에 비치하면서 업무에 활용하는 문서
　– 민원문서 : 민원인이 행정기관에 특정한 행위를 요구하는 문서와 그에 대한 처리문서
　– 일반문서 : 위의 각 문서에 속하지 않는 모든 문서

04 　　　정답 ③

ㄴ. 보도자료 : 정부 기관이나 기업체, 각종 단체 등이 언론을 상대로 자신들의 정보가 기사로 보도되도록 하기 위해 보내는 자료이다.
ㄷ. • 비즈니스 메모 : 업무상 필요한 중요한 일이나 앞으로 체크해야 할 일이 있을 때 필요한 내용을 메모형식으로 작성하여 전달하는 글이다.
　　• 자기소개서 : 개인의 환경, 성장과정 등을 구체적으로 기술한 문서이다.

오답분석

ㄱ. 상품소개서 : 소비자에게 상품의 특징을 잘 전달해 상품을 구입하도록 유도하는 것을 목적으로 하며, 일반인들이 친근하게 읽고 내용을 쉽게 이해하도록 하는 문서이다.
ㄹ. 제품설명서 : 제품 구입도 유도하지만 제품의 사용법을 자세히 알려주는 것을 주목적으로 하여 제품의 특징과 활용도에 대해 세부적으로 언급하는 문서이다.

05 　　　정답 ②

회사 자체에 대한 홍보나 기업정보를 제공하는 경우, 홍보물 혹은 보도자료 등 보도에 특화된 정보제공 문서가 적합하다. 따라서 보도자료가 가장 적절한 문서의 형태이다.

오답분석

① 설명서 : 상품 등에 관한 상세 정보를 기술한 문서이다.
③ 회의보고서 : 회의 내용을 정리하여 기록한 문서이다.
④ 주간업무보고서 : 한 주간에 진행된 업무를 보고하는 문서이다.

06
정답 ③

차로 유지기능을 작동했을 때 운전자가 직접 운전을 해야 했던 '레벨 2'와 달리 '레벨 3'은 운전자가 직접 운전하지 않아도 긴급 상황에 대응할 수 있는 자동 차로 유지기능이 탑재되어 있다. 이러한 '레벨 3' 안전기준이 도입된다면, 지정된 영역 내에서 운전자가 직접 운전하지 않고도 주행이 가능해질 것이다. 따라서 빈칸에 들어갈 내용으로 운전자가 운전대에서 손을 떼고도 자율주행이 가능해진다는 ③이 가장 적절하다.

오답분석
① 레벨 3 부분자율주행차는 운전자 탑승이 확인된 후에만 작동할 수 있다.
②·④ 제시문에서는 레벨 3 부분자율주행차의 자동 차로 유지기능에 관해 이야기하고 있으며, 자동 속도 조절이나 차량 간 거리 유지기능에 관해서는 제시문을 통해 알 수 없다.

07
정답 ②

문서를 작성해야 하는 상황은 주로 요청이나 확인을 부탁하는 경우, 정보제공을 위한 경우, 명령이나 지시가 필요한 경우, 제안이나 기획을 할 경우, 약속이나 추천을 위한 경우이다. 그러나 ②의 경우 자유롭게 제시된 팀원의 모든 의견은 공식적인 것이 아니므로 문서로 작성하지 않아도 된다.

08
정답 ②

제시된 글에서는 저작권 소유자 중심의 저작권 논리를 비판하며 저작권의 의의를 가지려면 저작물이 사회적으로 공유되어야 한다고 주장하고 있다. 따라서 이 주장에 대한 비판으로 ②가 가장 적절하다.

09
정답 ②

(다)는 '다시 말하여'라는 뜻의 부사 '즉'으로 시작하여, '경기적 실업은 자연스럽게 해소될 수 없다.'는 주장을 다시 한 번 설명해 주는 역할을 하므로 제시문 바로 다음에 위치하는 것이 자연스럽다. 다음으로는 이처럼 경기적 실업이 자연스럽게 해소될 수 없는 이유 중 하나인 화폐환상현상을 설명하는 (나) 문단이 오는 것이 적절하다. 마지막으로 화폐환상현상으로 인해 실업이 지속되는 것을 설명하고, 정부의 적극적 역할을 해결책으로 제시하는 케인즈학파의 주장을 이야기하는 (가) 문단이 오는 것이 적절하다. 따라서 (다) - (나) - (가) 순서로 나열해야 한다.

10
정답 ③

'삼가하다'는 '삼가다'의 비표준어이며, '삼가-'를 어간으로 활용하여 사용해야 한다. 따라서 '삼가야 한다.'로 올바르게 사용되었으므로 수정하지 않아도 된다.

11
정답 ②

첫 번째 문단의 마지막 문장에서 확인할 수 있다.

오답분석
① 첫 번째 문단에서 '직진성을 가지는 입자의 성질로는 파동의 원형으로 퍼져나가는 회절 및 간섭현상을 설명할 수 없다.'고 하였다.
③ 두 번째 문단에서 '광자는 많은 에너지를 가진 감마선과 X선부터 가시광선을 거쳐 적은 에너지를 가진 적외선과 라디오파에 이르기까지 모든 에너지 상태에 걸쳐 존재한다.'고 하였다.
④ 두 번째 문단에서 광자의 개념은 1905년 알베르트 아인슈타인이 광전 효과를 설명하기 위해 도입했다는 것을 알 수 있다.

12
정답 ③

상대의 이야기를 들을 때 우선 그것에 집중하고, 대화 중 시간이 있을 때 상대가 다음에 무슨 이야기를 할지 추측해 보는 것은 대화에 집중하는 좋은 태도이다.

13
정답 ①

마지막 문단을 통해 디젤 엔진은 원리상 가솔린 엔진보다 더 튼튼하고 고장도 덜 나는 것을 알 수 있다.

오답분석
② 가솔린 엔진은 1876년에, 디젤 엔진은 1892년에 등장했다.
③ 디젤 엔진에는 분진을 배출하는 문제가 있다. 그러나 디젤 엔진과 가솔린 엔진 중에 어느 것이 분진을 더 많이 배출하는지는 제시문에서 언급하지 않았다.
④ 디젤 엔진은 연료의 품질에 민감하지 않다.

14
정답 ④

(라)에서는 재난 안전예방을 위해서는 공간 분석을 통해 과학적 통합경보 서비스 등이 필요하다고 보았다. 따라서 '공간분석을 통한 재난 안전 예방 시스템을 구축해야 한다.'와 같은 방안이 (라)의 내용에 적절하다.

15
정답 ①

언택트 기술이 낳을 수 있는 문제에 대응하기 위해서는 인간 중심의 비대면 접촉이 이루어져야 한다. 인력이 불필요한 곳은 기술로 대체해야 하지만, 보다 대면 접촉이 필요한 곳에 인력을 재배치해야 한다는 것이다. 따라서 될 수 있는 한 인력을 언택트 기술로 대체해야 한다는 ①은 글의 내용과 일치하지 않는다.

16

정답 ④

언택트 마케팅에 사용되는 기술의 보편화는 디지털 환경에 익숙하지 않은 고령층을 소외시키는 '언택트 디바이드'와 같은 문제를 낳을 수 있다. 따라서 ④는 언택트 마케팅의 확산 원인으로 적절하지 않다.

17

정답 ③

언택트 마케팅은 전화 통화나 대면 접촉에 부담을 느끼는 사람들이 증가함에 따라 확산되고 있는 것이다. 따라서 24시간 상담원과의 통화연결은 언택트 마케팅의 사례로 보기 어렵다. 오히려 채팅앱이나 메신저를 통한 24시간 상담 등을 언택트 마케팅의 사례로 적절하다.

오답분석
①·②·④ 언택트 마케팅의 대표적인 사례이다.

18

정답 ②

ㄱ. 구분 가능한 최소 각도가 1′일 때의 시력이 1.0이고 2′일 때의 시력이 $\frac{1}{2}(=0.5)$이므로 구분 가능한 최소 각도가 10′이라면 시력은 $\frac{1}{10}(=0.1)$이다.

ㄴ. 구분 가능한 최소 각도가 $\frac{1}{2}$일 때의 시력이 2.0이고 5″는 $\frac{5}{60}=\frac{1}{12}$이므로 천문학자 A의 시력은 12로 추정할 수 있다.

오답분석
ㄷ. 구분할 수 있는 최소 각도가 작을수록 시력이 더 좋은 사람이다. 따라서 乙의 시력이 甲보다 더 좋다.

19

정답 ③

다섯 번째 문단에 따르면 소리는 파동이므로 밀도가 변하게 되면 속도가 변하여 굴절 현상이 일어난다. 이러한 굴절 현상으로 인해 물 밖의 소리는 물의 표면에서 굴절되어 물속으로 소리가 바로 전달되지 않아 물속에서는 잘 들리지 않게 된다. 따라서 수영장 물 밖에 있을 때보다 수영장에 잠수해 있을 때 물 밖의 소리가 더 잘 들릴 것이라는 설명은 적절하지 않다.

오답분석
① 음속은 수온과 수압 중 상대적으로 더 많은 영향을 끼치는 요소에 의해 결정되는데, 수온이 일정한 구역에서는 수압의 영향을 받게 될 것이고, 수압은 수심이 깊어질수록 높아지므로 수온이 일정한 구역에서는 수심이 증가할수록 음속도 증가할 것이다.
② 표층의 아래층에서는 태양 에너지가 도달하기 어려워 수심에 따라 수온이 급격히 낮아지고, 더 깊은 심층에서는 수온 변화가 거의 없다.
④ 음파는 상대적으로 속도가 느린 층 쪽으로 굴절하는데 이런 굴절 때문에 해수면에서 음파를 보냈을 때 음파가 거의 도달하지 못하는 구역을 '음영대'라 한다. 이러한 음영대를 이용해서 잠수함이 음파 탐지기로부터 회피하여 숨을 장소로 이동할 수 있다.

20

정답 ④

음속은 수온과 수압이 높을수록 증가하며 수온과 수압 중에서 상대적으로 더 많은 영향을 끼치는 요소에 의하여 결정된다. 수온이 급격하게 낮아지다가 수온의 변화가 거의 없는 심층에서 음속이 다시 증가한다면 수온보다 수압이 음속에 더 많은 영향을 주고 있는 것이다. 즉, 음속에 대한 압력 증가의 효과가 수온 감소의 효과보다 더 크기 때문에 음속은 다시 증가하는 것이다.

01	02	03	04	05	06	07	08	09	10
②	④	①	④	④	③	①	①	③	④
11	12	13	14	15	16	17	18	19	20
④	②	④	④	④	④	④	④	②	③

01

정답 ②

ㄱ. 사업추진 경험을 강점으로 활용하여 예산 확보가 어렵다는 위협요소를 제거해 나가는 전략으로서 ST전략에 해당한다.
ㄷ. 국토정보 유지관리사업은 이미 강점에 해당하므로, 약점을 보완하여야 하는 WO전략으로 적절하지 않다.

02

정답 ④

R(Realistic)은 현실성을 의미하므로 실현 가능한 것을 계획해야 한다. 삶을 영위하는 데 있어 교통비나 식비 등의 생활비가 발생하므로 모든 수입을 저금하는 것은 사실상 불가능하다.

> **Plus**
> **SMART 법칙**
> • S(Specific) : 구체적
> • M(Measurable) : 측정 가능한
> • A(Action-oriented) : 행동 지향적
> • R(Realistic) : 현실성
> • T(Time limited) : 기간

03

정답 ①

제시문은 탐색형 문제에 대한 글이다. ①은 이미 일어난 발생형 문제이다.

> **Plus**
> **문제의 3가지 유형**
> • 발생형 문제 : 이미 일어난 문제(교통사고 등)
> • 탐색형 문제 : 현재의 상황에서 개선해야 되는 문제. 아직 일어나지 않았으나 방치하면 해결이 어려운 문제(생산 공장 이전 등)
> • 설정형 문제 : 미래지향적인 문제로 경험이 없거나, 미래 상황에 대응하여 앞으로 어떻게 할 것인지에 관한 문제(신제품 개발 등)

04

정답 ④

ㄹ의 동기화 단계는 실제 행동으로 실현하고자 하는 동기나 욕구의 과정을 말하는 것으로 강화 기대에 따라 동기화의 결과가 달라진다. 카메라로 모델의 행동을 촬영하는 것은 동기화 단계와 관련이 없다.

> **Plus**
> **반두라 관찰학습 4단계**
> 1. 주의집중 단계 : 모델의 행동을 관찰하는 단계
> 2. 보존(파지) 단계 : 모델의 행동을 상징적인 형태로 기억하는 단계
> 3. 운동재생 단계 : 모델의 행동을 따라해 보는 단계
> 4. 동기화 단계 : 관찰한 것을 수행할 것인지 강화를 받게 되는 단계

05

정답 ④

문제 도출은 선정된 문제를 분석하여 해결해야 할 것이 무엇인지를 명확히 하는 단계로, (가) 문제 구조 파악과 (나) 핵심 문제 선정의 절차를 거쳐 수행된다. 이때, 문제 구조 파악을 위해서는 현상에 얽매이지 말고 문제의 본질과 실제를 봐야 하며, 한쪽만 보지 말고 다면적으로 보며, 눈앞의 결과만 보지 말고 넓은 시야로 문제를 바라봐야 한다.

06

정답 ③

오늘 아침의 상황 중 은희의 취향과 관련된 부분을 뽑아내면 다음과 같다.
• 스트레스를 받음
• 배가 고픔
• 피곤한 상황
• 커피만 마심
• 휘핑크림은 넣지 않음
먼저, 스트레스를 받았다고 하였으므로 휘핑크림이나 우유거품을 추가해야 하나 마지막 조건에서 휘핑크림을 넣지 않는다고 하였으므로 우유거품만을 추가함을 알 수 있다. 또한 배가 고픈 상황이므로 데운 우유가 들어간 커피를 마시게 된다. 따라서 이 모두를 포함한 카푸치노를 주문할 것임을 추론할 수 있다.

07

먼저 사과 사탕만을 먹은 B, 사과 사탕을 먹지 않은 C, 한 종류의 사탕
만 먹은 D는 사과 사탕 1개와 딸기 사탕 1개를 함께 먹은 사람이 아님
을 알 수 있다. 따라서 사과 사탕 1개와 딸기 사탕 1개를 함께 먹은
사람은 A 또는 E가 된다.

만약 E가 사과 사탕과 딸기 사탕을 각각 1개씩 먹었다면 A ~ D 중 1명
은 반드시 딸기 사탕 1개만을 먹어야 한다. 이때, 남은 사과 사탕 1개는
B가 먹었으므로 포도 사탕을 먹지 않은 A가 남은 딸기 사탕 1개를 먹었
음을 알 수 있게 된다. 따라서 E는 딸기 사탕을 먹은 두 사람을 모두
알 수 있다. 그러나 E는 딸기 사탕을 먹은 두 명 다 알 수는 없다고
진술하였으므로 사과 사탕 1개와 딸기 사탕 1개를 함께 먹은 사람이
E가 아닌 A가 된다.

구분	A	B	C	D	E
사과	○	○	×	×	×
포도	×	×			
딸기	○	×			

또한 마찬가지로 E가 남은 포도 사탕과 딸기 사탕 중 딸기 사탕을 먹었
다면, A가 딸기 사탕 1개를 먹었음을 알 수 있으므로 자신을 포함하여
딸기 사탕을 먹은 사람을 모두 알 수 있다. 따라서 E는 딸기 사탕이
아닌 포도 사탕 1개를 먹었음을 알 수 있다.

08

보라색 수건 2개를 만들기 위해서는 빨간색 수건과 파란색 수건이 각각
1개씩 더 필요하다. 흰색 수건으로 빨간색 수건이나 파란색 수건을 만
들 수 있지만, 가지고 있는 흰색 수건은 1개뿐이므로 빨간색 수건
또는 파란색 수건 1개만 더 만들 수 있다. 따라서 보라색 수건 2개는
만들 수 없다.

[오답분석]

② 먼저 흰색 수건과 노란색 수건을 함께 세탁하면 노란색 수건은 2개
가 된다. 그중 노란색 수건 1개와 빨간색 수건을 함께 세탁하면 각
각 주황색 수건과 빨간색 수건이 된다. 이 빨간색 수건을 검은색
수건과 함께 세탁하면 검은색 수건은 2개가 된다. 따라서 남은 파란
색 수건 1개와 함께 주황색 1개, 노란색 1개, 검은색 2개의 수건을
갖게 된다.

③ 빨간색 수건과 노란색 수건을 함께 세탁하면 각각 빨간색 수건과
주황색 수건이 된다. 또한 흰색 수건과 파란색 수건을 함께 세탁하
면 파란색 수건은 2개가 된다. 따라서 남은 검은색 수건 1개와 함께
빨간색 1개, 주황색 1개, 파란색 2개의 수건을 갖게 된다.

④ 파란색 수건과 노란색 수건을 함께 세탁하면 각각 파란색 수건과
초록색 수건이 된다. 이 파란색 수건을 빨간색 수건과 함께 세탁하
면 모두 보라색 수건이 되므로 보라색 수건은 2개가 된다. 그중 보
라색 수건 1개를 흰색 수건과 함께 세탁하면 보라색 수건은 총 3개
가 된다. 따라서 남은 검은색 수건 1개와 함께 보라색 3개, 초록색
1개의 수건을 갖게 된다.

09

제시된 조건에 따르면 밀크시슬을 월요일에 섭취하는 경우와 목요일에
섭취하는 경우로 정리할 수 있다.

구분	월요일	화요일	수요일	목요일	금요일
경우 1	밀크시슬	비타민B	비타민C	비타민E	비타민D
경우 2	비타민B	비타민E	비타민C	밀크시슬	비타민D

따라서 수요일에는 항상 비타민C를 섭취한다.

[오답분석]

① 월요일에는 비타민B 또는 밀크시슬을 섭취한다.
② 화요일에는 비타민E 또는 비타민B를 섭취한다.
④ 경우 1에서는 비타민E를 비타민C보다 나중에 섭취한다.

10

A ~ E의 진술을 차례대로 살펴보면, A는 B보다 먼저 탔으므로 서울역
또는 대전역에서 승차하였다. 이때, A는 자신이 C보다 먼저 탔는지 알
지 못하므로 C와 같은 역에서 승차하였음을 알 수 있다. 다음으로 B는
A와 C보다 늦게 탔으므로 첫 번째 승차 역인 서울역에서 승차하지 않
았으며, C는 가장 마지막에 타지 않았으므로 마지막 승차 역인 울산역
에서 승차하지 않았다. 한편, D가 대전역에서 승차하였으므로 같은 역
에서 승차하는 A와 C는 서울역에서 승차하였음을 알 수 있다. 또한
마지막 역인 울산역에서 혼자 승차하는 경우에만 자신의 정확한 탑승
순서를 알 수 있으므로 자신의 탑승 순서를 아는 E가 울산역에서 승차
하였다. 그러므로 A ~ E의 승차 역을 정리하면 다음과 같다.

구분	서울역		대전역		울산역
탑승객	A	C	B	D	E

따라서 'E는 울산역에서 승차하였다.'는 항상 참이 된다.

11

먼저 평가대상기관은 5개이므로 정성평가의 선정비율에 따라 '상', '중',
'하'는 각각 1개, 3개, 1개의 기관에 부여되는 것을 알 수 있다. 정성평
가 점수를 살펴보면, A기관의 20점은 각 분야별로 1개 기관에만 부여할
수 있는 '상'을 모두 A기관이 받았다는 것을 의미한다. 남은 기관은 더
이상 '상'을 받을 수 없으므로 B와 C기관의 11점은 선정비율과 배점에
따라 각 분야별로 모두 '중'을 받았다는 것을 의미한다. 따라서 나머지
기관은 각 분야별로 '중' 1개, '하' 1개의 평가를 받을 수 있다. D와 E기
관이 받을 수 있는 정성평가 점수는 각각 '중·중(6+5=11점) / 하·
하(3+1=4점)', '중·하(6+1=7점) / 하·중(3+5=8점)', '하·중
(3+5=8점) / 중·하(6+1=7점)', '하·하(3+1=4점) / 중·중(6+5
=11점)'의 4가지로, 다음과 같이 정리할 수 있다.

16 · NCS 인천메트로서비스

평가 기관	정량평가	정성평가				최종점수			
A	71	20				91			
B	80	11				91			
C	69	11				80			
D	74	11	7	8	4	85	81	82	78
E	66	4	8	7	11	70	74	73	77

따라서 E기관은 어떠한 경우에도 5위일 것이라는 ④는 옳은 판단이다.

오답분석

①·② A기관과 B기관의 점수는 91점으로 서로 같지만, 최종점수가 동점일 경우 정성평가 점수가 높은 순서대로 순위를 결정한다는 처리 기준에 따라 A기관이 항상 1위이며, B기관은 항상 2위가 된다.
③ D기관의 점수가 81점이나 82점 또는 85점일 경우 D기관은 3위, C기관이 4위가 될 수 있으므로 옳지 않다.

12 정답 ②

ㄱ. C가 원하는 범위에서 회비가 정해지면, A와 B가 탈퇴하므로 옳은 내용이다.
ㄷ. 각 회원들의 선호 범위를 수직선에 표시해 보면 (A, B)와 (C, D, E)는 두 그룹 사이에 서로 중복되는 부분이 존재하지 않음을 알 수 있다. 즉, 각 회원들의 선호를 최대한 충족시킨다고 하더라도 4명이 만족하는 금액(1명만이 탈퇴하는 금액)은 존재하지 않으므로 옳은 내용이다.

오답분석

ㄴ. D가 원하는 범위에서 회비가 정해지면 A와 B가 탈퇴하므로 옳지 않은 내용이다.
ㄹ. 회비를 20만 원으로 결정하는 경우 A, C, D, E가 탈퇴하며, 30만 원으로 결정하는 경우 A, B가 탈퇴하므로 옳지 않은 내용이다.

13 정답 ④

ㄴ. 사슴의 남은 수명이 20년인 경우, 사슴으로 계속 살아갈 경우의 총효용은 $20 \times 40 = 800$인 반면, 독수리로 살 경우의 효용은 $(20-5) \times 50 = 750$이다. 따라서 사슴은 총효용이 줄어드는 선택은 하지 않는다고 하였으므로 독수리를 선택하지 않을 것이다.
ㄷ. 사슴의 남은 수명을 x년이라 할 때, 사자를 선택했을 때의 총효용은 $(x-14) \times 250$이며, 호랑이를 선택했을 때의 총효용은 $(x-13) \times 200$이다. 이 둘을 연립하면 $x=18$이다. 따라서 사슴의 남은 수명이 18년일 때 둘의 총효용이 같게 된다.

오답분석

ㄱ. 사슴의 남은 수명이 13년인 경우, 사슴으로 계속 살아갈 경우의 총효용은 $13 \times 40 = 520$인 반면, 곰으로 살 경우의 효용은 $(13-11) \times 170 = 340$이다. 따라서 사슴은 총효용이 줄어드는 선택은 하지 않는다고 하였으므로 곰을 선택하지 않을 것이다.

14 정답 ④

ㄴ. 민간의 자율주행기술 R&D를 지원하여 기술적 안정성을 높이는 전략은 위협을 최소화하는 내용은 포함하지 않고 약점만 보완하는 내용이므로 ST전략이라 할 수 없다.
ㄹ. 국내기업의 자율주행기술 투자가 부족한 약점을 국가기관의 주도로 극복하려는 내용은, 약점을 최소화하고 위협을 회피하려는 WT전략의 내용으로 적절하지 않다.

오답분석

ㄱ. 높은 수준의 자율주행기술을 가진 외국 기업과의 기술이전협약 기회를 통해 국내외에서 우수한 평가를 받는 국내 자동차기업이 국내 자율주행자동차 산업의 강점을 강화하는 전략은 SO전략에 해당한다.
ㄷ. 국가가 지속적으로 자율주행차 R&D를 지원하는 법안이 본회의를 통과한 기회를 토대로 기술개발을 지원하여 국내 자율주행자동차 산업의 약점인 기술적 안전성을 확보하려는 전략은 WO전략에 해당한다.

15 정답 ④

ㄴ. 다수의 풍부한 경제자유구역 성공 사례를 활용하는 것은 강점에 해당되지만, 외국인 근로자를 국내주민과 문화적으로 동화시키려는 시도는 외국인 근로자들의 입주만족도를 저해할 수 있다. 외국인 근로자들의 문화를 존중하는 동시에 외국인 근로자들과 국내주민 간의 문화적 융화를 도모하여 지역경제발전을 위한 원활한 사회적 토대를 조성할 수 있다. 따라서 해당 전략은 ST전략으로 부적절하다.
ㄹ. 경제자유구역 인근 대도시와의 연계를 활성화하면 오히려 인근 기성 대도시의 산업이 확장된 교통망을 바탕으로 경제자유구역의 사업을 흡수할 위험이 커진다. 또한, 인근 대도시와의 연계 확대는 경제자유구역 내 국내·외 기업 간의 구조 및 운영상 이질감을 해소하는 데 직접적인 도움이 된다고 보기 어렵다.

오답분석

ㄱ. 경제호황으로 인해 자국을 벗어나 타국으로 진출하려는 해외기업이 증가하는 기회상황에서, 성공적 경험에서 축적된 우리나라의 경제자유구역 조성 노하우로 이들을 유인하여 유치하는 전략은 SO전략으로 적절하다.
ㄷ. 기존에 국내에 입주한 해외기업의 동형화 사례를 활용하여 국내기업과 외국계 기업의 운영상 이질감을 해소하여 생산성을 증대시키는 전략은 WO전략에 해당한다.

16 정답 ④

역과의 거리 조건과 주차장 무료할당 유무에서 E가 제외되며, 방 수 조건에서 B가 제외된다. 나머지 아파트 중 30평 이상인 곳은 A·D아파트이지만, 다섯 번째 조건에서 후보 아파트 중 최고가격인 B아파트 가격의 80%인 8억 1,600만 원 미만인 24평 C아파트도 A·D아파트와 같이 조건을 충족한다. 마지막 조건에서 A·C·D아파트 중 옥상 정원이 있는 아파트는 D뿐이다. 따라서 김 대리가 조건에 따라 선택할 아파트는 D이다.

17

정답 ④

첫 번째 조건인 헬스장 유무에 따라 A아파트가 제외된다. 두 번째 조건에 따라 층수가 10층 이상이 아닌 C아파트도 제외된다. 나머지 B·D·E아파트는 모두 25평 이상의 아파트이며, 여섯 번째 조건에 따라 방이 1개인 B아파트는 제외된다. 이때 다섯 번째 조건에 따라 D아파트와 E아파트 중 가격이 저렴한 곳이 E아파트이므로 김 대리 부부가 선택할 아파트는 E이다.

18

정답 ④

2030 비전 달성을 위한 해외 사업 진출 프로젝트 방안을 마련하는 것은 목표지향적이며, 미래지향적인 설정형 문제 업무수행과정에 해당한다.

[오답분석]

① 생산성 향상을 위한 업무 프로세스, 작업방법 등을 개선하는 것은 현재 상황을 개선하는 것이므로 탐색형 문제 업무수행과정에 해당한다.
② HR 제도 개선을 위한 인력 재산정 프로젝트 추진은 현재 쓰이고 있는 제도의 개선이므로 탐색형 문제 업무수행과정에 해당한다.
③ 구성원들의 성과를 향상시킬 수 있는 방안을 모색하는 것은 현재 상황의 효율을 높이기 위함이므로 탐색형 문제 업무수행과정에 해당한다.

19

정답 ②

(가) 고객 분석 : ㉠·㉤과 같은 고객에 대한 질문을 통해 고객에 대한 정보를 분석한다.
(나) 자사 분석 : ㉡과 같은 질문을 통해 자사의 수준에 대해 분석한다.
(다) 경쟁사 분석 : ㉢·㉣과 같은 질문을 통해 경쟁사를 분석함으로써 경쟁사와 자사에 대한 비교가 가능하다.

20

정답 ③

용인 지점에서는 C와 D만 근무할 수 있으며, 인천 지점에서는 A와 B만 근무할 수 있다. 이때, A는 과천 지점에서 근무하므로 인천 지점에는 B가 근무하는 것을 알 수 있다. 주어진 조건에 따라 A~D의 근무 지점을 정리하면 다음과 같다.

구분	과천	인천	용인	안양
경우 1	A	B	C	D
경우 2	A	B	D	C

따라서 항상 참이 되는 것은 ③이다.

[오답분석]

①·② 주어진 조건만으로 A와 B가 각각 안양과 과천에서 근무한 경험이 있는지는 알 수 없다.

기출예상문제 정답 및 해설

대인관계능력

01	02	03	04	05	06	07	08	09	10
④	④	④	②	①	①	②	①	②	③

01

정답 ④

진지한 사과는 감정은행계좌에 신뢰를 예입하는 것이지만, 반복되는 사과나 일상적인 사과는 불성실한 사과와 같은 의미로 받아들여져 감정이 인출될 수 있다.

> **✎ Plus**
>
> **감정은행계좌 주요 예입수단**
> • 상대방에 대한 이해심 : 다른 사람을 진정으로 이해하기 위해 노력하는 것이야말로 우리가 할 수 있는 가장 중요한 예입수단이다.
> • 사소한 일에 대한 관심 : 약간의 친절과 공손함은 매우 중요하다. 이와 반대로 작은 불손, 작은 불친절, 하찮은 무례 등은 막대한 인출을 가져온다.
> • 약속의 이행 : 책임을 지고 약속을 지키는 것은 중요한 감정예입 행위이며, 약속을 어기는 것은 중대한 인출 행위이다.
> • 기대의 명확화 : 신뢰의 예입은 처음부터 기대를 분명히 해야 가능하다.
> • 언행일치 : 개인의 언행일치는 신뢰를 가져오고, 감정은행계좌에 많은 종류의 예입을 가능하게 하는 기초가 된다.
> • 진지한 사과 : 진지한 사과는 감정은행계좌에 신뢰를 예입하는 것이다.

02

정답 ④

기러기는 무리를 이끄는 리더십과 이를 받쳐주는 팔로워십을 함께 가지고 장거리 비행을 한다.
• 리더십 : 단체나 공동체의 구성원들에게 미래의 비전을 제시하고, 그들이 자발적으로 그 비전에 참여하고 그 비전을 성취하도록 움직이게 하는 지도자로서의 능력이나 영향력이다.
• 팔로워십 : 부하로서 바람직한 특성과 행동이다.

[오답분석]
• 헤드십 : 공식적인 계층제적 직위의 권위를 근거로 하여 구성원을 조정하며 동작하게 하는 능력이다.

03

정답 ④

ㄱ. 감정적으로 논평과 제안을 하면 상대방도 감정적으로 되어 갈등이 일어날 수 있다.
ㄴ. 타인의 의견발표가 끝나고 난 뒤 의견에 대해 피드백을 해야 한다.
ㄷ. 핵심을 이해하지 못하고 서로 비난하면 결론이 나지 않고 갈등만 커진다.
ㄹ. 편을 가르지 않고 타협을 해야 갈등이 덜 일어난다.
ㅁ. 개인적인 수준에서 미묘한 방식으로 서로를 공격하면 상대방뿐 아니라 자신에게도 갈등이 형성된다.

04

정답 ②

거래적 리더십은 기계적 관료제에 적합하고, 변혁적 리더십은 단순구조나 임시조직, 경제적응적 구조에 적합하다.
• 거래적 리더십 : 리더와 조직원들이 이해타산적 관계에 의해 규정에 따르며, 합리적인 사고를 중시하고 보강으로 동기를 유발한다.
• 변혁적 리더십 : 리더와 조직원들이 장기적 목표 달성을 추구하고, 리더는 조직원의 변화를 통해 동기를 부여하고자 한다.

05

정답 ①

Tuckman 팀 발달 모형
• 형성기 : 목표를 설정하고 이해하며, 관계를 형성하는 단계이다. 목적, 구조, 리더십 등의 불확실성이 높다. 지시형 리더가 명확한 역할설정을 해야 한다. → (나)
• 격동기 : 갈등 단계로, 역할 및 책임 등에 대해 갈등목표를 설정하거나 이해하는 단계이다. 의사소통에 어려움이 있을 수 있기 때문에 코치형 리더가 관계개선에 노력해야 한다. → (가)
• 규범기 : 정보를 공유하고 서로 다른 조건을 수용하는 단계로 규칙 등이 만들어 진다. 리더는 지시가 아닌 지원적 태도를 보여야 한다. → (라)
• 성취기 : 팀이 기능화되는 단계로 목표를 위해 사람들이 자신의 역할을 알고 수행한다. 리더는 위임 등을 일과 관계유지의 균형을 추구해야 한다. → (다)

06

정답 ①

변화에 저항하는 직원들을 성공적으로 이끌기 위해서는 주관적인 자세보다는 가능한 한 객관적인 자세로 업무에 임할 수 있도록 해야 한다. 변화를 수행하는 것이 힘들더라도 변화가 필요한 이유를 직원들이 명확히 알도록 해야 하며, 변화의 유익성을 밝힐 수 있는 객관적인 수치 및 사례를 직원들에게 직접 확인시킬 필요가 있다.

> **✎ Plus**
>
> **변화에 저항하는 직원들을 성공적으로 이끄는 데 도움이 되는 방법**
> • 개방적인 분위기를 조성한다.
> • 객관적인 자세를 유지한다.
> • 직원들의 감정을 세심하게 살핀다.
> • 변화의 긍정적인 면을 강조한다.
> • 변화에 적응할 시간을 준다.

07

정답 ②

즐거움 · 의미 · 성장을 일의 이유로 삼고, 스스로 알아서 일하는 모습을 통해, 동기부여가 성과와 목표의 실현에 얼마나 중요한지를 알 수 있다. 자신의 소신대로 일하고, 업무처리에 있어 자신에게 동기를 부여하면, 좋은 결과를 얻을 수 있다.

08

정답 ①

• A : 일에 대한 책임감이 결여되어 있고, 스스로 일에 열심히 참여하지 않는다. 팀장이 지시하지 않으면 임무를 수행하지 않기 때문에 수동형 유형이다.
• B : 앞장서지는 않지만 맡은 일은 잘 하며, 일에 불만을 가지고 있어도 이를 표현해서 대립하지 않는다. 또한, 지시한 일 이상을 할 수 있음에도 노력하지 않는 실무형 유형이다.

09

정답 ②

갈등해결 방법에 있어서 명심해야 될 점 9가지 중 옳지 않은 행동은 '어려운 문제는 피하도록 한다.', '사람들과 눈을 자주 마주치지 않도록 한다.' 2가지이다.
어려운 문제를 피하는 것은 갈등증폭의 원인이 될 수 있기 때문에 어려운 문제는 피하지 말고 맞서 바로 해결하는 것이 중요하다. 또한, 사람들과 눈을 자주 마주치는 것은 갈등 해결에 있어 상대방에게 신뢰감과 존중감을 줄 수 있는 적절한 행동으로 볼 수 있다.

10

정답 ③

리더는 조직 구성원들 중 한 명일 뿐이라는 점에서 파트너십 유형임을 알 수 있다. 독재자 유형과 민주주의에 근접한 유형은 리더와 집단 구성원 사이에 명확한 구분이 있으나, 파트너십 유형에서는 그러한 구분이 희미하고, 리더가 조직에서 한 구성원이 되기도 함을 볼 수 있다.

오답분석
① 독재자 유형 : 독재자에 해당하는 리더가 집단의 규칙 하에 지배자로 군림하며, 팀원들이 자신의 권위에 대한 도전이나 반항없이 순응하도록 요구하고, 개개인들에게 주어진 업무만을 묵묵히 수행할 것을 기대한다.
② 민주주의에 근접한 유형 : 리더는 팀원들이 동등하다는 것을 확신시키고 경쟁과 토론, 새로운 방향의 설정에 팀원들을 참여시킨다. 비록 민주주의적이긴 하지만 최종 결정권은 리더에게 있음이 특징이다.
④ 변혁적 유형 : 변혁적 리더를 통해 개개인과 팀이 유지해 온 업무수행 상태를 뛰어넘으려 한다. 변혁적 리더는 특정한 카리스마를 통해 조직에 명확한 비전을 제시하고, 그 비전을 향해 자극을 주고 도움을 주는 일을 수행한다.

기출예상문제 정답 및 해설

정보능력

01	02	03	04	05	06	07	08	09	10
②	①	①	③	②	④	②	③	④	④

01 정답 ②

지정한 범위 내에서 조건에 맞는 셀의 개수를 구하는 COUNTIF를 사용해야 한다. 'O' 한 개당 20점이므로 O을 조건에 맞는 개수를 구한 뒤 그 값에 20을 곱한다.

02 정답 ①

팀명을 출력하기 위한 함수식은 「CHOOSE(MID(B3,2,1),"홍보팀", "기획팀","교육팀")」이므로 CHOOSE 함수와 MID 함수를 사용해야 한다.

03 정답 ①

[수식] 탭 – [수식 분석] 그룹 – [수식 표시]를 클릭하면 함수의 결괏값이 아닌 수식 자체가 표시된다.

04 정답 ③

'MAX(B7:E7)' 함숫값은 [B7:E7] 범위에서 가장 큰 값인 91이며, COUNTA 함수는 범위에서 비어있지 않은 셀의 개수를 세는 함수로 'COUNTA(B6:E6)'의 함숫값은 4가 된다. 따라서 'AVERAGE(91,4)'가 되며 91과 4의 평균인 47.5가 도출된다.

오답분석

① 'LARGE(B2:E2,3)' 함숫값은 [B2:E2] 범위에서 3번째로 큰 값인 80이며, 'SMALL(B5:E5,2)' 함숫값은 [B5:E5] 범위에서 2번째로 작은 값인 79이다. 따라서 'AVERAGE(80,79)'가 되며 80과 79의 평균인 79.5가 된다.
② 'MAX(B3:E3)' 함숫값은 [B3:E3] 범위에서 가장 큰 값인 95이며, 'MIN(B7:E7)' 함숫값은 [B7:E7] 범위에서 가장 작은 값인 79이다. 따라서 'SUM(95,79)'가 되며 95와 79의 합인 174가 된다.
④ MAXA 함수는 논리값과 텍스트도 포함하여 최댓값을 나타내는 함수로 'MAXA(B4:E4)'의 함숫값은 [B4:E4] 범위의 최댓값인 94가 된다. COUNT 함수는 범위에서 숫자가 포함된 셀의 개수를 세주는 함수로 'COUNT(B3:E3)'의 함숫값은 4가 된다. 따라서 'SUM(94,4)'가 되며 94와 4의 합인 98이 된다.

05 정답 ②

주어진 자료에서 원하는 항목만을 골라 해당하는 금액의 합계를 구하기 위해서는 SUMIF 함수를 사용하는 것이 적절하다. SUMIF 함수는 「=SUMIF(범위, 조건, 합계를 구할 범위)」 형식으로 작성한다. 따라서 「=SUMIF(C3:C22,"외식비",D3:D22)」로 입력하면 원하는 값을 도출할 수 있다.

06 정답 ④

그림에서 제시하는 중복된 항목 제거 기능을 통해 A열의 총무부, 인사부, 영업부, 기획부 각 하나의 행만 남게 되므로 유지되는 행의 개수는 4개이다.

07 정답 ②

반복적인 작업을 간단히 실행키에 기억시켜 두고 필요할 때 빠르게 바꾸어 사용하는 기능은 매크로이며, 같은 내용의 편지나 안내문 등을 여러 사람에게 보낼 때 쓰이는 방법은 메일 머지에 해당한다.

08 정답 ③

SUM : 인수들의 합을 구한다.
• B12 : SUM(B2:B11)
• C12 : SUM(C2:C11)

오답분석

① REPT : 텍스트를 지정한 횟수만큼 반복한다.
② CHOOSE : 인수 목록 중에서 하나를 고른다.
④ AVERAGE : 인수들의 평균을 구한다.

09 정답 ④

• MAX : 최댓값을 구한다.
• MIN : 최솟값을 구한다.
따라서 [F3] 셀을 구하는 함수식은 「=MAX(B2:B11)」로 구할 수 있다.

10 정답 ④

화면의 문장을 출력하는 print로 50 나누기 5를 하므로 10.00이 출력된다.

01	02	03	04	05	06	07	08	09	10	11	12	13	14	15	16	17	18	19	20
④	①	②	④	②	③	②	①	②	③	③	③	④	④	①	④	①	②	③	④

01

정답 ④

우유 1팩의 정가를 x원이라 하면 $0.8(x+800)=2,000 \rightarrow 0.8x=1,360 \rightarrow x=1,700$
따라서 우유 1팩의 정가는 1,700원이다.

02

정답 ①

김 대리의 나이는 x살, 조카의 나이를 y살이라 가정하면 4년 전 나이와 3년 후 나이에 대한 다음 두 방정식이 성립한다.
$(x-4)=4\times(y-4) \rightarrow x-4=4y-16 \rightarrow x-4y=-12\cdots\bigcirc$
$(x+3)=2\times(y+3)+7 \rightarrow x+3=2y+6+7 \rightarrow x-2y=10\cdots\bigcirc$
두 방정식을 연립하면 $x=32$, $y=11$이다.

03

정답 ②

볼펜은 1개가 부족하고, 지우개와 샤프는 각각 2개가 남아 볼펜 30자루, 지우개 36개, 샤프 24개를 학생들에게 똑같이 나눠주는 경우와 같다. 따라서 30, 36, 24의 최대공약수 6이므로, 학생 수는 6명이 된다.

04

정답 ④

아이스크림의 개수를 최소화해야 하므로 아이스크림 소비자 판매가를 최대로 하여 이윤 또한 최대가 되도록 해야 한다. 공장 판매가의 5배가 최대 판매가이므로 모든 아이스크림을 5배 높은 가격으로 팔아야 한다. 또한 가격이 높은 아이스크림부터 팔아야 최소 개수로 최대 이익을 볼 수 있다.
• C아이스크림
  − 가격 : 1,000원, 개당 이윤 : 1,000−200=800원
  − 총 이윤 : 800×400=32만 원
• B아이스크림
  − 가격 : 750원, 개당 이윤 : 750−150=600원
  − 총 이윤 : 600×300=18만 원
• A아이스크림
  − 가격 : 500원, 개당 이윤 : 500−100=400원
  − 총 이윤 : 400×250=10만 원
따라서 총 60만 원의 이윤을 볼 수 있다.

05

정답 ②

ㄱ. D의 평균 숙면시간은 26÷5=5.2시간이므로 평균 숙면시간이 긴 수면제부터 순서대로 나열하면 C−D−A−B 순서이다.

ㄷ. B수면제와 D수면제의 숙면시간 차이는 갑은 6−4=2시간이고, 을, 병, 정, 무는 동일하므로 숙면시간 차이가 가장 큰 환자는 갑이다.

[오답분석]

ㄴ. B수면제와 C수면제를 복용했을 때 을의 숙면시간은 각각 4시간, 5시간이며, 무의 경우 6시간, 5.6×5−22=6시간이다. 따라서 B수면제의 경우 숙면시간 차이는 6−4=2시간이고, C수면제의 경우는 6−5=1시간이므로 B수면제의 차이가 더 크다.

ㄹ. C수면제의 평균 숙면시간은 5.6시간이며, 이보다 숙면시간이 긴 환자는 갑, 정, 무로 3명이다.

06

정답 ③

기타 해킹 사고가 가장 많았던 연도는 2019년이고, 전년 대비 감소했으므로 증감률은 $\frac{16,135-21,230}{21,230}\times100 ≒ -24\%$이다.

07

정답 ②

ㄱ. AI가 돼지로 식별한 동물 중 실제 돼지가 아닌 비율은 $\frac{408-350}{408}\times100 ≒ 14.2\%$이다.

ㄷ. 전체 동물 중 AI가 실제와 동일하게 식별한 비율은 $\frac{457+600+350+35+76+87}{1,766}\times100 ≒ 90.9\%$이다.

[오답분석]

ㄴ. 실제 여우 중 AI가 여우로 식별한 비율은 $\frac{600}{635}\times100 ≒ 94.5\%$로, 실제 돼지 중 AI가 돼지로 식별한 비율인 $\frac{350}{399}\times100 ≒ 87.7\%$보다 높다.

ㄹ. 실제 염소를 AI가 고양이로 식별한 수(2마리)가 양으로 식별한 수(1마리)보다 많다.

08

정답 ①

내일 날씨가 화창하고 사흘 뒤 비가 올 모든 경우는 다음과 같다.

내일	모레	사흘
화창	화창	비
화창	비	비

• 첫 번째 경우의 확률 : 0.25×0.30=0.075
• 두 번째 경우의 확률 : 0.30×0.15=0.045
그러므로 주어진 사건의 확률은 0.075+0.045=0.12 → 12%이다.

09

정답 ②

(가) A유형의 시험체 강도 평균은 24.2MPa이며, 기준강도는 24MPa이다. 그러므로 각 시험체 강도가 모두 기준강도에서 3.5MPa을 뺀 값(20.5MPa) 이상이어야 한다. A유형의 3개의 시험체는 모두 이 조건을 충족하므로 판정결과는 합격이다.

(나) C유형의 시험체 강도 평균은 35.1MPa이며, 기준강도는 35MPa이다. 그러므로 각 시험체 강도가 모두 기준강도에서 3.5MPa을 뺀 값(31.5MPa) 이상이어야 한다. C유형의 3개의 시험체는 모두 이 조건을 충족하므로 판정결과는 합격이다.

(다) E유형의 시험체 강도 평균은 45.5MPa이며, 기준강도는 45MPa이다. 그러므로 각 시험체 강도가 모두 기준강도의 90%(40.5MPa) 이상이어야 한다. 그러나 E유형의 시험체 1은 이 조건을 충족하지 못하므로 판정결과는 불합격이다.

10

캐롤 음원이용료가 최대 금액으로 산출되기 위해서는 11월 네 번째 목요일이 캐롤을 틀어 놓는 마지막 날인 크리스마스와 최대한 멀리 떨어져 있어야 한다. 따라서 11월 1일을 목요일로 가정하면 네 번째 목요일은 11월 22일이 되고, 이후 돌아오는 월요일은 11월 26일이 된다. 즉, A회사는 11월 26일부터 12월 25일까지 캐롤을 틀어 놓는다. 그런데 이때 11월의 네 번째 수요일인 28일은 A회사 휴점일이므로 캐롤을 틀어 놓는 날에서 제외된다. 따라서 A회사는 총 29일 동안 캐롤을 틀어 놓으며 29×20,000=58만 원의 캐롤 음원이용료를 지불해야 한다.

11

건강보험료는 255,370-(4,160+16,250+112,500+4,960+41,630)=75,870원이다.

오답분석

① 공제 총액은 기본급여의 $\frac{255,370}{1,000,000}\times100 \fallingdotseq 26\%$이다.

② 주민세와 소득세 총액은 국민연금의 $\frac{4,160+41,630}{112,500}\times100 \fallingdotseq 41\%$이다.

④ 시간 외 수당은 45,000원이므로 건강보험료 75,870원보다 적다.

12

표 1에서 30년 경과 비공개기록물 중 공개로 재분류된 기록물의 비율은 $\frac{1,079,690}{1,199,421}\times100 \fallingdotseq 90.0\%$이고, 30년 미경과 비공개기록물 중 비공개로 재분류된 기록물의 비율은 $\frac{1,284,352}{1,503,232}\times100 \fallingdotseq 85.4\%$이므로 옳지 않은 내용이다.

오답분석

① 표 1에서 비공개기록물 공개 재분류 사업 대상 전체 기록물은 2,702,653건이고, 비공개로 재분류된 문건은 1,404,083건이므로 비공개로 재분류된 문건의 비율은 50%를 넘는다.

② 표 1에서 30년 경과 비공개기록물 중 전부공개로 재분류된 기록물 건수는 33,012건이고, 표 2에서 30년 경과 비공개기록물 중 개인 사생활 침해 사유에 해당하여 비공개로 재분류된 기록물의 건수는 46,298건이다.

④ 표 1에서 30년 경과 비공개기록물 중 재분류 건수가 많은 분류를 순서대로 나열하면 부분공개, 비공개, 전부공개 순서이고, 30년 미경과 비공개기록물 중 재분류 건수가 많은 분류를 순서대로 나열하면 비공개, 전부공개, 부분공개 순서이다.

13

표에 제시된 자료들의 총합이 모두 100으로 주어져 있으므로 이 수치들을 비율로 보고 판단하면 될 것이다.

ㄱ. 30세 미만 여성이 찬성하는 비율은 90%이며, 30세 이상 여성이 찬성하는 비율은 60%이므로 옳은 내용이다.

ㄴ. 30세 이상 여성이 찬성하는 비율은 60%이며, 30세 이상 남성이 찬성하는 비율은 48%이므로 옳은 내용이다.

ㄹ. ㄷ의 논리를 따른다면 각 연령별 남성의 인원을 더해서 판단하면 되는데 30세 미만의 경우 찬성이 반대보다 56명 이상 많은 반면, 30세 이상의 경우는 반대가 찬성보다 4명 더 많은 상황이다. 따라서 둘을 합하면 여전히 찬성이 많으므로 옳은 내용이다.

오답분석

ㄷ. 총 인원이 100명으로 그룹 지어져 있으므로 각각의 인원을 더해서 판단하면 된다. 먼저, 성별에 따른 차이는 (여성) : (남성)=150 : 126이므로 둘의 차이는 24이고, 연령에 따른 차이는 (30세 미만) : (30세 이상)=168 : 108이므로 둘의 차이는 60이다. 따라서 연령에 따른 차이가 더 크다.

14

오전 9시부터 오후 5시까지는 총 8시간이다. 산란에 걸리는 시간이 2시간이므로, 연어가 강을 거슬러 올라갔다 떠내려 오는 데 걸린 시간은 6시간이다.

산란 지점까지의 거리를 $x$km라 하면 $\dfrac{x}{12-4}+\dfrac{x}{4}=6 \rightarrow x+2x=48$

$\therefore x=16$

15

각각의 컴퓨터에 대해 기준에 따라 점수를 부여하면 다음과 같다.

항목 컴퓨터	메모리 용량	하드 디스크 용량	가격	총점
A	50	50	200	300
B	50	0	100	150
C	0	100	0	100
D	100	50	100	250

각 항목별 점수의 합이 가장 큰 컴퓨터를 구입한다고 하였으므로 갑은 A컴퓨터를 구입하게 된다.

16

주어진 조건에 따라 각 상품의 할인가 판매 시의 괴리율을 계산하면 다음과 같다.

• 세탁기 : $\dfrac{640,000-580,000}{640,000}\times100 \fallingdotseq 9.3\%$

• 무선전화기 : $\dfrac{181,000-170,000}{181,000}\times100 \fallingdotseq 6.0\%$

• 오디오세트 : $\dfrac{493,000-448,000}{493,000}\times100 \fallingdotseq 9.1\%$

• 운동복 : $\dfrac{212,500-180,000}{212,500}\times100 \fallingdotseq 15.2\%$

따라서 운동복의 괴리율이 15.2%로 가장 높다.

17

ㄱ. $5km^2$은 500ha이므로 $5km^2$의 면적에서 사과를 재배할 경우의 화학비료 권장량은 50t(=500ha×100kg/ha)이다. 그런데 갑은 농약은 전혀 사용하지 않았고 화학비료만 20t 사용했다고 하였으므로 권장량의 1/2에 미치지 못한다. 따라서 무농약농산물 인증이 가능하다.

ㄹ. 가로 100m, 세로 500m인 과수원의 면적은 5ha이므로 이 과수원의 화학비료 권장량은 600kg(=5ha×120kg/ha)이다. 그런데 정은 총 200kg의 화학비료를 사용하였으므로 권장량의 1/2에 미치지 못한다. 또한, 감의 농약 살포 최대횟수는 4회인데 정은 2회 살포하여 최대 횟수의 1/2 이하라는 조건도 충족하고 있으며, 살포 시기도 수확 14일 이전이라는 조건을 충족하고 있다. 따라서 저농약농산물 인증이 가능하다.

오답분석

ㄴ. 3ha의 면적에서 복숭아를 재배할 경우의 화학비료 권장량은 150kg(=3ha×50kg/ha)인데, 을의 화학비료 사용량은 50kg에 불과하여 권장량의 1/2에 미치지 못한다. 하지만 수확 10일전에 농약을 살포하여 기준이 되는 시기(수확 14일 전까지만 허용)를 충족하지 못하였으므로 저농약농산물 인증이 불가능하다.

ㄷ. 유기농산물 인증을 받기 위해서는 일정 기간(다년생 작물 3년, 그 외 작물 2년) 이상을 농약과 화학비료를 사용하지 않아야 한다. 하지만 병은 1년 내에 화학비료를 사용하였으므로 기준을 충족하지 못한다. 따라서 유기농산물 인증이 불가능하다.

18

차량연료별 판매 현황 그래프가 A차종에 대한 것일 때 휘발유 판매차량 수는 $800 \times 0.11 \times 0.62 ≒ 55$대, 차량연료별 판매 현황 그래프가 E차종에 대한 것일 때 휘발유 판매차량 수는 $800 \times 0.28 \times 0.62 ≒ 139$대로 A차종의 휘발유 판매차량 수의 2배보다 많다.

[오답분석]

① 20대와 60대의 비율은 $100 - (34 + 21 + 27) = 18\%$이므로 40대의 비율인 21%보다 작다. 따라서 인원수 역시 적을 것이다.

③ 40대 차량 구매자는 $800 \times 0.21 = 168$명이고, E차종 판매량은 $800 \times 0.28 = 224$대이다. 40대가 모두 E차종 경유 차량을 구매했다면, E차종 중 경유 차량은 168대, 휘발유 차량은 $224 - 168 = 56$대이다. 따라서 E차종 경유 차량 판매량은 E차종 휘발유 차량 판매량의 $\frac{168}{56} = 3$배이다.

④ 30대, 40대, 50대 모두 A차종을 구매하지 않았다면, B·C·D·E차종 중에서 구매했을 것이다. 자동차를 구입한 30대, 40대, 50대는 총 $800 \times (0.34 + 0.21 + 0.27) = 656$명이고, B·C·D·E차종 판매량은 총 $800 \times (0.16 + 0.21 + 0.24 + 0.28) = 712$대이다. 30대, 40대, 50대가 구매하지 않은 차종 중 A차종 이외에 차종 판매량은 $712 - 656 = 56$대이다. 따라서 A차량 판매량인 $800 \times 0.11 = 88$대보다 작다.

19

A~C차종의 휘발유 차량 판매량 수(a)는 $800 \times (0.11 + 0.16 + 0.21) \times 0.62 ≒ 238$대, D~E차종의 경유 차량 판매량 수($b$)는 $800 \times (0.24 + 0.28) \times 0.38 ≒ 158$이므로 $a + b$의 값은 $238 + 158 = 396$이다. 따라서 전체 차량 판매량에서 차지하는 비율은 $\frac{396}{800} \times 100 ≒ 50\%$이다.

20

모임당 구성원 수가 6명 이상 9명 미만인 경우에 해당되지 않는 A모임을 제외하고 나머지 모임을 판단해 보면 다음과 같다.

• B모임 : $1,500 + (100 \times 6) = 2,100$천 원
• C모임 : $[1,500 + (120 \times 8)] \times 1.3 = 3,198$천 원
• D모임 : $2,000 + (100 \times 7) = 2,700$천 원

따라서 두 번째로 많은 총 지원금을 받는 모임은 D모임이다.

01	02	03	04	05	06	07	08	09	10
②	①	③	④	③	②	①	②	③	④

01　　　　　정답 ②

제품설명서 중 A/S 신청 전 확인 사항을 살펴보면, 비데 기능이 작동하지 않을 경우 수도필터가 막혔거나 착좌센서 오류가 원인이라고 제시되어 있다. 따라서 수도필터의 청결 상태를 확인하거나 비데의 착좌센서의 오류 여부를 확인해야 한다.

02　　　　　정답 ①

01번에서 확인한 사항(원인)은 수도필터의 청결 상태이다. 수도필터에 이물질이 낄 경우 수압이 약해질 수 있다. 따라서 P사원이 취할 행동은 수압이 약해졌는지 확인하는 것이다.

03　　　　　정답 ③

01 ~ 02번에서 확인한 원인은 수도필터가 막히거나 이물질이 끼는 것으로, 이는 흐르는 물에 수도필터를 닦음으로써 문제를 해결할 수 있다. 따라서 ③과 같이 수도필터가 청결함을 유지할 수 있도록 수시로 닦아주는 것이 가장 적절한 해결방안이다.

04　　　　　정답 ④

동절기 LPG 차량의 시동 시에 모든 전기장치는 OFF하여야 한다.

05　　　　　정답 ③

추운 지역의 LPG는 프로판 비율이 높다.

06　　　　　정답 ②

디지털 카메라를 개발하였지만 주력 업종을 스스로 잡아먹는 신제품을 낼 이유가 없다는 안일한 판단이 코닥을 몰락으로 이어가게 한 것이다. 즉, 변화하는 시대에 발맞춰 나아가지 못한 것이다.

07　　　　　정답 ①

'수시'는 '일정하게 정하여 놓은 때 없이 그때그때 상황에 따름'을 의미한다. 즉, 하루에 한 번 청소할 수도 있고, 아닐 수도 있다. 따라서 정수기 청소는 하루에 1곳만 할 수도 있다.

오답분석

② '제품 이상 시 조치방법' 맨 마지막에 설명되어 있다.
③ 적정 시기에 필터를 교환하지 않으면 물이 나오지 않거나 정수물이 너무 느리게 채워지는 문제가 발생한다.
④ 10mm＝1cm이므로, 외형치수를 환산하면 옳은 설명임을 알 수 있다.

08　　　　　정답 ②

필터 수명이 종료됐을 때와 연결 호스가 꺾였을 때 물이 나오지 않는다. 이때 연결 호스가 꺾였다면 서비스센터에 연락하지 않고 해결이 가능하다.

09　　　　　정답 ③

ㄱ. 정수기에 사용되는 필터는 세디먼트 필터, 프리카본 필터, UF중공사막 필터, 실버블록카본 필터이다.
ㄹ. 설치 시 주의사항으로 벽면에서 20cm 이상 띄워 설치하라고 언급했다. 따라서 지켜지지 않을 경우 문제가 발생할 수 있다.

오답분석

ㄴ. 시너 및 벤젠은 제품의 변색이나 표면이 상할 우려가 있으므로 사용하지 말라고 명시되어 있다. 따라서 급한 경우라도 사용하지 않는 것이 좋다.
ㄷ. 프리카본 필터의 교환주기는 약 8개월이다. 3년은 36개월이므로, 4번 교환해야 한다.

10　　　　　정답 ④

저작자표시 – 비영리(CC BY NC) : 원 저작자를 밝히면 자유로운 이용이 가능하지만 영리목적으로 이용 불가

오답분석

① 원 저작자를 밝히면 자유로운 이용이 가능
② 원 저작자를 밝히면 자유로운 이용이 가능하나 영리목적 이용이 불가하며 변경 없이 그대로 이용해야 함
③ 원 저작자를 밝히면 자유로운 이용이 가능하지만 변경 없이 그대로 이용해야 함

01	02	03	04	05	06	07	08	09	10	11	12	13	14	15	16	17	18	19	20
②	③	②	②	④	④	①	④	①	④	④	④	③	③	③	①	③	③	①	④

21	22	23	24	25	26	27	28	29	30	31	32	33	34	35	36	37	38	39	40
④	②	③	②	①	③	④	③	④	③	③	②	④	④	④	④	②	①	③	②

01
정답 ②

• (가) : 청소년의 척추 질환을 예방하는 대응 방안과 관련된 ⓒ이 적절하다.
• (나) : 책상 앞에 앉아 있는 바른 자세와 관련된 ⓒ이 적절하다.
• (다) : 틈틈이 척추 근육을 강화하는 운동을 해 주는 것과 관련된 자세인 ㄱ이 적절하다.

02
정답 ③

피드백의 효과를 극대화하려면 즉각적(ㄱ)이고, 정직(ⓒ)하고 지지(ⓒ)하는 자세여야 한다.
ㄱ 즉각적 : 시간을 낭비하지 않는 것. 다시 말하기를 통해 상대방의 말을 이해했다고 생각하자마자 명료화하고, 바로 피드백을 주는 것이 좋다. 시간이 갈수록 영향력은 줄어든다.
ⓒ 정직 : 진정한 반응뿐만 아니라 조정하고자 하는 마음, 또는 보이고 싶지 않은 부정적인 느낌까지 보여주어야 한다.
ⓒ 지지 : 정직하다고 해서 잔인해서는 안 된다. 부정적인 의견을 표현할 때도 상대방의 자존심을 상하게 하거나 약점을 이용하거나 위협적인 표현 방법을 택하는 대신에 부드럽게 표현하는 방법을 발견할 필요가 있다.

03
정답 ②

문서이해의 절차
1. 문서의 목적을 이해
2. 문서가 작성되게 된 배경과 주제 파악
3. 문서의 정보를 밝혀내고 문서가 제시하고 있는 현안 문제 파악
4. 문서를 통해 상대방의 욕구와 의도 및 요구되는 행동에 관한 내용 분석
5. 문서에서 이해한 목적 달성을 위해 취해야 할 행동을 생각하고 결정
6. 상대방의 의도를 도표나 그림 등으로 메모하여 요약·정리

04
정답 ②

• A : 아이의 이야기를 들어주기보다는 자신의 기준에 따라 성급하게 판단하여 충고를 하고 있다. 이는 상대방의 생각이나 느낌과 일치된 의사소통을 하지 못하는 인습적 수준에 해당한다.
• B : 아이의 이야기에 대하여 긍정적으로 반응하고 아이가 자신의 일에 책임감을 가질 수 있도록 돕고 있다. 이는 상대방의 내면적 감정과 사고를 지각하고 적극적인 성장 동기를 이해하는 심층적 수준에 해당한다.
• C : 아이의 현재 마음 상태를 이해하고 있으며, 아이의 의견을 재언급하면서 반응을 보이고 있다. 이는 상대방의 마음 상태나 전달하려는 내용을 파악하고 그에 맞는 반응을 보이는 기본적 수준에 해당한다.

05 　　　　　　　　　　　　　　　　　　　　　　　　　　　　 정답 ④

제시된 문장에서는 조류가 과도하게 성장하여 나타나는 현상인 녹조에 대한 설명이다. 따라서 ⓜ 녹조의 원인이 되는 조류는 수생태계에 꼭 필요함 → ⓒ 그러나 조류의 양이 많아질 경우 유해 요소가 배출됨 → ⓛ 유해 요소를 배출하는 녹조는 다양한 환경 문제를 일으키고 있음 → ② 녹조는 햇빛과 산소의 유입을 막아 물속의 산소량을 감소시킴 → ⓐ 결국 물고기와 사람에게 피해를 줌의 순서로 나열하는 것이 적절하다.

06 　　　　　　　　　　　　　　　　　　　　　　　　　　　　 정답 ④

B대리는 A사원의 질문에 대해 명료한 대답을 하지 않고 모호한 태도를 보이고 있으므로 협력의 원리 중 태도의 격률을 어기고 있음을 알 수 있다.

07 　　　　　　　　　　　　　　　　　　　　　　　　　　　　 정답 ①

조직은 다양한 사회적 경험과 사회적 지위를 토대로 한 개인의 집단이므로 동일한 내용을 제시하더라도 각 구성원은 서로 다르게 받아들이고 반응한다. 그렇기 때문에 조직 내에서 적절한 의사소통을 형성한다는 것은 결코 쉬운 일이 아니다.

오답분석
② 메시지는 고정되고 단단한 덩어리가 아니라 유동적이고 가변적인 요소이기 때문에 상호작용에 따라 다양하게 변형될 수 있다.
③·④ 제시된 갈등 상황에서는 표현 방식 및 정보의 문제보다는 서로 다른 의견이 문제가 되고 있으므로 적절하지 않다.

08 　　　　　　　　　　　　　　　　　　　　　　　　　　　　 정답 ④

제시문에 의하면 물수제비 발생에는 던진 돌의 세기와 적절한 각도 그리고 회전이 중요한 변수가 됨을 알 수 있다. 물론 물의 표면장력과 공기의 저항도 변수가 될 수 있다. 세 번째 문단의 내용으로 미루어 볼 때, 돌이 수면에 부딪친 후 운동에너지가 계속 유지되면 물수제비가 잘 일어난다는 것을 알 수 있다.

오답분석
① 돌의 무게가 물수제비 횟수와 비례한다고 볼 수 없다.
② 돌의 표면과 물의 표면장력과의 관계를 유추할 수 있는 근거가 없다.
③ 회전이 공기 저항과 관련은 있을 수 있지만 최소화한다는 진술은 잘못이다. 왜냐하면 회전의 방향에 따라 공기 저항이 커질 수도 있기 때문이다.

09 　　　　　　　　　　　　　　　　　　　　　　　　　　　　 정답 ①

자연 현상이 아닌 프리즘이라는 발명품을 통해 빛을 분리하고 그것을 이용하여 무지개의 빛깔을 규명해냈다는 것은 발명품을 활용한 정도로 볼 수 있다. ⓐ은 물수제비라는 생활 주변의 자연 현상에서 그 원리를 찾아내 발명으로 연결시킨 경우이므로 ①과 성격이 다르다.

10

• C사원 : 문서의 첨부 자료는 반드시 필요한 자료 외에는 첨부하지 않도록 해야 하므로 옳지 않다.
• D사원 : 문서를 작성한 후에는 다시 한 번 내용을 검토해야 하지만, 문장 표현은 작성자의 성의가 담기도록 경어나 단어사용에 신경을 써야 하므로 낮춤말인 '해라체'로 고쳐 쓰는 것은 옳지 않다.

11

상대방이 이해하기 어려운 전문적 언어(ⓔ)나 단조로운 언어(ⓜ)는 의사표현에 사용되는 언어로 적절하지 않다.

[오답분석]

의사표현에 사용되는 적절한 언어로는 이해하기 쉬운 언어(ⓖ), 상세하고 구체적인 언어(ⓛ), 간결하면서 정확한 언어(ⓒ), 문법적 언어(ⓗ), 감각적 언어 등이 있다.

12

개방적인 질문은 상대방의 다양한 생각을 이해하고, 상대방으로부터 보다 많은 정보를 얻기 위한 방법으로 이로 인하여 서로에 대한 이해의 정도를 높일 수 있다. 그러나 G씨에게 누구와 여행을 함께 가는지 묻는 F씨의 질문은 개방적 질문이 아닌 단답형의 대답이나 반응을 이끌어 내는 폐쇄적 질문에 해당하므로 ④는 개방적인 질문 방법에 대한 사례로 적절하지 않다.

13

A씨는 안 좋은 일이 생겨도 자신을 탓하고, 사소한 실수에도 사과를 반복한다. 즉, A씨는 자기 자신을 낮은 자존감과 열등감으로 대하고 있다. 성공하는 사람의 이미지를 위해서는 자신을 너무 과소평가하지 말아야 한다. 특히, A씨와 같이 평소에 '죄송합니다.'나 '미안합니다.'를 입에 달고 사는 사람들의 경우 얼핏 보면 예의 바르게 보일 수 있으나, 꼭 필요한 경우가 아니라면 그렇게 해서 자신의 모습을 비하하지 않도록 해야 한다.

14

제시된 글의 첫 문단에서는 문맹 중심의 역사를 이해하기 위한 가설의 설정, 가설의 검증, 가설 검증을 통한 문명의 발생과 성장 그리고 쇠퇴요인의 규명의 순서로 글을 서술할 것을 제시하고 있다. 따라서 가설 설정에 대해 서술하고 있는 (나), '환경이 역경'이라는 점이라고 앞의 문장을 이어서 설명하고 있는 (가), 가설 검증을 위해 가설을 보완하는 내용을 서술하고 있는 (라), 앞의 문장을 이어서 '세 가지 상호 관계의 비교'를 설명하고 있는 (다)의 순서로 나열하는 것이 적절하다. 끝으로 마지막 문단에서는 문명의 성장요인과 쇠퇴요인의 규명에 관한 내용을 서술하였다.

15

• 문서적인 의사소통 : ⓖ, ⓒ, ⓜ
• 언어적인 의사소통 : ⓛ, ⓔ
직업생활에서 요구되는 문서적인 의사소통능력은 문서로 작성된 글이나 그림을 읽고 내용을 이해하고 요점을 판단하며, 이를 바탕으로 목적과 상황에 적합하도록 아이디어와 정보를 전달할 수 있는 문서를 작성하는 능력을 말한다. 반면, 언어적인 의사소통능력은 상대방의 이야기를 듣고 의미를 파악하며, 이에 적절히 반응하고, 이에 대한 자신의 의사를 목적과 상황에 맞게 설득력을 가지고 표현하기 위한 능력을 말한다.

16

SWOT 분석은 내부 환경요인과 외부 환경요인의 2개의 축으로 구성되어 있다. 내부 환경요인은 자사 내부의 환경을 분석하는 것으로, 자사의 강점과 약점으로 분석된다. 외부 환경요인은 자사 외부의 환경을 분석하는 것으로, 기회와 위협으로 구분된다.

17

역할을 분담하여 정한 청소 당번 규칙에 따라 O사원은 화분 관리, J대리는 주변 정돈, C사원은 커피 원두 채우기를 각각 담당하고 있으므로 L주임이 커피를 타는 담당자임을 알 수 있다. 또한 세 번째 조건에 따라 주변 정돈을 하고 있는 사람은 커피를 타지 않는다고 하였는데 이때, O사원과 C사원은 J대리를 도와 주변 정돈을 하므로 이 셋은 커피를 타지 않음을 알 수 있다. 따라서 커피를 타는 사람은 L주임 혼자이므로 항상 참이 되는 것은 ③이 된다.

오답분석
① 커피 원두를 채우는 담당자는 C사원이며, 주어진 조건만으로는 O사원이 커피 원두를 채우는지 알 수 없다.
② 두 번째 조건에 따라 O사원이 J대리를 도와주고 있음을 알 수 있지만, J대리가 O사원을 도와주는지는 알 수 없다.
④ 세 번째 조건에 따라 주변 정돈을 하고 있는 사람은 커피를 타지 않으므로 주변 정돈을 돕고 있는 C사원은 커피를 타지 않는다.

18

자료에서 설명하는 문제해결방법은 Logic Tree 방법이다. Logic Tree 방법은 문제의 원인을 깊이 파고들거나 해결책을 구체화할 때 제한된 시간 속에 넓이와 깊이를 추구하는 데 도움이 되는 기술로, 주요 과제를 나무 모양으로 분해·정리하는 기술이다.

오답분석
① So What 방법 : '그래서 무엇이지?'하고 자문자답하는 의미로, 눈앞에 있는 정보로부터 의미를 찾아내어 가치 있는 정보를 이끌어내는 방법이다.
② 피라미드 구조 방법 : 하위의 사실이나 현상부터 사고함으로써 상위의 주장을 만들어가는 방법이다.
④ SWOT 분석 방법 : 기업내부의 강점, 약점과 외부환경의 기회, 위협요인을 분석·평가하고 이들을 서로 연관 지어 전략과 문제해결 방안을 개발하는 방법이다.

19

- 문제 인식 : 해결해야 할 전체 문제를 파악하여 우선순위를 정하고, 선정문제에 대한 목표를 명확히 하는 단계(ⓒ)
- 문제 도출 : 선정된 문제를 분석하여 해결해야 할 것이 무엇인지를 명확히 하는 단계(②)
- 원인 분석 : 파악된 핵심문제에 대한 분석을 통해 근본 원인을 도출하는 단계(ⓒ)
- 해결안 개발 : 문제로부터 도출된 근본 원인을 효과적으로 해결할 수 있는 최적의 해결방안을 수립하는 단계(⑤)
- 실행 및 평가 : 해결안 개발을 통해 만들어진 실행계획을 실제 상황에 적용하는 활동으로 당초 장애가 되는 문제의 원인들을 해결안을 사용하여 제거하는 단계(⑩)

20

(가) 강제연상법 : 각종 힌트에서 강제적으로 연결 지어서 발상하는 방법이다.
(나) 자유연상법 : 어떤 생각에서 다른 생각을 떠올리는 작용을 통해 어떤 주제에서 생각나는 것을 열거해 나가는 방법이다.
(다) 비교발상법 : 주제가 본질적으로 닮은 것을 힌트로 하여 새로운 아이디어를 얻는 방법이다.

21

ㄴ. 간편식 점심에 대한 회사원들의 수요가 증가함에 따라 계절 채소를 이용한 샐러드 런치 메뉴를 출시하는 것은 강점을 통해 기회를 포착하는 SO전략에 해당한다.
ㄹ. 경기 침체로 인한 외식 소비가 위축되고 있는 상황에서 주변 회사와의 제휴를 통해 할인 서비스를 제공하는 것은 약점을 보완하여 위협을 회피하는 WT전략에 해당한다.

오답분석
ㄱ. 다양한 연령층을 고려한 메뉴가 강점에 해당하기는 하나, 샐러드 도시락 가게에서 한식 도시락을 출시하는 것은 적절한 전략으로 볼 수 없다.
ㄷ. 홍보 및 마케팅 전략의 부재가 약점에 해당하므로 약점을 보완하기 위해서는 적극적인 홍보 활동을 펼쳐야 한다. 따라서 홍보 방안보다 먼저 품질 향상 방안을 마련하는 것은 적절한 전략으로 볼 수 없다.

22

설정형 문제(미래 문제)는 미래 상황에 대응하여 앞으로 어떻게 할 것인지에 관한 문제로 ⓒ이 해당된다.

[오답분석]

- 발생형 문제(보이는 문제) : 이미 일어난 문제로 당장 걱정하고 해결해야 되는 문제(㉠ㆍㄷ)
- 탐색형 문제(찾는 문제) : 현재의 상황에서 개선해야 되는 문제(㉣ㆍㅁ)

23

ST전략은 외부 환경의 위협 회피를 위해 내부 강점을 사용하는 전략이며, 내부의 강점을 이용하여 외부의 기회를 포착하는 전략은 SO전략이므로 옳지 않다.

[오답분석]

①ㆍ④ SWOT 분석의 정의 및 분석방법이다.
② WT전략에 대한 옳은 설명이다.

24

창의적 사고를 개발하는 방법

- 자유 연상법 : 어떤 생각에서 다른 생각을 계속해서 떠올리는 작용을 통해 어떤 주제에서 생각나는 것을 계속해서 열거해 나가는 방법 [예] 브레인스 토밍
- 강제 연상법 : 각종 힌트에서 강제적으로 연결지어서 발상하는 방법 [예] 체크리스트
- 비교 발상법 : 주제와 본질적으로 닮은 것을 힌트로 하여 새로운 아이디어를 얻는 방법 [예] NM법, Synetics

25

- (가), (바) : 곤충 사체 발견, 방사능 검출은 현재 직면한 문제로 발생형 문제로 적절하다.
- (다), (마) : 더 많은 전압을 회복시킬 수 있는 충전지 연구와 근로시간 단축은 현재 상황보다 효율을 더 높이기 위한 문제로 탐색형 문제로 적절하다.
- (나), (라) : 초고령사회와 드론시대를 대비하여 미래지향적인 과제를 설정하는 것은 설정형 문제로 적절하다.

26

ㄷ. 총 4번의 경기를 치러야 우승할 수 있는 자리는 E ~ J까지의 6개이고, 총 3번의 경기를 치르고 우승할 수 있는 자리는 A ~ D, K의 5개이므로 전자에 배정될 확률이 더 높다.

[오답분석]

ㄱ. 대진표상에서 우승을 하기 위해 최소한으로 치러야 하는 경기는 3경기이며, 이에 해당하는 자리는 A ~ D, K이다. 그러나 K는 8경기를 승리한 이후 다음날 곧바로 9경기를 치르게 되므로 조건에 부합하지 않는다. 따라서 총 4개만 해당한다.
ㄴ. 첫 번째 경기에 승리한 경우 두 번째 경기 전까지 3일 이상을 경기 없이 쉴 수 있는 자리는 A ~ F까지의 6개로 전체 11개의 50%를 넘는다.

27

먼저 갑의 진술을 기준으로 경우의 수를 나누어 보면 다음과 같다.

경우 1) A의 근무지는 광주이다(○), D의 근무지는 서울이다(×).

진술의 대상이 중복되는 병의 진술을 먼저 살펴보면, A의 근무지가 광주라는 것이 이미 고정되어 있으므로 앞 문장인 'C의 근무지는 광주이다.'는 거짓이 된다. 따라서 뒤 문장인 'D의 근무지는 부산이다.'가 참이 되어야 한다. 다음으로 을의 진술을 살펴보면, 앞 문장인 'B의 근무지는 광주이다.'는 거짓이며 뒤 문장인 'C의 근무지는 세종이다.'가 참이 되어야 한다.

이를 정리하면 다음과 같다.

A	B	C	D
광주	서울	세종	부산

경우 2) A의 근무지는 광주이다(×), D의 근무지는 서울이다(○).

역시 진술의 대상이 중복되는 병의 진술을 먼저 살펴보면, 뒤 문장인 'D의 근무지는 부산이다.'는 거짓이 되며, 앞 문장인 'C의 근무지는 광주이다.'는 참이 된다. 다음으로 을의 진술을 살펴보면 앞 문장인 'B의 근무지는 광주이다.'가 거짓이 되므로, 뒤 문장인 'C의 근무지는 세종이다.'는 참이 되어야 한다. 그런데 이미 C의 근무지는 광주로 확정되어 있기 때문에 모순이 발생한다. 따라서 이 경우는 성립하지 않는다.

A	B	C	D
		광주 세종(모순)	서울

따라서 가능한 경우는 경우 1)뿐이므로 보기에서 반드시 참인 것은 ㄱ, ㄴ, ㄷ이다.

28

해결해야 할 전략 과제란 취약한 부분에 대해 보완해야 할 과제를 말한다. 따라서 이미 우수한 고객서비스 부문을 강화한다는 것은 전략 과제로 삼기에 적절하지 않다.

[오답분석]

① 해외 판매망이 취약하다고 분석되었으므로 중국시장의 판매유통망을 구축하는 전략 과제를 세우는 것은 적절하다.

② 중국시장에서 구매 방식이 대부분 온라인으로 이루어지는 데 반해, 자사의 온라인 구매시스템은 미흡하기 때문에 온라인 구매시스템을 강화한다는 전략 과제는 적절하다.

④ 중국기업들 간의 가격경쟁이 치열하다는 것은 제품의 가격이 내려가고 있다는 의미인데, 자사는 생산원가가 높다는 약점이 있다. 그러므로 원가 절감을 통한 가격경쟁력 강화 전략은 적절하다.

29

ⓒ에는 약점을 보완하여 위협에 대비하는 WT전략이 들어가야 한다. ④의 전략은 풍부한 자본, 경영상태라는 강점을 이용하여 위협에 대비하는 ST전략이다.

[오답분석]

① 테크핀 기업과의 협업 기회를 통해 경영방식을 배워 시중은행의 저조한 디지털 전환 적응력을 개선하려는 것이므로 WO전략에 해당한다.

② 테크핀 기업과 협업을 하며, 이러한 혁신기업의 특성을 파악해 발굴하고 적극적으로 대출을 운영함으로써 전당포식의 소극적인 대출 운영이라는 약점을 보완할 수 있다는 것으로 WO전략에 해당한다.

③ 오프라인 인프라가 풍부하다는 강점을 이용하여, 점유율을 높이고 있는 기업들에 대해 점유율 방어를 하고자 하는 전략이므로 ST전략에 해당한다.

30

조건을 보면 첫 시행에서는 모든 1 ~ 30번 발전기를 테스트하고, 두 번째 시행에서는 2, 4 , 6, ⋯, 30번 발전기를 테스트하고, 세 번째 시행에서는 3, 6, 9, ⋯, 30번 발전기를 테스트한다. 즉, $n(1 \leq n \leq 30$인 자연수)번째 시행에서는 발전기 번호가 n의 배수인 발전기를 테스트한다. 따라서 n번 발전기의 테스트 횟수는 n의 약수이다. 1부터 30까지 약수의 개수를 구하면 다음과 같다.

숫자	1	2	3	4	5	6	7	8	9	10
약수의 개수	1	2	2	3	2	4	2	4	3	4
숫자	11	12	13	14	15	16	17	18	19	20
약수의 개수	2	6	2	4	4	5	2	6	2	6
숫자	21	22	23	24	25	26	27	28	29	30
약수의 개수	4	4	2	8	3	4	4	6	2	8

따라서 30번 발전기는 8번의 테스트를 거치게 된다.

오답분석

① 테스트 횟수가 2회인 발전기는 2번, 3번, 5번, 7번, 11번, 13번, 17번, 19번, 23번, 29번 발전기로 총 10대이다.
② 8번의 테스트를 거친 발전기는 24번, 30번 발전기로 총 2대다.
④ 1번의 테스트를 거친 발전기는 1번 발전기뿐이다.

31

팀원 A에게 현재의 행동이 징계의 원인이 될 수 있다는 점과 새로운 직원이 채용될 수 있다는 점을 알리기보다는 그에게 맞는 새로운 업무를 맡겨서 업무 속도를 변화시키도록 유도하는 것이 효과적인 동기부여 방법으로 볼 수 있다. 처벌·두려움 등의 방법은 일에 대한 동기부여보다 상대방으로 하여금 일의 외부적인 요인에 더 주의를 기울이게 하며, 나아가 편법을 사용하는 등 업무 성과에 악조건으로 작용할 수 있다.

32

코칭을 준비할 경우 어떤 활동을 다룰 것이며 시간은 어느 정도 소요될 것인지에 대해서 직원들에게 구체적이고 명확히 밝혀야 한다. 또한 지나치게 많은 지시와 정보로 직원들을 압도하는 일이 없도록 하고, 질문과 피드백에 충분한 시간을 할애해야 한다.

오답분석

ㄴ. 직원 스스로 해결책을 찾도록 유도한다.
ㅁ. 핵심적인 질문으로 효과를 높일 뿐 아니라 적극적으로 경청한다.

> **✎ Plus**
>
> **코칭의 진행 과정**
> • 시간을 명확히 알린다.
> • 목표를 확실히 밝힌다.
> • 핵심적인 질문으로 효과를 높인다.
> • 적극적으로 경청한다.
> • 반응을 이해하고 인정한다.
> • 직원 스스로 해결책을 찾도록 유도한다.
> • 코칭 과정을 반복한다.
> • 인정할 만한 일은 확실히 인정한다.
> • 결과에 대한 후속 작업에 집중한다.

33

정답 ④

빨리빨리형의 경우 성격이 급하고, 확신이 있는 말이 아니면 잘 믿지 않는 고객을 말한다. 빨리빨리형에게 애매한 화법을 사용하면 고객의 기분은 더욱 나빠질 수 있다. 빨리빨리형은 만사를 시원스럽게 처리하는 모습을 통해 응대하는 것이 적절하다.

> **⌗ Plus**
>
> **불만족 고객 유형별 대처 시 주의사항**
> • 거만형
>   – 정중하게 대하는 것이 좋다.
>   – 자신의 과시욕이 채워지도록 뽐내든 말든 내버려 둔다.
> • 의심형
>   – 분명한 증거나 근거를 제시하여 스스로 확신을 갖도록 유도한다.
>   – 때로는 책임자로 하여금 응대하는 것도 좋다.
> • 트집형
>   – 이야기를 경청하고, 맞장구치고, 추켜 세우고, 설득해 가는 방법이 효과적이다.
>   예 '손님의 말씀이 맞습니다. 역시 손님께서 정확하십니다.'하고 고객의 지적이 옳음을 표시한 후 '저도 그렇게 생각하고 있습니다만…'하
>   고 설득한다.
>   – 잠자코 고객의 의견을 경청하고 사과를 하는 응대가 바람직하다.
> • 빨리빨리형
>   – "글쎄요?", "아마…", "저…" 하는 식으로 애매한 화법을 사용하면 고객은 신경이 더욱 날카롭게 곤두서게 된다.
>   – 만사를 시원스럽게 처리하는 모습을 보이면 응대하기 쉽다.

34

정답 ④

팀원 사이의 갈등을 발견하게 되면 제3자로서 빠르게 개입하여 중재해야 한다. 갈등을 일으키고 있는 팀원과의 비공개적인 미팅을 갖고, 다음과 같은 질문을 통해 의견을 교환하면 팀원 간의 갈등 해결에 도움이 된다.
• 내가 보기에 상대방이 꼭 해야만 하는 행동
• 상대방이 보기에 내가 꼭 해야만 하는 행동
• 내가 보기에 내가 꼭 해야만 하는 행동
• 상대방이 보기에 스스로 꼭 해야만 하는 행동

35

정답 ④

모든 사람들은 거의 대부분의 문제에 대해 나름의 의견을 가지고 있다는 점을 인식하고 의견의 차이를 인정하는 것이 중요하다. 이러한 의견의 차이를 인정하고, 상호간의 관점을 이해할 수 있게 됨으로써 갈등을 최소화할 수 있다.

> **⌗ Plus**
>
> **갈등을 최소화하기 위한 기본원칙**
> • 먼저 다른 팀원의 말을 경청하고 나서 어떻게 반응할 것인가를 결정하라.
> • 모든 사람이 거의 대부분의 문제에 대해 나름의 의견을 가지고 있다는 점을 인식하라.
> • 의견의 차이를 인정하라.
> • 팀 갈등해결 모델을 사용하라.
> • 여러분이 받기를 원치 않는 형태로 남에게 작업을 넘겨주지 말라.
> • 다른 사람으로부터 그러한 작업을 넘겨받지 말라.
> • 조금이라도 의심이 날 때에는 분명하게 말해 줄 것을 요구하라.
> • 가정하는 것은 위험하다. 가정을 해야 할 때에만 그렇게 하라.
> • 자신의 책임이 어디서부터 어디까지인지를 명확히 하라. 또한 다른 팀원의 책임과는 어떻게 조화되는지를 명확히 하라.
> • 자신이 알고 있는 바를 알 필요가 있는 사람들을 새롭게 파악하라.
> • 다른 팀원과 불일치하는 쟁점이나 사항이 있다면 다른 사람이 아닌 당사자에게 직접 말하라.

36

Clear Contents : 내용만 지우기

오답분석

① Clear : 전체 지우기

37

각 빈칸에 들어 가야 할 단계를 채워 넣은 정보 분석 단계는 다음과 같다.

| 분석과제의 발생 |
| 과제(요구)의 분석 |
| 조사항목의 선정 |
| 관련정보의 수집 |
| 기존자료 조사 및 신규자료 조사 |
| 수집 정보의 분류 |
| 항목별 분석 |
| 종합·결론 |
| 활용·정리 |

38

오답분석

② [Ctrl]+[N] : 새로 만들기
③ [Alt]+[F1] : 차트 삽입
④ [Enter] : 셀 이동

39

와일드카드 문자인 '?'는 해당 위치의 한 문자를 대신할 수 있으며, '*'는 모든 문자를 대신할 수 있다. 따라서 찾을 내용에 '가?'는 '가'로 시작하는 두 글자 단어를 나타내며, 모두 바꾸기를 실행하였을 경우 나타나는 결괏값은 ③이 적절하다.

40

VLOOKUP 함수는 목록 범위의 첫 번째 열에서 세로 방향으로 검색하면서 원하는 값을 추출하는 함수이고, HLOOKUP 함수는 목록 범위의 첫 번째 행에서 가로 방향으로 검색하면서 원하는 값을 추출하는 함수이다. 따라서 [F2:G9] 영역을 이용하여 업무지역별 코드번호를 입력할 경우 VLOOKUP 함수가 적절하며, VLOOKUP 함수의 형식은 「=VLOOKUP(찾을 값,범위,열 번호,찾기 옵션)」임을 볼 때, [D2] 셀에 입력된 함수식은 「=VLOOKUP(C2,$F$2:$G$9,2,0)」이 적절하다.

실전모의고사 정답 및 해설

01	02	03	04	05	06	07	08	09	10	11	12	13	14	15	16	17	18	19	20
③	④	④	②	④	④	④	③	②	①	②	③	③	④	②	①	①	④	④	②
21	22	23	24	25	26	27	28	29	30	31	32	33	34	35	36	37	38	39	40
④	②	④	④	④	②	④	③	④	③	③	②	①	②	②	①	②	①	④	③

01
정답 ③

특정 상황을 가정하여 컴퓨터와 스마트폰이 랜섬웨어에 감염되는 사례를 통해 문제 상황을 제시한 뒤, 이에 대한 보안 대책 방안을 제시하고 있으므로 글의 주된 전개 방식으로 ③이 적절하다.

02
정답 ④

(라) 문단의 핵심내용은 공포증을 겪는 사람들의 상황 해석 방식과 공포증에서 벗어나는 방법으로, 공포증을 겪는 사람들의 행동 유형은 나타나있지 않다.

03
정답 ④

언어적 의사소통은 언어(말, 대화)로 전달하기 때문에 문서적 의사소통에 비해 상대적으로 권위감과 정확성이 낮다. 반대로 문서적 의사소통은 글(기획서, 메모)로 전달하는 것이기 때문에 권위감과 정확성이 높다.

오답분석

㉠ 언어적 의사소통은 말로 전달하기 때문에 대화·전화통화 등이 이에 해당하고, 문서적 의사소통은 글로 전달하는 것이기 때문에 기획서·메모 등이 이에 해당한다.

㉡·㉢ 언어적 의사소통은 말로 전달하기 때문에 듣는 사람은 정확히 들어야 하는 경청능력이, 말하는 사람은 정확히 말할 수 있는 의사표현능력이 중요하다.

04
정답 ②

대나무는 '약용'을 비롯해 다양한 생활용품으로 사용되었다.

오답분석

① '죽의 장막'은 조선이 아닌 중국의 별명이다.
③ 대나무의 원산지에 대해서는 제시문에 드러나 있지 않다.
④ 우리 조상들은 대나무의 꼿꼿한 기상을 사랑했으며, 청초한 자태와 은은한 향기는 사군자 중 난초에 대한 설명이다.

05
정답 ④

보기는 관심사가 하나뿐인 사람을 1차원 그래프로 표시할 수 있다는 내용이다. 이는 제시문의 1차원적 인간에 대한 구체적인 예시에 해당하므로 ②에 들어가는 것이 가장 적절하다.

06

조바꿈을 할 때는 2도 음정 사이에서 진동수의 비가 일정하지 않은 순정률의 특성이 큰 문제가 된다. 이를 보완한 것이 평균율이다.

오답분석

① 2도 음정 사이의 진동수의 비가 일정하지 않은 순정률의 단점을 보완하기 위해 진동수의 비가 일정하도록 정한 것이 평균율이다.
② 평균율은 기존에 존재하던 순정률의 단점을 보완하기 위해 만들어낸 것이다.

07

세 번째 문단에서 혜자는 장자의 말이 '쓸데없다'고 하였다. 장자는 이에 대한 대답으로 무용하다고 생각했던 것이 유용하게 쓰일 수 있는 상대적인 진리를 역설하면서 혜자의 단면적인 시각을 비판하고 있다. 이를 통해 볼 때, 혜자는 자신이 생각하기에 본질에서 거리가 먼 것(無用)까지 진리의 가치(有用)를 부여하는 장자가 답답하게 여겨졌을 것이다.

오답분석

①・② 장자의 입장이다.
③ 제시문과 관련 없는 내용이다.

08

문서이해의 구체적인 절차는 다음과 같다.

문서의 목적 이해하기

↓

이러한 문서를 작성되게 된 배경과 주제 파악하기

↓

문서에 쓰인 정보를 밝혀내고, 문서가 제시하고 있는 현안문제 파악하기

↓

문서를 통해 상대방의 욕구와 의도 및 내게 요구되는 행동에 관한 내용 분석하기

↓

문서에서 이해한 목적 달성을 위해 취해야 할 행동을 생각하고 결정하기

↓

상대방의 의도를 도표나 그림 등으로 메모하여 요약・정리하기

A씨의 경우 문서 내용을 정리하여 요구사항별로 그룹화하고, 중요한 내용만 간추려 메모하기 시작하였으므로 상대방의 의도를 도표나 그림 등으로 메모하여 요약・정리해 보는 단계에 해당하는 것을 알 수 있다.

09

B대리는 하청업체 직원에게 본인이 사용할 목적의 금품을 요구하였다. 이는 우월적 지위를 이용하여 금품 또는 향응 제공 등을 강요하는 '사적 이익 요구'의 갑질에 해당한다.

오답분석

① A부장은 법령, 규칙, 조례 등을 위반하지 않고 절차에 따라 해고를 통보하였으며, 이는 자신의 이익 추구와도 관계되지 않으므로 갑질 사례에 해당하지 않는다.
③ C부장은 특정인에게 혜택을 준 것이 아니라 개인 사정을 고려하여 이 사원을 배려한 것이므로 갑질 사례에 해당하지 않는다.
④ D과장의 발언은 유 사원의 외모와 신체 비하나 비인격적인 언행으로 볼 수 없다. 따라서 갑질 사례에 해당하지 않는다.

10

정답 ①

우울증을 앓는 환자들은 불면증, 식욕 저하, 집중력 저하 등 전반적인 기능 저하가 오기 때문에 남들이 보기에 게을러 보일 수 있어 환자에게 야단을 치거나 화를 내게 되는데, 환자 자신도 에너지 저하로 힘들어하고 있으므로 우울증의 증세인지 잘 살펴야 한다.

11

정답 ②

좋은 경청은 상대방과 상호작용하고, 말한 내용에 관해 생각하고, 무엇을 말할지 기대하는 것을 의미한다. 질문에 대한 답이 즉각적으로 이루어질 수 없다고 하더라도 질문을 하려고 하면 오히려 경청하는 데 적극적 태도를 갖게 되고 집중력이 높아질 수 있다.

12

정답 ③

단순한 공포심을 나타내고 있을 뿐이다.

오답분석

①·②·④ 매체를 통해 정보를 얻고, 그 정보대로 실행하지 않으면 남들보다 열등한 상태에 놓이게 될 것으로 여겨 대중매체가 요구하는 대로 행동하는 사례이다.

13

정답 ③

열린 혁신은 기관 자체의 역량뿐 아니라 외부의 아이디어를 받아들이고 결합함으로써 당면한 문제를 해결하고 사회적 가치를 창출하는 일련의 활동임을 볼 때, C사원의 발언은 적절하지 않다.

오답분석

① 세 번째 선행조건에서 담당부서와 사업부서 간의 긴밀한 협조가 필요함을 알 수 있다.
② 첫 번째 선행조건에 의거해서 서비스를 받는 수요자의 입장으로 생각해 보는 자세이다.
④ 두 번째 선행조건에서 나이·직급 관계없이 아이디어를 마음껏 표현할 수 있는 환경을 조성해야 함을 알 수 있다.

14

정답 ④

과도한 세안은 오히려 피지선을 자극하거나 피부 건조증을 일으킬 수 있으므로 여름철이라도 세안은 하루 2~3번이 적당하다.

오답분석

① 여름철 기온이 1℃ 올라갈 때마다 피지분비가 10%씩 증가하므로 피지분비가 이루어지지 않는다는 말은 옳지 않다.
② 기초케어를 하지 않으면 이를 극복하기 위해 피부는 더 많은 피지를 생성하게 되고 피부 트러블도 더 많이 발생하게 된다.
③ 아무리 높은 수치의 자외선 차단제라고 해도 지속력은 2시간 정도이므로 휴대하면서 수시로 발라주어야 한다.

15

정답 ②

수요 탄력성이 완전 비탄력적인 상품은 가격이 내리면 지출액이 감소하며, 수요 탄력성이 완전 탄력적인 상품은 가격이 내리면 지출액이 많이 늘어난다고 설명하고 있다. 그러므로 소비자의 지출액을 줄이려면 수요 탄력성이 낮은 생필품의 가격은 낮추고, 수요 탄력성이 높은 사치품의 가격은 높여야 한다고 추론할 수 있다.

16

정답 ①

브레인스토밍은 자유연상법의 한 유형으로, 어떤 문제의 해결책을 찾기 위해 여러 사람이 생각나는 대로 아이디어를 제안하는 방식으로 진행된다. 보령시에서 개최한 보고회는 각 부서의 업무에 국한하지 않고 가능한 많은 양의 아이디어를 자유롭게 제출하는 방식으로 진행되었으므로 브레인스토밍 방법이 사용되었음을 알 수 있다.

오답분석

② SCAMPER 기법 : 아이디어를 얻기 위해 의도적으로 시험할 수 있는 대체, 결합, 적용, 변경, 제거, 재배치, 다른 용도로 활용 등 7가지 규칙이다.
③ NM법 : 비교발상법의 한 유형으로, 대상과 비슷한 것을 찾아내 그것을 힌트로 새로운 아이디어를 생각해내는 방법이다.
④ Synectics법 : 비교발상법의 한 유형으로, 서로 관련이 없어 보이는 것들을 조합하여 새로운 것을 도출해내는 아이디어 발상법이다.

17

정답 ①

ⅰ) A상자 첫 번째 안내문이 참, 두 번째 안내문이 거짓인 경우
　　B, D상자 첫 번째 안내문, C상자 두 번째 안내문이 참이다.
　　그러므로 ①・②가 참, ③・④가 거짓이다.
ⅱ) A상자 첫 번째 안내문이 거짓, 두 번째 안내문이 참인 경우
　　B, C상자 첫 번째 안내문, D상자 두 번째 안내문이 참이다.
　　그러므로 ①・③이 참, ②가 거짓, ④는 참인지 거짓인지 알 수 없다.
따라서 항상 옳은 것은 ①이다.

18

정답 ④

첫 번째 명제에 의하여 B보다 시대가 앞선 유물은 두 개이다.

1	2	3	4
		B	

나머지 명제를 도식화하면 'C - D, C - A, B - D'이다. 따라서 정리하면 다음과 같다.

1	2	3	4
C	A	B	D

19

정답 ④

월요일	화요일	수요일	목요일	금요일
×	○		○	○

세 번째 조건에서 화・목요일에 회의를 개최하거나, 월요일에 회의를 개최한다고 하였으나 두 번째 조건에 따라 월요일에는 회의를 개최하지 않으므로 화요일과 목요일에는 반드시 회의를 개최한다. 마지막 조건에서 금요일에 회의를 개최하지 않으면 화요일과 수요일에 회의를 개최하지 않는다고 하였고, 위 상황에 따라 화요일에는 반드시 회의를 개최해야 하므로 금요일에도 반드시 회의를 개최해야 한다. 수요일에 회의를 개최하지 않는다고 해서 제시된 조건들이 거짓이 되는 것은 아니므로 수요일 회의는 반드시 개최할 필요가 없다. 따라서 반드시 회의를 개최해야 하는 날의 수는 화요일, 목요일, 금요일 3일이다.

20

정답 ②

세 번째 조건에 따라 파란색을 각각 왼쪽에서 두 번째, 세 번째, 네 번째에 칠하는 경우 벽화에 칠하는 색은 다음과 같다.
• 파란색을 왼쪽에서 두 번째에 칠할 때 : 노란색 - 파란색 - 초록색 - 주황색 - 빨간색
• 파란색을 왼쪽에서 세 번째에 칠할 때 : 주황색 - 초록색 - 파란색 - 노란색 - 빨간색 또는 초록색 - 주황색 - 파란색 - 노란색 - 빨간색
• 파란색을 왼쪽에서 네 번째에 칠할 때 : 빨간색 - 주황색 - 초록색 - 파란색 - 노란색
따라서 파란색을 왼쪽에서 세 번째에 칠할 때, 주황색 - 초록색 - 파란색 - 노란색 - 빨간색을 칠할 수 있다.

21

- 첫 번째 조건에 의해, A가 받는 상여금은 75만 원이다.
- 두 번째, 네 번째 조건에 의해, B<C, B<D<E이므로 B가 받는 상여금은 25만 원이다.
- 세 번째 조건에 의해, C가 받는 상여금은 50만 원 또는 100만 원이다.

이를 정리하여 가능한 경우를 표로 나타내면 다음과 같다.

구분	A	B	C	D	E
경우 1	75만 원	25만 원	50만 원	100만 원	125만 원
경우 2	75만 원	25만 원	100만 원	50만 원	125만 원

따라서 C의 상여금이 A보다 많다면, B의 상여금은 C의 25%이다.

22

조건에 의하여 A ~ D는 1층에 살 수 없으므로 E가 1층에 산다. 가능한 경우를 나타내면 다음과 같다.

구분	1층	2층	3층	4층	5층
경우 1	E	A	B	C	D
경우 2	E	A	B	D	C
경우 3	E	A	C	D	B
경우 4	E	A	D	C	B

따라서 A는 항상 E보다 높은 층에 산다.

23

12시 방향에 앉아 있는 서울 대표를 기준으로 각 지역대표를 시계 방향으로 배열하면 '서울 – 대구 – 춘천 – 경인 – 부산 – 광주 – 대전 – 속초'이다. 따라서 경인 대표와 마주 보고 있는 지역은 속초 대표이다.

24

[오답분석]
① 주어진 조건에 따르면 을은 4번, 5번, 7번에 앉을 수 있으나 을이 정확히 4 · 5 · 7번 중 어디에 앉는지는 알 수 없다.
② 갑과 병은 이웃해 앉지 않으므로 1번에 앉을 수 없다.
③ 주어진 조건으로 을과 정이 나란히 앉게 될지 정확히 알 수 없다.

25

관리기술(Skill)에서는 조직의 전략 등을 수행하는 지식 및 능력 수준을 진단해야 한다. '보고체계, 조직 내 대화 수준은 준수한가?'는 조직구조(Structure)에 해당하는 진단 내용이다.

> **✎ Plus**
>
> **맥킨지 7S 모델**
> - 3S : 하드 유형으로 변화가 용이한 유형
>   - 전략(Strategy) : 조직의 장기적 계획 및 목표를 달성하기 위한 수단이나 방법
>   - 조직구조(Structure) : 전략을 실행하기 위한 틀(조직도)
>   - 시스템(System) : 조직의 관리체계나 운영절차(제도)
> - 4S : 소프트 유형으로 변화가 쉽지 않은 유형
>   - 공유가치(Shared Value) : 모든 구성원들이 공유하는 기업의 핵심 이념이나 가치관
>   - 구성원(Staff) : 조직 내 인력 구성
>   - 관리기술(Skill) : 전략을 실행하는 데 필요한 구체적 요소
>   - 스타일(Style) : 조직을 이끌어나가는 관리자의 경영방식이나 리더십 스타일

26

정답 ②

제시된 자료를 보면 재배가능 최저 온도는 0℃, 최고 온도는 55℃이다. 0℃에서 55℃까지 5℃씩 나누어 온도별 재배 가능 식물과 온도별 상품가치의 합을 구하면 다음과 같다.

• 온도별 재배 가능 식물

온도(℃)	0	5	10	15	20	25	30	35 이상
식물종류	A	A, B	A, B	A, B, D, E	A, D, E	C, D, E	C, D	C

따라서 가장 많은 식물을 재배할 수 있는 온도는 15℃이다.

• 온도별 상품가치

온도(℃)	0	5	10	15	20	25	30	35 이상
상품가치(원)	10,000	35,000	35,000	85,000	60,000	100,000	65,000	50,000

따라서 상품가치의 총합이 가장 큰 온도는 25℃이다.

27

정답 ④

WT전략은 약점을 보완하여 위협을 회피하는 전략이므로 강점인 높은 접근성을 강조한 마케팅의 ④는 WT전략으로 적절하지 않다.

[오답분석]
① 강점인 전국적 물류망을 활용한 택배 배송 지역의 확장은 택배 수요 증가의 기회를 살리는 것은 SO전략으로 적절하다.
② 약점인 보수적 조직문화의 쇄신을 통한 공공기관으로서의 경쟁력 확보는 WO전략으로 적절하다.
③ 민간 업체들과의 경쟁 심화라는 위협에 대응하기 위해 강점인 공공기관으로서의 신뢰성을 활용하는 차별화 전략은 ST전략으로 적절하다.

28

정답 ③

B가 위촉되지 않는다면 1번째 조건의 대우에 의해 A는 위촉되지 않는다. A가 위촉되지 않으므로 2번째 조건에 의해 D가 위촉된다. D가 위촉되므로 5번째 조건에 의해 F도 위촉된다. 3번째 조건과 4번째 조건의 대우에 의해 C나 E 중 한 명이 위촉된다. 따라서 위촉되는 사람은 3명이다.

29

정답 ④

ⓔ의 동기화 단계는 실제 행동으로 실현하고자 하는 동기나 욕구의 과정을 말하는 것으로 강화 기대에 따라 동기화의 결과가 달라진다. 카메라로 모델의 행동을 촬영하는 것은 동기화 단계와 관련이 없다.

📎 **Plus**

반두라 관찰학습 4단계
1. 주의집중 단계 : 모델의 행동을 관찰하는 단계
2. 보존(파지) 단계 : 모델의 행동을 상징적인 형태로 기억하는 단계
3. 운동재생 단계 : 모델의 행동을 따라해 보는 단계
4. 동기화 단계 : 관찰한 것을 수행할 것인지 강화를 받게 되는 단계

30

정답 ③

㉠ 탐색형 문제란 눈에 보이지 않는 문제로 이를 방치하면 뒤에 큰 손실이 따르거나 결국 해결할 수 없는 문제로 확대되게 된다. 따라서 지금 현재는 문제가 아니지만 계속해서 현재 상태로 진행할 경우를 가정하고 앞으로 일어날 수 있는 문제로 인식하여야 한다. 이에 해당되는 것은 ㉠으로 지금과 같은 공급처에서 원료를 수입하게 되면 미래에는 원료의 단가가 상승하게 되어 회사 경영에 문제가 될 것이다. 따라서 이에 대한 해결책을 갖추어야 미래에 큰 손실이 발생하지 않을 것이다.
㉡ 발생형 문제란 눈에 보이는 이미 일어난 문제로 당장 걱정하고 해결하기 위해 고민해야 하는 문제를 의미한다. 따라서 ㉡은 신약의 임상시험으로 인해 임상시험자의 다수가 부작용을 보여 신약 개발이 전면 중단된 것으로 이미 일어난 문제에 해당한다.
㉢ 설정형 문제란 미래상황에 대응하는 장래 경영전략의 문제로 '앞으로 어떻게 할 것인가'에 대한 문제를 의미한다. 따라서 이는 미래에 상황에 대한 언급이 있는 ㉢이 해당된다.

31
정답 ③

내일 검은 펜을 사용하려면 오늘은 파란 펜이나 빨간 펜을 사용해야 한다.

따라서 구하는 확률은 $\left(\frac{1}{2}\times\frac{1}{2}\right)+\left(\frac{1}{3}\times\frac{2}{3}\right)=\frac{17}{36}$ 이다.

32
정답 ②

구분	A통신사	B통신사	C통신사
A레스토랑	$143,300-5,000=138,300$원	$143,300\times0.85\fallingdotseq121,800$원 (∵ 십 원 미만 절사)	$143,300-14,300=129,000$원
B레스토랑	$165,000$원	$165,000\times0.8=132,000$원	$65,000\times0.7+100,000=145,500$원
C레스토랑	$174,500-26,100=148,400$원	$124,500\times0.9+50,000=162,050$원	$174,500\times0.7=122,150$원

따라서 K씨의 가족이 A레스토랑에서 B통신사 15% 할인을 받았을 때 121,800원으로 가장 저렴하게 식사할 수 있다.

33
정답 ①

지급방식에 따라 가입자 A~D의 탄소포인트를 계산하면 다음과 같다.

구분	A	B	C	D
전기	0	10,000	10,000	5,000
수도	2,500	2,500	1,250	2,500
가스	5,000	5,000	5,000	2,500
총합	7,500	17,500	16,250	10,000

이에 따라 탄소포인트를 가장 많이 지급받는 가입자는 B, 가장 적게 지급받는 가입자는 A임을 알 수 있다.

34
정답 ②

전체 판매량 중 수출량은 2016년에서 2019년까지 매년 증가하였다.

[오답분석]

① 전체 판매량은 2016년에서 2019년까지 매년 증가하였으나, 2020년에는 감소하였다.

③ 2018년에서 2019년 사이 수출량은 약 50,000대에서 약 130,000대로 그 증가폭이 가장 컸다.

④ 전체 판매량이 가장 많은 해는 2019년이다.

35
정답 ②

경증 환자 중 남성 환자의 비율은 $\frac{31}{50}\times100=62\%$이고, 중증 환자 중 남성 환자의 비율은 $\frac{34}{50}\times100=68\%$이므로 옳지 않은 설명이다.

[오답분석]

① 여성 환자 중 중증 환자의 비율은 $\frac{8+8}{9+10+8+8}\times100=\frac{16}{35}\times100\fallingdotseq45.7\%$이므로 옳은 설명이다.

③ 50세 이상 환자 수는 $10+18+8+24=60$명이고, 50세 미만 환자 수는 $9+13+8+10=40$명이다. 따라서 $\frac{60}{40}=1.5$배이므로 옳은 설명이다.

④ 중증 여성 환자 수는 $8+8=16$명이고, 전체 당뇨병 환자 수는 $9+13+8+10+10+18+8+24=100$명이다.

따라서 $\frac{16}{100}\times100=16\%$이므로 옳은 설명이다.

36

정답 ①

사고 조사, 현장 분석 등을 통해 산업 재해의 예방 대책 중 2단계인 사실의 발견을 추론할 수 있으며, 재해 형태, 재해 정도 등을 통해 3단계인 원인 분석을 추론할 수 있다.

> ✎ Plus
>
> **산업 재해의 예방 대책 5단계**
> 안전 관리 조직 → 사실의 발견 → 원인 분석 → 시정책의 선정 → 시정책 적용 및 뒤처리

37

정답 ②

기술선택을 위한 절차
1. 외부 환경분석 : 수요 변화 및 경쟁자 변화, 기술 변화 등 분석
2. 중장기 사업목표 설정 : 기업의 장기비전, 중장기 매출목표 및 이익목표 설정
3. 내부 역량분석 : 기술능력, 생산능력, 마케팅 / 영업능력, 재무능력 등 분석
4. 사업 전략 수립 : 사업 영역 결정, 경쟁 우위 확보 방안 수립
5. 요구기술 분석 : 제품 설계 / 디자인 기술, 제품 생산 공정, 원재료 / 부품 제조기술 분석
6. 기술전략 수립 : 기술획득 방법 결정

38

정답 ①

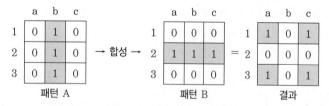

패턴 A, 패턴 B 모두 1인 경우에만 결괏값이 1이 되므로 AND 연산자가 사용되었다.

39

정답 ④

NOR(부정논리합) : 둘 다 거짓일 때만 참, 나머지는 모두 거짓

	a	b	c
1	0	1	0
2	0	1	0
3	0	1	0

패턴 A

→ 합성 →

	a	b	c
1	0	0	0
2	1	1	1
3	0	0	0

패턴 B

=

	a	b	c
1	1	0	1
2	0	0	0
3	1	0	1

결과

40

정답 ③

전자레인지를 사용하면서 불꽃이 튀는 경우와 조리 상태에 만족하지 않을 때 확인해야 할 사항에 전자레인지의 정격 전압을 확인해야 한다는 내용은 명시되어 있지 않다.

학습플래너

Date 202 . . .	D-7	공부시간 **3H50M**

◉ 사람으로서 할 수 있는 최선을 다한 후에는 오직 하늘의 뜻을 기다린다.

◉

◉

과목	내용	체크
NCS	문제해결능력 이론 학습	○
NCS	문제해결능력 문제 풀이	○

MEMO

학습플래너

Date	. . .		D-		공부시간	H	M

◎
◎
◎

과목	내용	체크

MEMO

Date . . .		D-	공부시간	H M

- ◎
- ◎
- ◎

과목	내용	체크

MEMO

학습플래너

| Date | . . . | D- | | 공부시간 | H | M |

- ◉
- ◉
- ◉

과목	내용	체크

MEMO

| Date . . . | D- | 공부시간 | H | M |

◎
◎
◎

과목	내용	체크

MEMO

학습플래너

Date . . .	D-	공부시간	H	M

◎
◎
◎

과목	내용	체크

MEMO

NCS 직업기초능력평가 답안카드

성 명	

지원 분야	

문제지 형별기재란	( )형	Ⓐ Ⓑ

수험번호

| ⓪ ① ② ③ ④ ⑤ ⑥ ⑦ ⑧ ⑨ |
| ⓪ ① ② ③ ④ ⑤ ⑥ ⑦ ⑧ ⑨ |
| ⓪ ① ② ③ ④ ⑤ ⑥ ⑦ ⑧ ⑨ |
| ⓪ ① ② ③ ④ ⑤ ⑥ ⑦ ⑧ ⑨ |
| ⓪ ① ② ③ ④ ⑤ ⑥ ⑦ ⑧ ⑨ |
| ⓪ ① ② ③ ④ ⑤ ⑥ ⑦ ⑧ ⑨ |
| ⓪ ① ② ③ ④ ⑤ ⑥ ⑦ ⑧ ⑨ |

감독위원 확인	(인)

1	① ② ③ ④	21	① ② ③ ④
2	① ② ③ ④	22	① ② ③ ④
3	① ② ③ ④	23	① ② ③ ④
4	① ② ③ ④	24	① ② ③ ④
5	① ② ③ ④	25	① ② ③ ④
6	① ② ③ ④	26	① ② ③ ④
7	① ② ③ ④	27	① ② ③ ④
8	① ② ③ ④	28	① ② ③ ④
9	① ② ③ ④	29	① ② ③ ④
10	① ② ③ ④	30	① ② ③ ④
11	① ② ③ ④	31	① ② ③ ④
12	① ② ③ ④	32	① ② ③ ④
13	① ② ③ ④	33	① ② ③ ④
14	① ② ③ ④	34	① ② ③ ④
15	① ② ③ ④	35	① ② ③ ④
16	① ② ③ ④	36	① ② ③ ④
17	① ② ③ ④	37	① ② ③ ④
18	① ② ③ ④	38	① ② ③ ④
19	① ② ③ ④	39	① ② ③ ④
20	① ② ③ ④	40	① ② ③ ④

NCS 직업기초능력평가 답안카드

※ 본 답안지는 모의성연습용 모의 답안지입니다.

	①	②	③	④			①	②	③	④
1	①	②	③	④		21	①	②	③	④
2	①	②	③	④		22	①	②	③	④
3	①	②	③	④		23	①	②	③	④
4	①	②	③	④		24	①	②	③	④
5	①	②	③	④		25	①	②	③	④
6	①	②	③	④		26	①	②	③	④
7	①	②	③	④		27	①	②	③	④
8	①	②	③	④		28	①	②	③	④
9	①	②	③	④		29	①	②	③	④
10	①	②	③	④		30	①	②	③	④
11	①	②	③	④		31	①	②	③	④
12	①	②	③	④		32	①	②	③	④
13	①	②	③	④		33	①	②	③	④
14	①	②	③	④		34	①	②	③	④
15	①	②	③	④		35	①	②	③	④
16	①	②	③	④		36	①	②	③	④
17	①	②	③	④		37	①	②	③	④
18	①	②	③	④		38	①	②	③	④
19	①	②	③	④		39	①	②	③	④
20	①	②	③	④		40	①	②	③	④

성 명

지원 분야

문제지 형별기재란

(형)

Ⓐ Ⓑ

수 험 번 호

⓪	①	②	③	④	⑤	⑥	⑦	⑧	⑨
⓪	①	②	③	④	⑤	⑥	⑦	⑧	⑨
⓪	①	②	③	④	⑤	⑥	⑦	⑧	⑨
⓪	①	②	③	④	⑤	⑥	⑦	⑧	⑨
⓪	①	②	③	④	⑤	⑥	⑦	⑧	⑨
⓪	①	②	③	④	⑤	⑥	⑦	⑧	⑨
⓪	①	②	③	④	⑤	⑥	⑦	⑧	⑨

감독위원 확인

(인)

좋은 책을 만드는 길 독자님과 함께하겠습니다.

도서나 동영상에 궁금한 점, 아쉬운 점, 만족스러운 점이
있으시다면 어떤 의견이라도 말씀해 주세요.
SD에듀는 독자님의 의견을 모아 더 좋은 책으로 보답하겠습니다.

www.sdedu.co.kr

2022 최신판 인천메트로서비스
NCS 기출예상문제 + 실전모의고사 5회 + 무료NCS특강

개정1판1쇄 발행	2022년 10월 05일 (인쇄 2022년 09월 01일)
초 판 발 행	2021년 10월 25일 (인쇄 2021년 10월 13일)
발 행 인	박영일
책 임 편 집	이해욱
저 자	NCS직무능력연구소
편 집 진 행	김재희 · 구현정
표지디자인	조혜령
편집디자인	배선화 · 곽은슬
발 행 처	(주)시대고시기획
출 판 등 록	제 10-1521호
주 소	서울시 마포구 큰우물로 75 [도화동 538 성지 B/D] 9F
전 화	1600-3600
팩 스	02-701-8823
홈 페 이 지	www.sdedu.co.kr
I S B N	979-11-383-3184-5 (13320)
정 가	24,000원

인천메트로서비스

NCS 기출예상문제 + 실전모의고사 5회

+ 무료NCS특강

NAVER 카페 | 취달프(취업 달성 프로젝트)

기업별 맞춤 학습 "기업별 NCS" 시리즈

공기업 취업의 기초부터 합격까지! 취업의 문을 여는 *Hidden Key!*

기업별 기출문제 "기출이 답이다" 시리즈

역대 기출문제와 주요 공기업 기출문제를 한 권에! 합격을 위한 *One Way!*

시험 직전 마무리 "봉투모의고사" 시리즈

실제 시험과 동일하게 마무리! 합격을 향한 *Last Spurt!*

※ **기업별 시리즈** : 부산교통공사/한국가스공사/LH 한국토지주택공사/한국공항공사/건강보험심사평가원/국민연금공단/인천국제공항공사/한국수력원자력/한국중부발전/한국환경공단/부산환경공단/한국국토정보공사/SR/신용보증기금&기술보증기금/도로교통공단/한국지역난방공사/한국마사회/한국도로공사/강원랜드/발전회사/항만공사 등

※도서의 이미지 및 구성은 변동될 수 있습니다.

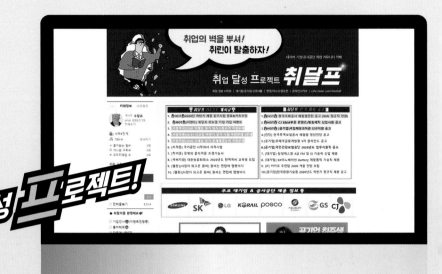